O USO DOS CORPOS

COLEÇÃO
ESTADO de SÍTIO

GIORGIO AGAMBEN

O USO DOS CORPOS

HOMO SACER, IV, 2

Copyright desta edição © Boitempo Editorial, 2017
Copyright © Giorgio Agamben, 2014

Título original: *L'uso dei corpi*
Originalmente publicado por Neri Pozza editore, Milão, 2014.
Os direitos de publicação deste livro foram negociados através da Ute Körner Literary Agent,
S.L., Barcelona – www.uklitag.com – e da Agnese Incisa Agenzia Letteraria, Turim.

Direção editorial	Ivana Jinkings
Edição	Isabella Marcatti
Assistência editorial	Carolina Yassui e Thaisa Burani
Tradução do texto (italiano)	Selvino J. Assmann
Tradução das citações	Mariana Echalar (francês) e Nélio Schneider (latim)
Preparação	Thais Rimkus
Revisão	Tatiana Pavanelli Valsi
Coordenação de produção	Livia Campos
Capa	Artur Renzo
	Sobre imagem de mulher grávida sentada com as pernas afastadas. Pseudo-Galen, Claudius, 131-201. Wellcome Library, Londres. CC by 4.0.
Diagramação	Crayon Editorial

Equipe de apoio
Allan Jones, Ana Yumi Kajiki, Bibiana Leme, Eduardo Marques,
Elaine Ramos, Giselle Porto, Ivam Oliveira, Kim Doria, Marlene Baptista,
Maurício Barbosa, Renato Soares, Thaís Barros, Tulio Candiotto

---

CIP-BRASIL. CATALOGAÇÃO NA PUBLICAÇÃO
SINDICATO NACIONAL DOS EDITORES DE LIVROS, RJ

A21u

Agamben, Giorgio, 1942-
    O uso dos corpos / Giorgio Agamben ; tradução Selvino J. Assmann. - 1. ed.
- São Paulo : Boitempo, 2017.
    (Estado de sítio, Homo Sacer, IV, 2)

Tradução de: L'uso dei corpi
Inclui bibliografia e índice
ISBN: 978-85-7559-536-7

1. Sociologia - Filosofia. I. Assmann, Selvino J. II. Título III. Série.

16-38601   CDD: 301.01
                                                          CDU: 316

É vedada a reprodução de qualquer parte deste livro sem a expressa autorização da editora.

1ª edição: março de 2017;
1ª reimpressão: maio de 2018; 2ª reimpressão: outubro de 2020

BOITEMPO
Jinkings Editores Associados Ltda.
Rua Pereira Leite, 373
05442-000 São Paulo SP
Tel.: (11) 3875-7250 / 3875-7285
editor@boitempoeditorial.com.br | www.boitempoeditorial.com.br
www.blogdaboitempo.com.br | www.facebook.com/boitempo
www.twitter.com/editoraboitempo | www.youtube.com/tvboitempo

SUMÁRIO

Advertência 9

Prefácio 11

I. O uso dos corpos 19
1. *O homem sem obra* 21
2. *Chresis* 43
3. *O uso e o cuidado* 51
4. *O uso do mundo* 59
5. *O uso de si* 71
6. *O uso habitual* 81
7. *O instrumento animado e a técnica* 89
8. *O inapropriável* 103

Limiar I 119

II. Arqueologia da ontologia 135
1. *Dispositivo ontológico* 139
2. *Teoria das hipóstases* 159
3. *Por uma ontologia modal* 171

Limiar II 203

III. Forma-de-vida 219
1. *A vida dividida* 221
2. *Uma vida inseparável de sua forma* 233
3. *Contemplação vivente* 241

4. A vida é uma forma gerada vivendo......................................247
5. Por uma ontologia do estilo...251
6. Exílio de um só junto de um só 263
7. "Façamos assim" 269
8. Obra e inoperosidade 275
9. O mito de Er...279

Epílogo – Por uma teoria da potência destituinte..................295

Bibliografia...311

Índice onomástico 319

*Um jovem de Lacedemônia, que roubou uma raposa e a escondeu sob
o manto, deixou que ela lhe rasgasse o ventre para não confessar a tolice,
porque temia mais a vergonha que nós a punição.*
MONTAIGNE, *Ensaios*, 1, XIV

*... e a raposa roubada que o menino
escondia sob as roupas e lhe machucava o flanco...*
V. SERENI, *Appuntamento a ora insolita* [Encontro em hora estranha]

O livre uso do próprio é a coisa mais difícil.
F. HÖLDERLIN

ADVERTÊNCIA

Aqueles que leram e compreenderam as partes precedentes desta obra saberão que não devem esperar um novo início nem, menos ainda, uma conclusão. O que importa é questionar decididamente o lugar-comum, segundo o qual é boa regra que uma investigação comece com *pars destruens* [parte destrutiva] e se conclua com *pars construens* [parte construtiva] e, além disso, que as duas partes sejam substancial e formalmente distintas. Em uma pesquisa filosófica, não só a *pars destruens* não pode ser separada da *pars construens*, como esta coincide em todos os pontos, sem resíduos, com a primeira. Uma teoria que, na medida do possível, limpou o terreno dos erros, com isso esgotou sua razão de ser e não pode ter a pretensão de subsistir enquanto separada da prática. A *archè* que a arqueologia traz à luz não é homogênea com os pressupostos que neutralizou: ela só se dá de forma integral em seu acontecer. Sua obra é a inoperosidade dos mesmos.

Portanto, o leitor encontrará aqui reflexões sobre alguns conceitos – uso, exigência, modo, forma-de-vida, inoperosidade, potência destituinte – que guiaram desde o início uma investigação que, assim como ocorre em toda obra de poesia e de pensamento, não pode ser concluída, mas só abandonada (e, eventualmente, continuada por outros).

Alguns textos aqui publicados foram escritos no início da investigação, ou seja, quase vinte anos atrás; outros – a maior parte – foram escritos no decurso dos últimos cinco anos. O leitor compreenderá que, em redação tão prolongada no tempo, é difícil evitar as repetições e, às vezes, as discordâncias.

PREFÁCIO

1. É curioso que, em Guy Debord, uma lúcida consciência da insuficiência da vida privada venha acompanhada da convicção mais ou menos consciente de que, neste caso, haveria, na própria existência ou naquela de seus amigos, algo único e exemplar, que exigia ser lembrado e comunicado. Já em Critique de la séparation, *ele apresenta, a certa altura, como intransmissível* "cette clandestinité de la vie privée sur laquelle on ne possède jamais que des documents dérisoires *[essa clandestinidade da vida privada sobre a qual nunca possuímos mais do que documentos derrisórios]* "[1]; *contudo, em seus primeiros filmes e ainda em* Panégyrique, *não param de desfilar um depois de outro os rostos dos amigos, de Asger Jorn, de Maurice Wyckaert, de Ivan Chtcheglov e seu próprio rosto, ao lado dos rostos das mulheres que ele amou.* Não só isso, mas em Panégyrique *aparecem também as casas em que morou, o número 28 da* via delle Caldaie *de Florença, a casa de campo em Champot, o* square des Missions étrangères *em Paris (de fato, o número 109 da* rue du Bac, *seu último endereço parisiense, em cuja sala de estar uma fotografia de 1984 o retrata sentado no sofá de couro inglês de que parecia gostar).*

Existe aqui uma espécie de contradição central, de que os situacionistas não conseguiram captar o alcance e, ao mesmo tempo, algo precioso que exige ser retomado e desenvolvido – talvez a obscura inconfessada consciência de que o elemento genuinamente político consiste justamente nessa incomunicável, quase ridícula, clandestinidade da vida privada. E isso na medida em que ela – a clandestina, nossa forma-de-vida – é tão íntima e próxima que, se tentarmos

---

[1] Guy Debord, *Oeuvres cinématographiques complètes, 1952-1978* (Paris, Gallimard, 1994), p. 49.

12 • O uso dos corpos

aferrá-la, nos deixa entre as mãos apenas a impenetrável e tediosa cotidianidade. Contudo, talvez seja exatamente essa homônima, promíscua, sombria presença que guarda o segredo da política, a outra face do arcanum imperii, *na qual naufragam todas as biografias e todas as revoluções. E Guy, que era tão hábil e cauto quando devia analisar e descrever as formas alienadas da existência na sociedade espetacular, é muito cândido e inerme quando tenta comunicar a forma de sua vida, fixar no rosto e desacreditar o clandestino com quem compartilhou até o fim a viagem.*

2. In girum imus nocte et consumimur igni *(1978) inicia com uma declaração de guerra contra seu tempo e prossegue com uma análise inexorável das condições de vida que, no estágio extremo de seu desenvolvimento, a sociedade mercantil instaurou sobre toda a terra. No entanto, de repente, lá pela metade do filme, a descrição pormenorizada e impiedosa para e dá lugar à melancólica e quase flébil evocação de lembranças e acontecimentos pessoais, que antecipam a intenção declaradamente autobiográfica de* Panégyrique. *Guy relembra a Paris de sua juventude, que já não existe, em cujas estradas e cafés ele tinha iniciado com seus amigos a obstinada busca daquele* "Graal néfaste, dont personne n'avait voulu *[Graal nefasto, que ninguém desejava]". Embora o Graal em questão, "entrevisto passageiramente", mas não "encontrado", precisasse ter indiscutivelmente um significado político, pois aqueles que o procuravam "acharam-se capazes de compreender a vida falsa à luz da verdadeira"[2], o tom da lembrança, escandida por citações do* Eclesiastes, *de Omar Khayyam, de Shakespeare e de Bossuet, também é indiscutivelmente nostálgico e tétrico:* "À la moitié du chemin de la vraie vie, nous étions environnés d'une sombre mélancolie, qu'ont exprimée tant des mots railleurs et tristes, dans le café de la jeunesse perdue *[Na metade do caminho da verdadeira vida, fomos envolvidos por uma melancolia sombria, manifestada por tantas palavras zombeteiras e tristes no café da juventude perdida]"[3]. Dessa juventude perdida, Guy recorda a desordem, os amigos e os amores (*"comment ne me serais-je pas souvenu des charmants voyous et des filles orgueilleuses avec qui j'ai habité ces bas-fonds... *[como não me lembraria dos charmosos malandros e das moças orgulhosas com os quais eu compartilhava os becos...]"[4]), enquanto na tela*

---

[2] Ibidem, p. 252.

[3] Ibidem, p. 240.

[4] Ibidem, p. 237.

aparecem as imagens de Gil J. Wolman, de Ghislain de Marbaix, de Pinot-Gallizio, de Attila Kotanyi e de Donald Nicholson-Smith. Mas é perto do final do filme que o impulso autobiográfico reaparece com mais força, e a visão de Florença quand elle était libre *[quando ela era livre] se tece com as imagens da vida privada de Guy e das mulheres com que ele viveu naquela cidade nos anos 1960. Depois veem-se passar rapidamente as casas em que Guy viveu, o* impasse de Clairvaux, a rue St. Jacques, a rue St. Martin, *uma igreja paroquial na região de Chianti, Champot e, mais uma vez, os rostos dos amigos, enquanto se ouvem as palavras da canção de Gilles em* Les visiteus du soir: "Tristes enfants perdus, nous errions dans la nuit... *[Tristes crianças perdidas, errávamos pela noite]". E poucas sequências antes do final, os retratos de Guy com 19, 25, 27, 31 e 45 anos. O nefasto Graal, em cujo encalço os situacionistas partiram, tem a ver não só com a política, mas, de algum modo, também com a clandestinidade da vida privada, sobre a qual o filme não hesita em exibir, aparentemente sem pudor, os "documentos ridículos".*

3. A intenção autobiográfica, de resto, já estava presente no palíndromo que dá título ao filme. Logo depois de ter lembrado sua juventude perdida, Guy acrescenta que nada expressava melhor o desgaste desta antiga frase construída letra por letra como um labirinto sem saída, de tal modo que ela faz concordar perfeitamente a forma com o conteúdo da perda: "In girum imus nocte et consumimur igni. *[Giramos em círculo na noite e somos devorados pelo fogo]".*

A frase, definida às vezes como "verso do diabo", na realidade provém, segundo uma indicação cursiva de Heckscher, da literatura emblemática e se refere às falenas inexoravelmente atraídas pela chama da vela que as consumirá. Um emblema compõe-se de um lema – ou seja, de uma frase ou um mote – e de uma imagem; nos livros que pude consultar, a imagem das falenas devoradas pelo fogo aparece com frequência, mas nunca é associada ao palíndromo em questão, e sim a frases que se referem à paixão amorosa ("prazer tão vivo leva à morte", "assim carrego o tormento de amar bem") ou, em algum caso raro, à imprudência em política ou em guerra ("non temere est cuiquam temptanda potentiae regis [não é sem razão que alguém é tentado pelo poder do rei]", "temere ac perculose [precipitada e perigosamente]"). Em Amorum emblemata, de Otto van Veen (1608), o que contempla as falenas que se precipitam na direção das chamas da vela é um amor alado, e o lema soa: brevis et damnosa voluptas *[prazer breve e danoso].*

Portanto, é provável que Guy, ao escolher o palíndromo como título, viesse a comparar a si mesmo e seus companheiros às falenas que, amorosa e temerariamente

14 • O uso dos corpos

atraídas pela luz, são destinadas a perder-se e consumar-se no fogo. Em A *ideologia alemã – obra que Guy conhecia perfeitamente –, Marx lembra criticamente a mesma imagem: "É assim que as borboletas noturnas, quando o sol do universal se pôs, procuram a luz da lâmpada do particular". Torna-se, por isso, ainda mais singular que, apesar dessa advertência, Guy tenha continuado a seguir essa luz, a espiar obstinadamente a chama da existência singular e privada.*

4. *Perto do final dos anos 1990, nas prateleiras de uma livraria parisiense, o segundo volume de* Panégyrique, *contendo a iconografia, encontrava-se – por acaso ou ou por uma irônica intenção do livreiro – ao lado da autobiografia de Paul Ricœur. Nada é mais instrutivo do que comparar o uso das imagens nos dois casos. Enquanto as fotografias do livro de Ricœur retratavam o filósofo somente durante congressos acadêmicos, como se ele quase não tivesse tido outra vida fora dos mesmos, as imagens de* Panégyrique *pretendiam ser um estatuto de verdade biográfica que tinha a ver com a existência do autor em todos os aspectos. "L'illustration authentique [a ilustração autêntica]", declara a breve premissa, "éclaire le discours vrai... on saura donc enfin quelle était mon apparence à differentes ages; et quel genre de visages m'a toujours entouré; et quels lieux j'ai habités... [esclarece o discurso verdadeiro... saberemos, enfim, qual era minha aparência em diferentes idades; e que gênero de rostos sempre me rodeou; e em que lugares vivi...]". Mais uma vez, apesar da evidente insuficiência e da banalidade de seus documentos, a vida – aquela clandestina – está em primeiro plano.*

5. *Certa noite, em Paris, Alice, quando lhe disse que muitos jovens na Itália continuavam a interessar-se pelos escritos de Guy e esperavam dele uma palavra, respondeu: "On existe, cela devrait leur suffire" [A gente existe, isso deveria bastar-lhes]. O que quer dizer on existe? Certamente, naqueles anos, eles viviam isolados e sem telefone entre Paris e Champot, em certo sentido com os olhos voltados para o passado enquanto a "existência" deles estava, por assim dizer, inteiramente reduzida ao plano da "clandestinidade da vida privada".*

No entanto, pouco antes do suicídio, em novembro de 1994, o título do último filme preparado para o Canal Plus, Guy Debord, son art, son temps, *não parece – apesar do son art [sua arte] realmente inesperado – todo irônico em sua pretensão biográfica e, antes de concentrar-se com extraordinária veemência no horror de "seu tempo", essa espécie de testamento espiritual repete*

Prefácio • 15

com a mesma candura e as mesmas velhas fotografias a lembrança nostálgica da vida transcorrida.

O que, portanto, significa on *existe? A existência – esse conceito, fundamental em todos os sentidos, da filosofia primeira do Ocidente – talvez tenha a ver constitutivamente com a vida. "Ser", escreve Aristóteles, "para os seres vivos, significa viver". Séculos depois, Nietzsche esclarece: "Ser: não temos outra representação dele senão viver". Trazer à luz – fora de qualquer vitalismo – o íntimo entrelaçamento entre ser e viver, essa é certamente hoje a tarefa do pensamento (e da política).*

6. A sociedade do espetáculo *começa com a palavra "vida" ("*Toute la vie des sociétés dans lesquelles règnent les conditions modernes de production s'annonce comme une immense accumulation de spectacles *[A vida das sociedades nas quais reinam as condições modernas de produção anuncia-se como uma imensa acumulação de espetáculos"), e até o final a análise do livro não para de colocar em questão a vida. O espetáculo, no qual "o que era diretamente vivido se afasta numa representação", é definido como "inversão concreta da vida". "Quanto mais a vida do homem se torna seu produto, tanto mais ele é separado da sua vida" (n. 33). A vida nas condições espetaculares é uma "falsa vida" (n. 48), uma "sobrevivência" (n. 154) ou, ainda, um "pseudouso da vida" (n. 49). Contra essa vida alienada e separada, defende-se algo que Guy chama de "vida histórica" (n. 139), que já no Renascimento aparece como "alegre ruptura com a eternidade": "Na vida exuberante das cidades italianas... a vida é conhecida como um gozo da passagem do tempo". Anos antes, em* Sur le passage de quelques personnes *e em* Critique de la séparation, *Guy já dissera de si e de seus companheiros que "queriam reinventar tudo a cada dia, tornar-se patrões e possessores da própria vida" (p. 22), que os encontros entre eles eram uma espécie de "sinais provenientes de uma vida mais intensa, que não foi realmente encontrada" (p. 47).*

O que seria essa vida "mais intensa", o que viria a ser invertido ou falsificado no espetáculo ou apenas o que se devia entender por "vida da sociedade" não fica esclarecido em momento nenhum; contudo, seria fácil demais acusar o autor de incoerência ou imprecisão terminológica. No caso, Guy nada mais faz do que repetir uma atitude constante em nossa cultura, em que a vida nunca é definida como tal, mas é todas as vezes articulada e dividida em bios *e* zoè, *vida politicamente qualificada e vida nua, vida pública e vida privada, vida vegetativa e vida de relação, de maneira que cada uma das partições seja determinável apenas na relação com as outras. Talvez em última análise seja justamente a indecidibilidade da vida que faz que ela todas as vezes deva ser política e singularmente decidida. Além disso, a indecisão de Guy entre a clandestinidade de sua vida privada – que, com o passar do tempo, devia aparecer-lhe cada vez mais fugaz e não documentável – e a vida histórica, entre sua biografia individual e a época obscura e irrenunciável em que ela se inscreve, mostra uma dificuldade que, pelo menos nas condições presentes, ninguém pode iludir-se de ter resolvido de uma vez por todas. Em todo caso, o Graal voluntariosamente procurado, a vida que inutilmente se consome na chama, não era redutível a nenhum dos termos opostos nem à idiotice da vida privada nem ao incerto prestígio da vida pública, recolocando em questão, aliás, a própria possibilidade de distingui-las.*

7. Ivan Illich observou que a noção corrente de vida (não "uma vida", mas "a vida" em geral) é percebida como "fato científico", que não tem mais relação nenhuma com a experiência de cada ser vivo. Ela é algo anônimo e genérico, que pode designar um espermatozoide, uma pessoa, uma abelha, uma célula, um urso ou um embrião. Desse "fato científico", tão genérico que a ciência renunciou a defini-lo, a Igreja fez o último receptáculo do sagrado, e a bioética o transformou no termo-chave de seu impotente conjunto de tolices. Em todo caso, "vida" tem a ver hoje mais com a sobrevivência do que com a vitalidade ou com a forma de vida do indivíduo.

Na medida em que nela se insinuou dessa maneira um resíduo sacral, a clandestina que Guy perseguia tornou-se ainda mais incompreensível. A tentativa situacionista de devolver a vida à política se choca com uma dificuldade a mais, mas não por isso menos urgente.

8. O que significa que a vida privada nos acompanha como clandestina? Em primeiro lugar, que ela está separada de nós como um clandestino e, ao mesmo tempo, que é inseparável de nós, enquanto, como clandestino, compartilha conosco, às escondidas, a existência. Essa cisão e essa inseparabilidade definem tenazmente o estatuto da vida em nossa cultura. Ela é algo que pode ser dividido e, no entanto, todas as vezes estar articulado e mantido unido numa máquina médica ou filosófico-teológica ou biopolítica. Dessa maneira, não é apenas a vida privada que nos acompanha como clandestina em nossa longa ou breve viagem, mas é a própria vida corpórea e tudo aquilo que tradicionalmente se inscreve na esfera da assim chamada "intimidade": a nutrição, a digestão,

Prefácio • 17

o urinar, o defecar, o sono, a sexualidade... E o peso dessa companheira sem rosto é tão forte que cada um procura compartilhá-la com mais alguém – e, mesmo assim, estranheza e clandestinidade nunca desaparecem por completo e continuam não resolvidas até mesmo na convivência mais amorosa. A vida é, nesse caso, verdadeiramente como a raposa roubada que o menino esconde debaixo da roupa e não pode confessar, mesmo que o animal lhe dilacere a carne de modo atroz.

É como se cada um sentisse de forma obscura que é justamente a opacidade da vida clandestina que encerra em si um elemento genuinamente político e, como tal, compartilhável; no entanto, se tentarmos compartilhá-lo, ele é capaz de escapar obstinadamente da presa, deixando atrás de si apenas uma sobra ridícula e incomunicável. O castelo de Silling, no qual o poder político não tem outro objeto senão a vida vegetativa dos corpos, é, por essa perspectiva, a cifra da verdade e, ao mesmo tempo, da falência da política moderna – que, na realidade, é uma biopolítica. É necessário mudar a vida, trazer a política ao cotidiano – caso contrário, no cotidiano, o político só poderá naufragar.

E quando, como acontece hoje, o eclipse da política e da esfera pública só deixa sobreviver o privado, e a vida nua, a clandestina, tendo se tornado única dona do campo, deve, como privada, ser publicizada, tentando comunicar os próprios e não mais risíveis (e, contudo, ainda tais) documentos, que já coincidem imediatamente com ela, com suas jornadas iguais gravadas ao vivo e transmitidas, uma depois da outra, nas telas para os outros.

Contudo, só se o pensamento for capaz de encontrar o elemento político que se escondeu na clandestinidade de cada existência, só se, para além da cisão entre público e privado, política e biografia, zoè e bios, for possível delinear os contornos de uma forma-de-vida e de um uso comum dos corpos, a política poderá sair de seu mutismo, e a biografia individual, de sua idiotice.

I
O USO DOS CORPOS

1
O HOMEM SEM OBRA

1.1. A expressão "o uso dos corpos" (*he tou somatos chresis*) aparece no início de *Política* (1254b 18) de Aristóteles, na parte em que se define a natureza do escravo. Aristóteles acabara de afirmar que a cidade é composta de famílias ou casas (*oikiai*) e que a família, em sua forma perfeita, é composta de escravos e homens livres (*ek doulon kai eleutheron*; os escravos são mencionados antes dos homens livres – 1253b 3-5). Três espécies de relações definem a família: a relação despótica (*despotikè*), entre o senhor (*despotes*) e os escravos; a relação matrimonial (*gamikè*), entre marido e mulher; e a relação parental (*technopoietikè*), entre o pai e os filhos (7-11). Aquela entre senhor e escravo, se não for a mais importante, pelo menos é a mais evidente, e isso é sugerido – além de ter sido a primeira a ser mencionada – pelo fato de Aristóteles esclarecer que as duas últimas relações são "anônimas", carecem de nome próprio (o que parece implicar que os adjetivos *gamikè* e *technopoietikè* sejam apenas uma denominação imprópria forjada por Aristóteles, enquanto todos sabem o que é uma relação "despótica").

De qualquer maneira, a análise da primeira relação, que aparece logo a seguir, constitui de algum modo o limiar introdutório ao tratado, como se apenas uma compreensão preliminar linear da relação despótica permitisse o acesso à dimensão propriamente política. Aristóteles começa definindo o escravo como um ser que, "embora sendo humano, é por natureza de outro, não de si", perguntando-se logo depois "se semelhante ser existe por natureza ou se, pelo contrário, a escravidão sempre é contrária à natureza" (1254a 15-8).

A resposta passa pela justificação do comando ("comandar e ser comandado fazem parte das coisas não só necessárias, mas também convenientes" – 21-2), que, nos seres vivos, aparece distinto em comando despótico (*archè*

22 • O uso dos corpos

despotikè) e comando político (*archè politikè*), comparados respectivamente ao comando da alma sobre o corpo e àquele da inteligência sobre o apetite. Assim como, no parágrafo precedente, ele havia afirmado de maneira geral a necessidade e o caráter natural (*physei*) do comando não só entre os seres animados, mas também nas coisas inanimadas (o modo musical é, na Grécia, *archè* da harmonia), agora ele busca justificar o comando de alguns homens sobre os outros:

> A alma comanda o corpo com um comando despótico, enquanto o intelecto comanda o apetite com um comando político ou régio. E é claro, nesses exemplos, que está de acordo com a natureza e é conveniente para o corpo ser comandado pela alma e, no que diz respeito à parte passional, ser comandado pelo intelecto e pela parte que possui a razão, enquanto a igualdade entre eles ou sua inversão seria nociva para ambos... O mesmo aplica-se, portanto, também a todos os homens... [1254b 5-16]

℔ *A ideia de que a alma se sirva do corpo como se de um instrumento e, ao mesmo tempo, o comande, havia sido formulada por Platão numa passagem de* Alcibíades *(130a 1), que de modo verossímil Aristóteles devia ter em mente quando procurou fundamentar o domínio do senhor sobre o escravo por meio daquele da alma sobre o corpo.*

É, porém, decisivo o esclarecimento, genuinamente aristotélico, segundo o qual o comando que a alma exerce sobre o corpo não é de natureza política (a relação "despótica" entre senhor e escravos é, de resto, conforme observamos, uma das três relações que, segundo Aristóteles, definem a oikia*). Isso significa – segundo a clara distinção que, no pensamento de Aristóteles, separa a casa (*oikia*) da cidade (*polis*) – que a relação animal/ corpo (assim como aquela senhor/escravo) é uma relação econômico-doméstica, não política (como é, por sua vez, aquela entre intelecto e apetite). Isso significa ainda que a relação entre o senhor e o escravo e aquela entre a alma e o corpo se definem mutuamente e que é também para a primeira que deveremos olhar se quisermos compreender a segunda. A alma está para o corpo assim como o senhor está para o escravo. A cesura que divide a casa com relação à cidade insiste sobre o mesmo limiar que separa e, ao mesmo tempo, une a alma e o corpo, o senhor e o escravo. Assim, a relação entre economia e política na Grécia só poderá ser inteligível se considerarmos esse limiar.*

1.2. A essa altura aparece, quase entre parênteses, a definição do escravo como "ser cuja obra é o uso do corpo":

> Aqueles homens que diferem entre si assim como a alma com relação ao corpo e o homem com relação ao animal – e estão nessa condição aqueles cuja obra é o uso do corpo [*oson esti ergon he tou somatos chresis*] e isto é o melhor (que pode vir) deles –, estes por natureza são escravos, para os quais é melhor ser comandados com esse comando, conforme já foi dito. [1254b 17-20]

O problema sobre qual é o *ergon*, a obra e a função própria do homem, havia sido apresentado por Aristóteles em *Ética a Nicômaco*. Frente à pergunta se há algo parecido com uma obra do homem como tal (e não simplesmente do carpinteiro, do flautista ou do sapateiro) ou se o homem, pelo contrário, nasceu sem obra (*argos*), Aristóteles aqui afirma que "a obra do homem é o ser-em-obra da alma segundo o *logos*" (*ergon anthropou psyches energeia katà logon* – 1098a 7). Por isso, é ainda mais singular a definição do escravo como aquele homem cuja obra consiste unicamente no uso do corpo. Que o escravo seja e continue sendo um homem está, para Aristóteles, fora de questão (*anthropos on*, "mesmo sendo homem..." – 1254a 16). Contudo, isso significa que há homens cujo *ergon* não é propriamente humano ou é diferente daquele dos outros homens.

Platão já havia escrito que a obra de cada ser (quer se trate de um homem, de um cavalo, de qualquer outro ser vivo) é "aquilo que ele é o único a fazer ou faz de modo mais belo do que outros" (*monon ti e kallista ton allon apergazetai* – *A República*, 353a 10). Os escravos representam a emergência de uma dimensão do humano em que a obra melhor ("o melhor deles" – o *beltiston* de *Política* remete com verossimilhança ao *kallista* de *A República*) – não é o ser-em-obra (*energeia*) da alma segundo o *logos*, mas algo para que Aristóteles encontra outra denominação, o "uso do corpo".

Nas duas fórmulas simétricas,

ergon anthropou psyches energeia katà logon e

ergon (doulou) he tou somatos chresis,

a obra do homem é o ser-em-ato da alma segundo o *logos* e

a obra do escravo é o uso do corpo,

energeia e *chresis*, ser-em-obra e uso, parecem justapor-se pontualmente, como *psychè* e *soma*, alma e corpo.

1.3. A correspondência acaba sendo ainda mais significativa porque sabemos que, segundo o pensamento de Aristóteles, entre os dois termos, *energeia* e *chresis*, há uma relação estreita e complexa. Em um importante

24 • O uso dos corpos

estudo, Strycker[1] mostrou que a clássica oposição aristotélica entre potência (*dynamis*) e ato (*energeia*, "ser-em-obra") tinha originalmente a forma de oposição entre *dynamis* e *chresis* (ser em potência e ser em uso). O paradigma da oposição encontra-se em *Eutidemo* (280d) de Platão, em que se faz a distinção entre a posse (*ktesis*) de uma técnica e dos instrumentos apropriados sem se servir deles e seu emprego em ato (*chresis*). Segundo Strycker, Aristóteles teria iniciado, com base no exemplo do mestre, com a distinção (por exemplo, em *Tópicos*, 130a 19-24) entre possuir uma ciência (*episteme echein*) e usá-la (*epistemei chrestai*); posteriormente, teria tecnicizado a oposição ao substituir *chresis* comum por um vocábulo de sua invenção, desconhecido de Platão: *energeia*, ser-em-obra.

Aliás, nas obras juvenis, Aristóteles recorre a *chresis* e *chrestai* em sentido semelhante ao do mais tardio *energeia*. Sendo assim, em *Protrético*, texto em que a filosofia é definida como *ktesis kai chresis sophias*, "posse e uso da sabedoria"[2], Aristóteles distingue cuidadosamente aqueles que possuem a visão tendo os olhos fechados e aqueles que a usam efetivamente e, da mesma maneira, entre quem se serve da ciência e quem simplesmente a possui[3]. Na passagem em que o filósofo procura esclarecer o significado do verbo *chrestai*, fica evidente que o uso tem uma conotação ética e não apenas ontológica em sentido técnico:

> Usar [*chrestai*] algo consiste, portanto, no seguinte: quando há a capacidade [*dynamis*] de fazer uma só coisa, que se faça; se, no entanto, as coisas possíveis forem muitas, faça-se a melhor entre elas, como acontece no uso das flautas, quando alguém usa uma de maneira única e melhor... Deve-se, portanto, dizer que usa quem usa corretamente, pois para quem usa corretamente estão presentes tanto a finalidade quanto a conformidade com a natureza.[4]

Nas obras mais tardias, Aristóteles continua a servir-se do termo *chresis* em sentido semelhante ao de *energeia*; contudo, os dois termos não são simplesmente sinônimos, mas são muitas vezes colocados lado a lado, como se eles se integrassem e se completassem mutuamente. Assim, em *Magna moralia*,

---

[1]   Émile de Strycker, "Concepts-clés et terminologie dans les livres II à VII des Topiques", em Gwilym Ellis Lane Owen (org.), *Aristotle on Dialectic: The Topics. Proceedings of the third Symposium Aristotelicum* (Oxford, Clarendon, 1968), p. 159-60.

[2]   Ingemar Düring (org.), *Der Protreptikos des Aristoteles* (Frankfurt, Klostermann, 1969), frag. B8.

[3]   Ibidem, frag. B79.

[4]   Ibidem, frag. B84.

após ter afirmado que "o uso é preferível ao hábito" (*hexis*, que indica posse de uma *dynamis* ou de uma *techne*) e que "ninguém gostaria de ter a visão se não pudesse ver e precisasse ter os olhos fechados", Aristóteles escreve que "a felicidade consiste em determinado uso e na *energeia*" (*en chresei tini kai energeiai* – 1184b 13-32). A fórmula, que se encontra em *Política* (*estin eudaimonia aretes energeia kai chresis tis teleios*, "a felicidade é um ser-em-obra e determinado uso perfeito da virtude" – 1328a 38), evidencia que os dois termos são, para Aristóteles, ao mesmo tempo semelhantes e distintos. Na definição da felicidade, o ser-em-obra e o ser-em-uso, perspectiva ontológica e perspectiva ética, integram-se e condicionam-se mutuamente.

Considerando que Aristóteles não define o termo *energeia* a não ser de modo negativo com respeito à potência (*esti d' he energeia to hyparchein to pragma me outos hosper legomen dynamei*, "é *energeia* o existir de uma coisa, mas não no sentido em que dizemos que a mesma é em potência" – *Metafísica*, 1048a 31), será mais urgente tentar compreender, nesse contexto, o significado do termo *chresis* (e do verbo correspondente, *chrestai*). Em todo caso, é certo que o abandono aristotélico de *chresis* em favor de *energeia* como termo-chave da ontologia determinou, em alguma medida, o modo de a filosofia ocidental pensar o ser como atualidade.

א *Assim como manter os olhos fechados, também o sono é, por excelência, em Aristóteles, o paradigma da potência e da* hexis, *e, nesse sentido, isso é contraposto e subordinado ao uso e, por sua vez, aproximado da vigília: "A existência tanto do sono quanto da vigília implica a existência da alma; mas a vigília é semelhante ao saber em ato, e o sono, a um ter sem exercer" (*echein kai me energein – De anima, *412a 25). A inferioridade do sono, como figura da potência, com respeito à* energeia, *é afirmada com decisão ainda maior nas obras éticas: "Que a felicidade seja uma* energeia, *isso vê-se a partir do seguinte: se um homem passa a vida dormindo, certamente não o consideraremos feliz. Ele, de fato, tem o viver, mas não se trata do viver segundo virtude" (*Magna moralia, *1185a 9-14).*

1.4. Nos estudos modernos sobre a escravidão no mundo antigo, o problema – com um singular anacronismo, tendo em vista que aos antigos faltava até mesmo o termo correspondente – é considerado apenas sob o aspecto da organização do "trabalho" e da produção. Parece irrelevante que os gregos e os romanos pudessem ver nisso um fenômeno de outra ordem, exigindo uma conceitualização bem diferente da nossa. Dessa maneira, torna-se ainda mais escandaloso para os modernos o fato de que os filósofos antigos não só tenham deixado de problematizar a escravidão, mas pareçam

26 • O uso dos corpos

aceitá-la como óbvia e natural. Sendo assim, podemos ler, no exórdio de uma recente exposição da teoria aristotélica da escravidão, que ela apresenta aspectos francamente "ignóbeis", enquanto a cautela metodológica mais elementar nos poderia ter sugerido, em vez do escândalo, uma análise preliminar do contexto problemático em que o filósofo inscreve a questão e da conceitualidade por meio da qual ele procura definir sua natureza.

Felizmente existe, a respeito da teoria aristotélica da escravidão, uma leitura exemplar, que se concentra no caráter especial do tratamento que o filósofo faz do problema. Em ensaio de 1973, Victor Goldschmidt mostra que Aristóteles inverte sua metodologia habitual, segundo a qual, frente a um fenômeno primeiro, é necessário perguntar se ele existe para só depois tentar definir sua essência. Com respeito à escravidão, ele faz exatamente o contrário: define primeiro – na verdade, de forma bem apressada – sua essência (o escravo é um homem que não é de si mesmo, mas de outro) para depois perguntar por sua existência – também isso de maneira bem particular. A pergunta não tem a ver com a existência nem com a legitimidade da escravidão como tal, mas com o "problema físico" da escravidão[5]: trata-se, pois, de estabelecer *se existe* in natura *um corpo correspondente à definição do escravo*. Em outras palavras, a investigação não é dialética, mas física, no sentido em que Aristóteles distingue em *De anima* (403a 29) o método do dialético, que define, por exemplo, a cólera como desejo de vingança, com relação ao físico, que verá nela apenas um efervescer de sangue em volta do coração.

Acolhendo e desenvolvendo a sugestão de Goldschmidt, podemos afirmar que a novidade e a especificidade da tese aristotélica consistem no fato de que o fundamento da escravidão é de ordem estritamente "física" e não dialética, ou seja, de que ele só pode se dever a uma diferença corpórea com respeito ao corpo do homem livre. A pergunta torna-se, a essa altura, a seguinte: "Existe algo como um corpo (do) escravo?". A resposta é afirmativa, mas com restrições a ponto de podermos legitimamente perguntar se a doutrina de Aristóteles, que os modernos sempre entenderam como justificação da escravidão, não deveria, pelo contrário, aparecer a seus contemporâneos como ataque[6].

---

[5]   Victor Goldschmidt, *Écrits*, v. 1: *Études de philosophie ancienne* (Paris, Vrin, 1984), p. 75.

[6]   Ernest Barker, *The Political thought of Plato and Aristoteles* (Nova York, Dover, 1918), p. 369 [ed. bras.: *Teoria política grega*, trad. Sérgio F. G. Bath, Brasília, Editora da UnB, 1978].

"A natureza", escreve Aristóteles,

> quer [*bouletai*] tornar diferentes o corpo dos homens livres com relação àquele dos escravos, tornando este mais forte para o uso necessário [*pros ten anankaian chresin*], e o primeiro, por sua vez, ereto de estatura e incapaz para esse tipo de obras e adequado à vida política... mas acontece muitas vezes o oposto, e alguns têm só o corpo dos livres, e outros, a alma. É evidente que, se os homens livres fossem diferentes quanto ao corpo como são as estátuas dos deuses, conviria a todos que aqueles que são inferiores mereçam servi-los como escravos. E, se isso é verdade para o corpo, seria ainda mais justo afirmá-lo a respeito da alma; mas não é tão fácil ver a beleza da alma quanto é ver a do corpo. [*Política*, 1254b 28 e seg.]

A conclusão tirada imediatamente por Aristóteles é, portanto, incerta e parcial:

> É claro [*phaneron*, que nesse caso não indica de forma nenhuma conclusão lógica, mas vale antes dizer que "é fato"], portanto, que há alguns [*tines*] que são livres por natureza e outros que são escravos, e para estes últimos é justo e conveniente servir [*sympherei to douleuein kai dikaion estin*]. (1255a 1-2)

No mesmo sentido, ele repete algumas linhas depois: "A natureza quer [*bouletai*] fazer isso [ou seja, que de um pai nobre e bom surja um filho semelhante a ele], mas não o pode [*dynatai*] sempre" (1255b 4).

Em vez de garantir-lhe um fundamento certo, a abordagem "física" da escravidão deixa sem resposta a única pergunta que teria podido fundamentá-la: "Existe ou não diferença corpórea entre o escravo e o senhor?". Tal pergunta implica, pelo menos em princípio, a ideia de que seja possível outro corpo para o homem, de que o corpo humano seja constitutivamente dividido. Procurar compreender o que significa "uso do corpo" significará também pensar esse outro possível corpo do homem.

ℵ *A ideia de um fundamento "físico" da escravidão é retomada sem reservas, alguns séculos depois, por Sade, que coloca nos lábios do libertino Saint-Fond esta peremptória argumentação:*

> *Olha para as obras da natureza e considera tu mesmo a extrema diferença que tua mão pôs na formação dos homens nascidos na primeira classe [os senhores] e aqueles nascidos na segunda [os servos]. Têm, por acaso, a mesma voz, a mesma pele, os mesmos membros, o mesmo modo de caminhar, os mesmos gostos e – ousaria dizer – as mesmas necessidades? É vão objetar que tais diferenças são estabelecidas pelo luxo e pela educação e que, no estado de natureza, uns e outros são absolutamente semelhantes desde a infância. Eu o nego e, tanto porque eu mesmo o observei quanto por ter sido observado por hábeis anatomistas, afirmo que não há semelhança nenhuma na conformação de uns e de outros... Não duvideis mais, Juliette, dessas*

28 • O uso dos corpos

*desigualdades e, tendo em vista que elas existem, não devemos hesitar em nos apro-
veitarmos delas e em nos convencermos de que, se a natureza quis que nascêssemos
na primeira dessas duas classes de homens, é para que possamos usufruir, conforme
nos agrada, do prazer de acorrentar o outro e de fazer que ele sirva despoticamente
a todas as nossas paixões e a todas as nossas necessidades.**

*A reserva de Aristóteles neste caso desapareceu, e a natureza realiza sem
falta aquilo que quer: a diferença corpórea entre senhores e escravos.*

1.5. Torna-se ainda mais surpreendente que Goldschmidt, após ter re-
gistrado com tanta precisão o caráter "físico" da argumentação aristotélica,
não estabeleça de nenhum modo uma relação entre essa e a definição do
escravo como "uso do corpo", que a precede imediatamente, nem tire dela
consequência quanto à própria concepção da escravidão. No entanto, é
possível que a compreensão da estratégia que leva Aristóteles a conceber de
maneira puramente "física" a existência do escravo se torne acessível apenas
se procurarmos antes entender o significado da fórmula "o homem cuja
obra é o uso do corpo". Se Aristóteles reduz o problema da existência do
escravo ao da existência de seu corpo, isso talvez se deva ao fato de que a
escravidão define uma dimensão muito singular do humano (que o escravo
seja um homem está, para ele, fora de questionamento), a qual o sintagma
"uso do corpo" procura nomear.

Para compreender o que Aristóteles entende por essa expressão, será
conveniente ler a passagem, um pouco anterior, em que a definição da escravidão se cruza com a questão de ela ser justa ou violenta, por natureza
(*physei*) ou por convenção (*nomoi*), e com o problema da administração da
casa (1253b 20-1254a 1). Depois de ter lembrado que, de acordo com alguns, o poder do chefe de família sobre os escravos (*to despozein*) é contra
a natureza e, portanto, injusto e violento (*biaion*), Aristóteles introduz uma
comparação entre o escravo e os *ktemata*, a mobília (os instrumentos, no
sentido amplo que o termo tem em sua origem) e os instrumentos (*organa*)
que fazem parte da administração de uma casa:

> O conjunto da mobília [*ktesis*] é parte da casa, e a arte de usar a mobília
> [*ktetikè*] é parte da economia (sem as coisas necessárias, de fato, é impossí-
> vel tanto viver quanto viver bem). Assim como é necessário para toda téc-
> nica determinada, se uma obra deve ser realizada, que haja instrumentos

---

* Não há citação de fonte por parte do autor. (N. T.)

O homem sem obra • 29

próprios [*oikeia organa*], também acontece para aquele que administra uma casa [*oikonomikoi*]. Dos instrumentos, alguns são inanimados, outros são animados (para quem comanda um navio, o timão é inanimado, o vigilante de proa é, por sua vez, animado; nas técnicas, o ajudante [*hyperetes*] existe na forma de instrumento). Da mesma maneira, também um móvel [*ktema*] é um instrumento para a vida [*pros zoen*], e o conjunto dos móveis [*ktesis*] é uma multidão de instrumentos, e também o escravo é, de certa maneira, um móvel animado [*ktema ty empsychon*] e o ajudante é uma espécie de instrumento para os instrumentos [*organon pro organon*, ou seja, um instrumento que vem antes dos outros instrumentos]. Se o instrumento pudesse realizar sua obra sob comando ou percebendo antecipadamente o que lhe cabe fazer, assim como o fazem as estátuas de Dédalo ou os trípodes de Hefesto, os quais, segundo o poeta, entram sozinhos [*automatous*] no convívio dos deuses, e se da mesma maneira as lançadeiras tecessem por si sós e as palhetas tocassem a cítara por si mesmas, então os arquitetos não teriam necessidade de ajudantes nem os senhores precisariam de escravos.

O escravo aqui é comparado a um móvel ou a um instrumento animado que, segundo os lendários autômatos de Dédalo ou de Hefesto, pode movimentar-se sob comando. Voltaremos a falar sobre essa definição do escravo como "autômato" ou instrumento animado; por enquanto, tenhamos em mente que, para o grego, o escravo está, em termos modernos, mais próximo da máquina e do capital fixo do que do operário. No entanto, conforme veremos, trata-se de uma máquina especial, que não está voltada para a produção, e sim para o uso.

‎ℵ *O termo* ktema, *que vertemos para "mobília", muitas vezes é traduzido como "objeto de propriedade". Essa tradução nos desvia do caminho, pois sugere uma caracterização em termos jurídicos que falta no termo grego. Talvez a definição mais exata do termo seja a de Xenofonte, que explica* ktema *como "aquilo que é vantajoso para a vida de alguém", esclarecendo que é vantajoso "tudo aquilo de que se sabe fazer uso" (Econômico, VI, 4). O vocábulo, como, aliás, fica evidente nas passagens seguintes do texto de Aristóteles, remete à esfera do uso, não àquela da propriedade. Em sua abordagem do problema da escravidão, Aristóteles parece evitar intencionalmente a definição da escravidão em termos jurídicos que esperaríamos como a mais óbvia para deslocar sua argumentação para o plano do "uso do corpo". Que também na definição do escravo como "o homem que não é de si, mas de outro" a contraposição* autou/allou *não deva ser entendida necessariamente em termos de propriedade – para além do fato de que "ser proprietário de si" não teria sentido – é algo que acaba sendo provado também pela fórmula análoga que Aristóteles usa em* Metafísica, 982b 25, *em que a mesma remete à esfera do autonomia, não àquela de propriedade. "Assim como declaramos livre o homem que existe voltado para si mesmo e não para outro [ho autou heneka kai me allou on], também declaramos que a sabedoria é a única ciência livre."*

30 • O uso dos corpos

1.6. Logo depois, com um desenvolvimento decisivo, Aristóteles vincula o tema do instrumento ao do uso:

Os instrumentos apenas mencionados [as lançadeiras e as palhetas] são órgãos produtivos [*poietikà organa*]; o móvel é, por sua vez, um instrumento prático [*praktikon*]. Realmente, da lançadeira obtém-se algo mais que seu simples uso [*heteron ti ginetai parà ten chresin autes*], da roupa e da cama, por sua vez, somente seu uso [*he chresis monon*]. Como existe uma diferença específica entre produção [*poiesis*] e práxis [*praxis*], e ambas precisam de instrumentos, é necessário que também nos instrumentos haja a mesma diferença. O modo de vida [*bios*] é uma práxis, não uma produção; portanto, o escravo é um auxiliar em relação às coisas da práxis. Ora, "móvel" tem o mesmo significado que "parte" [*morion*, "peça", o que pertence a um conjunto], e a parte não é simplesmente parte de algo diferente [*allou*], mas dela faz parte integralmente [*holos* – alguns manuscritos usam *haplos*, "absolutamente", ou, usando expressão ainda mais forte, *haplos holos*, "absoluta e integralmente"]. O mesmo se pode dizer do móvel. Por isso, o senhor é apenas senhor do escravo, não é [parte] do mesmo; o escravo não é só escravo do senhor, mas é integralmente [parte] dele.

Portanto, é evidente qual é a natureza [*physis*] e qual é a potência [*dynamis*] do escravo: aquele que, embora sendo homem [*anthropos on*], é por natureza de outro, é escravo por natureza; e é de outro homem que, mesmo sendo homem, é um móvel, ou seja, um instrumento prático e separado [*organon praktikon kai choriston*]. [1254a 1-17]

A assemelhação do escravo a um móvel e a um instrumento é aqui desenvolvida distinguindo, sobretudo, os instrumentos produtivos e os instrumentos de uso (que não produzem nada, a não ser seu uso). Assim, na expressão "uso do corpo", uso deve ser entendido em sentido não produtivo, mas prático: *o uso do corpo do escravo é semelhante àquele do leito ou da roupa, não àquele da lançadeira ou da palheta.*

Estamos tão habituados a pensar o uso e a instrumentalidade em função de um objetivo externo que não nos fica fácil entender uma dimensão do uso totalmente independente de uma finalidade, como aquela sugerida por Aristóteles: para nós, também a cama serve para o descanso e a roupa serve para proteger-nos do frio. Da mesma maneira, estamos habituados a considerar o trabalho do escravo parecido com aquele, eminentemente produtivo, do operário moderno. Por isso, uma primeira e necessária precaução consiste em separar "o uso do corpo" do escravo da esfera da *poiesis* e da produção, a fim de a devolver àquela – segundo Aristóteles, improdutiva por definição – da práxis e do modo de vida.

O homem sem obra • 31

 ‭‬ *A distinção entre a operação que produz algo a partir de fora e aquela de que resulta apenas um uso era tão importante para Aristóteles que ele a aborda segundo uma perspectiva propriamente ontológica no livro Teta de* Metafísica, *dedicado ao problema da potência e do ato. "A obra [ergon]", escreve ele,*

> *é o fim, e o ser-em-obra [energeia] é uma obra, e desta deriva o termo ser-em-obra, que significa também possuir-se-no-fim [entelecheia]. Em certos casos, o fim último é o uso [chresis], assim como acontece na vista [opseos] e na visão [horasis], na qual nada mais se produz do que uma visão; em outros, por sua vez, é produzido algo diferente, por exemplo, a arte de construir produz, além da ação de construir [oikodomesin], também a casa... Em todos aqueles casos, portanto, em que há produção de algo para além do uso, o ser-em-obra está na coisa produzida: a ação de construir está na coisa construída, e a ação de tecer está no tecido... Pelo contrário, naquelas [operações] em que não há obra nenhuma além do ser-em-obra, nelas reside o ser--em-obra, no sentido de que a visão está naquele que vê e a contemplação [theoria] em quem contempla, e a vida na alma.* (Metafísica, *1050a 21-1050b 1)*

Aristóteles parece teorizar, nesse caso, um excesso de energeia *com relação ao* ergon, *do ser-em-obra com relação à obra, o que implica de algum modo um primado das operações em que não se produz senão o uso sobre aquelas poiéticas, cuja* energeia *reside em uma obra externa e que os gregos tendiam a levar pouco em consideração. De toda maneira, é certo que o escravo, cujo* ergon *consiste apenas no "uso do corpo", deveria ser inscrito, sob esse ponto de vista, na mesma classe em que figuram a visão, a contemplação e a vida.*

1.7. A aproximação do escravo a um *ktema* implica, para Aristóteles, que ele seja parte (*morion*) do senhor – parte em sentido integral e constitutivo. O termo *ktema*, que, conforme vimos, não é termo técnico do direito, mas da *oikonomia*, não significa "propriedade" em sentido jurídico e designa, nesse contexto, as coisas como parte de um conjunto funcional e não pertencentes como propriedade a um indivíduo (para este último sentido, um grego não diria *ta ktemata*, mas *ta idia*). Por isso, Aristóteles pode considerar, como observamos, *ktema* sinônimo de *morion* e tem o cuidado de assinalar que o escravo "não só é escravo do senhor, mas é dele parte integral" (1254a 13). No mesmo sentido, é necessário restituir ao termo grego *organon* sua ambiguidade: ele implica tanto o instrumento quanto o órgão como parte do corpo (escrevendo que o escravo é um *organon praktikon kai choriston*, Aristóteles joga obviamente com o duplo sentido do termo).

O escravo é de tal maneira parte (do corpo) do senhor, no sentido "orgânico" e não simplesmente instrumental do termo, que Aristóteles pode falar de uma "comunidade de vida" entre escravo e senhor (*koinonos zoes* –

32 • O uso dos corpos

1260a 40). Mas como devemos entender o "uso do corpo" que define a obra e a condição do escravo? E como pensar a "comunidade de vida" que o une ao senhor?

No sintagma *tou somatos chresis*, o genitivo "do corpo" não deve ser entendido apenas no sentido objetivo, mas também (em analogia com a expressão *ergon anthropou psyches energeia* de *Ética a Nicômaco*) em sentido subjetivo: no homem escravo o corpo está em uso assim como no homem livre a alma está em obra segundo a razão.

A estratégia que leva Aristóteles a definir o escravo como parte integrante do senhor mostra, a essa altura, sua sutileza. Colocando em uso o próprio corpo, o escravo é, por isso mesmo, usado pelo senhor, e, ao usar o corpo do escravo, o senhor na realidade usa o próprio corpo. O sintagma "uso do corpo" não só representa um ponto de indiferença entre genitivo subjetivo e genitivo objetivo, mas também entre o próprio corpo e o corpo do outro.

א *É oportuno ler a teoria da escravidão que delineamos até aqui à luz da ideia de Sohn-Rethel, segundo a qual, na exploração de um homem por parte de outro, acontecem uma ruptura e uma transformação na relação imediata de troca orgânica entre o ser vivo e a natureza. A relação do corpo humano com a natureza é, assim, substituída por uma relação dos homens entre si. Os exploradores vivem dos produtos do trabalho dos explorados, e a relação produtiva entre homem e natureza se torna objeto de uma relação entre homens, na qual a própria relação acaba reificada e apropriada.*

A relação produtiva homem-natureza torna-se objeto de uma relação homem-homem, é sujeitada a seu ordenamento e a sua lei e, por isso, é "desnaturalizada" com respeito ao estado "natural", a fim de se realizar, em seguida, unicamente segundo a lei das formas de mediação que representam sua negação afirmativa.[7]

Nos termos de Sohn-Rethel, seria possível afirmar que aquilo que acontece na escravidão é que a relação do senhor com a natureza, como Hegel havia intuído em sua dialética do reconhecimento de si, agora é mediada pela relação do escravo com a natureza. Assim, o corpo do escravo, em sua relação de troca orgânica com a natureza, é usado como meio da relação do corpo do senhor com a natureza. Contudo, pode-se perguntar se mediar a própria relação com a natureza por meio da relação com outro homem não é, desde o início, próprio do humano e se a escravidão não contém uma memória dessa operação antropogenética original. A perversão só começa quando a relação recíproca de uso é apropriada e reificada em termos jurídicos por meio da constituição da escravidão como instituição social.

Benjamin definiu em certa ocasião a justa relação com a natureza não como "domínio do homem sobre a natureza", mas como "domínio da relação entre o homem e a natureza".

---

[7] Theodor W. Adorno e Alfred Sohn-Rettel, *Briefwechsel 1936-1969* (ed. crítica Christoph Gödde, Munique, 1991), p. 32.

Por essa perspectiva, pode-se afirmar que, enquanto a tentativa de dominar o domínio do homem sobre a natureza possibilita as contradições de que a ecologia não consegue dar conta, um domínio da relação entre o homem e a natureza se torna possível precisamente pelo fato de que a relação do homem com a natureza não é imediata, mas mediada por sua relação com outros homens. Só posso constituir-me como sujeito ético em minha relação com a natureza porque tal relação é mediada pela relação com outros homens. Se, porém, procuro apropriar-me, por meio daquilo que Sohn-Rethel chama de "socialização funcional", da mediação pelo outro, então a relação de uso degenera em exploração e, conforme mostra com clareza a história do capitalismo, a exploração é definida pela impossibilidade de ser dominada (por isso a ideia de desenvolvimento sustentável em um capitalismo "humanizado" é contraditória).

1.8. Reflitamos sobre a condição singular do homem cujo *ergon* é o uso do corpo e, ao mesmo tempo, sobre a natureza particular desse "uso". À diferença do sapateiro, do carpinteiro, do auleta ou do escultor, o escravo, mesmo que exercitasse tais atividades – e Aristóteles sabia muito bem que isso podia acontecer na *oikonomia* da casa – é e continua sendo essencialmente sem obra, no sentido de que, à diferença do que acontece com o artesão, sua práxis não é definida pela obra que produz, mas unicamente pelo uso do corpo.

Isso é ainda mais surpreendente enquanto – como Jean-Paul Vernant mostrou em um estudo exemplar[8] – o mundo clássico jamais considera a atividade humana e seus produtos pelo ponto de vista do processo laboral que os mesmos implicam, mas só de acordo com aquele do resultado. Yan Thomas observou, a propósito, que os contratos de obra nunca determinam o valor do objeto encomendado segundo a quantidade de trabalho que ele exige, apenas segundo as características próprias da obra produzida. Por esse motivo, os historiadores do direito e da economia costumam afirmar que o mundo clássico não conhece o conceito de trabalho. (Seria mais exato afirmar que ele não o distingue da obra que produz.) A primeira vez – esta é a descoberta de Yan Thomas – em que, no direito romano, algo parecido com um trabalho aparece como realidade jurídica autônoma é nos contratos de *locatio operarum* do escravo por parte de quem dele era proprietário ou – no caso que serve de exemplo, segundo Thomas – dele tinha o usufruto.

---

[8]   Jean-Paul Vernant e Pierre Vidal-Naquet, *Travail et esclavage en Grèce ancienne* (Bruxelas, Complexe, 1988), p. 28-33 [ed. bras.: *Trabalho e escravidão na Grécia antiga*, trad. Marina Appenzeller, Campinas, Papirus, 1989].

34 • O uso dos corpos

É significativo que o isolamento de algo parecido com um "trabalho" do escravo tenha podido ocorrer unicamente separando de modo conceitual o uso (*usus*) – que não podia ser alienado com relação ao *usuarius* e coincidia com o uso pessoal do corpo do escravo – frente ao *fructus*, que o *fructuarius* podia alienar no mercado:

> O trabalho a que tem direito o *usuarius* confunde-se com o uso pessoal ou doméstico que ele tem do escravo – uso que exclui o lucro mercantil. O trabalho a que tem direito o *fructuarius*, pelo contrário, pode ser alienado no mercado em troca de um preço: pode ser dado em locação. Em ambos os casos, quer se trate de uso, quer se trate de usufruto do escravo, este concretamente trabalha. Mas sua atividade, que a língua comum chamaria de trabalho, não tem o mesmo valor para o direito. Ou o escravo continua à disposição do usuário em pessoa: trata-se, então, de um serviço, por assim dizer, *in natura*, que poderíamos chamar de trabalho de uso, no sentido em que se fala de valor de uso. Ou então, suas *operae*, separadas dele, representam uma "coisa" alienável a terceiros, na forma jurídica de um contrato. Sendo assim, para o usufrutuário, trata-se somente de uma renda monetária. Ao trabalho de uso, acrescenta-se dessa maneira um trabalho que se pode definir como mercadoria, no sentido em que se fala de valor mercantil.[9]

O uso do escravo, mesmo quando o proprietário o cedeu a outros, continua sempre inseparável do uso de seu corpo. "Se alguém", escreve Ulpiano, "recebeu como legado o uso de um pessoal de serviço, poderá usá-lo para si ou para seus filhos ou para o familiar... mas não poderá locar a obra do escravo de que tem o uso nem conceder o uso do mesmo a outros"[10]. Isso é ainda mais evidente no caso dos escravos de que não havia nenhuma obra possível, como no caso das crianças, cujo uso coincidia com a fruição (*delicia, voluptas*) que dele se obtinha. Quando lemos em *Digesto* "se uma criança se lega só o uso..." (7, 1, *de usuf.*, 55), fica evidente que, no caso, o termo jurídico *usus* se confunde sem resíduos com o uso do corpo.

Importa refletir sobre esse caráter inseparável e pessoal do uso do escravo. Mesmo quando os juristas romanos distinguem, como observamos, pela noção de *fructus*, o trabalho (*operae* não indica o produto, mas a atividade em si) do escravo com relação ao uso em sentido estrito, isso é e continua sendo pessoal e inseparável do próprio corpo. A separação de algo parecido

---

[9] Yan Thomas, "L'usage' et les 'fruits' de l'esclave", em *Enquête*, n. 7, 1998, p. 222; cf. idem, "Le corps de l'esclave et son travail à Rome. Analyse d'une dissociation juridique", em Philippe Moreau (org.), *Corps romains* (Grenoble, J. Millon, 2002), p. 227.

[10] Idem, "L'usage' et les 'fruits' de l'esclave", cit., p. 217-8.

com uma atividade laboral aqui só é possível separando o corpo como objeto de uso com relação a sua atividade como alienável e remunerável: "O trabalho fica cindido entre duas zonas de direito que correspondem, respectivamente, àquilo que ele é como corpo e àquilo que é como renda, como bem incorpóreo"[11]. Nesse momento, o escravo entra naquele processo secular que o levará a transformar-se em operário.

Segundo a perspectiva que nos interessa aqui, podemos considerar a hipótese de que o aparecimento tardio da dimensão do trabalho tenha ocorrido no escravo antes que no artesão, precisamente porque a atividade do escravo é, por definição, isenta de uma obra própria e, por conseguinte, não podia ser avaliada com base em seu *ergon*, como acontecia no caso do artesão. Justo porque seu *ergon* é o uso do corpo, o escravo é essencialmente *argos*, isento de obra (pelo menos no sentido poiético do termo).

1.9. A natureza particular do uso do corpo do escravo aparece com evidência em uma esfera que, curiosamente, passou despercebida pelos historiadores. Ainda em 1980, em seu estudo *Ancient Slavery and Modern Ideology*[12], Moses Finley, ao retomar uma observação de Joseph Vogt, lamentava a ausência total de investigação sobre a relação entre escravidão e relações sexuais. Infelizmente, o recente estudo de Kyle Harper (*Slavery in the Late Roman World*, de 2011), que dedica um vasto capítulo a esse assunto, só diz respeito à Antiguidade romana tardia e, por isso, deve servir-se de fontes cristãs nem sempre objetivas. Sua investigação, contudo, mostra, para além de qualquer dúvida, que as relações sexuais entre o senhor e seus escravos eram consideradas totalmente normais. Aliás, as fontes examinadas por Harper sugerem que elas funcionavam de algum modo como contrapartida frente à instituição matrimonial e que é também graças a elas que essa instituição pôde conservar sua força na sociedade romana[13].

O que nos interessa é, sobretudo, que a relação sexual era parte integrante do uso do corpo do escravo e não era percebida de nenhum modo como abuso. Nada é mais significativo, por essa perspectiva, do que o testemunho da *Interpretação dos sonhos*, de Artemidoro, que elenca as relações sexuais com

---

[11] Idem, "Le corps de l'esclave et son travail à Rome", cit., p. 233.

[12] Publicado em Nova York pela editora Viking.

[13] Kyle Harper, *Slavery in the Late Roman World. AD 275-425* (Cambridge [Inglaterra], Cambridge University Press, 2011), p. 290-1.

36 • O uso dos corpos

os escravos entre aquelas "conformes à natureza, à lei e ao costume" (*katà physin kai nomon kai ethos*)[14]. Em coerência perfeita com a doutrina aristotélica do escravo como móvel, o fato de usar sexualmente em sonho o escravo é, no caso, o símbolo da melhor relação possível com os próprios objetos de uso: "Sonhar unir-se sexualmente com o próprio escravo ou com a própria escrava é propício: os escravos de fato são móveis [*ktemata*] do sonhador, e unir-se com eles, por isso, significará que ele desfrutará de sua mobília, que se tornará mais numerosa e preciosa"[15]. Para confirmar seu caráter realmente normal, a relação sexual com o escravo pode aparecer também como chave de interpretação de um sonho: "Se alguém sonhar que se masturba com as mãos, isso significa que terá relações sexuais com um escravo ou com uma escrava, enquanto as mãos que se aproximam das partes pudendas são serviçais [*hyperetikas*]". Naturalmente, também o escravo pode sonhar: "Conheço um escravo que sonhou masturbar o senhor e depois se tornou preceptor e educador dos seus filhos; de fato, ele havia tido entre as mãos o membro do pai, que é símbolo dos filhos"; no entanto, o prognóstico também pode não ser favorável: "Conheço outro que, pelo contrário, sonhou ser masturbado pelo senhor: foi amarrado a uma coluna e recebeu muitas chicotadas"[16].

O que a perspicácia onírico-crítica de Artemidoro parece sugerir nesse caso é que não só o uso do corpo do escravo compreende o uso de suas partes sexuais, mas também que, no ato de se indeterminarem os dois corpos, a mão "serviçal" do senhor equivale ao serviço do escravo. Disso nasce a promiscuidade singular que define desde sempre as relações com os servidores, por quem os patrões (ou as patroas) se fazem lavar, vestir, pentear, sem que isso corresponda a uma real necessidade.

Contudo, justamente por isso e para confirmar o caráter pessoal e não mercantil do uso do corpo do escravo é que o senhor que prostitui uma escrava desonra si mesmo e sua casa.

1.10. A atividade do escravo foi muitas vezes identificada com aquilo que os modernos chamaram de trabalho. Essa é, como se sabe, a tese mais ou menos explícita de Arendt: a vitória do *homo laborans* na modernidade e o primado do trabalho sobre as outras formas da atividade humana

---

[14] Artemidoro di Daldi, *Il libro dei sogni* (Milão, BUR, 2006), p. 218.

[15] Ibidem, p. 220.

[16] Ibidem, p. 223.

(o produzir, *Herstellen*, que corresponde à *poiesis* aristotélica; e o agir, *Handeln*, que corresponde à *praxis*) implicam, na realidade, que a condição do escravo, a saber, daquele que está inteiramente ocupado com a reprodução da vida corpórea, com o fim do *ancien régime*, tenha se estendido para todos os seres humanos. Não restam dúvidas de que o trabalhador moderno se assemelhe mais ao escravo do que ao criador de objetos (com quem, segundo Arendt, a modernidade tende a confundi-lo) ou ao homem político, e Cícero já afirmava que, para aqueles que vendem o próprio trabalho, a compensação é o "salário da escravidão" (*auctoramentum servitutis – De officiis*, 1, 42, 150); no entanto, não devemos esquecer que os gregos ignoravam o conceito de trabalho e, conforme observamos, concebiam a atividade do escravo não como *ergon*, mas como "uso do corpo".

Se não pode haver na Grécia uma noção geral de trabalho comparável à nossa, isso se deve, conforme Vernant demonstrou, ao fato de que as atividades produtivas não são concebidas com relação ao referencial unitário que é, para nós, o mercado, mas tendo relação com o valor de uso do objeto produzido.

> Por intermédio do mercado, todos os trabalhos efetuados no conjunto da sociedade são colocados em relação uns com os outros, confrontados uns com os outros, homogeneizados... Essa confrontação universal dos produtos do trabalho no mercado, ao mesmo tempo que transforma os diversos produtos, todos diferentes do ponto de vista de seu uso, em mercadorias todas comparáveis do ponto de vista de seu valor, também transmuta os trabalhos humanos, sempre diversos e particulares, numa mesma atividade de trabalho geral e abstrata. Ao contrário, no contexto da técnica e da economia antigas, o trabalho só aparece ainda em seu aspecto concreto. Cada tarefa encontra-se definida em função do produto que visa a fabricar: a sapataria com relação ao calçado, a olaria com relação ao pote. Não se encara o trabalho na perspectiva do produtor como expressão de um mesmo esforço humano criador de valor social. Não se encontra, portanto, na Grécia uma grande função humana, o trabalho, que recobre todos os ofícios, mas uma pluralidade de ofícios diferentes, cada um constituindo um tipo particular de ação que produz sua própria obra.[17]

É nesse contexto que se deve situar a reflexão aristotélica sobre a *poiesis* na passagem citada de *Metafísica* (1050a 21-1050b 1): enquanto quem age ou usa sem produzir possui a *energeia* em sua própria ação, o artesão que

---

[17] Jean-Paul Vernant e Pierre Vidal-Naquet, *Travail et esclavage en Grèce ancienne*, cit., p. 28 [ed. bras.: *Trabalho e escravidão na Grécia antiga*, cit., p. 35-6].

38 • O uso dos corpos

produz um objeto não possui em si a *energeia* da atividade, que assim reside fora dele na obra. Por isso, sua atividade, submissa constitutivamente a uma finalidade externa, se apresenta inferior à práxis. Vernant pode, por isso, afirmar com razão que,

nesse sistema social e mental, o homem "age" quando utiliza as coisas e não quando as fabrica. O ideal do homem livre, do homem ativo, é ser universalmente usuário e nunca produtor. E o verdadeiro problema da ação, pelo menos para as relações do homem com a natureza, é o do "bom uso" das coisas e não o de sua transformação pelo trabalho.[18]

Segundo essa perspectiva, a interpretação da atividade do escravo em termos de trabalho aparece, além de anacrônica, como extremamente problemática. Enquanto se reduz a um uso improdutivo do corpo, ela parece constituir quase a outra face do bom uso das coisas por parte do homem livre. Em outras palavras, é possível que o "uso do corpo" e a ausência de obra do escravo sejam algo a mais ou, então, algo diferente de uma atividade laboral e que até conservem a memória ou evoquem o paradigma de uma atividade humana que não é redutível ao trabalho nem à produção, tampouco à práxis.

1.11. Hannah Arendt lembrou a diferença que separa a concepção antiga da escravidão daquela dos modernos: enquanto para estes o escravo é um meio de proporcionar força-trabalho a preço baixo com o objetivo de lucrar, para os antigos tratava-se de eliminar o trabalho da existência propriamente humana, que era incompatível com ele e que os escravos, assumindo-o para si, tornam possível. "Dado que os homens são submetidos às necessidades da vida, podem ser livres unicamente se sujeitarem outros, obrigando-os pela força a suportar em lugar deles aquelas necessidades."[19]

É preciso acrescentar, porém, que o estatuto especial dos escravos – ao mesmo tempo excluídos e incluídos na humanidade, como aqueles homens não propriamente humanos que possibilitam que os outros sejam humanos – tem como consequência um cancelamento e uma confusão dos limites que separam a *physis* com relação ao *nomos*. Ao mesmo tempo instrumento

---

[18] Ibidem, p. 33 [ed. bras.: ibidem, p. 42].

[19] Hannah Arendt, *Vita activa, oder vom tätigen Leben* (Munique, Piper, 1981), p. 78 [ed. bras.: *A condição humana*, 11. ed., trad. Roberto Raposo, Rio de Janeiro, Forense Universitária, 2010].

artificial e ser humano, o escravo não pertence propriamente à esfera da natureza nem àquela da convenção, tampouco à esfera da justiça ou àquela da violência. Daí a aparente ambiguidade da teoria aristotélica da escravidão, que, assim como faz a filosofia antiga em geral, parece obrigada a justificar o que não pode deixar de condenar e a condenar aquilo cuja necessidade não pode deixar de negar. O fato é que o escravo, embora excluído da vida política, mantém com ela uma relação totalmente especial. Ele representa uma vida não propriamente humana que possibilita aos outros o *bios politikos*, ou seja, a vida verdadeiramente humana. E se o humano é definido para os gregos por intermédio de uma dialética entre *physis* e *nomos, zoè* e *bios*, então o escravo, assim como a vida nua, está no limiar que os separa e une.

א *A antropologia que recebemos em herança da filosofia clássica é modelada pelo homem livre. Aristóteles desenvolveu sua ideia de homem a partir do paradigma do homem livre, mesmo que isso implique o escravo como condição de possibilidade; pode-se imaginar que teria podido desenvolver uma antropologia totalmente diferente se tivesse levado em consideração o escravo (cuja "humanidade" ele nunca procurou negar). Isso significa que, na cultura ocidental, o escravo é algo parecido com o recalcado. A reemergência da figura do escravo na do trabalhador moderno apresenta-se, portanto, segundo o esquema freudiano, como um retorno do recalcado em forma patológica.*

1.12. Como entender a esfera particular do agir humano que Aristóteles chama de "uso do corpo"? O que, nesse caso, significa "usar"? Trata-se de fato, como Aristóteles parece sugerir, talvez para distingui-la da produção, de uma espécie de práxis (o escravo é um "instrumento prático")?

Em *Ética a Nicômaco*, Aristóteles havia distinguido *poiesis* e *praxis* com base na presença ou na ausência de um fim externo (a *poiesis* é definida por um *telos* externo, que é o objeto produzido, enquanto na práxis "agir bem [*eupraxia*] é em si o fim" – 1140b 6). Aristóteles afirma, sem reservas e com frequência, que o uso do corpo não pertence à esfera produtiva da *poiesis*; parece possível inscrevê-lo simplesmente no âmbito da práxis. Aliás, o escravo é aproximado de um instrumento e definido como "instrumento para a vida [*zoè*]" e "auxiliar para a práxis", mas, precisamente por isso, é impossível afirmar a respeito de suas ações que, assim como acontece para a práxis, agir bem seja o fim em si.

Isso é tão verdadeiro que Aristóteles limita explicitamente a possibilidade de aplicar à ação do escravo o conceito de virtude (*aretè*) que define o agir do homem livre: enquanto o escravo é útil para as necessidades da vida, "é

40 • O uso dos corpos

claro que ele precisa de pouca virtude, bastando aquela suficiente para que não abandone a obra por intemperança ou por desleixo" (*Política*, 1260a 35-6). Não existe uma *aretè* do uso do corpo do escravo, assim como (segundo *Magna moralia*, 1185a 26-35) não pode existir uma *aretè* da vida nutritiva, que, por esse motivo, fica excluída da felicidade.

E assim como parece fugir da oposição entre *physis* e *nomos*, *oikos* e *polis*, a atividade do escravo nem sequer é classificável segundo as dicotomias *poiesis/praxis*, agir bem/agir mal, que deveriam definir, segundo Aristóteles, as operações humanas.

‫א‬ *Na passagem citada de* Magna moralia, *Aristóteles pergunta se é pensável uma virtude da vida nutritiva (ou seja, aquela parte da vida humana que os homens têm em comum com as plantas e que, com base nos comentadores da Antiguidade tardia, virá a ser definida como "vegetativa"):*

> *O que acontece se perguntarmos se há uma virtude também para essa parte da alma? Se houver, é claro que haverá também nesse caso um ser-em-obra [energeia], e a felicidade é justamente o ser-em-obra de uma virtude perfeita. Se existir tal virtude, não é aqui o caso de discuti-la, mas também se existisse não haveria um ser-em-obra da mesma.*

É interessante refletirmos sobre a analogia entre uma atividade humana isenta de ergon e de virtude, como a do escravo, e a vida vegetativa como vida humana excluída da virtude. Assim como Aristóteles parece sugerir para esta última a possibilidade de uma virtude sem ser-em-obra ("mas também se existisse não haveria um ser-em-obra da mesma"), seria possível pensar no caso do corpo do escravo uma aretè *que não conhece* ergon *nem* energeia *e, mesmo assim, está sempre em uso. Talvez um dos limites da ética ocidental tenha sido justamente a incapacidade de pensar uma* aretè *da vida em todos os aspectos.*

A razão pela qual Aristóteles não pode admitir uma energeia *nem uma virtude em ato da vida vegetativa reside no fato de que ela é, segundo o autor, isenta de* hormè, *de impulso ou* conatus. *"Daquilo a respeito do qual não existe* hormè*", continua a passagem citada,*

> *não pode existir* energeia. *Aliás, não parece haver impulso nessa parte da alma, mas ela parece, sim, assemelhar-se ao fogo. Se realmente alguém lhe lança algo, o fogo o devora; mas se não lho damos, o fogo não se sente impulsionado a tomá-lo. Assim acontece para essa parte da alma: se lhe dermos nutrimento, ela se nutre; se não lhe dermos nada, ela não se sente impulsionada a nutrir-se. Por isso a alma nutritiva não contribui para a felicidade.*

Segundo todas as evidências, é a vontade de excluir da ética a vida nutritiva (dizer que algo não contribui para a felicidade significa, para um grego, excluí-lo da ética) que leva Aristóteles a negar-lhe algo parecido com um conatus. *Uma ética que não queira excluir uma parte da vida deverá ser capaz não só de definir um* conatus *e uma* aretè *da vida como tal, mas também de pensar desde o princípio os próprios conceitos de "impulso" e de "virtude".*

1.13. Tentemos fixar em uma série de teses as características da atividade que Aristóteles define como "uso do corpo".

1. Trata-se de uma atividade improdutiva (*argos*, "inoperosa", "sem-obra", na terminologia de *Ética a Nicômaco*), comparável ao uso de uma cama ou de uma peça de roupa.

2. O uso do corpo define uma zona de indiferença entre corpo próprio e corpo de outro. O senhor, usando o corpo do escravo, usa o próprio corpo, e o escravo, ao usar o próprio corpo, é usado pelo senhor.

3. O corpo do escravo situa-se numa zona de indiferença entre o instrumento artificial e o corpo vivo (é um *empsychon organon*, um órgão animado) e, portanto, entre *physis* e *nomos*.

4. O uso do corpo não é, em termos aristotélicos, *poiesis* nem *praxis*, nem uma produção nem uma práxis, tampouco é aproximável ao trabalho dos modernos.

5. O escravo, que se define por intermédio desse "uso do corpo", é o homem sem obra que torna possível a realização da obra do homem, aquele ser vivo que, embora sendo humano, é excluído da humanidade – e, por essa exclusão, incluído nela – para que os homens possam ter uma vida humana, ou seja, política.

É justamente enquanto o uso do corpo se situa no limiar indecidível entre *zoè* e *bios*, entre a casa e a cidade, entre a *physis* e o *nomos*, que é possível que o escravo represente a captura, no direito, de uma figura do agir humano que ainda nos resta provar.

א *De Aristóteles em diante, a tradição da filosofia ocidental sempre apresentou como fundamento da política o conceito de ação. Inclusive em Hannah Arendt, a esfera pública coincide com a do agir, e a decadência da política é explicada com a progressiva substituição, no decurso da idade moderna, do agir pelo fazer, do ator político pelo* homo faber *e, depois, pelo* homo laborans.

Contudo, o termo actio, *de que deriva a palavra "ação" e que, com base nos estoicos, traduz o grego* praxis, *pertence originalmente à esfera jurídica e religiosa, não à política.* Actio *designa em Roma, sobretudo, o processo. Assim, as instituições justinianas começam dividindo o campo do direito em três grandes categorias: as* personae *(direitos pessoais), as* res *(direitos reais) e as* actiones *(direito processual).* Actionem constituere *significa, portanto, "abrir um processo", assim como* agere litem *ou* causam *significa "conduzir um processo". Por outro lado, o verbo* ago *significa, em sua origem, "celebrar um sacrifício" e, segundo alguns, é esse o motivo pelo qual, nos sacramentários mais antigos, a missa é definida como* actio, *e a eucaristia, como* actio sacrificii[20].

É um termo proveniente da esfera jurídica religiosa que forneceu à política seu conceito fundamental. Uma das hipóteses da presente investigação é, colocando em questão a centralidade da ação e do fazer para a política, tentar pensar o uso como categoria política fundamental.

---

[20] Odo Casel, "Actio in liturgischer Verwendung", em *Jahrbuch für Liturgiewissenschaft*, n. 1, 1921, p. 39; Anton Baumstark, *Liturgia romana e liturgia dell'esarcato* (Roma, Libreria Pontificia de Federico Puster, 1904), p. 38-9.

2
CHRESIS

2.1. Em março de 1950, Georges Redard discute na École Practique de Hautes Études um *mémoire* sobre o significado dos verbos gregos *chre*, *chresthai*. A comissão era presidida por Émile Benveniste, que também havia sido diretor da pesquisa. O *mémoire*, que o subtítulo define como "estudo de semântica", fora concebido como capítulo de uma pesquisa mais ampla sobre terminologia mântica (os verbos em questão, que costumamos situar na esfera do uso, pertencem originalmente, em grego, segundo Redard, à família dos "verbos oraculares").

O que mais surpreende quando se examina o vasto material lexical reunido por Redard é, sobretudo, que o verbo *chresthai* parece não ter significado próprio, mas assume sentidos diferentes de acordo com o contexto. Redard elenca dessa maneira 23 significados do termo, de "consultar um oráculo" a "ter relações sexuais", de "falar" a "ser infeliz", de "golpear com o punho" a "sentir nostalgia". A estratégia, comum em nossos dicionários, que consiste em distinguir os "diferentes" significados de um termo para sucessivamente remeter à etimologia a tentativa de reconduzi-los a uma unidade, mostra nesse caso sua insuficiência. O fato é que o verbo em questão parece obter seu significado do termo que o acompanha, que não costuma estar, como nós, modernos, esperaríamos, no acusativo, mas no dativo ou, às vezes, no genitivo. Consideremos o seguinte elenco, tirado em grande parte dos exemplos mencionados por Redard:

- *chresthai theoi*, literalmente "usar o deus" = consultar um oráculo;
- *chresthai nostou*, literalmente "usar o retorno" = sentir nostalgia;
- *chresthai logoi*, literalmente "usar a linguagem" = falar;

44 • O uso dos corpos

- *chresthai symphorai*, literalmente "usar a desventura" = ser infeliz;
- *chresthai gynaiki*, literalmente "usar uma mulher" = ter relações sexuais com uma mulher;
- *chresthai te polei*, literalmente "usar a cidade" = participar da vida política;
- *chresthai keiri*, literalmente "usar a mão" = golpear com o punho;
- *chresthai niphetoi*, literalmente "usar a neve" = estar sujeito a nevadas;
- *chresthai alethei logoi*, literalmente "usar um discurso verdadeiro" = dizer a verdade;
- *chresthai lotoi*, literalmente "usar o loto" = comer o loto;
- *chresthai orgei*, literalmente "usar a cólera" = ser colérico;
- *chresthai eugeneiai*, literalmente "usar o bom nascimento" = ser de estirpe nobre;
- *chresthai Platoni*, literalmente "usar Platão" = ser amigo de Platão.

A situação é bem semelhante no caso do verbo latino correspondente *uti*:

- *uti honore*, literalmente "usar um cargo" = exercer um cargo;
- *uti lingua*, literalmente "usar a língua" = falar;
- *uti stultitia*, literalmente "usar a estupidez" = ser estúpido (ou dar mostras de estupidez);
- *uti arrogantia*, literalmente "usar arrogância" = ser arrogante (ou dar mostras de arrogância);
- *uti misericordia*, literalmente "usar a misericórdia" = ser misericordioso (ou dar mostras de misericórdia);
- *uti aura*, literalmente "usar a brisa" = ter o vento favorável;
- *uti aliquo*, literalmente "usar alguém" = ter familiaridade com alguém;
- *uti patre diligente*, literalmente "usar um pai diligente" = ter um pai diligente.

2.2. O que essa exemplificação torna imediatamente evidente é que o verbo em questão não pode significar, segundo o sentido moderno do verbo usar, "servir-se de", "utilizar algo". Trata-se todas as vezes de uma relação com algo, mas a natureza dessa relação é, pelo menos aparentemente, tão indeterminada que parece impossível definir um sentido unitário do termo. Isso se torna ainda mais verdadeiro à medida que Redard, na tentativa de identificar tal significado, deve contentar-se com uma definição genérica e, em última análise, tautológica, porque se limita a deslocar o problema para o termo francês *utilisation*: *chresthai* significaria *rechercher l'utilisation de quelque chose* [buscar a utilização de algo] (mesmo que não se veja como "ser sujeito a nevadas" signifique "procurar a utilização da neve", tampouco de que maneira "ser infeliz" equivalha a "buscar a utilização da desventura").

É provável que uma projeção mais ou menos consciente do significado moderno do verbo "usar" sobre aquele de *chresthai* tenha impedido ao estudioso captar o significado do termo grego. Isso fica evidente na maneira como ele caracteriza a relação entre o sujeito e o objeto do processo expresso pelo verbo.

> Se tentarmos agora definir o processo expresso pelo verbo, constataremos que ele se cumpre dentro da esfera do sujeito... A construção de *chresthai* é intransitiva: o objeto está no dativo ou no genitivo... Tratando-se de uma pessoa ou de uma coisa, o objeto afirma todas as vezes sua independência com relação ao objeto... O deus que se consulta, a joia com que se ornamenta, o loto que se come, o dardo que se utiliza, o nome de que se serve, a língua que se fala, a roupa que se veste, o elogio a que se recorre, a atividade que se exerce, a opinião que se segue, os costumes que se observam, o frio de que se é vítima, o caso a que se está submetido, a cólera que nos prende, o autor que se frequenta, o retorno a que se aspira, a nobreza da qual se descende, todas essas noções são realidades independentes daquele que a elas recorre: o objeto existe fora do sujeito e nunca o modifica.[21]

É realmente singular que Redard fale de "exterioridade", de intransitividade e de ausência de modificação entre o sujeito e o objeto justo quando acabou de lembrar o "retorno a que se aspira", a "cólera que nos prende" e a "nobreza da qual se descende", exemplos entre muitos de uma relação tão estreita entre o sujeito e o objeto que não só o sujeito deles resulta intimamente modificado, mas também as fronteiras entre os dois termos da relação parecem indeterminar-se.

Talvez seja em razão da consciência dessa intimidade entre o sujeito e o objeto do uso que Redard, a certa altura, parece esvaecer sua definição do significado do verbo *chresthai*, acrescentando que expressaria uma tentativa de "acomodação" e de "apropriação" por parte do sujeito:

> A apropriação pode ser atualizada como em *arpagei, iemasi chresthai* (ser ávido) ou virtual, como no caso de *nostou chresthai*... De todo modo, a apropriação é sempre ocasional, essa é sua especificidade. Quer se consulte um oráculo, quer se sinta necessidade, se faça empréstimo de um arado ou se fique

---

[21] Georges Redard, *Recherches sur* chré, chrestai. *Étude sémantique* (Paris, Champion, 1953), p. 42.

46 • O uso dos corpos

com raiva, isso sempre ocorre em função de um evento. Uma expressão como *symphorai chresthai* (ser infeliz) não é exceção à regra: "ser infeliz" significa mais precisamente "atrair para si a desventura"... A relação sujeito-objeto define-se como uma relação de apropriação ocasional, do tipo raio-para-raios, se retomarmos a bela imagem do senhor Benveniste.[22]

Mais uma vez, a exemplificação desmente pontualmente a tese: "ser infeliz" não pode significar apropriar-se ocasionalmente da desventura, tampouco "sentir saudades", apropriar-se do retorno.

2.3. É provável que seja justamente a relação sujeito/objeto – tão acentuada na concepção moderna da utilização de algo por parte de alguém – que resulte inadequada para captarmos o significado do verbo grego. Mesmo assim, um indício dessa inadequação estava na própria forma do verbo, que não é ativo nem passivo, mas na diátese que os gramáticos antigos chamavam de "média" (*mesotes*). Redard, ao registrar esse dado, remete ao artigo de Benveniste, publicado no mesmo ano em que havia sido discutido seu *mémoire* (*Actif et moyen dans le verbe*, 1950). A tese de Benveniste é perspicaz: enquanto, no ativo, os verbos denotam um processo que se realiza com base no sujeito e fora dele, "no médio... o verbo indica um processo que tem lugar no sujeito: o sujeito é interior ao processo"[23]. A exemplificação dos verbos que têm uma diátese média (*media tantum*) ilustra bem a situação peculiar do sujeito dentro do processo do qual é agente: *gignomai* – no latim, *nascor* –, "nascer"; *morior*, "morrer"; *penomai* – no latim, *patior* –, "sofrer"; *keimai*, "jazer"; *phato* – no latim, *loquor* –, "falar"; *fungor – fruor* –, "gozar" etc. Em todos esses casos, "o sujeito é lugar de um processo, embora tal processo, assim como no caso do latim *fruor* ou do sânscrito *manyate*, exija um sujeito; o sujeito é centro e, ao mesmo tempo, ator de um processo: ele realiza algo que se realiza nele".

A oposição com o ativo é evidente naqueles médios que também admitem diátese ativa: *koimatai*, "ele dorme", em que o sujeito é interno ao processo, torna-se, então, *koima*, "ele faz dormir", "adormenta", em que o processo, não tendo mais sede no sujeito, acaba transferido transitivamente para outro

---

[22] Ibidem, p. 44.

[23] Émile Benveniste, *Problèmes de linguistique générale*, v. 1 (Paris, Gallimard, 1966), p. 172 [ed. bras.: *Problemas de linguística geral*, v. 1, 5. ed., trad. Eduardo Guimarães, Campinas, Pontes, 2005].

termo que se torna objeto dele. Nesse caso, o sujeito "colocado fora do processo o ultrapassa já como ator", e a ação deve, consequentemente, tomar como fim um objeto externo. Algumas linhas depois, Benveniste precisa ainda mais, com respeito ao ativo, a relação particular que o médio pressupõe entre o sujeito e o processo do qual é, ao mesmo tempo, agente e lugar:

Trata-se todas as vezes de situar o sujeito com respeito ao processo, dependendo do fato de ser externo ou interno, e de qualificá-lo como agente, dependendo do fato de efetuar uma ação no ativo, ou, ao efetuá-la, que receba por isso uma afeição [*il effectue en s'affectant*], no médio.[24]

2.4. Reflitamos sobre a fórmula singular por intermédio da qual Benveniste procura expressar o significado da diátese média: *il effectue en s'affectant*. Por um lado, o sujeito que realiza a ação, pelo fato mesmo de a realizar, não age transitivamente sobre um objeto, mas implica e afeta sobretudo a si mesmo no processo; por outro, precisamente por isso, o processo supõe uma topologia específica, na qual o sujeito não ultrapassa a ação, mas é ele mesmo o lugar de seu acontecer. Assim como está implícito na denominação *mesotes*, o médio situa-se em uma zona de indeterminação entre sujeito e objeto (o agente é de algum modo também objeto e lugar da ação) e entre ativo e passivo (o agente recebe uma afeição do próprio agir). Compreende-se, então, por que Redard, ao insistir na relação sujeito/objeto e no significado moderno de "utilização", não tenha conseguido reconduzir à unidade a inexplicável polissemia do verbo *chresthai*. Isso torna ainda mais urgente identificar, no caso que aqui nos interessa, o limiar específico que o médio instaura entre sujeito e objeto e entre agente e paciente.

Esclarece-se também, por essa perspectiva "medial", por que o objeto do verbo *chresthai* não pode estar no acusativo, por que sempre está no dativo ou no genitivo. O processo não transita de um sujeito ativo para o objeto separado da ação, mas envolve em si o sujeito na medida em que este está implicado no objeto e "se dá" a ele.

Podemos agora tentar definir o significado de *chresthai*: ele expressa a *relação que se tem consigo, a afeição que se recebe enquanto se está em relação com determinado ente*. Aquele que *synphorai chretai* faz experiência de si enquanto infeliz, constitui e se mostra como infeliz; aquele que *utitur honore* se põe à prova e se define enquanto assume um cargo; aquele que

---

[24] Ibidem, p. 173.

nosthoi chretai faz experiência de si enquanto é afetado pelo desejo de retorno. Sendo assim, *somatos chresthai*, "usar o corpo", significará *a afeição que se recebe enquanto se está em relação com um ou mais corpos.* Ético – e político – é o sujeito que se constitui nesse uso, o sujeito que dá testemunho da afeição que recebe enquanto está em relação com um corpo.

2.5. Talvez em nenhum lugar esse estatuto singular do agente tenha sido descrito com mais precisão do que em Espinosa. No capítulo XX do *Compendium grammatices linguae hebraeae*, ele introduziu uma meditação ontológica em forma de análise do significado de uma forma verbal hebraica, o verbo reflexivo ativo, que se forma acrescentando um prefixo à forma intensiva. Essa forma verbal expressa uma ação em que agente e paciente, ativo e passivo, se identificam. Para esclarecer seu significado, o primeiro equivalente latino que lhe vem à mente é *se visitare*, "visitar-se", mas esse lhe parece tão insuficiente que ele logo o especifica na forma: *se visitantem constituere*, "constituir a si visitante". Segundo exemplo, *se ambulationi dare*, "dar-se ao passeio", também ele inadequado, é esclarecido com um equivalente tirado da língua materna de sua gente. "Passear", diz-se em ladino (ou seja, no espanhol que os sefarditas falavam no momento de sua expulsão da Espanha), *pasearse*, "passear a si". Como expressão de uma ação de si sobre si, em que agente e paciente entram num limiar de absoluta indistinção, o termo ladino é particularmente feliz.

Algumas páginas antes, a propósito da forma correspondente do nome definitivo, Espinosa define sua esfera semântica na ideia de uma causa imanente: "Foi, portanto, necessário inventar outra espécie de infinito que exprimisse a ação referida ao agente como causa imanente... a qual significa visitar a si mesmo, ou seja, constituir a si como visitante ou, finalmente, mostrar a si como visitante"[25]. Aqui a esfera da ação de si sobre si corresponde à ontologia da imanência, ao movimento da autoconstituição e da autoapresentação do ser, em que não só é impossível distinguir entre agente e paciente, como também sujeito e objeto, constituinte e constituído, se indeterminam.

É segundo tal paradigma que se deve entender a natureza singular do processo que denominamos "uso". Assim como, na experiência do fazer

---

[25] Baruch Espinosa, *Opera*, v. 1 (org. Carl Gebhardt, Heidelberg, Carl Winters Universitätsbuchhandlung, 1925), p. 342.

visita expressa pelo verbo hebraico, o sujeito constitui a si como visitante, e, na experiência do passear, o sujeito antes de tudo passeia a si mesmo, faz experiência de si como passeante, também todo uso é, antes de tudo, uso de si: para entrar em relação de uso com algo, eu devo ser por ele afetado, constituir a mim mesmo como aquele que faz uso de si. No uso, homem e mundo estão em relação de absoluta e recíproca imanência: ao usar algo, o que está em jogo é o ser do próprio usante.

Será oportuno refletir sobre a concepção particular do sujeito e da ação implícita no uso. Enquanto no ato de visitar, segundo o significado da diátese ativa, o essencial é a ação do agente fora de si, no uso (no ato de constituir-se como visitante), em primeiro plano, não está a *energeia* do visitar, mas a afeição que o agente-usante (que assim se torna paciente) disso recebe. O mesmo pode ser dito do termo que, na diátese passiva, é objeto da ação: no uso, ele constitui a si como visitado, é ativo em seu ser passivo. À afeição que o agente recebe de sua ação corresponde a afeição que o paciente recebe de sua paixão. Assim, sujeito e objeto são desativados e tornados inoperosos, e, em seu lugar, entra o uso como nova figura da prática humana.

ℵ *É por essa perspectiva que se pode entender a proximidade singular entre uso e amor, que Dante institui em* O convívio *(IV, 22). Após ter afirmado que o apetite natural (que ele chama também, com um vocábulo grego,* hormen*) ama sobretudo a si mesmo e, por meio desse amor de si, também as outras coisas ("e assim amando principalmente a si e para si as outras coisas e amando mais em si a melhor parte, fica manifesto que ama mais o ânimo que o corpo ou outras coisas"), ele escreve: "Portanto, se a mente se deleita sempre no uso da coisa amada, que é fruto de amor, naquela coisa que é maximamente amada tem-se o uso maximamente deleitoso para nós". O amor é, nesse caso, de algum modo, a afeição que se recebe do uso (que é sempre também uso de si) e continua sendo, de algum modo, indiscernível frente a ele. No sintagma "uso da coisa amada", o genitivo é, ao mesmo tempo, subjetivo e objetivo. O sujeito-objeto do uso é o amor.*

3
O USO E O CUIDADO

3.1. No curso sobre *L'herméneutique du sujet*, Foucault confrontou-se com o problema do significado do verbo *chresthai* ao interpretar uma passagem do *Alcibíades* platônico, na qual Sócrates, a fim de identificar o "si mesmo" de que se deve cuidar, procura demonstrar que "aquele que usa" (*ho chromenos*) e "aquilo de que se faz uso" (*hoi chretai*) não são a mesma coisa. Para isso, ele recorre ao exemplo do sapateiro e do citarista, que se servem tanto do trinchete e da palheta quanto de suas mãos e seus olhos como instrumentos para cortar o couro e para tocar a cítara. Se aquele que usa e aquilo de que se faz uso não são a mesma coisa, isso significa que o homem (que "faz uso de todo o corpo", *pantì toi somati chretai anthropos* – 129e) não coincide com seu corpo e, por conseguinte, tomando cuidado dele, cuida de "uma coisa que é sua" (*ta heautou*), mas "não de si mesmo" (*ouk hauton*). Quem usa o corpo e aquilo que importa cuidar – conclui Sócrates – é a alma (*psychè*).

É ao comentar tais passagens platônicas que Foucault busca definir o significado de *chresthai*, com considerações não muito diferentes daquelas que acabamos de expor a propósito do *mémoire* de Redard.

> Com certeza, *krháomai* quer dizer: eu me sirvo, eu utilizo (utilizo um instrumento, um utensílio) etc. Mas, igualmente, *krháomai* pode designar um comportamento, uma atitude. Por exemplo, na expressão *hybristikôs khrêstai*, o sentido é: comportar-se com violência (como dizemos "usar da violência", e "usar", de modo algum tem o sentido de uma utilização, mas de comportar-se com violência). Portanto, *krháomai* é igualmente uma atitude. *Khrêstai* designa também um certo tipo de relações com o outro. Quando se diz, por exemplo, *theois khrêstai* (servir-se dos deuses), isso não quer dizer que se utilizam os deuses para um fim qualquer. Quer dizer que se têm com os

52 • O uso dos corpos

deuses as relações que se devem ter, que regularmente se têm... *Khráomai...* designa(m) também uma certa atitude para consigo mesmo. Na expressão *epithymíais khrêsthai*, o sentido não é "servir-se das próprias paixões para alguma coisa qualquer", mas muito simplesmente "abandonar-se às próprias paixões".[26]

A insistência em identificar a esfera semântica de *chresthai* não é casual. Segundo Foucault, esse verbo cumpre na argumentação platônica uma função estratégica, enquanto Sócrates se serve dela para responder à pergunta sobre quem é aquele "si mesmo" que é objeto do cuidado de si ("de que maneira será possível encontrar a si mesmo" – *autò tautò*, fórmula técnica para a expressão da ideia: o "si mesmo em si mesmo" – 129b). Ao concentrar sua exemplificação no verbo *chresthai*, Platão tem por objetivo sugerir que cuidar de si significa, na realidade, ocupar-se do sujeito de uma série de "usos". E aqui a tentativa de definir o significado de *chresthai* mostra sua pertinência. Quando Platão – sugere Foucault – se serve da noção de *chresthai chresis* a fim de identificar o *heauton* na expressão "ocupar-se de si", ele quer na realidade designar

> não certa relação instrumental da alma com todo o resto ou com o corpo, mas, principalmente, a posição, de certo modo singular, transcendente do sujeito em relação ao que o rodeia, aos objetos de que dispõe, como também aos outros com os quais se relaciona, a seu próprio corpo e, enfim, a ele mesmo.[27]

Em outras palavras, o que Platão descobre dessa maneira não é "a alma-substância", mas a "alma-sujeito":

> Ocupar-se consigo mesmo será ocupar-se consigo enquanto se é "sujeito de", em certas situações, tais como sujeito de ação instrumental, sujeito de relações com o outro, sujeito de comportamentos e de atitudes em geral, sujeito também da relação consigo mesmo. É sendo sujeito, esse sujeito que se serve, que tem essa atitude, esse tipo de relações, que se deve estar atento a si mesmo. Trata-se pois de ocupar-se consigo mesmo enquanto se é sujeito da *khrêsis* (com toda polissemia do termo: sujeito de ações, de comportamentos, de relações, de atitudes).[28]

---

[26] Michel Foucault, *L'herméneutique du sujet* (Paris, Gallimard-Seuil, 2001), p. 55-6 [ed. bras.: *A hermenêutica do sujeito*, trad. Márcio Alves da Fonseca e Salma T. Muchail, São Paulo, Martins Fontes, 2004, p. 52-3]. [Foram mantidas as transcrições do grego que constam na tradução citada – N. T.]

[27] Ibidem, p. 53.

[28] Idem.

O uso e o cuidado • 53

3.2. Quem tiver alguma familiaridade com as investigações do último Foucault terá reconhecido nessa passagem uma das características essenciais da subjetividade ética que elas buscam definir. Se Foucault, em seus cursos, retorna com tanta insistência ao *Alcibíades* platônico, isso não se deve só ao fato de um dos temas centrais do diálogo ser o cuidado de si, do qual ele se ocupava naqueles anos; no laboratório foucaultiano, *Alcibíades* oferece sobretudo a ocasião para articular, em toda sua complexidade e em todas as suas aporias, a noção de sujeito, da qual, segundo o próprio testemunho, ele nunca deixou de se ocupar.

Assim como, para Foucault, o sujeito não é substância, mas processo, também a dimensão ética – o cuidado de si – não tem substância autônoma: não tem outro lugar nem outra consistência senão a relação de uso entre o homem e o mundo. O cuidado de si pressupõe a *chresis*, e o si que nomeia o sujeito ético não é algo diferente com respeito ao sujeito do uso, mas continua sendo imanente a ele. Por isso, Foucault, em sua leitura de *Alcibíades*, insiste na distinção entre alma-substância e alma-sujeito e, por esse motivo, pode escrever, nas notas publicadas por Frédéric Gros ao pé da página do curso, que "o si com que se tem relação nada mais é do que a própria relação... em suma, é a imanência, ou melhor, a adequação ontológica de si à relação"[29].

A dificuldade que essas apaixonadas observações procuram resolver é decisiva: se aquilo de que se cuida é o próprio sujeito das relações de uso com os outros, o risco no caso é que o sujeito ativo do cuidado se apresente, por sua vez, em posição transcendente como sujeito frente a um objeto ou que, em todo caso, a subjetividade ética continue presa a uma *regressio ad infinitum* (aquele que cuida do sujeito do uso exigirá, por sua vez, outro sujeito que assuma o cuidado dele etc.).

A questão torna-se ainda mais urgente e delicada na medida em que é justamente aqui que vemos reaparecer o problema da governamentalidade que constitui o objeto privilegiado dos cursos de Foucault a partir da metade dos anos 1970. Dessa maneira, o tema do cuidado de si corre o risco de ser decidido integralmente naquele do governo de si e dos outros, assim como, na passagem de *Alcibíades*, o tema do uso do corpo por parte da alma a certa altura é decidido no do comando (*archè*) da alma sobre o corpo (130a).

---

[29] Ibidem, p. 514.

54 • O uso dos corpos

É crucial nesse caso o modo como se pensa a relação entre cuidado e uso, entre cuidado de si e uso de si. Como vimos, Foucault evoca, a propósito do uso, a relação consigo mesmo, mas, enquanto o conceito de cuidado de si continua no centro de sua análise, o de "uso de si" quase nunca é tematizado como tal. Embora seja a dimensão primária em que se constitui a subjetividade, a relação de uso continua na sombra e dá lugar a um primado do cuidado sobre o uso, que parece repetir o gesto platônico, no qual a *chresis* se transformava em cuidado (*epimeleia*) e comando (*archè*). Isso fica ainda mais carregado de consequências à medida que a separação entre cuidado de si e uso de si está na raiz daquela entre ética e política, estranha tanto ao pensamento clássico, pelo menos até Aristóteles, quanto às preocupações do último Foucault.

3.3. A relação entre cuidado e uso parece implicar uma espécie de círculo. A fórmula "ocupar-se de si mesmos como sujeitos da *chresis*" de fato sugere um primado genético-cronológico das relações de uso sobre o cuidado de si. É só na medida em que um homem é inserido como sujeito em uma série de relações de uso que um cuidado de si se torna eventualmente possível. Por outro lado, se "o si com que se tem relação nada mais é do que a própria relação", o sujeito da *chresis* e o do cuidado serão o mesmo sujeito. É essa coincidência que a enigmática expressão parece querer exprimir: "A imanência ou a adequação ontológica de si com a relação". O sujeito do uso deve assumir o cuidado de si enquanto está em relação de uso com coisas ou pessoas; em outras palavras, deve pôr-se em relação consigo enquanto está em relação de uso com outro. Mas uma relação consigo – ou uma afeição de si – já está implícita, como vimos, no significado medial do verbo *chresthai*, e isso parece voltar a questionar a própria possibilidade de distinguir entre cuidado de si e uso. Se "usar" significa "entrar em relação consigo enquanto se está em relação com outro", de que maneira algo como um cuidado de si poderá legitimamente ter em vista definir uma dimensão diferente daquela do uso? Em outras palavras, de que maneira a ética se distingue do uso e obtém um primado sobre ele? Além disso, por que e de que modo o uso se transformou em cuidado? Ainda mais que, conforme sugerido algumas vezes por Foucault, o sujeito da *chresis* pode entrar em relação de uso também consigo mesmo, constituindo, assim, um "uso de si".

Talvez seja pela consciência dessas aporias que, ao lado do tema do cuidado de si, vemos surgir no último Foucault o motivo, pelo menos aparentemente contrário, que ele atribui à fórmula: *se déprendre de soi-même* [desprender-se de si mesmo]. O cuidado de si aqui dá lugar a um desapossamento e a um abandono de si, fazendo que ele volte a confundir-se com o uso.

3.4. É segundo essa perspectiva que o interesse de Foucault pelas práticas sadomasoquistas pode encontrar sua devida localização. Não se trata apenas do fato de que, nesse caso – conforme Foucault sublinha mais de uma vez – o escravo pode encontrar-se no final na posição de senhor e vice-versa; mais do que isso, o que define o sadomasoquismo é a própria estrutura da subjetivação, seu *ethos*, enquanto aquele cujo corpo é (ou parece ser) usado se constitui, realmente, na mesma medida como sujeito de seu ser usado, assumindo-o e sentindo prazer com isso (também aqui está em questão, nos termos do curso *L'herméneutique du sujet*, a relação que se tem consigo como sujeito das próprias relações sexuais). Vice-versa, quem parece usar o corpo do outro sabe que está, de algum modo, sendo usado pelo outro, para o próprio prazer. Senhor e escravo ou sádico e masoquista não são, no caso, duas substâncias incomunicáveis, mas, tomados no uso recíproco de seus corpos, transitam de um para outro e incessantemente se indeterminam. Como a linguagem exprime bastante bem, o masoquista "se faz fazer" aquilo que sofre, é ativo em sua própria passividade. *O sadomasoquismo exibe, por conseguinte, a verdade do uso, que não conhece sujeito nem objeto, agente nem paciente.* Tomado nessa indeterminação, também o prazer se torna anônimo e comum.

É significativo que as análises do sadomasoquismo na perspectiva freudiana, mesmo assinalando a inversão dos papéis entre os dois sujeitos, não mencionem a relação senhor/escravo. Assim, Theodor Reik, na monografia já clássica dedicada ao masoquismo, registra com frequência a transformação recíproca do elemento ativo em elemento passivo e a inversão na direção do eu daquela que, em sua origem, é uma tendência sádica; os termos "senhor" e "escravo" jamais aparecem. Foucault, pelo contrário, não só recorre a esses termos, como parece sugerir que é justamente a assunção desses dois papéis que permite uma relação nova e mais feliz com o corpo. "É uma espécie de criação", escreve ele a propósito de sua experiência nas *bathhouses* californianas, "uma empresa criadora, entre cujas características está aquela que denomino a dessexualização do prazer... é maravilhoso poder encontrar um corpo ao mesmo tempo tangível e fugitivo. Existe aqui uma possibilidade de dessubjetivação e dessexualização"[30].

---

[30] Idem, *Dits et écrits (1954-1988)*, v. 4: *1980-1988* (Paris, Gallimard, 1994), p. 738.

56 • O uso dos corpos

Sendo assim, é possível que aquilo que está em questão no sadomaso-quismo seja uma recriação ritualizada da relação senhor/escravo, na medida em que, paradoxalmente, tal relação parece permitir o acesso a um uso mais livre e pleno dos corpos. Por meio dela, o sujeito segue os rastros de um "uso do corpo" para além das cisões sujeito/objeto, ativo/passivo. Nas palavras de Foucault, ele faz experiência da própria dessubjetivação.

E se é verdade – conforme observou Deleuze – que o masoquismo sempre implica uma neutralização do direito por meio de sua exageração paródica, então podemos considerar a hipótese de que a relação senhor/escravo, assim como a conhecemos, representa, no direito, a captura do uso dos corpos como relação pré-jurídica originária, em cuja inclusão exclusiva o direito encontra o próprio fundamento. No uso, os sujeitos que chamamos de senhor e escravo estão de tal modo em uma "comunidade de vida" que se torna necessária a definição jurídica de sua relação em termos de propriedade, como se, caso contrário, eles fossem resvalar para uma confusão e para uma *koinonia tes zoes* [comunhão de vida] que o direito não pode admitir a não ser na intimidade singular e despótica entre senhor e escravo. E isso que se apresenta tão escandaloso para nós, modernos – ou seja, o direito de propriedade sobre as pessoas –, poderia até ser a forma originária da propriedade, a captura (*ex-ceptio*) do uso dos corpos no direito.

א *O mundo antigo conhecia festas nas quais a indeterminação originária que define o uso dos corpos retorna à luz mediante a inversão dos papéis entre senhor e escravo. Assim, durante os* Saturnalia, *celebrados no dia 17 de dezembro, não só os senhores serviam os escravos, mas a inteira ordem da vida social era transformada e subvertida. É possível ver nessas festas anômicas não só um estado de suspensão da lei, que caracteriza alguns institutos jurídicos arcaicos, mas também, por essa suspensão, o retorno de uma esfera da ação humana na qual tanto senhor e escravo quanto sujeito e objeto, agente e paciente, se indeterminam.*

3.5. Desse modo, podemos compreender o motivo pelo qual, em *Fenomenologia do espírito*, a dialética entre senhor e servo e o reconhecimento que nela está em jogo tenham uma função antropológica constitutiva. Nesse caso, não só é decisivo – como Hegel não se cansa de recordar – que o reconhecimento da consciência de si só pode acontecer por meio de outra consciência de si, mas também que, na relação entre senhor e escravo, o que está em jogo é o que Hegel chama sem reservas de gozo (*der Genuss*):

O senhor também se relaciona mediatamente por meio do escravo com a coisa: o escravo, como consciência-de-si em geral, se relaciona também

O uso e o cuidado • 57

negativamente com a coisa, e a suprassume [*hebt es auf*]. Porém, ao mesmo tempo, a coisa é independente para ele, que não pode, portanto, por meio do seu negar, acabar com ela até a aniquilação; ou seja, o escravo somente a trabalha. Ao contrário, para o senhor, por meio dessa mediação, a relação imediata vem-a-ser como a pura negação da coisa, ou como gozo – o qual lhe consegue o que o desejo não conseguia: acabar com a coisa, e aquietar-se no gozo. O desejo não o conseguia por causa da independência da coisa; mas o senhor introduziu o escravo entre ele e a coisa, e assim se conclui somente com a dependência da coisa, e puramente a goza... Nesses dois momentos vem-a-ser para o senhor o seu Ser-reconhecido mediante uma outra consciência [a do escravo].[31]

Hegel percebe a relação íntima entre senhor e escravo, a qual procuramos definir como uso do corpo, enquanto na *koinonia tes zoes*, que aqui está em jogo, o corpo do senhor e o do escravo, distintos no direito, tendem de fato a se tornar indecidíveis. Hegel detém-se justo naquilo que possibilita separar e reconhecer as duas posições: a distinção entre o trabalho do escravo e o gozo do senhor. Naturalmente, assim como acontece no sadomasoquismo segundo Foucault, os dois papéis tendem a inverter-se e, no final, porque a "verdade da consciência do senhor é a consciência servil", o trabalho do servo, como "desejo refreado e dissipar-se contido", adquire sua independência com relação ao gozo dissipante do senhor.

Aquilo que, contudo, também nessa reversão dialética, se perde é a possibilidade de outra figura da práxis humana, em que o gozo e o trabalho (ou seja, o desejo refreado) resultem, em última análise, inatribuíveis. Por essa perspectiva, o sadomasoquismo aparece como tentativa insuficiente de tornar inoperosa a dialética entre senhor e escravo, a fim de reencontrar nela, parodicamente, os rastros do uso dos corpos cujo acesso a modernidade parece ter perdido.

---

[31] G. W. F. Hegel, "Phänomenologie des Geistes", em *Werke in zwanzig Bänden*, v. 3 (Frankfurt, Suhrkamp, 1970), p. 151 [ed. bras.: *Fenomenologia do espírito*, v. 1 e 2, trad. Paulo Meneses, Petrópolis, Vozes, 1992, p. 130-1].

4

O USO DO MUNDO

4.1. Apesar da *boutade* de Foucault por não ter lido *Ser e tempo*, fica difícil imaginar que ele não conhecesse o capítulo que traz o significativo título "O cuidado [*die Sorge*] como ser do ser-aí", que conclui e quase resume a primeira seção da obra e é onde está em questão um primado análogo – igualmente aporético – do cuidado com relação ao uso. O cuidado aqui não é entendido simplesmente como preocupação (*Besorgnis*, em oposição à negligência, *Sorglosigkeit*)[32], mas, em sentido ontológico, como a estrutura fundamental do ser-aí, como "a totalidade originária do conjunto das estruturas do ser-aí" (*die ursprüngliche Ganzheit des Strukturganzen des Daseins*)[33]. O "primado" (*Vorrang*) que cabe ao cuidado como "totalidade originária" implica que ela apareça antes de "todo comportamento [*Verhaltung*] e de toda situação [*Lage*] do ser-aí"[34] e que ela seja "ontologicamente anterior [*früher*]" a fenômenos como "a vontade, o desejo, o impulso e a inclinação"[35].

Se, porém, procuramos compreender como se articula essa prioridade ontológica do cuidado, nos damos conta de que ela não é cronológica nem genética, que tem, pelo contrário, a forma singular de se achar sempre já em algo diferente. A frase que acabamos de citar de modo incompleto, na íntegra,

---

[32] Martin Heidegger, *Sein und Zeit* (12. ed., Tübingen, M. Niemeyer, 1972), p. 192 [ed. bras.: *Ser e tempo*, trad. Fausto Castilho, Campinas/Rio de Janeiro, Editora da Unicamp/Vozes, 2012].

[33] Ibidem, p. 180.

[34] Ibidem, p. 193.

[35] Ibidem, p. 194.

60 • O uso dos corpos

é esta: "O cuidado, como totalidade estrutural unitária, situa-se, de modo existencialmente *a priori* [*existenzial-apriorisch*] 'antes' de todo, ou seja, já sempre *em* todo 'comportamento' e 'situação' fatual do ser-aí". O *a priori* existencial do cuidado é sempre inerente, como todo *a priori*, a algo diferente do próprio cuidado. Esse caráter do "ser-em" está, de resto, implícito na definição da estrutura do cuidado que aparece imediatamente antes: "O ser do ser-aí significa ser-já-antecipadamente-em-relação-consigo no (mundo) como ser-junto-a" (*Sich-vorweg-schon-sein-in (der Welt) als Sein-bei*)[36].

O ser-aí, que tem a estrutura do cuidado, encontra-se sempre fatualmente lançado no mundo e inserido naquela série de remissões e de relações que definem, segundo Heidegger, a "mundanidade do mundo". É logo depois que fica esclarecido qual é o "onde" desse ser com: "No ser-já-antecipadamente-em-relação-consigo-em-um-mundo está incluído essencialmente o dejetivo *Ser-junto* ao manipulável intramundano de que passa a cuidar" (*besorgten innerweltlichen Zuhanden*)[37].

À definição da "manipulabilidade", do estar-ao-alcance-da-mão (*Zuhandenheit*), Heidegger dedica, de maneira especial, os parágrafos 15 e 22 de *Ser e tempo*; mas toda a análise do em-ser, do parágrafo 12 até o fim do terceiro capítulo do livro, procura definir a "familiaridade que usa e manipula" (*der gebrauchende-hantierende Umgang*) que constitui a relação originária do ser-aí com seu mundo.

4.2. No livro *Umgang mit Göttlichem* [*Relação com o divino*], Kerényi deteve-se na intraduzibilidade do termo alemão *Umgang*, com o qual ele expressa a relação originária do homem com o divino. O termo inglês *intercourse* lhe parece insuficiente, porque "se limita à total intercambialidade entre sujeito e objeto, a um transcorrer do evento para a frente e para trás" entre os dois termos da relação; em francês e em italiano, seríamos obrigados a escolher entre *commerce* e *commercio* por um lado e *familiarité* e *dimestichezza* por outro, enquanto o termo alemão une em si ambos os significados. A particularidade do termo *Umgang* consiste, assim, em implicar tanto a intercambialidade entre sujeito e objeto ("o objeto da familiaridade deve poder transformar-se em cada momento no sujeito da própria familiaridade; e nós, que cultivamos a familiaridade com ele, devemos

---

[36] Ibidem, p. 192.

[37] Idem.

O uso do mundo • 61

poder tornar-nos seu objeto"[38]) quanto a imediaticidade ("a relação entre sujeito e objeto que está na base da familiaridade exclui toda mediação por parte de um terceiro"[39]).

É de acordo com essa perspectiva semântica que devemos situar a "familiaridade que usa e manipula" em *Ser e tempo*. Ela, assim como o *Umgang* kerényiano, é imediata, porque nada a separa do mundo; ao mesmo tempo, é lugar de uma indeterminação entre sujeito e objeto, porque o *Dasein*, que está sempre em antecipação na relação consigo, encontra-se sempre sob o domínio das coisas de que cuida. Considerações análogas poderiam ser feitas para os outros dois termos com que Heidegger caracteriza a relação imediata e originária de em-ser entre o ser-aí e o mundo: a "manipulabilidade" e a relevância (*das Bewandtnis*, o fato de ser satisfatório, de ser o bastante para algo com respeito a algo diferente). Em todo caso, trata-se de algo tão imediato e constitutivo para o ser-aí que este não poderia, em nenhum caso, ser concebido como um sujeito "a quem, de vez em quando, passa pela cabeça assumir uma relação com o mundo"[40]; familiaridade, manipulabilidade e relevância nomeiam a própria estrutura do ser-aí em sua relação originária com o mundo.

4.3. Que tal relação tenha a ver com a esfera do uso, que nela esteja em jogo algo como um "uso do mundo", isso está implícito no fato de que o paradigma da manipulabilidade é o utensílio (*das Zeug*, algo semelhante ao *organon* ou ao *ktema* de Aristóteles), exemplificado por excelência no martelo:

A correta familiaridade com o utensílio, única na qual ele pode mostrar-se de modo genuíno em seu ser (por exemplo, o martelar para o martelo), não compreende tematicamente esse ente como coisa que se apresenta, assim como o usar [*das Gebrauchen*] não compreende a estrutura da ferramenta como tal. O martelar não se reduz a um simples conhecimento do caráter de utensílio do martelo, mas já se apropriou, isso sim, desse utensílio de modo que não poderia ser mais adequado. Nessa familiaridade de que faz uso [*gebrauchenden Umgang*], o ato de cuidar [*das Besorgen*] deve submeter-se ao caráter de finalidade [*Um-zu*, "por um objetivo"] constitutivo de cada utensílio. Quanto menos o martelo for apenas contemplado e

---

[38] Károly Kerényi, *Umgang mit Göttlichem: über Mythologie und Religionsgeschichte* (Göttingen, Vandenhoeck & Ruprecht, 1961), p. 5.

[39] Ibidem, p. 8.

[40] Martin Heidegger, *Sein und Zeit*, cit., p. 57.

62 • O uso dos corpos

quanto mais adequadamente for usado [*gebraucht*], mais originária se tornará a relação com ele e tanto mais ele se apresenta a nós sem véus, como aquilo que é, ou seja, como utensílio. É o próprio martelar que descobre a específica "manipulabilidade" [*Handlichkeit*] do martelo. O modo de ser do utensílio, em que ele se manifesta por si mesmo, esse denominamos "manipulabilidade" [*Zuhandenheit*].[41]

Essa relação originária e imediata com o mundo – que Heidegger, para sublinhar seu caráter ineludível, chama também de "faticidade" (*Faktizität*) – é tão envolvente e absoluta que, para expressá-la, é necessário recorrer ao mesmo termo que, na linguagem jurídica, designa o estado de detenção: o "conceito de faticidade implica em si o ser-no-mundo de um ente 'intramundano', de maneira que esse ente pode ser compreendido como capturado [*verhaftet*] em seu 'destino' no ser do ente que encontra no interior do próprio mundo"[42]. E é por esse inaudito envolvimento do ser-aí que Heidegger pode falar de uma "intimidade" (*Vertrautheit*, "confidente familiaridade") originária entre ser-aí e mundo: "O cuidar [*das Besorgen*] já é sempre aquilo que está no fundamento de uma intimidade com o mundo. Nessa intimidade, o ser-aí pode perder-se naquilo que encontra no mundo e ser por ele absorvido [*benommen*]"[43].

Na familiaridade com o mundo, encontramos a pluralidade de sentidos e de formas, de "maneiras do em-ser" (*Weisen des In-Seins*), que tínhamos visto definir a polissemia da *chresis* grega: "Ter a ver com algo [*zutunhaben mit etwas*], produzir [*herstellen*] algo, ordenar ou cultivar algo, utilizar [*verwenden*] algo, abandonar ou menosprezar algo, tomar a iniciativa, impor, investigar, interrogar, considerar, discutir, determinar..."[44]. E todas essas modalidades do em-ser estão compreendidas na "familiaridade com o mundo e com os entes intramundanos" que Heidegger define expressamente como "o ser do ente que se encontra por primeiro" (*nächstebegegnenden Seienden*)[45]. Este ente primeiro e imediato é pré-temático, pois

não é objeto de conhecimento teorético do mundo, mas é, antes, o usado [*das Gebrauchte*], o produto etc. O ente que se encontra desse modo cai

---

[41] Ibidem, p. 69.

[42] Ibidem, p. 56.

[43] Ibidem, p. 76.

[44] Ibidem, p. 56.

[45] Ibidem, p. 66.

O uso do mundo • 63

pré-tematicamente sob o olhar de um "conhecer", que fenomenologica-
mente se volta em primeiro lugar para o ser e, com base nessa tematização
do ser, con-tematiza o ente que de vez em vez está em questão.[46]

O ser-aí não precisa deslocar-se (*sich versetzen*) nessa familiaridade, ele
"já *é* sempre nesse modo de ser: por exemplo, para abrir a porta, faço uso
[*mache ich Gebrauch*] da maçaneta". O uso do mundo é, mais uma vez, a
relação primeira ou imediata (*die nächste Art des Umganges*)[47] do ser-aí.

א *A relação entre uso e cuidado pode ser comparada com aquela entre valor de uso e
valor de troca, que Marx deduz dos economistas. O privilégio que Marx parece atribuir
ao valor de uso fundamenta-se no fato de que, para ele, o processo de produção está, em
si mesmo, voltado para o valor de uso, não para o valor de troca, e de que somente o
excesso dos valores de uso com relação à demanda permite transformá-los em meios de
troca e em mercadorias. Marx, porém, não explicou com clareza o que se deve entender
por excesso dos valores de uso e parece, por outro lado, conceber o valor de uso unicamente como utilizabilidade de um objeto. Ora, é evidente que, quando levo ao mercado um
objeto para vender, não posso utilizá-lo, o que de algum modo implica que o valor de uso
excede constitutivamente a utilização efetiva. O valor de troca baseia-se em uma possibilidade ou um excesso contido no próprio valor de uso, que pode ser suspenso e mantido
no estado potencial, assim como, segundo Heidegger, a suspensão da manipulabilidade
permite que apareça o cuidado. Na perspectiva que aqui nos interessa, trata-se de pensar
um excesso – ou uma alteridade – do uso com respeito à utilizabilidade que é intrínseco
ao próprio uso, independentemente do excesso com respeito à demanda.*

4.4. É sobre essa "familiaridade que usa e manipula" que o cuidado deve
afirmar seu primado. Trata-se, por um lado, antes de enfrentar tematicamente sua análise nos parágrafos 39-43, de pressupor e inscrever o cuidado
na própria estrutura do em-ser, que define a relação originária do ser-aí com
seu mundo. No parágrafo 12, quando se caracteriza a espacialidade existencial do ser-aí e os modos de seu ser-no-mundo, Heidegger antecipa com as
seguintes palavras o tema do cuidado:

Essas modalidades do em-ser têm o modo de ser (a ser definido, mais tarde,
com precisão) do ato de cuidar [*Besorgen*]... A expressão não significa que
o ser-aí é sobretudo e prevalentemente econômico ou prático, mas que o
ser do ser-aí deve [*soll*] tornar-se visível como cuidado. Esse termo deve ser
compreendido [*ist... zu fassen*] como conceito estrutural ontológico.[48]

---

[46] Ibidem, p. 67.

[47] Idem.

[48] Ibidem, p. 57.

64 • O uso dos corpos

Embora nem a manipulabilidade nem o envolvimento, tampouco outra característica que define a familiaridade com o mundo, pareçam implicar algo como um "ato de cuidar" (ou melhor, em sua imediaticidade e em sua "vizinhança" – parágrafo 22 – eles pareceriam pressupor o contrário), o cuidado acaba inserido como exigência que não precisa ser argumentada e cuja explicitação é remetida para mais tarde.

O dispositivo decisivo na estratégia que objetiva estabelecer o primado do cuidado é outro. Trata-se da angústia. Já no parágrafo 16, a manipulabilidade havia revelado pontos de fratura: um utensílio pode estar estragado e ser inutilizável e, justamente por isso, nos surpreender; pode faltar e, precisamente por isso, resultar intrusivo; por fim, pode estar fora de lugar ou ser obstáculo, como se ele se rebelasse frente a toda possibilidade de uso. Em todos esses casos, a manipulabilidade dá lugar à simples disponibilidade (*Vorhandenheit*), mas nem por isso desaparece. Dado que se trata, com toda evidência, de fenômenos acessórios ou sucessivos, que não questionam o caráter primário da manipulabilidade, Heidegger tem motivos para escrever que

> a manipulabilidade não desaparece simplesmente, mas, na surpresa causada por aquilo que resulta inutilizável, ela parece quase despedir-se. A manipulabilidade mostra-se mais uma vez e, justamente em sua despedida, apresenta a conformidade com o mundo do manipulável.[49]

No entanto, na angústia, acaba sendo radicalmente recolocada em questão a relação primeira e imediata com o mundo própria da familiaridade. "A totalidade no envolvimento, descoberto no interior do mundo, do manipulável e do disponível, perde qualquer importância. Ela submerge em si mesma. O mundo assume o caráter da mais completa insignificância."[50] Não se trata simplesmente, assim como nos casos precedentes, de uma inutilizabilidade ocasional. O poder específico da angústia reside, sim, em aniquilar a manipulabilidade, em produzir um "nada de manipulabilidade" (*Nichts von Zuhandenheit*)[51]. Ao aniquilar a manipulabilidade, a angústia não sai do mundo, mas desvela uma relação com o mundo mais originária do que qualquer familiaridade:

> Aquilo frente ao qual a angústia é tamanha não é nada de manipulável no mundo... O nada da manipulabilidade fundamenta-se em algo absolutamente

---

[49] Ibidem, p. 74.

[50] Ibidem, p. 186.

[51] Ibidem, p. 187.

O uso do mundo • 65

originário: no mundo... Aquilo frente ao qual a angústia se angustia é o próprio ser-no-mundo. A angústia abre, originária e diretamente, o mundo como mundo.[52]

É a partir dessa neutralização da manipulabilidade que, com uma subversão radical do papel desde então primário da "familiaridade que usa e manipula", pode ser proposta a tese singular segundo a qual a intimidade com o mundo "é um modo de estranhamento [*Umheimlichkeit*] do ser-aí, não o contrário. Do ponto de vista ontológico-existencial, o não-sentir-se-em-casa [*das Un-zuhause*] deve ser concebido como o fenômeno mais originário"[53]. E é só depois que o aparente primado da familiaridade foi eliminado graças à angústia que o cuidado pode ser apresentado, no parágrafo imediatamente seguinte, como a estrutura original do ser-aí. Assim, o primado do cuidado tornou-se possível apenas com a operação de anulação e de neutralização da familiaridade. O lugar originário do cuidado situa-se no não-lugar da manipulabilidade; seu primado, no insucesso da primariedade do uso.

ℵ *Ao primado do cuidado com relação ao uso, na segunda seção do livro, corresponde o primado da temporalidade com relação à espacialidade. A esfera da "familiaridade que usa e manipula", nos parágrafos 22-4 de* Ser e tempo, *definia a "espacialidade" do ser-aí, seu caráter constitutivo do "em-ser". Os conceitos usados por Heidegger são aqui todos de ordem espacial: o "des-afastamento" (die Ent-fernung), a "proximidade" (die Nähe), a paragem (die Gegend), o "dispor no espaço" (Einräumen). E a espacialidade não é algo em que o ser-aí se encontra ou que, a certa altura, lhe sobrevém: "O ser-aí é originalmente espacial" e "em todo encontro com o manipulável" de que passa a cuidar e já está inscrito "o encontro com o espaço como paragem"[54].*

A partir do parágrafo 65, por sua vez, não é só a temporalidade, em vez da espacialidade, que passa a constituir o sentido ontológico do cuidado, mas a própria estrutura da mesma (o ser-já-em-antecipação-em-relação-a-si em um mundo como ser junto ao ente que se encontra no mundo) adquire seu sentido próprio com base nos três "êxtases" da temporalidade: futuro, passado e presente. Não é por acaso que, enquanto "o ser-já" e "o ser-frente-a-si" remetem imediatamente ao passado e ao futuro, Heidegger observa que "falta o correspondente reenvio"[55] justo para aquele terceiro momento constitutivo do cuidado – o ser-junto-a –, que define a esfera da manipulabilidade. A tentativa de remeter também o ser-junto-a à temporalidade na forma de "presentificação"

---

[52] Idem.

[53] Ibidem, p. 189.

[54] Ibidem, p. 111.

[55] Ibidem, p. 328.

66 • O uso dos corpos

(Gegenwärtigen)[56] *resulta necessariamente forçado, na medida em que o ser-junto-a definia, nos parágrafos 22-3, a espacialidade do ser-aí como vizinhança espacial (*Nähe*), não como presente temporal. É por isso que, nos parágrafos 69 e 70, Heidegger procura obstinadamente remeter a espacialidade à temporalidade ("o ingresso do ser-aí no espaço só é possível tendo por fundamento a temporalidade estático-horizontal")*[57]. *Mas é significativo que, muitos anos depois, no seminário sobre* Tempo e ser, *se venha a ler a lacônica admissão de que "a tentativa, no parágrafo 70 de* Ser e tempo, *de remeter a espacialidade do ser-aí à temporalidade, não pode ser mantida"*[58].

4.5. O primado do cuidado sobre o uso permite ser inscrito sem dificuldade na dialética particular que define a analítica do ser-aí: aquela entre impróprio (*Uneigentlich*) e próprio (*Eigentlich*). O que se apresenta como primário, a dimensão em que o ser-aí é "antes de tudo e mais do que tudo", não pode deixar de "cair" sempre e já na impropriedade e na inautenticidade; justamente por isso, o próprio não encontra outro lugar e outra substância com respeito ao impróprio: ele é "existencialmente apenas uma captura modificada desse" (*nur ein modifiziertes Ergreifen dieser*)[59]. Isso significa que o primado do próprio sobre o impróprio (assim como do cuidado sobre a manipulabilidade, da temporalidade sobre a espacialidade) repousa sobre uma estrutura de ser singular, em que algo existe e só se faz realidade capturando um ser que o precede e, mesmo assim, se dissipa e se cancela. O fato de se tratar aqui de algo semelhante a um processo dialético é sugerido pela analogia com a dialética que abre *Fenomenologia do espírito*, na qual a certeza sensível, que "é primeira e imediatamente nosso objeto", depois se revela a experiência mais abstrata e pobre de verdade, que só se tornará verdadeira por meio de um processo de mediação e de negação, o qual, no entanto, tem necessidade dela como início, que deve ser eliminado a fim de poder ser compreendido só no final. Assim como, para Hegel, a percepção (*Wahrnehmung*, o tomar como verdadeiro) só é possível capturando a não verdade da certeza sensível, também em *Ser e tempo* o próprio nada mais é do que uma captura modificada do impróprio, e o cuidado, uma captura da impropriedade do uso. Então por que, em nossa tradição filosófica, não só o conhecimento, mas também o próprio ser-aí do homem,

---

[56] Idem.

[57] Ibidem, p. 369.

[58] Martin Heidegger, *Zur Sache des Denkens* (Tübingen, M. Niemeyer, 1976), p. 34.

[59] Idem, *Sein und Zeit*, cit., p. 179.

O uso do mundo • 67

tem necessidade de pressupor um falso início, que deve ser abandonado e cancelado para dar lugar ao verdadeiro e ao mais próprio? Por que o humano só pode encontrar-se pressupondo o não-verdadeiramente-humano, e a ação política livre e a obra do homem só excluindo – e, ao mesmo tempo, incluindo – o uso do corpo e a inoperosidade do escravo? E o que significa que a possibilidade mais própria só pode ser captada refazendo-se da dispersão e da queda no impróprio?

ℵ *Heidegger lança com alguma frequência um alerta contra a tentação de interpretar a "queda" (das* Verfallen) *do ser-aí no impróprio em termos teológicos, como se fosse referência à doutrina do* status corruptionis *da natureza humana ("Não se trata de decidir onticamente se o homem se 'afundou no pecado', se ele se encontra no* status corruptionis, *se ele continua no* status integritatis *ou se vive em um estado intermediário, o* status gratiae "[60]). *Contudo, é difícil que ele não se dê conta (como, aliás, havia feito a seu modo Hegel, a respeito da doutrina da redenção) de ter secularizado, na analítica do ser-aí, a doutrina teológica da queda e do pecado original. Mais uma vez, porém, tratava-se de forma verossímil – para ele, assim como para Hegel – de capturar "propriamente" no plano ontológico o que havia sido "impropriamente" teorizado no plano ôntico. O deslocamento de plano operado pela secularização coincide muitas vezes não com um enfraquecimento, mas com uma absolutização do paradigma secularizado.*

4.6. Em 1946, no ensaio *Der Spruch des Anaximander*, Heidegger parece querer devolver ao uso a centralidade que em *Ser e tempo* lhe havia tirado em nome do cuidado. A ocasião é propiciada pela tradução de um termo grego estritamente aparentado com *chre* e *chresthai: to chreon*, costumeiramente traduzido como "necessidade", mas que Heidegger traduz sem reservas com *der Brauch*, "o uso". Em primeiro lugar, ao adotar a etimologia proposta por Bréal e rejeitada pela maioria dos linguistas, Heidegger inscreve tal termo no contexto semântico da mão e do manipular (e, desse modo, coloca-o implicitamente em relação com a dimensão da *Zuhandenheit* em *Ser e tempo*):

> Em *chreon* há *chrao, chraomai*. Em outras palavras, nele fala, *he cheir*, a mão: *chrao* significa: *ich be-handle etwas*, eu trato, mantenho algo, o tomo na mão, dou uma mão [*gehe es an und gehe ihm an die Hand*]. *Chrao* significa também: dar em mãos, entregar [*in die Hand geben, einhändigen*], remeter a um pertencimento. Esse dar em mãos [*Aushändigen*, "entregar"] é, porém, tal que ele retém na mão [*in der Hand behält*] o remeter e, com isso, o remetido.[61]

---

[60] Ibidem, p. 180.

[61] Martin Heidegger, *Holzwege* (Frankfurt, Klostermann, 1950), p. 337.

68 • O uso dos corpos

É decisivo, porém, que, vinculado dessa maneira à esfera da mão, compete ao uso uma função ontológica fundamental, porque ele nomeia a própria diferença do ser e do ente, da presença (*Anwesen*) e do presente (*Anwesendes*), que Heidegger não se cansa de lembrar:

> O termo [*to chreon*] só pode significar o essentificante na presença *do* presente [*das Wesende im Amwesen des Anwesendes*], ou seja, a relação que no genitivo (do) alcança obscuramente a expressão. *To chreon* é, portanto, o dar em mão [*das Einhändigen*] da presença, e dar em mão consigna [*aushändigt*] a presença ao presente e, desse modo, segura na mão o presente como tal, isto é, o guarda na presença.[62]

Ao traduzir *chreon* como *Brauch*, Heidegger situa o uso em uma dimensão ontológica. A relação de uso transcorre agora entre o ser e o ente, entre a presença e aquilo que vem à presença. Isso implica, naturalmente, que "uso" e "usar", *Brauch* e *brauchen*, sejam subtraídos à esfera de significado da utilização e, conforme vimos a respeito de *chresis* e *chresthai*, são restituídos à originária complexidade semântica:

> Costumeiramente entendemos o termo "usar" no sentido de utilizar e ter necessidade no interior de um servir-se de algo. Aquilo de que se necessita no ato de uma utilização torna-se depois o usual [*üblich*]. O usado está em uso [*das Gebrauchte ist im Brauch*]. Nesse significado habitual e derivado, "uso", como tradução de *to chreon*, acaba não sendo pensado. Atemo-nos, acima de tudo, ao significado etimológico: *brauchen* é *bruchen*, o latino *frui*, correspondente ao nosso termo alemão *fruchten* (frutificar), *Frucht* (fruto). Traduzimos livremente como "saborear" (*geniessen*); mas *niessen* significa estar feliz com uma coisa e, portanto, tê-la em uso. Saborear, no significado derivado, designa o simples comer e beber. Encontramos o significado fundamental de *brauchen* no sentido de *frui* quando Agostinho afirma: *Quid enim est aliud quod dicimus frui, nisi praesto habere, quod diligis?* Em *frui* está contido: *praesto habere*; *praesto, praesitum* significam, em grego, *hypokeimenon*, aquilo que está à nossa frente na não-latência, a *ousia*, aquilo que cada vez está presente. "Usar" significa, por conseguinte, deixar estar presente algo de presente como presente; *frui, bruchen, brauchen, Brauch* significam: consignar algo ao próprio ser e segurá-lo na mão que o guarda como presente. Na tradução de *to chreon*, o uso é pensado como o essentificante no próprio ser. O *bruchen-frui* agora não se diz mais do comportamento do homem que usufrui de algo, em relação a um ser qualquer, mesmo que fosse o ente supremo (*fruitio dei* como *beatitudo hominis*); o uso, antes de tudo, nomeia agora o modo no qual o próprio

---

[62] Idem.

O uso do mundo • 69

ser é como a relação ao ente presente, que concerne e man-tém o ente presente enquanto presente: *to chreon*.[63]

4.7. Que relação existe entre esse "uso" entendido como dimensão ontológica fundamental, em que o ser mantém o ente na presença, e a "familiaridade que usa e manipula", que, em *Ser e tempo*, nomeava o modo de ser do ente que o ser-aí encontra por primeiro no mundo?

Certamente existe mais do que uma analogia entre a afirmação "usar significa: deixar estar presente algo presente como presente" e aquela, do parágrafo 18 de *Ser e tempo*, segundo a qual "deixar satisfazer significa onticamente: deixar ser um manipulável assim como é e para que seja tal" (e o texto esclarecia imediatamente que "esse sentido ôntico do deixar ser, o entendemos de modo fundamentalmente ontológico"). Contudo, com respeito à "familiaridade que usa e manipula", o deslocamento do uso do plano da analítica do ser-aí para o da diferença ontológica parece tirar-lhe toda concretude e toda evidência. O que significa, realmente, que o ser usa o ente, que a relação ontológica originária tem a forma de um uso?

Heidegger, a certa altura, aproxima o uso à *energeia*. O ente presente – escreve ele – é levado para a presença e para a não-latência "enquanto, surgindo de si mesmo, se leva a ser por si" e, ao mesmo tempo, "é posto em ser, enquanto é pro-duzido pelo homem". Por essa perspectiva, o que vem à presença tem o caráter de um *ergon*, ou seja, "pensado de maneira grega, de um pro-duto" (*Hervor-gebrachtes*); por isso, a presença daquilo que está presente, o ser do ente, se diz em grego: *energeia*[64]. Segundo a proximidade entre *chresis* e *energeia*, que já encontramos em Aristóteles, uso (*chreon*) e ser-em-obra (*energeia*) "nomeiam o mesmo"[65].

A especificidade do termo *chreon*, entendido como "uso" (*Brauch*), aqui parece ficar diluída. E se o uso implicasse, pelo contrário, com respeito à potência, uma relação diversa daquela da *energeia*? Em outras palavras, se devêssemos pensar um uso da potência que não significasse simplesmente seu pôr-em-obra, sua passagem para o ato? *E se o uso até implicasse uma ontologia irredutível à dualidade aristotélica de potência e ato, que ainda governa, por meio de suas históricas traduções, a cultura ocidental?*

---

[63] Ibidem, p. 338-9.

[64] Ibidem, p. 342.

[65] Idem.

5
O USO DE SI

5.1. Os termos "uso" e "usar" cumprem no pensamento estoico uma função tão central que torna-se possível afirmar que, em última análise, o estoicismo é uma doutrina do uso da vida. Na investigação que dedicou a esse assunto, Thomas Bénatouïl[66] mostrou que o tema do uso – especialmente do uso dos próprios membros por parte do animal – se cruza com o da *oikeiosis*, da apropriação ou da familiarização de si para consigo, cuja importância fundamental na ética estoica há tempos é conhecida dos estudiosos (ela é "o início e o fundamento da ética estoica"[67]).

A hipótese que pretendemos sugerir é que, bem além de um simples cruzamento, a doutrina da *oikeiosis* só se torna inteligível se a entendermos como uma doutrina do uso de si.

Vejamos a passagem na qual Diógenes Laércio (VII, 85 = SVF, III, 178) nos transmitiu o essencial daquilo que sabemos sobre a doutrina da *oikeiosis*:

> O primeiro impulso [*hormè*] do ser vivo tem em vista conservar a si mesmo, pois a natureza desde o início o tornou familiar [*oikeios* vem de *oikos*, casa ou família] a si mesmo [*oikeiouses autoi tes physeos ap'arches*], conforme afirma Crisipo no primeiro livro do tratado *Sobre os fins*, afirmando que, para todo ser vivo, a primeira coisa familiar [*proton oikeion*] é sua constituição [*syntasin*] e a consciência [*syneidesin*, mas no texto de Crisipo deveria ler-se com verossimilhança *synaisthesin*, "con-sensação" ou "con-sentimento"[68]] que tem dela. Não seria verossímil, realmente, que um ser

---

[66] Thomas Bénatouïl, *Faire usage: la pratique du stoïcisme* (Paris, Vrin, 2006), p. 21-2.

[67] Max Pohlenz, *Grundfragen der stoischen Philosophie* (Göttingen, Vandenhoeck & Ruprecht, 1940), p. 11.

[68] Cf. ibidem, p. 7.

72 • O uso dos corpos

vivo possa tornar-se estranho a si [*allotriosai*] nem que a natureza que o
gerou possa torná-lo estranho e não familiar a si. Portanto, não se pode
deixar de afirmar que, ao constituí-lo, a natureza o tornou familiar a si
mesmo [*oikeiosai pros heautò*]. Por isso ele está propenso a rejeitar aquilo
que o prejudica e a buscar aquilo que lhe é familiar [*ta oikeia*].

O *proton oikeion*, aquilo que desde o início é familiar a cada ser vivo, é,
de acordo com essa passagem, sua própria constituição e a sensação que ele
tem dela. No mesmo sentido, expressa-se Hiérocles, em *Fundamentos de
ética*: "Desde o nascimento, o ser vivo tem sensação de si e familiaridade
consigo mesmo e com sua constituição" (*aisthanesthai te hautou kai oikeiousthai
heautoi kai tei heautou systasei* – 7, 48)[69]. A *oikeiosis*, familiaridade consigo,
nesse sentido, só é pensável com base em uma *synaisthesis*, um con-
-sentimento de si e da própria constituição. Portanto, é sobre essa última
noção que se concentra a atenção dos estoicos, a fim de assegurar para ela
a realidade a qualquer preço.

É nesse ponto que o conceito de uso aparece em função decisiva. A
prova de que os animais possuem a sensação de seus membros consiste –
sugere Hiérocles – no fato de que eles conhecem sua função, sabem qual
é sua função e dela fazem uso: assim, "os animais alados percebem que suas
asas são adaptadas e predispostas ao voo e, para cada uma das partes de seu
corpo, percebem que as têm e, ao mesmo tempo, qual é seu uso" (*chreia*,
funcionalidade própria)[70]. Hiérocles continua: é provado que percebemos
de algum modo nossos olhos, nossas orelhas e as outras partes do corpo
pelo fato de que, "se queremos ver algo, voltamos para o mesmo os olhos,
não as orelhas; quando queremos escutar, aguçamos as orelhas, não os
olhos; e, se queremos caminhar, não usamos [*chrometha*] para isso as mãos,
mas os pés e as pernas"[71]. Em passagem sucessiva, mais uma prova da
percepção de si é o fato de que os animais dotados de casco, dentes, presas
ou veneno não hesitam "em deles fazer uso para se defender no combate
com os outros animais"[72].

Uma passagem do tratado de Galeno, que tradicionalmente tem por
título *De usu partium*, insiste no caráter decisivo do uso para compreender

---

[69] Cf. ibidem, p. 1.

[70] Thomas Bénatouïl, *Faire usage*, cit., p. 28.

[71] Ibidem, p. 29.

[72] Ibidem, p. 34.

a função de cada parte do corpo. "Na primeira vez em que vi esta estranheza", escreve ele a propósito da tromba do elefante,

> pensei que tal parte fosse supérflua e inútil; quando me dei conta de que o elefante a usa como mão, ela não me pareceu mais inútil... Se o animal não fizesse uso de sua tromba, ela seria inútil, e a natureza, ao fazê-la, não se teria mostrado verdadeiramente engenhosa; mas, considerando que o animal realiza, graças a ela, ações utilíssimas, ela é útil e nos revela a arte da natureza... Tendo aprendido, em seguida, que o elefante, quando se encontra em um rio profundo ou em um lodaçal e seu corpo está inteiramente imerso na água, ergue a tromba e dela se serve para respirar, reconheceu a previdência da natureza não só porque traz bem dispostas todas as partes dos animais, mas também porque lhes ensinou a fazer uso delas.[73]

Nesses textos – quer se trate, como para o médico Galeno, de afirmar o caráter providencial da natureza, quer se trate, como para o filósofo Hiérocles, de provar a familiaridade de cada animal consigo mesmo –, o elemento decisivo é, na realidade, todas as vezes, o uso. Só porque o animal faz uso de seus membros é que lhe podem ser atribuídos algo como um conhecimento de si e, consequentemente, uma familiaridade consigo mesmo. A familiaridade, a *oikeiosis* do ser vivo consigo mesmo, consiste sem resíduos em sua percepção de si, e esta coincide, por sua vez, com a capacidade do ser vivo de fazer uso dos próprios membros e da própria constituição. É por isso que precisa ser esclarecido o nexo constitutivo entre *oikeiosis* e uso de si.

ℵ *Bem mais radicalmente do que na Stoa, é em Lucrécio que o uso parece emancipar-se completamente de toda relação com um fim predeterminado, a fim de afirmar-se como a simples relação do ser vivo com o próprio corpo, para além de qualquer finalidade. Levando ao extremo a crítica epicurista a todo finalismo, Lucrécio afirma que nenhum órgão foi criado tendo em vista um fim, nem os olhos para a visão, nem as orelhas para o ouvido, nem a língua para a palavra:*

> *O que nasceu gera seu uso [quod natumst id procreat usum]... nem a vista existiu antes que nascesse a luz dos olhos nem o proferir palavras antes que fosse criada a língua; mas foi o nascimento da língua que precedeu em muito o falar e as orelhas que nasceram antes que ouvissem sons, em suma, todos os membros precederam, acredito eu, seu uso. (IV, 835-41)*

A inversão da relação entre órgão e função equivale, na realidade, a liberar o uso de toda teleologia preestabelecida. O significado do verbo chresthai *mostra aqui sua pertinência: o ser vivo não se serve dos membros (Lucrécio não fala de órgãos) para uma*

---

[73] Galeno, *Galeni de usu partium libri XVII* (org. Georgius Helmreich, Amsterdã, Hakkert, 1968), p. 438-9.

74 • O uso dos corpos

função predeterminada, mas, ao entrar em relação com eles, encontra e inventa, por assim dizer, às cegas seu uso. Os membros precedem seu uso, e o uso precede e cria a função.

Isso é o que se produz no próprio ato do exercício como uma delícia interior ao ato, como se a mão, ao insistir em gesticular, encontrasse no final seu prazer e seu "uso", o olho, à força de olhar, se enamorasse da visão, e as pernas e as coxas, curvando-as ritmicamente, inventassem o passeio.

℣ *O testemunho de Cícero concorda com o de Diógenes Laércio:*

> *[Os estoicos] sustentam que o ser vivo, logo depois de nascer (é daqui que se precisa partir), se tornou familiar e foi confiado aos cuidados de si mesmo [*sibi conciliari et commendari, *com que Cícero traduz* oikeiousthai*] a fim de se conservar e dar valor à própria constituição [*status, *que traduz* systasis*] e àquilo que é adequado para conservá-la e é tornado estranho [*alienari, *correspondente a* allotriosai*] à própria morte e àquilo que parece causá-la. (*De fin.*, III, 16)*

O tema do conhecimento de si aparece logo depois: "Não seria possível que os filhotes desejassem algo se não tivessem sensação de si e não se amassem" (nisi sensum haberent sui eoque se diligerent).

5.2. Dispomos de um breve tratado cujo tema é justamente a relação entre familiaridade, sensação e uso de si: a carta 121 de Sêneca a Lucílio. A pergunta a que a carta pretende responder é "se todos os seres vivos têm a sensação acerca da própria constituição" (*an esset omnibus animalibus constitutionis suae sensus*). A resposta de Sêneca remete à capacidade inata que cada ser vivo tem de "usar de si":

> Que a tenham aparece, sobretudo, pelo fato de que eles movem seus membros com destreza e facilidade, como se para isso tivessem sido instruídos: não há nenhum que não mostre agilidade com respeito aos próprios membros. O artífice maneja com facilidade seus instrumentos, o piloto manobra com destreza o timão do navio, o pintor encontra logo, entre muitas e variadas cores que tem frente a si, aquelas que lhe servem para retratar a semelhança e passa sem dificuldade com o olhar e com a mão da cera para a obra: da mesma maneira, o animal está pronto em todo uso de si [*sic animal in omnem usum sui mobilest*]. Olhamos com admiração os que sabem dançar, pois sua mão está pronta para expressar coisas e afetos e seus gestos igualam a velocidade das palavras: aquilo que a arte ensina a esses, isso o animal recebe da natureza. Nenhum animal move com dificuldade seus membros, nenhum hesita no uso de si [*in usu sui haesitat*].

Frente à objeção segundo a qual o que leva o animal a mover-se é o medo da dor, Sêneca responde que os animais tendem para seu movimento natural, apesar do impedimento da dor:

O uso de si • 75

Assim, a criança que deseja estar de pé e busca acostumar-se a caminhar, logo depois que começa a experimentar suas forças, cai e, chorando, se levanta, até que, mesmo na dor, consiga fazer aquilo que sua natureza exige... A tartaruga deitada ao contrário não sente dor nenhuma e, mesmo assim, inquieta só pelo desejo de sua condição natural [*naturalis status*], não para de agitar-se até que não volte a recolocar-se sobre os pés. Todos os seres vivos têm, portanto, a sensação da própria constituição [*constitutionis suae sensus*] e uma pronta manipulabilidade de seus membros [*membrorum tam expedita tractatio*], e a prova melhor de que eles vêm à vida com esse conhecimento [*notitia*] é que animal nenhum é inábil no uso de si [*nullum animal ad usum sui rude est*].

Após ter sancionado dessa maneira o nexo constitutivo entre uso de si e conhecimento de si, *usus sui* e *constitutionis suae sensus*, Sêneca enfrenta o tema, vinculado estreitamente com esses aspectos, da *oikeiosis* (que, seguindo o exemplo de Cícero, ele apresenta com *conciliatio* e *conciliari*):

Vós dizeis – objeta-se – que todo animal, desde o início, se familiariza com sua constituição [*constitutioni suae conciliari*] e que o homem tem uma constituição racional e, portanto, se familiariza consigo não como animal, mas como racional: de fato, ele ama a si mesmo, por meio da parte pela qual é homem. Mas como a criança pode, então, familiarizar-se com sua constituição racional, se ainda não tem a razão? Cada idade tem sua constituição: uma é a da criança; outra, a do jovem; outra, a do idoso. A criança não tem dentes, e é com essa constituição que se familiariza; nascem-lhe os dentes, então se familiariza com essa outra constituição. Assim também a planta, que se tornará espiga de trigo, tem uma constituição quando é tenra e recém-brotada do chão, outra quando cresceu e se endireita sobre a haste dobrável, mas capaz de suportar seu peso, outra ainda quando a espiga, já loira e enrijecida, espera ser colhida – qualquer que seja a constituição em que se acha, adapta-se a ela e a conserva. Diversas são as idades do bebê, da criança, do jovem e do idoso; contudo, eu sou o mesmo, que foi bebê, criança, jovem. Assim, por mais que a constituição seja a cada vez diferente, a familiarização com a própria constituição é sempre a mesma [*conciliatio constitutioni suae eadem est*]. A natureza não me faz recomendar [*commendat*, o outro verbo com que Cícero traduzia *oikeiosai*] a criança, o jovem ou o idoso, mas a mim mesmo. Por isso, o bebê familiariza-se com sua presente constituição de recém-nascido, não com aquela que terá depois, como jovem. E se também o aguarda uma condição maior pela qual passará, não por isso aquela em que nasceu deixa de ser segundo a natureza. É consigo mesmo que, antes de tudo, o animal se familiariza [*primum sibi ipsum conciliatur animal*]; deve, de fato, haver algo a que todo o resto se refere. Busco o prazer: para quem? Para mim: portanto, cuido de mim mesmo [*mei curam ago*]. Fujo da dor: para quê? Para mim: portanto, cuido de mim. Se faço tudo para

76 • O uso dos corpos

cuidar de mim, então o cuidado de mim é anterior a tudo [*ante omnia est mei cura*]. Esse é inerente a todos os seres vivos, não se acrescenta em um segundo momento, é inato.

Reflitamos sobre o extraordinário vínculo entre familiarização e ser-si--mesmo, (*seità*), entre conhecimento e uso de si, que Sêneca, mesmo com alguma contradição, desenvolve em densíssimas páginas. A *oikoeisis* ou *conciliatio* não tem por objeto último a constituição do indivíduo, que pode mudar a cada vez, mas, por meio dela, o si-mesmo (*non enim puerum mihi aut iuvenem aut senem, sed me natura commendat*). Esse si – embora os estoicos pareçam às vezes preconstituí-lo em uma natureza ou em uma ciência inata – não é, portanto, algo substancial nem um fim preestabelecido, mas coincide inteiramente com o uso que o ser vivo faz dele (*usus sui*, que Sêneca descreve também como cuidado de si, *cura mei*).

Se aceitarmos tal interpretação relacional e não substancial do si estoico, então – quer se trate de sensação, de si, de *sibi conciliatio*, quer se trate de uso de si – o si coincide cada vez com a própria relação, não com um *telos* predeterminado. E se usar significa, no sentido em que se viu, ser afetado, constituir a si enquanto se está em relação com algo, então o uso de si coincide com a *oikeiosis*, enquanto esse termo nomeia o próprio modo de viver do ser vivo. O ser vivo faz uso de si, no sentido de que, em seu viver e em seu entrar em relação com outro de si, está em jogo cada vez seu próprio si, sente a si e se familiariza consigo mesmo. *O si nada mais é do que o uso de si.*

א *Em* De anima libri mantissa*, Alexandre de Afrodísia apresenta a doutrina estoica da* oikeiosis *nos seguintes termos: "Os estoicos... afirmam que o animal é por si mesmo a primeira coisa familiar [*to proton oikeion to zoon hautoi*] e que todo animal – também o homem – logo depois de nascer se familiariza consigo [*pros hautò oikeiousthai*]"[74]; doutrina semelhante é atribuída, quase com os mesmos termos, a Aristóteles ("dizem que, segundo Aristóteles, nós mesmos somos para nós mesmos a primeira coisa familiar" – einai proton oikeion emin emas autous)[75].*

É significativo que Alexandre identifique resolutamente familiaridade e ser-si-mesmo. Familiaridade e relação consigo são a mesma coisa.

א *A familiaridade e a sensação de si, de que falam os estoicos, não implicam um conhecimento racional, mas parecem ser obscuramente imanentes ao próprio uso de si. O ser*

---

[74] Alexandre, *Alexandri Aphrodisiensis praeter commentaria scripta minora. De anima liber cum mantissa* (org. Ivo Bruns, Berlim, Reimer, 1887), p. 150.

[75] Idem.

vivo, escreve Sêneca na referida carta, "conhece sua constituição, mas não o que ela é... sente que existe como ser vivo, mas não sabe o que é o ser vivo... sabe que tem um impulso, mas não sabe o que é e de onde vem" (quid sit constitutio non novit, constitutionem suam novit... quid sit animal nescit, animal esse se sentit... conatum sibi esse scit, quid sit aut unde sit nescit). *O si conhece-se por meio da articulação de uma zona de não conhecimento.*

5.3. Talvez seja em passagem de *Enéadas* (VI, 8, 10) que a especificidade do uso de si encontra, por assim dizer, sua afirmação ontológica. Procurando uma expressão provisória para o modo de ser do Uno, Plotino, após ter negado que ele pudesse ser acidentalmente o que é, opõe decididamente o uso à substância, *chresthai* a *ousia*.

> O que, então, diremos? Se não foi gerado, é tal qual é, não sendo senhor da própria substância [*ouk on tes autou ousias kyrios*]; e se não o for, mas sendo quem é, não hipostasiando a si mesmo, mas fazendo uso de si tal qual é [*ouk hypostesas heauton, chromenos de heautoi hoios estin*], então será necessariamente aquilo que é, não outro.

Nessa passagem, é decisiva para nós não tanto a estratégia de Plotino, que tem em vista excluir do Uno a acidentalidade ou a necessidade, mas a oposição singular que ele estabelece entre uso e hipóstase. Dörrie mostrou que o termo *hypostasis*, com base no neoplatonismo, passa a ter o sentido de "realização"; *hyphistamai* significa, por conseguinte, "realizar-se em uma existência"[76]. Fazer uso de si significa não pré-supor-se, não se apropriar do ser para se subjetivar em uma substância separada. Por isso, o si de que o uso usa só é expresso pela anáfora *hoios*, "tal qual", que retoma todas as vezes o ser com base em sua hipostização em um sujeito. E precisamente porque se mantém no uso de si, o Uno se subtrai não só às categorias da modalidade (não é contingente nem necessário: "Nem seu ser assim nem qualquer maneira de ser lhe acontecem por acidente: é assim e não de outra forma... não é aquilo que é porque não pôde ser outro, mas porque assim, como é, é o melhor"), mas também ao próprio ser e a suas divisões fundamentais ("para além do ser significa... que não é escravo nem do ser nem de si" – VI, 8, 19).

Tentemos desenvolver a ideia de um uso de si não hipostático, não substancializante, que Plotino parece abandonar logo depois de tê-la formulado.

---

[76] Heinrich Dörrie, "Hypostasis, Wort- und Bedeutungsgeschichte", em *Nachrichten der Akademie der Wissenschaft in Göttingen* (Phil. Kl., 3, 1955), p. 45, agora em *Platonica minora* (Munique, Fink, 1976).

78 • O uso dos corpos

O uso de si, nesse sentido, precede o ser (ou está para além dele e, portanto, também da divisão entre essência e existência), é – conforme escreve Plotino pouco depois a respeito do Uno, com uma expressão intencionalmente paradoxal – "uma *energeia* primeira sem ser", na qual o si-mesmo cumpre o papel de hipóstase ("ele mesmo é sua quase hipóstase" – *autò touto ton hoion hypostasin* – VI, 8, 20). Em outras palavras – seria possível igualmente dizer, invertendo a argumentação –, *o ser, em sua forma originária, não é substância (*ousia*), mas uso de si; não se realiza em uma hipóstase, mas habita no uso.* Usar é, nesse sentido, o verbo arquimodal, que define o ser antes ou, pelo menos, fora de sua articulação na diferença ontológica existência/essência e nas modalidades: possibilidade, impossibilidade, contingência, necessidade. É preciso que o si se tenha antes constituído no uso fora de toda substancialidade para que algo como um sujeito – uma hipóstase – possa dizer: eu sou, eu posso, eu não posso, eu devo...

5.4. É por essa perspectiva que podemos ler a teoria messiânica que Paulo elabora na primeira epístola aos Coríntios: "Foste chamado na condição de escravo?", escreve ele. "Não te preocupes com isso; mas, se também podes tornar-te livre, faz uso" (*mallon chresai* – ou seja, de tua condição de escravo – *1 Coríntios*, 7, 21). As condições factícias e jurídico-políticas em que cada um se acha não devem, pois, ser hipostasiadas nem simplesmente modificadas. A chamada messiânica não confere nova identidade substancial, mas consiste, acima de tudo, na capacidade de "usar" a condição factícia em que cada um se encontra. E de que modo a nova capacidade de uso deva ser entendida é dito pouco depois:

> Portanto digo, irmãos, o tempo se abreviou; o que resta é que os que têm mulher sejam como não [*hos me*] a tivessem, os que choram, como não chorantes, os que se alegram, como não se alegrando, os que compram, como nada possuindo, e os que usam do mundo, como dele não abusando. De fato, a figura desse mundo passa. Quero que estejais sem cuidado. (Ibidem, 7, 29-32)

O "como não" paulino, tensionando cada condição factícia consigo mesma, a cancela e desativa sem alterar sua forma (os que choram *como não* chorantes, os que têm mulher *como não* a tivessem, escravos *como não* escravos). A vocação messiânica consiste, pois, na desativação e na desapropriação da condição factícia, que, dessa forma, se abre para um novo uso possível. A "nova criatura" nada mais é do que a capacidade de tornar inoperosa e usar de modo novo a antiga: "Se alguém está no messias, é nova criatura [*kainè ktisis*]: as coisas antigas passaram, eis que se fizeram novas" (*2 Coríntios*, 5, 17).

Dessa forma, entende-se melhor o sentido das antíteses dos versículos 30-31: "Os que compram, como se nada possuíssem, e os que usam do mundo, como se dele não abusassem". O que está em questão é uma referência explícita à definição da propriedade segundo o direito romano como *ius utendi et abutendi*. Assim, Paulo contrapõe o *usus* ao *dominium*: ficar na chamada na forma do "como não" significa nunca fazer do mundo um objeto de propriedade, só de uso.

6
O USO HABITUAL

6.1. A tradição do aristotelismo que culmina na escolástica entende o uso como sinônimo de *energeia* e procura, portanto, mantê-lo separado da potência ou do hábito. "Uso", escreve Tomás, "significa o ser-em-ato de qualquer hábito [*usus significat actum cuiuslibet habitus*]. O ato de qualquer hábito e o uso da potência pertencem a quem (ou àquilo que) pertence o ato; por isso, o termo 'uso' significa o ato e de modo nenhum a potência ou o hábito". Contra tal tradição, é necessário pensar o ser-em-uso como diferente do ser-em-ato e, ao mesmo tempo, restituí-lo à dimensão do hábito, mas de um hábito que, enquanto se dá como uso habitual e é, portanto, sempre já em uso, não pressupõe uma potência que deva, a certa altura, passar para o ato, pôr-se em obra.

Galeno talvez pensasse em uma dimensão desse tipo quando, em seu *De usu partium*, contrapôs decididamente o uso à *energeia*, assim como um estado ou um hábito se opõe ao movimento e à operação: "O uso [*chreia*] de uma parte é diferente de sua *energeia*, de seu ser-em-ato, porque a *energeia* é movimento ativo (*kinesis drastikè*), enquanto o uso é aquilo que costumeiramente se chama *euchrestia*"[77]. *Euchrestia* significa a adequação de uma parte para desenvolver determinada função, a boa funcionalidade, ou seja, não uma operação e uma passagem da potência ao ato, mas algo semelhante a uma condição habitual. É nesse sentido que entendemos pensar um "uso habitual", uma *chresis-chreia*, um ser-sempre-já-em-uso do hábito ou da potência; em outras palavras, uma potência que jamais é separada do

---

[77] Galeno, *Galeni de usu partium libri XVII* (org. Georgius Helmreich, Amsterdã, Hakkert, 1968), p. 437.

82 • O uso dos corpos

ato, que nunca precisa pôr-se em obra, por estar já sempre em uso, sempre já é *euchrestia*.

Isso, porém, significa repensar desde o princípio e corrigir, com base no hábito e no ato, a doutrina aristotélica da *dynamis* e da *energeia*, da potência e do ato. Aristóteles – seria possível afirmar – cindiu aquilo que aqui procuramos pensar como uso e denominou *dynamis* e *energeia* o que resulta da cisão. O conceito de hábito (*hexis*) havia sido pensado por Aristóteles justamente para eliminar as aporias implícitas nessa doutrina e garantir à potência alguma realidade. Se o ser (o uso) está cindido em potência e ato, será necessário, de fato, algo que articule e torne possível a passagem de uma para outro. Se a potência fosse sempre e somente potência genérica, como aquela, puramente quimérica, que compete a uma criança, da qual dizemos que poderá tornar-se escritora ou carpinteira, arquiteta ou flautista, então o conceito de potência se dissolveria, e o fato de pôr-se em obra se tornaria impensável. O hábito é o que possibilita a passagem da potência da mera genericidade para a potência efetiva de quem sabe escrever, tocar flauta, construir mesas ou casas. O hábito é, pois, a forma na qual a potência existe e se dá uma realidade como tal.

As aporias da potência genérica, que dessa forma acabam neutralizadas, reproduzem-se imediatamente na nova realidade que se deu. Para que se possa manter uma distinção entre o hábito e o ser-em-obra, para que *hexis* não passe sempre já cegamente a *energeia*, de fato é necessário que aquele que tem o hábito de uma técnica ou de um saber possa não exercitá-la, possa não passar ao ato. Por isso, no livro IX de *Metafísica*, a tese decisiva sobre a potência-hábito soa assim: "Toda potência é impotência do mesmo e segundo o mesmo" (*tou autou kai katà to autò pasa dynamis adynamia* – 1046a 30). Impotência, *adynamia*, aqui significa poder de não passar ao ato e, segundo a persistente antipatia do filósofo pelo sono, a qual já assinalamos, o hábito é, nesse sentido, comparado ao sono e o ato à vigília: "A vigília é semelhante ao saber em ato, e o sono, a um ter sem pôr em ato" (*echein kai me energein – De anima*, 412a 35). Aqui aparece claramente a ambiguidade da noção de "potência do não": é ela que permite ao hábito de se dar existência como tal e, ao mesmo tempo, ela é constitutivamente inferior ao ato a que está irrevogavelmente destinada. Assim como Aristóteles não se cansa de repetir contra os megáricos, tem realmente uma potência aquele que pode tanto pô-la quanto não pô-la em ato; mas a *energeia*, o ser-em-obra, continua sendo o fim da potência. Desse modo, contudo, a aporia que se

O uso habitual • 83

acreditava poder eliminar reaparece de forma ainda mais aguda: se a toda potência-hábito é irredutivelmente inerente uma potência de não passar ao ato, como será possível determiná-la para essa passagem, como será possível despertá-la do sono?

Aristóteles, ao identificar o uso com a *energeia* e com o ser-em-obra e ao separá-lo do hábito, assim como a vigília do sono, desencaminhou duradouramente o pensamento. A aporia, contra a qual naufragou o pensamento aristotélico da potência, só se dissolve se pensarmos o hábito não apenas de modo negativo, com base na impotência e na possibilidade de não passar ao ato, mas como uso habitual. O uso é a forma em que o hábito se dá existência, para além da simples oposição entre potência e ser-em--obra. E se, nesse sentido, o hábito é sempre já uso de si e se isso, conforme vimos, implica uma neutralização da oposição sujeito/objeto, então aqui não há lugar para um sujeito proprietário do hábito que possa decidir colocá-lo ou não em obra. O si, que se constitui na relação de uso, não é um sujeito; nada mais é do que essa relação.

6.2. No conceito de *hexis-habitus* (*hexis* é o deverbal de *echein*, "ter"), a filosofia pensou o nexo constitutivo que une o ser ao ter, que continua sendo um assunto ainda não investigado na história da ontologia. Em estudo exemplar, Benveniste procurou definir a função linguística e a relação de "ser" e "ter" nas línguas indo-europeias. Ambos são verbos que indicam estado:

O *ser* é o estado de quem é, de quem é algo; *ter* é o estado de quem tem, de quem tem algo. Desse modo, manifesta-se também a diferença. Entre os dois termos que liga, *ser* estabelece uma relação de identidade: o estado de consubstancialidade. Contrariamente, os dois termos unidos pelo *ter* continuam distintos: sua relação é extrínseca e define um pertencimento.[78]

Além disso, segundo Benveniste, *ter* nada mais é do que um "ser a (ou de)" invertido: *habeo aliquid*, "tenho algo", nada mais é do que uma variante secundária e derivada de *mihi est aliquid*, "algo está para mim, me pertence".

Convém prosseguir a análise de Benveniste para além dos limites da linguística. A relação entre "ser" e "ter" é, na verdade, mais íntima e complexa. A *hexis*, a potência enquanto hábito, é, segundo Aristóteles, um dos

---

[78] Émile Benveniste, *Problèmes de linguistique générale*, v. 1, cit., p. 198 [ed. bras.: *Problemas de linguística geral*, v. 1, cit.].

84 • O uso dos corpos

modos em que o ser se diz. Em outras palavras, indica o estado do ser, como atribuído a um sujeito. O que se tem na *hexis* é certo modo de ser, uma *diathesis*, um ser disposto de determinado modo (o ser sábio, o ser arquiteto, o ser flautista...). Esse ser que se tem é chamado por Aristóteles de *dynamis*, "potência"; e *dynatos*, "potente", é quem tem aquele determinado estado e aquele determinado ser. Em todo caso, ter (*echein*) é aqui sempre "ter um ser".

Isso significa que a doutrina do *habitus* delimita o lugar lógico em que a doutrina da subjetividade teria sido possível. Por isso, no dicionário filosófico do livro Delta de *Metafísica* (1022b 4-6), Aristóteles pode afirmar, com aparente contradição, que *hexis* significa tanto "determinado ser-em--obra [*energeia*] de quem tem e do tido" quanto "a disposição [*diathesis*] segundo a qual aquilo que está disposto está disposto bem ou mal"; em outras palavras, tanto um modo do ser quanto o estado ou a disposição de um sujeito. Por isso, a propósito das potências racionais, que são capazes tanto de uma coisa quanto de seu contrário, ele pode afirmar que é necessário haver um elemento soberano (*kyrion*), capaz de decidir a potência em um sentindo ou em outro, e que este deve ser "algo diferente" (*heteron ti*) com respeito à potência (*Metafísica*, 1048a 11). O hábito é o ponto em que uma subjetividade procura tornar-se senhora do ser, o lugar em que, com perfeita circularidade, o ter, que deriva do ser, se apropria deste. Ter nada mais é do que a apropriação de um ser.

6.3. Há um texto de Aristóteles em que talvez tivesse sido possível fundamentar uma concepção diferente do hábito. Na passagem citada do livro Delta de *Metafísica*, lê-se que, se o hábito é definido como a relação entre aquele que tem e aquilo que é tido, então "é impossível ter um hábito, porque, se fosse possível ter o hábito daquilo que se tem, se iria até ao infinito" (1022b, 7-10). É nesse lugar inapreensível e em fuga que o pensamento moderno vai situar seu sujeito, que se põe como senhor daquilo que não se pode ter.

Na advertência de Aristóteles, fica evidenciada a aporia inscrita na vinculação entre ser e ter, que tem sua sede no hábito. Contra a doutrina escolástica, segundo a qual "o uso da potência pertence àquele a quem pertence o hábito", é preciso afirmar que o uso não pertence a algum sujeito e que ele se situa além tanto do ser quanto do ter. O uso rompe, assim, a ambígua implicação entre ser e ter que define a ontologia aristotélica.

Glenn Gould, a quem atribuímos o hábito de tocar piano, nada mais faz do que usar de si enquanto toca e sabe tocar habitualmente o piano. Ele não é o titular nem o dono da potência de tocar, que pode ou não pôr em obra, mas constitui a si enquanto tem o uso do piano, independentemente do fato de tocá-lo ou não em ato. *O uso, assim como o hábito, é uma forma-de-vida e não o saber ou a faculdade de um sujeito.* Isso implica que se delineie outra vez o mapa do espaço em que a modernidade situou o sujeito e suas faculdades.

Poeta não é quem tem a potência ou a faculdade de criar, que, certo dia, por um ato de vontade (a vontade é, na cultura ocidental, o dispositivo que permite atribuir as ações e as técnicas a propriedade de um sujeito), decide, como o Deus dos teólogos, não se sabe como nem por quê, pôr em obra. Assim como o poeta, nem o carpinteiro, nem o sapateiro, nem o flautista, tampouco aqueles que, com um termo de origem teológica, chamamos profissionais – por fim, todo homem – são os titulares transcendentes de uma capacidade de agir ou de fazer; são, antes de tudo, seres vivos que, no uso e só no uso dos próprios membros, assim como do mundo que os circunda, fazem experiência de si e constituem a si como usuários (de si mesmos e do mundo).

ℵ *A tese segundo a qual a potência está, de algum modo, sempre em uso, mesmo que não passe ao ato, é afirmada por Pelágio em sua apaixonada defesa da possibilidade humana de não pecar, que Agostinho tenta em vão refutar em seus escritos antipelagianos (em especial, em* De natura et gratia*). A potência, escreve Pelágio, "é inerente a mim, mesmo que não queira e nunca acolha em si algum ócio". Contudo, enquanto nos é dada por Deus, a quem essencialmente pertence, ela não está em nosso poder (*in nostra potestate*).*

6.4. Mas o que é o uso habitual, como se usa um hábito sem o fazer passar para o ato, sem o pôr em obra? É claro que isso não significa inércia ou simplesmente ausência de obras, mas uma relação totalmente diferente com estas. A obra não é o resultado nem a efetivação de uma potência, que nela se realiza e esgota: a obra é aquilo em que a potência e o hábito ainda estão presentes, ainda em uso, ela é a casa do hábito, que não para de mostrar-se e quase de dançar nela, reabrindo-a incessantemente para um novo e possível uso.

Espinosa, no livro IV de sua *Ética*, ofereceu a chave para entender a relação especial com a potência que aqui está em jogo e que ele chama de *acquiescentia in se ipso*. "A aquiescência em si mesmos", escreve, "é uma alegria

86 • O uso dos corpos

nascida disso: de que o homem contempla a si mesmo e sua potência de agir".
O que significa que o homem contempla a si mesmo e sua potência de agir? A
aquiescência é, certamente, uma figura da inoperosidade – mas o que é uma
inoperosidade que consiste em contemplar a própria potência de agir?
A contemplação é o paradigma do uso. Assim como o uso, a contemplação não tem um sujeito, porque, nela, o contemplante se perde e se dissolve
integralmente; assim como o uso, a contemplação não tem um objeto, porque,
na obra, ela contempla apenas a (própria) potência. A vida, que contempla na
obra a (própria) potência de agir ou de fazer, torna-se inoperosa em todas as
suas obras, vivendo apenas no uso de si, vivendo apenas (sua) vivibilidade.
Escrevemos "própria" e "sua" entre parênteses porque só por meio da contemplação da potência, que torna inoperosa toda *energeia* e toda obra, algo como
a experiência de um "próprio" e de um "si" se torna possível. O si – cujo lugar
será usurpado pelo sujeito moderno – é aquilo que se abre como uma inoperosidade central em toda operação, como a "vivibilidade" e a "usabilidade"
em toda obra. Se o arquiteto e o carpinteiro continuam tais mesmo quando
não constroem, isso não se deve ao fato de que eles são titulares de uma potência de construir, que podem também não pôr em obra, mas que vivem
habitualmente no uso de si como arquitetos ou carpinteiros: o uso habitual
é uma contemplação, e a contemplação é uma forma de vida.

6.5. Deleuze, no final de *O que é a filosofia?**, define a vida em sua imediatez como "contemplação sem conhecimento". Dessa "criação passiva", que
"é, mas não age", ele dá como exemplo a sensação e o hábito. No mesmo
sentido, Maine de Biran, em seu *Mémoire sur la décomposition de la pensée*,
busca incansavelmente captar, para além do eu e da vontade, um "modo de
existência, por assim dizer, impessoal", que ele denomina "afetibilidade" e
define como a simples capacidade orgânica de sermos afetados sem consciência nem personalidade, capacidade que, assim como a estátua de Condillac,
se torna todas as suas modificações e todas as suas sensações e, no entanto,
constitui "uma maneira de existir positiva e completa em seu gênero"[79].

---

*   Ed. bras.: Gilles Deleuze e Félix Guattari, *O que é a filosofia?* (trad. Bento Prado Jr.
    e Alberto Alonso Muñoz, São Paulo, Editora 34, 1992). (N. T.)

[79] François-Pierre Maine de Biran, *Oeuvres*, v. 3: *Mémoire sur la décomposition de la
    pensée, précédé du Mémoire sur les rapports de l'idéologie et des mathématiques* (org.
    François Azouvi, Paris, Vrin, 1988), p. 370.

O uso habitual • 87

Aqui, é decisiva a separação entre contemplação e conhecimento e entre afetibilidade e personalidade. Contra o prestígio do conhecimento em nossa cultura, é sempre conveniente lembrar que a sensação e o hábito, assim como o uso de si, articulam uma zona de não conhecimento, que não se assemelha a uma neblina mística em que o sujeito se extravia, mas ao lugar habitual em que o ser vivo, antes de qualquer subjetivação, se sente perfeitamente bem. Se os gestos e os atos do animal são ágeis e graciosos ("nenhum animal é inepto no uso de si"), isso se deve ao fato de que nenhum ato, nenhum gesto, constitui para ele uma "obra" da qual ele se põe como autor responsável e criador consciente.

É desse modo que devemos pensar a contemplação como uso de si. Todo uso é a articulação de uma zona de não conhecimento. E esta não é o fruto de uma remoção, como acontece com o inconsciente na psicanálise, nem é isenta de relação com o ser vivo que nele habita: fazer uso de si significa, pelo contrário, manter-se em relação com uma zona de não conhecimento, mantê-la íntima e próxima, assim como o hábito é íntimo para o uso. Tal relação não é inerte, mas se conserva e se constitui por meio de uma desativação paciente e tenaz das *energeiai* e das obras que nela afloram sem cessar, por meio da serena renúncia a toda atribuição e a toda propriedade: *vivere sine proprio*. Não importa que renúncia e desapropriação continuamente se percam na tradição nem que a contemplação e o uso de si não parem de naufragar na história das obras e dos sujeitos. A contemplação, a zona de não conhecimento, é o núcleo – inesquecível e, ao mesmo tempo, imemorial – inscrito em toda tradição e em toda memória, que lhe deixa uma marca de infâmia ou de glória. O usuário, toda vez desautorado, é só o *auctor* – no sentido latino de testemunha – que dá testemunho da obra no mesmo gesto em que, na contemplação, a revoga e remete constantemente em uso.

6.6. O caráter mais específico do hábito como *ethos* e uso de si foi encoberto e tornado inacessível pela teoria medieval da virtude. Segundo essa doutrina, que acolhe e desenvolve a definição aristotélica da *aretè* como hábito (*hexis*), a virtude é um "hábito operativo" que, da melhor maneira, faz passar ao ato a potência ou o hábito. A potência humana – assim argumentam os escolásticos que formularam e legaram à ética ocidental a doutrina das virtudes –, à diferença das potências naturais, é constitutivamente indecisa, enquanto pode querer de modo indiferente esse ou aquele objeto,

88 • O uso dos corpos

tanto o bem quanto o mal. Por isso, é necessário que se produza na potência um hábito essencialmente direcionado para a ação boa: esse hábito é a virtude como *habitus operativus*. O primado aristotélico da *energeia* com respeito ao hábito é aqui reforçado: a virtude é aquilo por meio de que o hábito, que é, em Aristóteles, uma categoria ontológica, se transforma em agir, passa para a ética (Aristóteles cindiu o ser em potência e ato a fim de nele insinuar movimento e ação). Contudo, é justamente essa indeterminação de ser e práxis, hábito e *energeia*, que marca, com sua ambiguidade, o estatuto da virtude: ela é o modo de ser de um sujeito (o homem virtuoso) e, ao mesmo tempo, uma qualidade de sua ação. O homem age bem enquanto é virtuoso, mas é virtuoso enquanto age bem.

Rompendo o círculo vicioso da virtude, importa pensar o virtuoso (ou o virtual) como uso, ou seja, como algo que está além da dicotomia entre ser e práxis, entre substância e ação. O virtuoso (ou o virtual) não se opõe ao real; pelo contrário, ele existe e está em uso sob o modo da habitualidade; não é, porém, imaterial, mas, enquanto não cessa de desdizer e desativar o ser-em-obra, devolve continuamente a *energeia* à potência e à materialidade. O uso, enquanto neutraliza a oposição entre potência e ato, ser e agir, matéria e forma, ser-em-obra e hábito, vigília e sono, é sempre virtuoso e não tem necessidade de que se acrescente a ele algo para torná-lo operativo. A virtude não sobrevém ao hábito: é o ser sempre em uso do hábito, é o hábito como forma de vida. Assim como a pureza, a virtude não é um caráter que cabe como próprio de alguém ou de algo. Não existem, por isso, ações virtuosas, assim como não existe um ser virtuoso: virtuoso só é o uso, para além – ou seja, no meio – do ser e do agir.

7
O INSTRUMENTO ANIMADO E A TÉCNICA

7.1. Em *Ser e tempo*, a familiaridade e a manipulabilidade definem o lugar da relação originária e imediata do ser-aí com o mundo. Contudo, tal relação é intrinsecamente determinada por um caráter instrumental irredutível, que a constitui como relação de uso: "Para abrir a porta, eu faço uso [*mache ich Gebrauch*] da maçaneta"[80]. Assim, aquilo que o homem encontra primariamente no mundo é, conforme vimos, "o utensílio" (*Zeug*), mas o utensílio não "é", em sentido próprio, ele só existe na forma de "ser para uma finalidade" (*um-zu*), está sempre inserido em uma multiplicidade de relações instrumentais (*Zeugganzes*)[81]. A primeira dessas relações é a utilidade (*Dienlichkeit*, termo em que importa perceber a proximidade com o serviço – *Dienst* – e o servo – *Diener*). Nesse sentido, a familiaridade com o mundo tem sempre e necessariamente a ver com uma "servibilidade", devendo "submeter-se ao 'serve para' [*um-zu*] que cada vez define a instrumentalidade do utensílio"[82].

Anos depois, no ensaio sobre *A origem da obra de arte*, Heidegger volta ao tema do utensílio. E isso acontece por meio da análise do utensílio mais comum e ordinário possível: um par de sapatos de camponês (*ein paar Bauernschuhe* – evidentemente algo similar ainda existia, mesmo que ele o exemplifique com um quadro de Van Gogh). O utensílio escolhido pertence

---

[80] Martin Heidegger, *Sein und Zeit* (12. ed., Tübingen, M. Niemeyer, 1972), p. 67 [ed. bras.: *Ser e tempo*, trad. Fausto Castilho, Campinas/Rio de Janeiro, Editora da Unicamp/Vozes, 2012].

[81] Ibidem, p. 68.

[82] Ibidem, p. 69.

90 • O uso dos corpos

à classe que Aristóteles definia *ktema praktikon*, "instrumento prático", do qual nada mais se aproveita senão seu uso. Mas, ainda mais do que à maçaneta, ao martelo e aos outros utensílios mencionados em *Ser e tempo*, aos sapatos do camponês cabe o poder mágico de abrir seu mundo para aquele – ou para aquela, pois de fato se trata de uma camponesa – que os usa, para conferir-lhe sentido e segurança. Certamente, "o ser utensílio do utensílio consiste em sua utilidade" (*Dienlichkeit*, "servibilidade"), mas esta não se esgota na simples instrumentalidade.

No utensílio sapato ressoa o chamado silencioso da terra, seu tácito dom do trigo que amadurece e seu inexplicado negar-se no deserto alqueivado do campo invernal. Por meio desse utensílio, a ânsia sem lamentos para a segurança do pão, a muda alegria da superação da necessidade, o tremor pelo nascimento e o calafrio pela ameaça de morte...[83]

A essência do utensílio, sua "plenitude", repousa em algo mais do que a instrumentalidade, que Heidegger chama "confiabilidade" (*Verlässlichkeit*).

Graças a ela, a camponesa entra em relação com o chamado silencioso da terra, graças à confiabilidade do utensílio ela está segura de seu mundo. Mundo e terra existem para ela e para quem só dessa maneira compartilha seu modo de viver: no utensílio. Dizendo "só", erramos: porque é a confiabilidade do instrumento que confere sobretudo ao simples mundo sua salvação e garante à terra a liberdade de seu constante fluir. O fato de ser utensílio, a confiabilidade mantém recolhidas em si todas as coisas...[84]

Aqui, Heidegger remete à conceitualidade que tinha desenvolvido no curso do semestre invernal de 1929-1930, sobre *Conceitos fundamentais da metafísica*, em que a pedra, o animal e o homem eram definidos por terem ou não terem um mundo. É em virtude do utensílio que a camponesa, à diferença da planta e do animal, que ficam aprisionados ao próprio ambiente, tem um mundo, "mora no aberto do ser"[85]. O utensílio, em sua confiabilidade, dá ao mundo sua necessidade e sua vizinhança e às coisas seu tempo e sua medida própria. Contudo, isso ainda continua, de algum modo, preso na esfera da utilidade. Tal limite essencial do utensílio aparece com clareza se o confrontarmos com a obra de arte. Enquanto a obra de arte expõe o ente em sua verdade (por exemplo, o quadro de Van Gogh, que

---

[83] Martin Heidegger, *Holzwege* (Frankfurt, Klostermann, 1950), p. 23.

[84] Idem.

[85] Ibidem, p. 34.

O instrumento animado e a técnica • 91

mostra o que realmente são os sapatos do camponês), o fato de ser utensílio vai sempre desaparecendo em sua "servibilidade".

Cada utensílio é utilizado e usado; desse modo, também o uso o desgasta e consuma, cai na usualidade. O próprio utensílio fica vazio e declina para ser mero utensílio. O fato de se esvaziar acaba com confiabilidade do utensilio... Só a nua servibilidade agora continua visível.[86]

O utensílio, que abre ao homem seu mundo, corre, porém, o risco de reduzir-se sempre à instrumentalidade e ao serviço. Contudo, essa decadência do utensílio, "a que os objetos de uso devem sua tediosa e invasiva cotidianidade", é ainda "um testemunho de sua essência originária"[87].

7.2. O homem que Heidegger descreve é dominado pelos utensílios, entrega-se a sua "servibilidade", e só por meio desta tem acesso a seu mundo. A relação com o utensílio define, nesse sentido, a dimensão humana. Contudo, seria possível afirmar que Heidegger procura de qualquer maneira livrar o homem dos limites estreitos dessa esfera, que coincide com a do uso. E o faz, em *Ser e tempo*, substituindo o uso pelo cuidado e, no ensaio sobre *A origem da obra de arte*, primeiro pela confiabilidade e, depois, subordinando o utensílio à obra de arte, que põe em obra a verdade do ser que o utensílio sempre corre o risco de perder na servibilidade.

Não deve, portanto, causar surpresa que a instrumentalidade apareça outra vez no ensaio de 1950 sobre *A questão da técnica*, ou seja, precisamente no contexto do problema central do pensamento do último Heidegger. Contra Spengler, que em seu livro *O homem e a técnica*, de 1931, havia afirmado que a técnica não pode ser compreendida com base no instrumento, o ensaio começa afirmando um nexo essencial entre técnica e instrumentalidade. De fato, a técnica nada mais é do que um agir humano voltado para um fim.

Estabelecer fins [*Zwecke*] e para isso arranjar e empregar os meios [*Mittel*] constitui um fazer humano. O aprontamento e o emprego de instrumentos, aparelhos e máquinas, o que é propriamente aprontado e empregado por elas e as necessidades e os fins a que servem, tudo isso pertence ao ser da técnica. O todo dessas instalações [*Einrichtungen*] é a técnica. Ela mesma é uma instalação; expressa em latim, um *instrumentum*... A determinação instrumental da técnica é mesmo tão sinistramente correta que, ademais,

---

[86] Ibidem, p. 24.

[87] Idem.

92 • O uso dos corpos

ainda serve para definir a técnica moderna, da qual outrora supunha-se com razão ser algo totalmente diferente e, por isso, algo de novo diante da técnica manual mais antiga. Também a central de energia com suas turbinas e seus geradores é um meio feito pelo homem para um fim estabelecido pelo homem. Também o avião a jato e a máquina de alta frequência são meios para fins.[88]

Contudo, na sequência do ensaio, essa determinação instrumental da técnica acaba abandonada por ser insuficiente. De fato, a instrumentalidade nada mais é do que uma forma de causalidade, e só uma correta compreensão dela pode permitir o acesso à verdadeira natureza da técnica. Mas causar significa levar algo do não ser para o ser, ou seja, é uma forma daquilo que os gregos chamavam *poiesis*. Esta é, por sua vez, explicada como um pro-duzir com base na latência na direção da ilatência, da não-verdade na direção da verdade, no sentido grego de *a-letheia*, "desvelamento", não-escondimento. A técnica é, então, um modo eminente desse desvelamento e, como tal, pertence ao destino histórico do Ocidente, desde sempre aprisionado na dialética de latência e ilatência, verdade e não-verdade. Por isso, enquanto nos limitarmos a olhar para a técnica pela perspectiva da instrumentalidade, não perceberemos sua verdadeira natureza e continuaremos presos à ilusão de a dominarmos. Só se compreendermos o instrumento como um modo da causalidade, então a técnica se revelará por aquilo que é, ou seja, como "destino de um desvelamento"[89].

Apenas nesse ponto, em que a instrumentalidade, mais uma vez, foi menosprezada e a técnica foi restituída a seu papel epocal no destino histórico do ser, Heidegger pode reconciliar-se com ela e vislumbrar nela, segundo uma de suas citações preferidas de Hölderlin, tanto o perigo quanto a salvação:

> Se a essência da técnica, o dispositivo [*das Ge-stell*] é o perigo mais extremo e se Hölderlin diz a verdade, então o domínio da técnica não pode esgotar-se no fato de que ela impede o acesso à luz do desvelamento e ao esplendor da verdade. A essência da técnica deve conservar em si o crescimento daquilo que salva.[90]

---

[88] Martin Heidegger, *Vorträge und Aufsätze* (Stuttgart, Neske, 1954), p. 104 [ed. bras.: *Ensaios e conferências*, trad. Emannuel C. Leão, Gilvan Vogel e Marcia Sá C. Schuback, 5. ed., Petrópolis, Vozes, 2008]. [Cf. Idem, "A questão da técnica", trad. Marco A. Werle (1997), em *Cadernos de tradução*, acessível on-line em *Scientiae Studia*, v. 5, n. 3, 2007, p. 376 – N. T.]

[89] Ibidem, p. 36.

[90] Ibidem, p. 32.

O instrumento animado e a técnica • 93

7.3. Tentemos percorrer na contracorrente o percurso heideggeriano e interrogar novamente a instrumentalidade como caráter essencial da técnica.

No momento de reconduzir a instrumentalidade à causalidade (e, portanto, à ontologia), Heidegger lembra a doutrina aristotélica das quatro causas:

> A *causa materialis*, a matéria, a partir da qual, por exemplo, uma taça de prata é plasmada; a *causa formalis*, a forma que a matéria recebe; a *causa finalis*, o fim, por exemplo para o qual a taça requerida é determinada como matéria e forma; a *causa efficiens*, o forjador da prata que produz o efeito, o prato de prata real. O que a técnica é enquanto concebida como meio revela-se se remetermos a instrumentalidade à quádrupla causalidade.[91]

O projeto de remeter o instrumento ao âmbito da doutrina aristotélica da causalidade não é, porém, facilmente realizável. Em *Metafísica*, texto em que é amplamente tratado o problema das quatro causas, Aristóteles jamais menciona um instrumento entre os exemplos de causas. Em *Física*, no qual aparece o termo "instrumentos" (*organa*), ele é referido não à causa eficiente (que Aristóteles chama de "princípio do movimento", *archè tes kyneseos*), mas à causa final; no interior desta, como Heidegger parece defender, os instrumentos não figuram como exemplos de causas, mas, obviamente, como exemplos do que é causado: a saúde é causa final tanto do ato de passear quanto da purificação (*katharsis*), dos remédios (*pharmaka*) e dos instrumentos (*organa*, aqui entendidos, como de resto os outros termos, só no sentido médico originário de "instrumento cirúrgico" – 194b 36-195a 1). O mundo clássico, conforme vimos a respeito da concepção aristotélica dos instrumentos produtivos como a lançadeira e a palheta, que inclusive pensou o nexo entre o instrumento e seu produto, parece conceber tal nexo de maneira tão restrita e imediata que o instrumento não podia apresentar-se como forma autônoma de causalidade.

Heidegger poderia ter lembrado que, como ele certamente sabia, uma tentativa de inserir o instrumento na categoria da causalidade foi feita pelos teólogos medievais. A partir do século XIII, ao lado da causa eficiente, eles definiam uma quinta causa, a qual chamam de *instrumentalis*. Com uma inversão ousada, o instrumento, que Aristóteles jamais poderia ter classificado entre as causas, é agora considerado um tipo especial de causa eficiente. O que define a causa instrumental – por exemplo, o machado nas mãos de um carpinteiro que fabrica uma cama – é a particularidade de sua ação:

---

[91] Ibidem, p. 11-2.

94 • O uso dos corpos

por um lado, ela age não por virtude própria, mas em virtude do agente principal (a saber, o carpinteiro); por outro, opera segundo sua própria natureza, que é a de cortar. Ela só serve, pois, a um fim diferente na medida em que realiza o próprio. O conceito de causa instrumental nasce, portanto, como desdobramento da causa eficiente, que se cinde em causa instrumental e causa principal, assegurando, assim, à instrumentalidade um estatuto autônomo.

7.4. O lugar em que a teologia escolástica desenvolve a teoria da causa instrumental é a doutrina dos sacramentos. Assim, em *Suma teológica*, ela é tratada na questão 62 da parte III, cujo título diz: *De principali effectu sacramentorum, qui est gratia.* A função do sacramento consiste em conferir a graça, e esta só pode provir de Deus, que é sua causa principal: o que é próprio do sacramento é, porém, que ele produz seu efeito por meio de um elemento que age como causa instrumental (por exemplo, no batismo, a água). Mais do que a distinção entre *agens* (ou *causa*) *principalis* e *agens* (ou *causa*) *instrumentalis*, a contribuição específica de Tomás consiste na definição da dupla ação do instrumento. "O instrumento", escreve ele (*Suma teológica*, parte III, q. 62, art. 1, sol. 2),

> tem uma ação dupla: uma instrumental, segundo a qual ele não age em virtude própria, mas em virtude do agente principal, e outra própria, que lhe compete segundo a própria forma. Desse modo, compete ao machado cortar em virtude de sua agudeza, mas fazer a cama lhe compete enquanto é instrumento de arte. Ele não pode realizar a ação instrumental a não ser exercendo a própria: é cortando que o machado faz a cama. Da mesma maneira, os sacramentos corpóreos, por meio da operação própria que exercem sobre o corpo, que tocam, realizam por virtude divina a operação instrumental sobre a alma: assim a água do batismo, ao lavar o corpo de acordo com a própria virtude, lava a alma enquanto é instrumento da virtude divina. Alma e corpo tornam-se, com isso, uma só coisa.

Reflita-se sobre a natureza particular dessa ação: ao agir segundo a própria lei ou forma, parece realizar a operação de outro e, por isso, foi definida "contraditória" e "difícil de compreender"[92]. Na primeira parte de *Suma*, Tomás define-a com um termo que foi muitas vezes mal-entendido, "operação dispositiva": "A causa segunda instrumental", escreve ele (parte I, q. 45, art. 4),

---

[92] Aimon-Marie Roguet (org.), *Saint Thomas d'Aquin. Somme théologique. Les sacrements: 3a, questions 60-5* (Paris, Cerf, 1999), p. 330.

O instrumento animado e a técnica • 95

não participa da ação da causa principal a não ser enquanto, em virtude de algo que lhe pertence como próprio [*per aliquid sibi proprium*], age em modo dispositivo [*dispositive operatur,* age como um dispositivo] para a realização do efeito do agente principal.

Dispositio é a tradução latina do termo grego *oikonomia*, que indica o modo como, pela própria articulação trinitária, Deus governa o mundo para a salvação dos homens. De acordo com essa perspectiva, que implica um imediato significado teológico, uma operação dispositiva (ou, sem forçar, poderíamos dizer um dispositivo) é uma operação que, seguindo a própria lei interna, realiza um plano que parece transcendê-la, mas lhe é na realidade imanente, assim como na economia da salvação Cristo opera *dispositive* – ou seja, segundo uma "economia" – a redenção dos homens. Tomás o esclarece sem meios-termos: "A paixão de Cristo, que tem a ver com sua natureza humana, é efetivamente causa de nossa redenção, mas não como se fosse um agente principal, ou por autoridade, e sim como um instrumento" (q. 64, art. 3). Cristo, que age nos sacramentos como causa principal, é, enquanto encarnou em corpo humano, causa instrumental, não principal da redenção. Existe um paradigma teológico da instrumentalidade, e a economia trinitária e a doutrina dos sacramentos são seus lugares mais importantes.

‷ *A novidade e a importância estratégica do conceito de causa instrumental não passaram despercebidas a Dante, que dele se serve numa passagem decisiva de* O convívio, *a fim de fundamentar a legitimidade do poder imperial. Frente a quem afirmava, matutando, que a autoridade do imperador romano realmente não se fundava na razão, mas na força, ele responde que*

> *a força não foi motivo movente, assim como pensava quem matutava, mas foi motivo instrumental, assim como as batidas do martelo são motivo do martelo, e a alma do artesão é motivo eficiente e movente; e assim, não a força, mas a razão, para além disso divina, convém ela ter sido princípio do império romano. (*O convívio, IV, 4*)*

7.5. Ivan Illich chamou atenção para a novidade implícita na doutrina da causa instrumental[93]. Ao teorizar pela primeira vez a esfera do instrumento como tal, conferindo ao mesmo um alcance metafísico, à própria maneira os teólogos respondem à extraordinária mutação tecnológica que caracteriza o século XII, com os novos arreios do cavalo que permitem uma

---

[93] Ivan Illich, *I fiumi a nord del futuro* (Macerata, Quodlibet, 2009), p. 62-3.

96 • O uso dos corpos

utilização plena da força animal e com a multiplicação de mecanismos que usam a energia da água não só para girar os moinhos, mas também para pressionar os martelos que rompem a rocha e os ganchos que preparam a lã para a fiação. Hugo de São Vítor, ao listar detalhadamente, em seu *Didascalicon*, os instrumentos das sete tecnologias principais de seu tempo, (a confecção da lã, a construção das armas, a navegação mercantil, a agricultura, a caça, a medicina e – curiosamente – os espetáculos), elogia o homem que, "inventando tais instrumentos, em vez de possuí-los como dons da natureza, revelou melhor sua grandeza" (I, 9).

Prosseguindo com as considerações de Illich, podemos afirmar que a descoberta da causa instrumental é a primeira tentativa de dar uma figura conceitual à tecnologia. Enquanto para o homem antigo o instrumento acaba anulado no *ergon* que ele produz, assim como o trabalho desaparecia em seu resultado, agora a operação do instrumento cinde-se em um fim próprio e em uma finalidade extrínseca, fazendo emergir dessa maneira a esfera de uma instrumentalidade que pode ser dirigida para qualquer fim. O espaço da técnica abre-se, nesse ponto, como a dimensão de uma medialidade e uma disponibilidade propriamente ilimitadas, porque, mesmo mantendo-se vinculado à própria ação, o instrumento tornou-se autônomo em relação a ela e pôde referir-se a qualquer finalidade extrínseca.

De fato, é possível que exista, no instrumento técnico, algo diferente da simples "servibilidade", mas este "diferente" não coincide, conforme pensava Heidegger, com um novo e decisivo desvelamento-velamento epocal do ser, e sim com uma transformação no uso dos corpos e dos objetos, cujo paradigma originário deve ser buscado naquele "instrumento animado" que é o escravo – a saber, o homem que, ao usar seu corpo, é na realidade usado por outros.

7.6. Em *Quaestiones disputatae*, ao tratar do problema "se os sacramentos da nova lei são causa da graça", Tomás insiste na cisão da operação implícita na ideia de causa instrumental: "Embora", escreve,

> a serra tenha determinada ação que lhe compete segundo a própria forma, que é a de cortar, tem determinado efeito que lhe compete só enquanto é movida pelo artífice, ou seja, o de fazer um corte reto conveniente à forma da arte; e assim o instrumento tem duas operações: uma que lhe cabe segundo a própria forma, e outra que lhe cabe dependendo do fato de ser movido pelo agente por si e que transcende a virtude da própria forma. (27, art. 4)

O instrumento animado e a técnica • 97

É significativo que a operação principal seja aqui definida por meio do conceito de *ars*. A causa instrumental adquire na realidade seu sentido próprio enquanto é usada no contexto de uma técnica. O que parece definir a causa instrumental é sua indiferença com respeito ao fim que se propõe como causa principal. Se o fim do carpinteiro é fazer o leito, o machado, que age como causa instrumental, é usado por um lado simplesmente segundo a própria função, a de cortar a madeira, mas por outro é usado segundo a operação do artesão. O machado não sabe nada do leito; contudo, este não pode ser fabricado sem ele. *A técnica é a dimensão que se abre quando a operação do instrumento se tornou autônoma e, ao mesmo tempo, é cindida em duas operações distintas e coligadas.* Isso implica que o conceito de instrumento – mas não só, também o de "arte" – sofra agora uma transformação com respeito a seu estatuto no mundo antigo.

A causa instrumental não é, portanto, apenas uma especificação da causa eficiente; ela é, igualmente e na mesma medida, uma transformação da causa final e da função própria de certo ente – o instrumento – que acaba sendo constitutiva e necessariamente subsumida em uma causa final externa, a qual, por sua vez, para se realizar, depende também necessariamente delas. O aparecimento do dispositivo da causa instrumental (que define, conforme observamos, a própria natureza de toda ação "dispositiva") coincide, nesse sentido, com uma transformação radical no modo de conceber o uso. Este já não é uma relação de dupla e recíproca afeição, em que sujeito e objeto se indeterminam, mas uma relação hierárquica entre duas causas, definida não mais pelo uso, mas pela instrumentalidade. A causa instrumental (na qual o instrumento – que no mundo antigo parece constituir uma unidade com a mão de quem dela se serve – alcança sua plena autonomia) é o primeiro aparecimento na esfera da ação humana dos conceitos de utilidade e de instrumentalidade que determinarão o modo pelo qual o homem moderno entenderá seu fazer na modernidade.

7.7. O caráter de causa instrumental, nos sacramentos, não compete apenas ao elemento material (a água, o óleo consagrado etc.); antes de tudo, tem a ver com o próprio celebrante. Assim, o ministro é, com todo direito, um instrumento ("a definição do ministro", lê-se na q. 64, art. 1, "é idêntica àquela do instrumento"); à diferença, porém, dos elementos materiais, que, como inanimados, são sempre e unicamente movidos pelo agente principal, o ministro é um "instrumento animado" (*instrumentum*

98 • O uso dos corpos

animatum), que "não só é movido, mas de algum modo se move por si, enquanto move seus membros na direção da ação por vontade própria" (q. 64, art. 8).

O termo "instrumento animado" provém, como sabemos, de *Política*, de Aristóteles, no qual se definia a natureza do escravo. O termo *minister*, de resto, significa originariamente "servo". Tomás tem perfeita consciência disso quando escreve: "O ministro comporta-se como instrumento [*habet se ad modum strumenti*], como diz o filósofo no primeiro livro de *Política*" (q. 63, art. 2). (Em seu comentário a *Política*, seguindo provavelmente a tradução latina que tinha em mãos, ele usa a expressão *organum animatum*, "órgão animado", esclarecendo logo depois: "É como o ajudante nas artes e o servo na casa".)

Portanto, a assimilação do celebrante a um escravo – que não tem personalidade jurídica e cujos atos são imputados à "pessoa" do senhor – é perfeitamente consciente, e é em virtude dessa consciência que Tomás pode escrever que "o ministro no sacramento age *in persona* de toda a Igreja, da qual é ministro" (q. 62, art. 8). Isso significa que, pelo paradigma do "instrumento animado", o sacerdócio sacramental está genealogicamente, não só terminologicamente, vinculado à escravidão.

A conexão entre a causa instrumental e a figura do escravo é, contudo, ainda mais essencial. Ela está implícita na própria fórmula "o homem cujo *ergon* é o uso do corpo" e na definição (que verificamos ter caráter ontológico, não jurídico) do escravo como quem, "embora sendo humano, é por natureza de outro, não de si". O escravo constitui, nesse sentido, o primeiro aparecimento de uma pura instrumentalidade, ou seja, de um ser que, ao viver segundo o próprio fim, é, justamente por ela e na mesma medida, usado para um fim de outrem.

7.8. A eficácia "dispositiva" particular que cabe aos sacramentos graças à dupla natureza da causa instrumental é desenvolvida pelos teólogos por meio de uma nova cisão, que divide, no sacramento, a obra operante (*opus operans*, a ação do agente instrumental, em particular do celebrante) e a obra operada (*opus operatum*, o efeito sacramental em si mesmo, que sempre se realiza, independentemente da condição do celebrante). Enquanto o ministro é o instrumento animado de uma operação cujo agente principal é Cristo, não só não é necessário que ele tenha fé e caridade, como também uma intenção perversa (batizar uma mulher com a intenção de abusar dela) não tira validade ao sacramento, porque este age *ex opere operato* e não *ex opere operante* (ou *operantis*).

A distinção entre as duas obras, que havia sido excogitada para garantir a validade do sacramento, o transforma de fato em artifício perfeito, em um dispositivo especial que produz infalivelmente seus efeitos. O caráter "instrumental" dos sacramentos, que eles têm em comum com as técnicas e as *artes* – Tomás os define como *instrumenta Deo* (*Suma contra os gentios*, IV, 56) –, permite considerá-los o paradigma de uma técnica superior, uma *technologia sacra*, em cujo centro estão a ação especialíssima da causa instrumental e a inexorável eficácia do *opus operatum*.

Nesse sentido, eles são uma espécie de profecia do maquinismo, que só ocorrerá cinco séculos depois. Assim como a máquina, ao materializar o sonho do instrumento animado, funciona sozinha e quem a manobra, na realidade, nada mais faz do que obedecer às possibilidades de comando prescritas pela própria máquina, também o sacramento produz seu efeito *ex opere operato*, e o celebrante – de quem Tomás diz que, "enquanto é movido pelo agente principal, não é somente causa, mas de algum modo também efeito" (q. 62, art. 1) – nada mais faz do que executar, mais ou menos mecanicamente, a vontade do agente principal. A analogia pode ser continuada: se o advento da máquina, conforme já havia sinalizado Marx, teve como consequência a degradação do trabalho do artesão, que, ao perder sua habilidade tradicional, se transforma em instrumento da máquina, isso corresponde pontualmente à doutrina do *opus operatum*, que, ao transformar o celebrante em instrumento animado, o separa de fato do empenho pessoal e da responsabilidade moral, que já não são necessários para a eficácia da práxis sacramental e ficam confinados em sua interioridade.

7.9. Não causa espanto que, alguns séculos depois, no fim da escolástica, o paradigma da causa instrumental seja levado ao extremo, até a ruptura do nexo necessário entre operação própria do instrumento e a do agente principal e até a consequente afirmação de um disponibilidade "obediencial" ilimitada do instrumento na direção da intenção do agente principal. Suárez, em seu tratado sobre os sacramentos, pôde por isso escrever que,

> nos instrumentos divinos, não é necessária a ação conaturada ao instrumento precedente à ação e ao efeito do agente principal. A razão disso é que... os instrumentos divinos não acrescentam uma potência natural,

mas obediencial [*obedientialem*] e operam, portanto, além dos limites da perfeição natural, motivo pelo qual não se espera deles uma conexão natural entre sua ação e aquela do agente principal... Sendo assim, enquanto os diferentes instrumentos naturais ou artificiais se voltam para efeitos diversos, porque a condição do instrumento é adaptada àquela ação e não a outra, os instrumentos divinos não têm essa determinação, pois são assumidos unicamente segundo uma potência obediencial, que é indiferente a tudo aquilo que não implica contradição, por causa da ilimitação da virtude divina.[94]

É legítimo supor que a absoluta instrumentalidade que aqui é pensada constitua de algum modo o paradigma das tecnologias modernas, que tendem a produzir dispositivos que incorporaram em si a operação do agente principal e, por isso, podem "obedecer" a seus comandos (mesmo que estes estejam na realidade inscritos no funcionamento do dispositivo, de maneira que aquele que os usa, pressionando "comandos", obedeça, por sua vez, a um programa predeterminado). A técnica moderna não deriva apenas do sonho dos alquimistas e dos magos, mas também, e de forma verossímil, daquela operação "mágica" particular que é a absoluta e perfeita eficácia instrumental da liturgia sacramental.

7.10. O nexo constitutivo que une o escravo e a técnica aparece implícito na irônica afirmação de Aristóteles, segundo a qual, se os instrumentos, como as lendárias estátuas de Dédalo, pudessem realizar sua obra sozinhos, nem os arquitetos teriam necessidade de ajudantes nem sequer os senhores precisariam de escravos.

A relação entre a técnica e a escravidão foi lembrada frequentemente pelos historiadores do mundo antigo. Aliás, segundo a opinião corrente, a falta singular de desenvolvimento tecnológico no mundo grego teria sido causada pela facilidade com que os gregos, graças à escravidão, podiam obter mão de obra. Se a civilização material grega se manteve na fase do *organon*, ou seja, da utilização da força humana ou animal por meio de uma variedade de instrumentos, e não teve acesso às máquinas, isso aconteceu – lê-se em obra clássica sobre o assunto – "porque não havia necessidade nenhuma de economizar a mão de obra, considerando que se dispunha de máquinas vivas abundantes e pouco custosas, diferentes tanto do homem

---

[94] Francisco Suárez, *Francisci Suárez e Societate Jesu Opera omnia*, v. 20 (Paris, Ludovicum Vivès, 1856), p. 149.

quanto do animal: os escravos"[95]. Aqui não nos interessa verificar a correção dessa explicação, cujos limites foram mostrados por Koyré[96] e que, como toda explicação do gênero, poderia ser facilmente invertida (seria possível dizer com igual razoabilidade, como, no fundo, o faz Aristóteles, que foi a falta de máquinas que tornou necessária a escravidão).

· Pela perspectiva de nossa investigação, acima de tudo é decisivo perguntarmo-nos se não há entre a técnica moderna e a escravidão um nexo mais essencial do que o fim produtivo comum. Se for verdade que a máquina se apresenta desde seu primeiro aparecimento como a realização do paradigma do instrumento animado, a que o escravo havia fornecido o modelo originário, também é verdade que aquilo que ambos se propõem não é tanto ou não é só um incremento e uma simplificação do trabalho produtivo, mas também, ou acima de tudo, ao libertar o homem da necessidade, lhe assegurar o acesso a sua dimensão mais própria – para os gregos, a vida política; para os modernos, a possibilidade de dominar as forças da natureza e, por conseguinte, as próprias.

A simetria entre o escravo e a máquina vai, portanto, além da analogia entre duas figuras do "instrumento vivo": ela tem a ver com o cumprimento último da antropogênese, o ato de tornar-se plenamente humano do ser vivo homem. Isso implica uma simetria ulterior, dessa vez com respeito àquela vida nua que, ao situar-se no limiar entre *zoè* e *bios*, entre *physis* e *nomos*, permite, pela própria exclusão inclusiva, a vida política. Nesse sentido, a escravidão está para o homem antigo assim como a técnica está para o homem moderno: ambas, como a vida nua, guardam o limiar que consente o acesso à condição verdadeiramente humana (e ambas se mostraram inadequadas ao objetivo: a via moderna revelando-se, no final das contas, não menos desumana do que a antiga).

Por outro lado, essa investigação mostrou que, na definição aristotélica do escravo, a ideia dominante era a de uma vida humana que se desenrola inteiramente na esfera do uso (não naquela da produção). No instrumento animado, não estava em questão apenas a libertação do trabalho, mas acima de tudo o paradigma de outra atividade humana e de outra relação com o

---

[95] Pierre-Maxime Schuhl, *Machinisme et philosophie* (Paris, Presses Universitaires de France, 1947), p. 13-4.

[96] Alexandre Koyré, *Études d'histoire de la pensée philosophique* (Paris, A. Colin, 1961), p. 291 e seg.

corpo vivo, para a qual nos faltam os nomes e que, por ora, não podemos evocar pelo sintagma "uso do corpo". Deste "uso do corpo", cujas características principais procuramos delinear, a escravidão como instituição jurídica e a máquina representam em certo sentido a captura e a realização paródica dentro das instituições sociais. Toda tentativa de pensar o uso deverá necessariamente confrontar-se com elas, porque talvez só uma arqueologia da escravidão e, ao mesmo tempo, da técnica poderá libertar o núcleo arcaico que nelas ficou aprisionado.

A essa altura, é necessário restituir ao escravo o significado decisivo que lhe cabe no processo da antropogênese. O escravo é, por um lado, um animal humano (ou um homem-animal) e, por outro, e na mesma medida, um instrumento vivo (ou um homem-instrumento). Assim, o escravo constitui, na história da antropogênese, um limiar duplo: nela, a vida animal transpassa para a humana, assim como o vivo (homem) transpassa para o inorgânico (instrumento), e vice-versa. A invenção da escravidão como instituto jurídico permitiu a captura do ser vivo e do uso do corpo nos sistemas produtivos, bloqueando temporariamente o desenvolvimento do instrumento tecnológico; sua abolição na modernidade libertou a possibilidade da técnica, ou seja, do instrumento vivo. Ao mesmo tempo, enquanto sua relação com a natureza não é mais mediada por outro homem, mas por um dispositivo, o homem afastou-se do animal e do orgânico para se aproximar do instrumento e do inorgânico até quase identificar-se com ele (o homem-máquina). Por isso – enquanto havia perdido, com o uso dos corpos, a relação imediata com a própria animalidade –, o homem moderno não pôde apropriar-se realmente da libertação com relação ao trabalho que as máquinas deveriam ter-lhe proporcionado. E, se a hipótese de um nexo constitutivo entre escravidão e técnica for correta, não causa espanto que a hipertrofia dos dispositivos tecnológicos tenha produzido uma nova e inaudita forma de escravidão.

8
O INAPROPRIÁVEL

8.1. Em *Altíssima pobreza* (*Homo sacer*, IV, 1)*, mostramos que o conceito de uso estava no centro da estratégia franciscana e que foi justamente com respeito a sua definição e à possibilidade de separá-lo da propriedade que se produziu o conflito decisivo entre a ordem e a cúria. Preocupados apenas em assegurar a licitude da recusa de toda forma de propriedade, os teóricos franciscanos se fecharam em uma polêmica unicamente jurídica, sem conseguir oferecer outra definição do uso senão em termos puramente negativos com respeito ao direito. Talvez a ambiguidade da argumentação em nenhum lugar apareça com maior evidência do que na tese propositadamente paradoxal de Hugo de Digne, segundo a qual os franciscanos "têm esse único direito, o de não ter direito nenhum" (*hoc ius... nullum ius habere*).

Sendo assim, a reivindicação franciscana da pobreza fundamenta-se na possibilidade de um sujeito renunciar ao direito de propriedade (*abdicatio iuris*). O que eles chamam de "uso" (e, às vezes, como em Francisco de Ascoli, "uso corpóreo", *usus corporeus*) é a dimensão que se inaugura depois dessa renúncia. Segundo a perspectiva que aqui nos interessa, o problema não é se a tese franciscana, que sucumbiu frente aos ataques da cúria, era mais ou menos consistentemente argumentada; decisiva seria, isso sim, uma concepção do uso que não se fundamentasse em um ato de renúncia – ou seja, em última análise, na vontade de um sujeito –, mas, por assim dizer, na própria natureza das coisas (que a frequente remessa ao estado de natureza pareceria, de resto, implicar).

---

* Trad. Selvino Assmann, São Paulo, Boitempo, 2014. (N. E.)

104 • O uso dos corpos

8.2. Em 1916, Benjamin apresenta, em um de seus *Notizblöcke*, um breve texto que tem como título "Apontamentos para um trabalho sobre a categoria da justiça", no qual estabelece uma estreita conexão entre o conceito de justiça e o de inapropriabilidade. "O caráter de propriedade", escreve ele,

> compete a todo bem limitado na ordem espaço-temporal como expressão de sua caducidade. A propriedade, enquanto presa na própria finitude, é, contudo, sempre injusta. Por isso, nenhuma ordem de propriedade, independente de como se queira concebê-la, pode levar à justiça. Esta consiste acima de tudo na condição de um bem que não pode ser apropriado [*das nicht Besitz sein kann*]. Só esse é o bem, em virtude do qual os bens se tornam sem posse [*besitzlos*].[97]

A justiça, continua Benjamin, nada tem a ver com a repartição dos bens segundo as necessidades dos indivíduos, porque a pretensão do bem por parte do sujeito não se fundamenta sobre as necessidades, mas sobre a justiça, e, como tal, dirige-se não "a um direito de propriedade da pessoa, mas a um direito-ao-bem do bem" (*ein Gutes-Recht des Gutes*)[98].

Nesse ponto, com uma contração singular de ética e ontologia, a justiça é apresentada não como virtude, mas como "estado do mundo", como a categoria ética que corresponde não ao dever ser, mas ao existente como tal:

> A justiça não parece referir-se à boa vontade de um sujeito, mas constitui um estado do mundo [*einen Zustand der Welt*], a justiça designa a categoria ética do existente, a virtude, a categoria ética daquilo que é devido. Pode exigir-se a virtude, mas a justiça em última instância só pode ser, como estado do mundo ou como estado de Deus.

É nesse sentido que ela pode ser definida como "o esforço de fazer do mundo o bem supremo"[99].

Se recordarmos que a justiça, na passagem imediatamente precedente, coincidia com a condição de um bem que não pode ser apropriado, fazer do mundo o bem supremo só pode significar experimentá-lo como absolutamente inapropriável. Nesse fragmento, de algum modo radicalmente franciscano, a pobreza não se fundamenta em uma decisão do sujeito, mas corresponde a um "estado do mundo". Se nos teóricos franciscanos o uso

---

[97] Walter Benjamin, *Frankfurter Adorno Blätter*, v. 4 (org. Rolf Tiedemann, Munique, 1995), p. 41.

[98] Idem.

[99] Idem.

O inapropriável • 105

aparecia como a dimensão que se inaugura quando se renuncia à propriedade, aqui a perspectiva necessariamente se inverte, e o uso se apresenta como *a relação com um inapropriável*, como a única relação possível com o estado supremo do mundo, em que ele, como justo, não pode ser de modo nenhum apropriado.

8.3. Que semelhante concepção do uso como relação com um inapropriável não seja de forma nenhuma peregrina é algo testemunhado pela experiência, que nos oferece cotidianamente exemplos de coisas inapropriáveis, com que, contudo, estamos intimamente em relação. Propomo-nos examinar, nesse ponto, três desses inapropriáveis: o corpo, a língua, a paisagem.

Uma correta posição do problema do corpo foi extraviada duradouramente pela doutrina fenomenológica do corpo próprio. Segundo tal doutrina – que encontra seu lugar tópico na polêmica de Husserl e Edith Stein contra a teoria da empatia de Lipps –, a experiência do corpo seria, com a do Eu, aquilo que há de mais próprio e originário. "A doação originária de um corpo", escreve Husserl,

> só pode ser a doação originária de meu corpo e de nenhum outro [*meines und keines andern Leibes*]. A percepção de meu corpo é, de modo originalmente essencial [*urwesentlich*], a primeira e a única plenamente originária. Só se tiver constituído meu corpo, eu posso perceber todo outro corpo como tal, e essa última percepção tem caráter mediato com respeito à outra.[100]

Contudo, é justo esse enunciado apodítico sobre o caráter originariamente "meu" da doação de um corpo que não cessa de suscitar aporias e dificuldades.

A primeira é a percepção do corpo do outro. De fato, este não é percebido como corpo inerte (*Körper*), mas como corpo vivo (*Leib*), dotado, assim como o meu, de sensibilidade e percepção. Nas anotações e descrições fragmentárias que compõem os volumes XIII e XIV de *Husserliana*, páginas e mais páginas são dedicadas ao problema da percepção da mão do outro. Como é possível perceber a mão como viva, ou seja, não simplesmente como coisa, mão de mármore ou pintada, mas como mão "de carne e sangue" – e, mesmo assim, não minha? Se à percepção do corpo pertence

---

[100] Edmund Husserl, *Husserliana: Gesammelte Werke*, v. 14: *Zur Phänomenologie der Intersubjektivität: Texte aus dem Nachlass 2, 1921-1928* (Den Haag, M. Nijhoff, 1973), p. 7.

106 • O uso dos corpos

originariamente o caráter de ser meu, qual é a diferença entre a mão de outrem, que nesse momento vejo e me toca, e a minha? Não se trata de uma inferência lógica ou de uma analogia, porque eu "sinto" a mão de outrem, me identifico nela e sua sensibilidade me é dada em uma espécie de presentificação imediata (*Vergegenwärtigung*)[101]. O que impede, então, que se pense que a mão de outrem e a minha sejam dadas ao mesmo tempo e que só em um segundo momento se produza a distinção?

O problema era especialmente premente porque no momento em que Husserl escrevia suas anotações, o debate sobre o problema da empatia (*Einfühlung*) ainda estava bastante vivo. Em livro publicado alguns anos depois (*Leitfaden der Pshychologie*, 1903), Theodor Lipps havia excluído que as experiências empáticas, em que o sujeito se acha improvisamente transferido para o vivido de outro, pudessem ser explicadas por intermédio da imitação, da associação ou da analogia. Quando eu observo com plena participação o acrobata que caminha suspenso no vazio e grito aterrorizado quando ele ameaça cair, eu estou de algum modo "junto" dele e sinto seu corpo como se fosse o meu e o meu como se fosse o dele. "Não acontece nesse caso", escreve Husserl,

> que eu primeiro constitua solipsisticamente minhas coisas e meu mundo, depois empaticamente capte o outro eu, como quem constitui para si solipsisticamente seu mundo e ainda depois que um seja identificado com o outro; acima de tudo, minha unidade sensível, enquanto a multiplicidade estranha não é separada da minha, é *eo ipso* empaticamente como idêntica a ela.[102]

Desse modo, o axioma da originariedade do próprio corpo era colocado seriamente em questão. Como Husserl não podia deixar de admitir, a experiência empática introduz na constituição solipsística do corpo próprio uma "transcendência", na qual a consciência parece ir além de si mesma e se torna problemático distinguir um vivido próprio com relação ao outro[103]. E isso a tal ponto que Max Scheler, que tentara aplicar à ética os métodos da fenomenologia husserliana, tinha postulado sem reservas – com uma tese que Edith Stein definiria como "fascinante", mesmo que fosse errônea – uma

---

[101] Idem, *Husserliana: Gesammelte Werke*, v. 13: *Zur Phänomenologie der Intersubjektivität: Texte aus dem Nachlass 1, 1905-1920* (Den Haag, M. Nijhoff, 1973), p. 40-1.

[102] Idem, *Husserliana: Gesammelte Werke*, v. 14, cit., p. 10.

[103] Ibidem, p. 8.

O inapropriável • 107

corrente originária e indiferenciada de vividos, em que o eu e o corpo do outro são percebidos da mesma maneira que os próprios.

Nenhuma tentativa de Husserl e de sua discípula de restaurar cada vez o primado e a originariedade do corpo resulta, no final das contas, convincente. Assim como acontece todas as vezes em que há obstinação para manter uma certeza que a experiência mostrou ser falaz, eles chegam a uma contradição que, no caso, assume a forma de oxímoro, de uma "originariedade não originária". "Nem o corpo estranho nem a subjetividade estranha", escreve Husserl, "me são dados *originaliter*, e mesmo assim aquele homem lá me é dado originariamente em meu mundo ambiente"[104]. De maneira ainda mais contraditória, Edith Stein declara:

> Vivendo na alegria do outro, não sinto nenhuma alegria originária; esta não jorra viva em meu eu nem sequer tem o caráter de ter-sido-viva--alguma-vez, como a alegria recordada... O outro sujeito é originário, embora eu não o viva como originário; a alegria que nele jorra é originária, embora eu não a viva como originária. Em meu vivido não originário, sinto-me acompanhado por um vivido originário, que não é vivido por mim e, mesmo assim, existe e se manifesta em meu vivido não originário.[105]

Nesse "viver não originariamente uma originariedade", a originariedade do corpo próprio é mantida, por assim dizer, em má-fé, unicamente se a experiência empática for dividida em dois momentos contraditórios. A participação imediata do vivido estranho, que Lipps expressava como o meu ser plena e angustiadamente deportado "junto" ao acrobata que caminha sobre o fio, é assim logo posta de lado. Em todo caso, o que a empatia – ao lado dela, deveríamos mencionar a hipnose, o magnetismo, a sugestão, que nos mesmos anos parecem obsessivamente capturar a atenção dos psicólogos e dos sociólogos – mostra é que quanto mais se afirma o caráter originário da "propriedade" do corpo e do vivido, mais forte e originária se manifesta a invadência de uma "impropriedade", como se o próprio corpo cada vez projetasse uma sombra transportada, que de maneira nenhuma pode ser separada dele.

8.4. No ensaio de 1935, *De l'évasion*, Emmanuel Lévinas submete a uma insistente crítica experiências corpóreas ao mesmo tempo familiares

---

[104] Ibidem, p. 234.

[105] Edith Stein, *Il problema dell'empatia* (Roma, Studium, 2012), p. 63.

108 • O uso dos corpos

e desagradáveis: a vergonha, a náusea, a necessidade. Segundo um gesto característico seu, Lévinas exagera e leva ao extremo a analítica do ser-aí de seu mestre Heidegger, chegando a exibir, por assim dizer, sua face noturna. Se, em *Ser e tempo*, o ser-aí é irremediavelmente lançado em uma faticidade que lhe é imprópria e que não escolheu, de maneira que ele precisa cada vez assumir e captar a própria impropriedade, essa estrutura ontológica encontra agora sua formulação paródica na análise da necessidade corpórea, da náusea e da vergonha. O que, aliás, define tais experiências não é uma falta ou um defeito de ser, que procuramos preencher ou do qual tomamos distância: elas se fundamentam, pelo contrário, sobre um movimento duplo, em que o sujeito se encontra, por um lado, consignado irremissivelmente a seu corpo e, por outro, também inexoravelmente incapaz de assumi-lo.

Imaginemos um caso exemplar de vergonha: a vergonha pela nudez. Se, na nudez, sentimos vergonha, é porque nela nos encontramos remetidos a algo que não podemos, de modo nenhum, desmentir.

> A vergonha aparece toda vez que não conseguimos fazer esquecer nossa nudez. Ela se refere a tudo que se gostaria de esconder e que não podemos cobrir... O que aparece na vergonha é precisamente o fato de sermos colados a nós mesmos, a impossibilidade radical de fugirmos para nos escondermos de nós mesmos, a presença irremissível do eu a si mesmo. A nudez é vergonhosa quando é a manifestação de nosso ser, de sua intimidade última... É nossa intimidade, ou seja, nossa presença para nós mesmos que é vergonhosa.[106]

Isso significa que, no instante em que aquilo que nos é mais íntimo e próprio – nosso corpo – é posto irreparavelmente a nu, ele nos aparece como a coisa mais estranha, a qual não podemos de modo nenhum assumir e, por esse motivo, gostaríamos de esconder.

Esse movimento duplo e paradoxal fica ainda mais evidente na náusea e na necessidade corpórea. A náusea é, de fato, "uma presença revoltante de nós mesmos a nós mesmos", que, no instante em que é vivida, nos "aparece insuperável"[107]. Quanto mais o estado nauseabundo, com seus conatos de vômito, me entregar a meu ventre, como se fosse à única e irrefutável realidade, tanto mais se torna estranho a mim e inapropriável: nada mais sou do que náusea e conato e, mesmo assim, não posso aceitá-los nem me livrar deles.

---

[106] Emmanuel Lévinas, *De l'évasion* (Saint-Clément-de-Rivière, Fata Morgana, 1982), p. 86-7 [ed. port.: *Da evasão*, trad. André Veríssimo, Gaia, Estratégias Criativas, 2001].

[107] Ibidem, p. 89.

> Há, na náusea, uma recusa de continuar nela, um esforço para dela sair. Mas tal esforço é desde o início caracterizado como desesperado... Na náusea, que é uma impossibilidade de ser aquilo que se é, estamos ao mesmo tempo pregados a nós mesmos, sufocados em um círculo que nos sufoca.[108]

A natureza contraditória da relação com o corpo atinge sua massa crítica na necessidade. No momento em que sinto um impulso incontrolável para urinar, é como se toda a minha realidade e a minha presença se concentrassem naquela parte de meu corpo, da qual provém a necessidade. Ela me aparece como absoluta e implacavelmente própria; contudo, precisamente por isso, porque eu estou nela pregado sem saída, ela se torna a coisa mais estranha e inapropriável. Sendo assim, o instante da necessidade põe a nu a verdade do próprio corpo: esse é um campo de tensões polares cujos extremos acabam definidos por um "ser entregue a" e por um "não poder assumir". Meu corpo me é dado como a coisa mais própria só na medida em que se revela absolutamente inapropriável.

ℵ *O caráter de inapropriabilidade e de estranheza que inegavelmente é inerente ao corpo próprio emerge com evidência especial em todos os distúrbios da gestualidade e da palavra que, com base no nome do psiquiatra francês Gilles de la Tourette, vêm sendo comumente definidos com o termo "tourettismo". Os* tiques, *as expressões compulsivas (em geral de caráter obsceno), a impossibilidade de concluir um movimento, os tremeliques da musculatura (*chorea*) e toda a ampla sintomatologia que define essa síndrome delimitam um âmbito da relação com o corpo próprio que escapa de qualquer possibilidade para que os pacientes distingam com clareza entre o voluntário e o involuntário, o próprio e o estranho, o consciente e o inconsciente.*

8.5. Segundo essa perspectiva, existe uma analogia estrutural entre o corpo e a língua. Também a língua – especialmente na figura da língua materna – apresenta-se para cada falante como aquilo que há de mais íntimo e próprio; contudo, falar de uma "propriedade" e de uma "intimidade" da língua certamente induz a erro, pois a língua acontece para o homem a partir do exterior, por meio de um processo de transmissão e de aprendizagem que pode ser árduo e penoso e que é muito mais imposto ao infante do que por ele desejado. Enquanto o corpo parece particular a cada indivíduo, a língua é, por definição, compartilhada com outros e, como tal, objeto de uso comum. Assim como acontece com a constituição corpórea segundo os estoicos, a língua é algo com que o ser vivo deve familiarizar-se

---

[108] Ibidem, p. 90.

110 • O uso dos corpos

em uma *oikeiosis* mais ou menos demorada, que parece natural e quase congênita; contudo – como testemunham os *lapsus*, os balbucios, os improvisos, os esquecimentos e as afasias –, ela é e continua sendo sempre, em alguma medida, estranha ao falante.

Isso é ainda mais evidente naqueles cuja tarefa é justamente dominar e tornar própria a língua, os poetas. Por isso, eles devem, acima de tudo, abandonar as convenções e o uso comum e tornar, por assim dizer, estrangeira a língua a dominar, inscrevendo-a em um sistema de regras ao mesmo tempo arbitrárias e inexoráveis – estrangeira de modo que, segundo uma persistente tradição, não sejam eles que falam, mas um princípio diferente e divino (a musa) que profere o poema a que o poeta se limita a emprestar a voz. Sendo assim, a apropriação da língua que eles perseguem é, na mesma medida, uma expropriação, de modo que o ato poético se apresenta como gesto bipolar, que cada vez torna estranho aquilo que deve ser pontualmente apropriado.

Podemos chamar de estilo e maneira o modo com que esse duplo gesto se insere na língua. Nesse caso, é preciso abandonar as costumeiras representações hierárquicas, segundo as quais a maneira seria uma perversão e uma decadência do estilo que lhes resta superior por definição. Estilo e maneira nomeiam, acima de tudo, os dois polos irredutíveis do gesto poético: se o estilo marca seu traço mais próprio, a maneira registra uma exigência inversa de expropriação e não-pertencimento. Apropriação e desapropriação devem, no caso, ser tomadas ao pé da letra, como processo que investe e transforma a língua em todo os seus aspectos. Não só em literatura, mas também nos diálogos derradeiros de Platão, no Goethe tardio, no último Caproni e inclusive nas artes (um caso exemplar é Ticiano), assiste-se a essa tensão do campo da língua, que a elabora e transforma até torná-la nova e quase irreconhecível.

8.6. Se o maneirismo, na história da arte e na psiquiatria, designa a adesão excessiva a um uso ou modelo (estereotipia, repetição) e, ao mesmo tempo, à impossibilidade de identificar-se de fato com eles (extravagância e artifício), considerações análogas podem ser feitas para a relação do falante com sua língua inapropriável: ela define um campo de forças polares, estendidas entre o idiotismo e a estereotipia, o próprio demais e a mais completa estranheza. Só nesse momento é que a oposição entre estilo e maneira adquire seu verdadeiro sentido. Eles são os dois polos em cuja

O inapropriável • 111

tensão vive o gesto do poeta: o estilo é uma apropriação desapropriante (uma negligência sublime, um esquecer-se no próprio), enquanto a maneira é uma desapropriação apropriante (um pressentir-se ou um recordar-se no impróprio). Podemos, então, denominar "uso" o campo de tensão cujos polos são o estilo e a maneira, a apropriação e a expropriação. E não só no poeta, mas em todo falante com respeito à própria língua, e em todo ser vivo com respeito a seu corpo, há sempre, no uso, maneira que toma as distâncias com relação ao estilo, que se desapropria em maneira. Nesse sentido, todo uso é um gesto polar: por um lado, apropriação e hábito; por outro, perda e expropriação. Usar – com base nisso a extensão semântica do termo, que indica tanto o uso em sentido restrito quanto o hábito – significa oscilar incessantemente entre uma pátria e um exílio: habitar.

א *Gregório Magno (Diálogos, II, 3, 37) escreve sobre São Bento que, em determinado momento da vida, "voltou ao lugar de sua amada solidão e, sozinho frente ao olhar do supremo espectador,* habitavit secum, *habitou consigo mesmo". O que pode significar "habitar consigo"?* Habitare *é um intensivo de* habere. *O uso, como relação com um inapropriável, apresenta-se como campo de forças estendido entre uma propriedade e uma impropriedade, um ter e um não ter. Nesse sentido, se lembrarmos a proximidade entre uso e hábito e entre uso e uso de si que acabamos de evocar, habitar significará estar em relação de uso intensa com algo a ponto de poder perder-se e esquecer-se nela, a ponto de constituí-la como inapropriável.*

Habitar consigo, habitar a si mesmo, nomeia desse modo o traço fundamental da existência humana: a forma de vida do homem é, nas palavras de Hölderlin, uma "vida habitante" (Wenn in die Ferne geht der Menschen wohnend Leben...)[109]. *Mas, precisamente por isso, na carta a Böhlendorff datada de 4 de dezembro de 1801, em que Hölderlin formulou seu pensamento supremo, o uso já se apresenta cindido em "próprio" e "estranho", e a tese decisiva soa assim: "O livre uso do próprio* [der freie Gebrauch des Eigenes] *é a coisa mais difícil".*

8.7. Uma definição do terceiro exemplo de inapropriável, a paisagem, deve iniciar pela exposição de sua relação com o ambiente e com o mundo. E isso não porque o problema da paisagem, assim como foi abordado pelos historiadores da arte, pelos antropólogos e pelos historiadores da cultura, seja irrelevante; decisiva, sim, é a constatação das aporias de que tais disciplinas

---

[109] Friedrich Hölderlin, *Sämtliche Werke*, v. 2: *Geschichte nach 1800* (org. Friedrich Beissner, Stuttgart, Kohlhammer, 1953), p. 314.

112 • O uso dos corpos

continuam prisioneiras toda vez que procuram definir a paisagem. Não apenas falta clareza em dizer se ela é uma realidade natural ou um fenômeno humano, um lugar geográfico ou um lugar da alma; neste segundo caso, nem sequer fica claro se ela deve ser considerada constitucional ao homem ou, pelo contrário, é uma invenção moderna. Muitas vezes repetiu-se que o primeiro aparecimento de uma sensibilidade com a paisagem é a carta de Petrarca que descreve a subida ao monte Ventoux *sola videndi insignem loci altitudinem cupiditate ductus*. No mesmo sentido, foi possível afirmar que a pintura da paisagem, desconhecida na Antiguidade, seria invenção da pintura holandesa do século XV. Ambas as afirmações são falsas. Não só o lugar e a data de composição da carta são provavelmente fictícios, mas a citação de Agostinho que Petrarca nela apresenta a fim de estigmatizar *cupiditas videndi* [desejo de ver] implica que já no século IV os homens gostavam de contemplar a paisagem: *et eunt homines mirari alta montium et ingentes fluctus maris et latissimos lapsus fluminum* [as pessoas vão admirar as altas montanhas, as gigantescas ondas do mar e as vastas correntezas dos rios]. Aliás, numerosas passagens testemunham uma verdadeira paixão dos antigos pela contemplação a partir do alto (*magnam capies voluptatem* – escreve Plínio, *Epístola*, VI, 13 – *si hunc regionis situm ex monte prospexeris* [teria grande prazer se contemplasses a geografia dessa região do alto da montanha]), que até os etologistas inopinadamente encontraram no reino animal, onde se veem cabras, vicunhas, felinos e primatas escalando lugares elevados para contemplar, sem nenhuma razão aparente, a paisagem circunstante[110]. Quanto à pintura, não só os afrescos de Pompeia, mas também as fontes, mostram que os gregos e os romanos conheciam a pintura da paisagem, a que chamavam *topiographia* ou "cenografias" (*skenographia*), e conservaram os nomes de paisagistas, como Ludius, *qui primus instituit amoenissimam parietum picturam* [que por primeiro instituiu a pintura de parede], e Serapião, de quem sabemos que era capaz de pintar cenografias de paisagens, mas não figuras humanas (*hic scaenas optime pinxit, sed hominem pingere non potuit* [ele pintou muito bem cenários, mas não foi capaz de pintar o ser humano]). E quem observou as petrificadas e delirantes paisagens pintadas em paredes dos vilarejos camponeses, que Rostosvzev denominava idílico-sacrais (*sakral--idyllisch*), sabe que se encontra frente a algo muito difícil de compreender,

---

[110] Detlev Fehling, *Ethologische Überlegungen aus dem Gebiet der Altertumskunde: phallische Demonstration, Fernsicht, Steinigung* (Munique, C. H. Beck, 1974), p. 44-8.

O inapropriável • 113

mas que reconhece inequivocamente como paisagens. A paisagem é, assim, um fenômeno que, de maneira essencial, diz respeito ao homem – talvez, ao ser vivo em geral – e, mesmo assim, parece fugir de toda definição. Só uma abordagem filosófica poderá, eventualmente, revelar sua verdade.

8.8. No decorrer do semestre invernal 1929-1930 em Friburgo (publicado com o título *Os conceitos fundamentais da metafísica: mundo, finitude, solidão*), Heidegger procura definir a estrutura fundamental do humano como passagem da "pobreza de mundo" do animal ao ser-no-mundo, que define o *Dasein*. Com base nos trabalhos de Uexküll e de outros zoólogos, páginas extremamente agudas são dedicadas à descrição e à análise da relação do animal com o ambiente (*Umwelt*). O animal é pobre de mundo (*weltarm*), porque fica prisioneiro da relação imediata com uma série de elementos (Heidegger chama de "desinibidores" os que Uexküll definia como "portadores de significado") que seus órgãos receptivos selecionaram no ambiente. A relação com tais desinibidores é tão estreita e totalizante que neles o animal fica literalmente "perturbado" e "capturado". Como exemplo icônico dessa perturbação, Heidegger apresenta o experimento em que uma abelha, em laboratório, é colocada frente a um pequeno recipiente cheio de mel. Se, depois de ela ter começado a chupar, cortarmos seu abdômen, a abelha continua tranquilamente a chupar, enquanto o mel escorre para fora do abdômen cortado. A abelha fica tão absorvida pelo desinibidor que nunca pode pôr-se frente ao mesmo como a algo que existe objetivamente em si e por si. Certamente, comparado com a pedra, que é absolutamente isenta de mundo, o animal é, de algum modo, aberto a seus desinibidores e, mesmo assim, nunca poderá vê-los como tais. "O animal", escreve Heidegger, "nunca pode perceber algo como algo"[111]. Por isso, o animal continua fechado no círculo do ambiente e nunca pode abrir-se em um mundo.

O problema filosófico do curso está no limite – ou seja, ao mesmo tempo, na separação extrema e na vertiginosa proximidade – entre o animal e o humano. De que maneira algo como um mundo se abre para o homem?

---

[111] Martin Heidegger, *Die Grundbegriffe der Metaphysik: Welt, Endlichkeit, Einsamkeit* (Frankfurt, Klostermann, 1983), p. 360 [ed. bras.: *Os conceitos fundamentais da Metafísica: mundo, finitude, solidão*, 2. ed., trad. Marco Antônio Casanova, Rio de Janeiro, Forense Universitária, 2011].

114 • O uso dos corpos

A passagem do ambiente para o mundo, na realidade, não é simplesmente a passagem de um fechamento para uma abertura. O animal, de fato, não só não vê o aberto, o ente em seu ser desvelado, como nem sequer percebe a própria não-abertura, seu ser capturado e atordoado nos próprios desinibidores. A cotovia, que se lança no ar, "não vê o aberto", mas nem sequer é capaz de referir-se ao próprio fechamento. "O animal", escreve Heidegger, "está excluído do âmbito essencial do conflito entre desvelamento e velamento"[112]. A abertura do mundo começa no homem justamente com base na percepção de uma não-abertura.

Isso significa, por conseguinte, que o mundo não se abre para um espaço novo e ulterior, mais amplo e luminoso, conquistado para além dos limites do ambiente animal e sem relação com ele. Pelo contrário, ele se abre unicamente por meio de uma suspensão e de uma desativação da relação animal com o desinibidor. O aberto, o livre espaço do ser, não nomeia algo radicalmente diferente com respeito ao não-aberto do animal: é apenas a captação de algo não-desvelado, a suspensão e a captura do fato de a cotovia-não-ver-o-aberto. A abertura que está em jogo no mundo é essencialmente abertura para um fechamento, e quem olha no aberto só vê um fechar-se, vê somente um não-ver.

Por esse motivo — ou seja, enquanto o mundo somente se abriu por meio da interrupção e da nadificação da relação do ser vivo com seu desinibidor —, o ser é desde o início atravessado pelo nada, e o mundo é constitutivamente marcado por negatividade e estranhamento.

8.9. Compreende-se o que é a paisagem unicamente ao entender que ela representa, com respeito ao ambiente animal e ao mundo humano, um estágio sucessivo. Quando olhamos uma paisagem, certamente vemos o aberto, contemplamos o mundo, com todos os elementos que o compõem (entre eles, as fontes antigas citam os bosques, as colinas, os espelhos d'água, as casas de campo, os promontórios, as fontes, as torrentes, os canais, os rebanhos e os pastores, pessoas a pé ou em barcos, que vão à caça ou fazem vindima...); mas estes, que já não eram partes de um ambiente animal, agora são, por assim dizer, desativados um a um no plano do ser e percebidos em seu conjunto em nova dimensão. Vemo-los, perfeita e limpidamente,

---

[112] Martin Heidegger, *Parmenides* (Frankfurt, Klostermann, 1993), p. 237-8 [ed. bras.: *Parmênides*, trad. Sérgio Mário Wrublevski, Petrópolis, Vozes, 2008].

como nunca antes; contudo, já não os vemos mais, perdidos – feliz e imemoravelmente perdidos – na paisagem. O ser, *en état de paysage* [em estado de paisagem], é suspenso e tornado inoperoso, enquanto o mundo, que se tornou perfeitamente inapropriável, vai, por assim dizer, para além do ser e do nada. Não é mais animal nem humano, quem contempla a paisagem é apenas paisagem. Não procura mais compreender, apenas olha. Se o mundo era a inoperosidade do ambiente animal, a paisagem é, por assim dizer, inoperosidade da inoperosidade, ser desativado. Não sendo desinibidores animais nem entes, os elementos que formam a paisagem são ontologicamente neutros. E a negatividade que, na forma do nada e da não-abertura, era inerente ao mundo – dado que isso provinha do fechamento animal, de que era apenas uma suspensão – agora é abandonada.

Enquanto, nesse sentido, somos levados para além do ser, a paisagem é a forma eminente do uso. Nela, uso de si e uso do mundo coincidem sem resíduos. A justiça, como estado do mundo enquanto inapropriável, é aqui a experiência decisiva. A paisagem é a permanência no inapropriável como forma-de-vida, como justiça. Por isso, se no mundo o homem era necessariamente lançado e estranhado, na paisagem ele está finalmente em casa. *Pays!*, "país!" (de *pagus*, "vilarejo"), é originariamente, segundo os etimologistas, a saudação que entre si trocavam aqueles que reconheciam como sendo do mesmo vilarejo.

8.10. Podemos chamar de "intimidade" o uso de si como relação com um inapropriável. Quer se trate da vida corpórea em todos os seus aspectos (inclusive aqueles que vimos como *ethe* elementares: urinar, dormir, defecar, prazer sexual, nudez...), quer se trate da especial presença-ausência conosco mesmos que vivemos nos momentos de solidão, aquilo que experienciamos na intimidade é o fato de nos mantermos relacionados com uma zona inapropriável de não-conhecimento. Aqui, a familiaridade consigo alcança uma intensidade ainda mais extrema e solícita à medida que não se traduz, de nenhum modo, em algo que podemos dominar.

É justamente essa esfera opaca de não-conhecimento que na modernidade se torna o conteúdo mais exclusivo e precioso da *privacy*. O indivíduo moderno define-se, sobretudo, por sua faculdade (que pode assumir a forma de um verdadeiro direito) de regular o acesso a sua intimidade. De acordo com a lacônica definição de um estudioso anglo-saxônico, "a *privacy* é o controle seletivo do acesso a si... a regulação da *privacy* é um

116 • O uso dos corpos

processo por meio do qual os indivíduos tornam a fronteira entre o eu e o outro permeável em algumas ocasiões e impermeável em outras"[113]. Mas o que, na realidade, está em jogo nesse compartilhamento seletivo do uso de si é a própria constituição de eu. Em outras palavras, a intimidade é um dispositivo circular, por meio do qual, ao regular seletivamente o acesso a si, o indivíduo constitui a si mesmo como o pré-suposto e o proprietário da própria *privacy*. Conforme sugere, para bem além das próprias intenções, o mesmo autor, é vital para a definição do si não tanto a inclusão ou a exclusão dos outros, mas a capacidade de regular o contato quando alguém o deseja: "O mecanismo da *privacy* serve para permitir a mim definir a mim mesmo"[114]. Dessa maneira, substitui-se o uso do corpo, no qual sujeito e objeto se indeterminavam, pelo domínio da *privacy*, como constituição da subjetividade.

Compreende-se, então, que, numa sociedade formada por indivíduos, a transformação do uso de si e da relação com o inapropriável em cuidadosa posse tem, na realidade, um significado político, que é tanto mais decisivo quanto mais continua obstinadamente escondido. É na obra de Sade – ou seja, justamente no momento em que cada um dos seres vivos se torna portador da nova soberania nacional – que tal significado político aparece com vigor. No manifesto "Français encore un effort si vous voulez être républicains" [Franceses, façam um esforço, se desejam ser republicanos], que o libertino Dolmancé lê em *Philosophie dans le boudoir*, são as *maisons* que se tornam o lugar político por excelência, onde cada cidadão tem direito de convocar todos os outros para usar livremente seu corpo. A intimidade torna-se aqui o que está em jogo na política, enquanto o *boudoir* substitui integralmente a *cité*. Se o sujeito soberano é, acima de tudo, soberano sobre o próprio corpo, se a intimidade – ou seja, o uso de si como inapropriável – se torna a substância biopolítica fundamental, então se compreenderá que em Sade ela possa apresentar-se como o objeto do primeiro e inconfessado direito do cidadão: cada indivíduo tem direito de compartilhar a seu bel-prazer o inapropriável do outro. Comum é, acima de tudo, o uso dos corpos.

Aquilo que no *pamphlet* de Dolmancé era um contrato jurídico constitucional, fundado na reciprocidade republicana, se apresenta, por sua vez,

---

[113] Irwin Altman, "Privacy: A Conceptual Analysis", em *Environment and Behavior*, v. 8, n. 1, 1976, p. 8 e seg.

[114] Ibidem, p. 26-8.

em *120 dias de Sodoma* como puro objeto do domínio e da violência incondicionada (certamente não é por acaso que a perda de qualquer controle sobre a própria intimidade era, de acordo com os testemunhos dos deportados, parte integrante das atrocidades do *Lager*). O pacto criminoso que rege o castelo de Silling, em que os quatro perversos poderosos se fecham com suas quarenta vítimas, estabelece o controle absoluto dos senhores sobre a intimidade de seus escravos – até mesmo suas funções fisiológicas são minuciosamente reguladas –, o uso integral e ilimitado de seus corpos. É assim que a relação com o inapropriável, que constitui a substância biopolítica de cada indivíduo, acaba violentamente apropriada por quem se constitui, dessa maneira, senhor da intimidade, senhor do livre uso do próprio que, nas palavras de Hölderlin, se apresentava como "a coisa mais difícil".

Contra essa tentativa de apropriar-se, por meio do direito ou da força, do inapropriável a fim de constituí-lo *arcanum* da soberania, é preciso lembrar que a intimidade só pode conservar seu significado político à custa de continuar inapropriável. *Comum nunca é uma propriedade, somente o inapropriável.* O compartilhamento desse inapropriável é o amor, o "uso da coisa amada" de que o universo sadiano constitui a mais séria e instrutiva paródia.

ℵ *No decorrer dessa investigação sobre o uso dos corpos, nunca deixou de aparecer um termo: inoperosidade. Os elementos de uma teoria da inoperosidade foram elaborados em volume precedente[115]; o conceito de uso que procuramos definir só pode ser compreendido corretamente se o situarmos no contexto daquela teoria. O uso é constitutivamente uma prática inoperosa, que só ocorre com base em uma desativação do dispositivo aristotélico potência/ato, que confere à energeia, ao ser-em-obra, o primado sobre a potência. Por essa perspectiva, o uso é um princípio interno à potência, que impede que esta se esgote simplesmente no ato e a impele a voltar-se para si mesma, tornar-se potência da potência, poder a própria potência (e, por isso, a própria impotência).*

A obra inoperosa, que resulta dessa suspensão da potência, expõe no ato a potência que a levou ao ser: se for uma poesia, exporá na poesia a potência da língua; se for uma pintura, exporá sobre a tela a potência do pintar (do olhar); se for uma ação, exporá no ato a potência de agir. Só nesse sentido pode-se afirmar que a inoperosidade é poesia da poesia, pintura da pintura, práxis da práxis. Ao tornar inoperosas as obras da língua,

---

[115] Giorgio Agamben, *L'aperto. L'uomo e l'animale* (Turim, Bollati Boringhieri, 2002), em especial p. 262-76 [ed. port.: *O aberto. O homem e o animal*, Lisboa, Edições 70, 2010]. Cf. também idem, *Il regno e la gloria. Per una genealogia teologica dell'economia e del governo* (Vicenza, Neri Pozza, 2007) [ed. bras.: *O reino e a glória: uma genealogia teológica da economia e do governo*, trad. Selvino J. Assmann, São Paulo, Boitempo, 2011].

118 • O uso dos corpos

das artes, da política e da economia, ela mostra o que o corpo humano pode, abrindo-o para um novo uso possível.

A inoperosidade como práxis especificamente humana também permite que compreendamos de que maneira o conceito de uso aqui proposto (como o de forma-de-vida) se refere ao conceito marxiano de "formas de produção". Certamente é verdade que, conforme sugere Marx, as formas de produção de uma época contribuem de maneira decisiva para determinar as relações sociais e a cultura; mas, em toda forma de produção, é possível identificar uma "forma de inoperosidade" que, embora se mantenha em relação estreita com ela, não é por ela determinada, mas torna inoperosas as obras e permite um novo uso destas. Concentrado unicamente na análise das formas de produção, Marx menosprezou a análise das formas de inoperosidade, e essa carência certamente está na raiz de algumas aporias de seu pensamento, ainda mais no que diz respeito à definição da atividade humana na sociedade sem classes. Com isso, seria essencial uma fenomenologia das formas de vida e de inoperosidade que procedesse pari passo de uma análise das formas de produção correspondentes. Na inoperosidade, a sociedade sem classes já está presente na sociedade capitalista, assim como, segundo Benjamin, os estilhaços do tempo messiânico estão presentes na história em formas eventualmente infames e risíveis.

Limiar I

1. Em um escrito breve, publicado quatro anos depois da morte de Michel Foucault, Pierre Hadot, que o havia conhecido e episodicamente visitado a partir do final de 1980, toma o cuidado de identificar as "convergências" e as "divergências" entre seu pensamento e o do amigo no decurso de um diálogo interrompido cedo demais. Se por um lado ele declara que encontra em Foucault os mesmos temas dele e os mesmos interesses, que convergem em uma concepção da filosofia antiga – e da filosofia em geral – como "exercício" e "estilo de vida", por outro ele toma firmemente distância frente às teses do amigo.

Nesse trabalho de si sobre si, nesse exercício de si, também eu reconheço, de minha parte, um aspecto essencial da vida filosófica: a filosofia é uma arte de viver, um estilo de vida que compromete toda a existência. Contudo, hesitaria em falar, como faz Foucault, de "estética da existência", tanto a respeito da Antiguidade quanto em geral, como tarefa do filósofo. Michel Foucault entende... tal expressão no sentido de que nossa própria vida é a obra que devemos fazer. Para nós, modernos, de fato o termo "estética" evoca ressonâncias muito diferentes daquelas que a palavra "beleza" (kalon, kalos) tinha na Antiguidade. Os modernos tendem a fazer uma representação do belo como realidade autônoma independente do bem e do mal, enquanto para os gregos, pelo contrário, o termo, referido aos homens, implica normalmente um valor moral... Por isso, em vez de falarmos de "cultura de si", seria melhor falar de transformação, de transfiguração, de "superação de si". Para descrever esse estado, não se pode evitar o termo "sabedoria", que, em Foucault, me parece, aparece raramente, se é que aparece... Curiosamente, Foucault, embora reconheça a concepção da filosofia como terapêutica, não parece dar-se conta de que tal terapêutica está antes de tudo destinada a buscar a paz da alma... No platonismo, mas também no epicurismo e no estoicismo, a libertação da angústia se obtém por intermédio de um movimento que nos leva a passar da subjetividade individual e apaixonada à objetividade de uma perspectiva universal. Não se trata da construção de si, mas, pelo contrário, de uma superação do eu ou, no mínimo, de um exercício pelo qual o eu se situa na totalidade e faz experiência de si como parte dessa totalidade.[1]

2. À primeira vista, a oposição aparece com evidência e parece refletir uma divergência real. Conforme observa o próprio Hadot, o que está em questão é "a estética da existência", que foi a última concepção da filosofia para Foucault

---

[1] Pierre Hadot, "Un dialogue interrompu avec M. Foucault", em *Exercices spirituels et philosophie antique* (Paris, Albin Michel, 2002), p. 231-2.

120 • O uso dos corpos

e que, de resto, corresponde com toda probabilidade à filosofia que ele praticou concretamente por toda a vida². Em artigo que Hadot cita um pouco antes para sustentar seu diagnóstico, Paul Veyne, historiador da Antiguidade que Foucault sentia especialmente próximo, pelo menos parece ir na mesma direção. A ideia de estilo de existência cumpriu um papel importante nas conversas e talvez também na vida interior de Foucault nos últimos meses de sua vida, que só ele sabia estar ameaçada. "Estilo" aqui não significa distinção: a palavra deve ser tomada no sentido dos gregos, para quem um artista era, acima de tudo, um artesão e uma obra de arte, uma obra... O eu, ao tomar a si mesmo como obra a realizar, poderia dar fundamento a uma moral que nem a tradição nem a razão parecem mais sustentar; como artista de si mesmo, ele gozaria daquela autonomia de que a modernidade não pode prescindir.³

3. A biografia publicada em inglês por James Miller em 1993, significativamente intitulada The Passion of Michel Foucault, *inclui amplas seções sobre a vida privada de Foucault, especialmente sobre sua homossexualidade e a frequência assídua nas saunas e nos locais gays sadomasoquistas (como a* Hothouse, *em São Francisco) durante suas estadias nos Estados Unidos. Mas, já alguns anos depois da morte de Foucault, um jovem escritor que lhe foi muito próximo nos últimos anos, Hervé Guibert, havia referido em dois livros (*Les secrets d'un homme, *1988, e* À l'ami qui ne m'a pas sauvé la vie, *1990) as lembranças infantis e os traumas secretos que Foucault lhe teria confidenciado no leito de morte. Ainda antes, no momento da primeira e decisiva estadia na Califórnia, Simeon Wade, jovem estudioso que havia acompanhado o filósofo em memorável excursão ao Death Valley, registrara cuidadosamente, em um caderno manuscrito, suas reações durante uma experiência com o ácido lisérgico, como se elas fossem, para a compreensão do pensamento de Foucault, tão preciosas e importantes quanto suas obras.*

Certamente, o próprio Foucault, que havia aderido a certa altura ao FHAR* e tinha declarado abertamente sua homossexualidade, mesmo sendo, segundo o testemunho dos amigos, uma pessoa arredia e discreta, nunca parece traçar distinções claras entre sua vida pública e sua vida privada. Assim, em numerosas entrevistas, ele se refere ao sadomasoquismo como se fosse uma prática de

---

² Ibidem, p. 230.

³ Paul Veyne, "Le dernier Foucault", em *Critique*, 471-2, 1986, p. 939.

* Front Homosexual d'Action Revolutionnaire [Frente Homossexual de Ação Revolucionária]. (N. T.)

invenção de novos prazeres e de novos estilos de existência e, de forma mais geral, aos ambientes homossexuais de São Francisco e de Nova York como se fossem "laboratórios" em que "se tentam explorar as diferentes possibilidades internas do comportamento sexual" na perspectiva da criação de novas formas de vida[4]. *Por isso, é possível que sejam precisamente a ideia foucaultiana de uma arte da existência, já claramente enunciada no início dos anos 1980, e sua crescente atenção às práticas por meio das quais os homens procuram modificar-se e fazer da própria vida uma obra de arte que tenham contribuído para autorizar o interesse por aspectos da existência que costumeiramente não são considerados pertinentes para a compreensão do pensamento de um autor.*

4. Hadot entende sobretudo a estética da existência, que atribui a Foucault como "sua última concepção da filosofia", segundo sua ressonância moderna, na qual essa, como "realidade autônoma independente do bem e do mal", se opõe à dimensão ética. Assim, ele atribui de algum modo a Foucault o projeto de uma estetização da existência, na qual o sujeito, para além do bem e do mal, mais semelhante ao Des Esseintes de Huysmans do que ao Sócrates platônico, plasma sua vida como uma obra de arte. Um reconhecimento das passagens em que Foucault recorre à expressão "estética da existência" mostra, por sua vez, para além de qualquer dúvida, que ele situa, resoluta e constantemente, a experiência em foco na esfera ética. Já na primeira aula do curso de 1981-1982, sobre A hermenêutica do sujeito, *como se houvesse previsto a objeção de Hadot, Foucault previne contra a tentação moderna de ler expressões como "cuidado de si" ou "ocupar-se de si mesmo" em sentido estético e não moral.*

> *Ora, nós bem sabemos, existe certa tradição (ou talvez várias) que nos dissuade (a nós, agora, hoje) de conceder a todas essas formulações, a todos esses preceitos e essas regras, um valor positivo e, sobretudo, de deles fazer o fundamento de uma moral... (Elas) soam como uma espécie de desafio e de bravata, uma vontade de ruptura ética, uma espécie de dandismo moral, afirmação-desafio de um estádio estético e individual intransponível.*[5]

Contra tal interpretação, por assim dizer, estetizante do cuidado de si, Foucault sublinha que é justamente "com base nessa injunção de 'ocupar-se

---

[4] Michel Foucault, *Dits et écrits (1954-1988)*, v. 4: *1980-1988* (Paris, Gallimard, 1994), p. 331; cf. também p. 737.

[5] Idem, *L'herméneutique du sujet* (Paris, Gallimard-Seuil, 2001), p. 14 [ed. bras.: *A hermenêutica do sujeito*, trad. Márcio Alves da Fonseca e Salma T. Muchail, São Paulo, Martins Fontes, 2004, p. 13].

122 • O uso dos corpos

consigo mesmo' que se constituíram as mais austeras, as mais rigorosas, as mais restritivas morais, sem dúvida, que o Ocidente conheceu"[6].

5. *A expressão "estética da existência" – e o tema, ligado a ela, da vida como obra de arte – sempre é usada por Foucault no contexto de uma problematização ética. Assim, na entrevista a Dreyfus e Rabinow feita em 1983 (a que também Hadot faz referência), ele declara: "A ideia do* bios *como material de uma obra de arte estética é algo que me fascina"; mas, para precisar que ele tem em mente uma forma de ética não normativa, ele acrescenta logo depois: "E também a ideia de que a moral pode ser uma estrutura muito forte da existência, sem por isso dever vincular-se a um sistema autoritário nem jurídico em si, tampouco a uma estrutura de disciplina"*[7]. *Noutra entrevista, publicada em maio de 1984, sob o título redacional* Uma estética da existência, *a expressão vem precedida de um esclarecimento análogo:*

> Quanto a essa elaboração de sua própria vida como uma obra de arte pessoal, creio que, embora obedecesse a cânones coletivos, ela estava no centro da experiência moral, da vontade de moral na Antiguidade, ao passo que, no cristianismo, com a religião do texto, a ideia de uma vontade de Deus, o princípio de uma obediência, a moral assumia muito mais a fórmula de um código de regras...[8]

Mas é sobretudo na introdução ao segundo volume de História da sexualidade *que a pertinência da "estética da existência" à esfera ética fica esclarecida para além de qualquer dúvida. Se Foucault se propõe mostrar como o prazer sexual havia sido problematizado na Antiguidade por meio "das práticas de si que põem em jogo os critérios de uma estética da existência"*[9], *isso acontece para responder à pergunta genuinamente ética: "Por que o comportamento sexual, as atividades e os prazeres que dele dependem constituem o objeto de uma preocupação moral?"*[10]. *As "artes da existência", de que se ocupa o livro, e as técnicas de si por meio das quais os homens procuraram fazer da vida "uma obra que expresse certos valores*

---

6 Idem.

7 Idem, *Dits et écrits (1954-1988)*, v. 4, cit., p. 390.

8 Idem, p. 731 [ed. bras.: "Uma estética da existência", em *Ditos e escritos*, v. 5: *Ética, sexualidade, política*, trad. Elisa Ribeiro e Inês A. D. Barbosa, Rio de Janeiro, Forense Universitária, 2004, p. 290].

9 Idem, *Histoire de la sexualité*, v. 2: *L'usage des plaisirs* (Paris, Gallimard, 1984), p. 17 [ed. bras.: *História da sexualidade*, v. 2: *O uso dos prazeres*, trad. Maria T. da Costa Albuquerque, Rio de Janeiro, Graal, 1984].

10 Ibidem, p. 15.

estéticos e responda a determinados critérios de estilo" na realidade são "práticas voluntárias e raciocinadas" por meio das quais os homens estabelecem para si cânones de comportamento que cumprem uma função que Foucault define "eto--poiética"[11]. *Não está em questão uma improvável genealogia da estética, mas uma "nova genealogia da moral"*[12]. *Trata-se de reintroduzir na ética "o problema do sujeito que eu havia deixado mais ou menos de lado em meus primeiros trabalhos... de mostrar que o problema do sujeito esteve presente desde o início até o final no problema da sexualidade"*[13]. *Para os gregos, o cuidado de si não é, de fato, um problema estético, mas "é em si mesmo algo ético"*[14].

6. Hadot não esconde ter conhecido tardiamente a obra de Foucault ("devo confessar, para minha grande vergonha, que, absorvido demais em minhas investigações, então – 1980 – eu conhecia muito mal sua obra"). Em parte, isso pode explicar que também as outras "divergências" denunciadas por Hadot pareçam repousar sobre dados imprecisos. Quando ele escreve que, "em vez de falar de 'cultura de si', seria melhor falar de transformação, de transfiguração, de 'superação de si'" e que, para descrever esse fato, "não se pode evitar o termo 'sabedoria', que, em Foucault, me parece, aparece raramente, se é que aparece..."; e quando, por fim, observa que "Foucault, embora reconheça a concepção da filosofia como terapêutica, não parece dar-se conta de que tal terapêutica está antes de tudo destinada a buscar a paz da alma", trata-se pontualmente, todas as vezes, de inexatidões fatuais. Os índices do curso sobre A hermenêutica do sujeito, *que, por assim dizer, representa o laboratório das investigações sobre o cuidado de si, mostram, de fato, que o termo "sabedoria" aparece pelo menos dezoito vezes, quase tantas quantas o termo "sábio". No mesmo curso, lê-se que, no âmbito da espiritualidade que Foucault procura reconstruir,*

> *a verdade é o que ilumina o sujeito; a verdade é o que lhe dá a beatitude; a verdade é o que lhe dá tranquilidade da alma. Em suma, na verdade e no acesso à verdade, há alguma coisa que completa o próprio sujeito, que completa o ser mesmo do sujeito e que o transfigura.*[15]

---

[11] Ibidem, p. 15-7.

[12] Idem, *Dits et écrits (1954-1988)*, v. 4, cit., p. 731.

[13] Ibidem, p. 705.

[14] Ibidem, p. 714.

[15] Idem, *L'herméneutique du sujet*, cit., p. 18 [ed. bras.: *A hermenêutica do sujeito*, cit., p. 16-7].

124 • O uso dos corpos

Poucas linhas antes, Foucault escreve que "(a espiritualidade) postula a necessidade de que o sujeito se modifique, se transforme, se desloque, torne-se, em certa medida e até certo ponto, outro que nem ele mesmo"[16].

7. *As divergências não dizem respeito tanto ao deslocamento do âmbito estético para o ético ou a uma simples diferença de vocabulário quanto à própria concepção da ética e do sujeito. Hadot parece não conseguir separar-se de uma concepção do sujeito como transcendente com respeito à própria vida e a suas ações e, por isso, pensa o paradigma foucaultiano da vida como obra de arte segundo a representação comum de um sujeito autor que plasma sua obra como um objeto externo a ele. No entanto, em célebre ensaio de 1969, Foucault já havia procurado colocar em questão precisamente essa concepção. Ao reduzir o autor a uma função jurídico-social, ele sugeria ver na obra não tanto a expressão de um sujeito anterior e externo a ela, mas a abertura de um espaço em que o sujeito não para de desaparecer, e identificava na indiferença com respeito ao autor "um dos princípios éticos fundamentais da escritura contemporânea"*[17]. *Nisso ele era, mais uma vez, fiel ao ensinamento de Nietzsche, que, em aforisma de 1885-1886 (sobre o qual Heidegger não deixou de chamar atenção)*[18], *havia escrito:*

A obra de arte, onde ela aparece sem artista, por exemplo, como corpo vivo *[Leib]*, como organização (o corpo dos oficiais prussianos *[preussisches Offizierkorps]*, a ordem dos jesuítas). Em que medida o artista não é mais do que um grau preliminar. O mundo como obra de arte que dá à luz a si mesma.

No mesmo sentido, na entrevista a Dreyfus e Rabinow, Foucault deixa claro que falar da vida como obra de arte implica justamente questionar o paradigma do artista criador exclusivo de uma obra-objeto:

Surpreende-me que, em nossa sociedade, a arte tenha se transformado em algo que é relacionado aos objetos, não aos indivíduos e à vida, e igualmente que seja considerada um âmbito especialístico feito de peritos que se chamam artistas. Mas a vida de cada indivíduo não poderia ser uma obra de arte? Por que uma lâmpada ou uma casa são objetos de arte, e a nossa vida não?[19]

---

[16] Ibidem, p. 17 [ibidem, p. 16].

[17] Idem, "Qu'est-ce qu'un auteur?", em *Dits et écrits (1954-1988)*, v. 1: *1954-1978* (Paris, Gallimard, 1994), p. 820.

[18] Martin Heidegger, *Holzwege* (Frankfurt, Klostermann, 1950), p. 222.

[19] Michel Foucault, *Dits et écrits (1954-1988)*, v. 4, cit., p. 392.

Limiar I • 125

8. Como entender, então, a criação da própria vida como obra de arte? Para Foucault, o problema é inseparável da problematização do sujeito. A própria ideia da vida como obra de arte deriva de sua concepção de um sujeito que nunca pode ser separado em uma posição constituinte originária. "Penso", escreve ele na entrevista citada,

> que há uma única saída prática para a ideia de um sujeito que não é dado previamente: devemos fazer de nós mesmos uma obra de arte... Não se trata de vincular a atividade criadora de um indivíduo à relação que ele estabelece consigo mesmo, mas de vincular tal relação consigo mesmo a uma atividade criadora.[20]

A relação consigo mesmo tem, portanto, constitutivamente a forma de uma criação de si, e não há outro sujeito senão nesse processo. Por isso, Foucault rompe com a concepção do sujeito como fundamento ou condição de possibilidade da experiência; pelo contrário, "a experiência nada mais é do que a racionalização de um processo, ele mesmo provisório, que produz no final um sujeito, ou mais sujeitos"[21]. Isso significa que não existe propriamente um sujeito, só um processo de subjetivação: "Chamarei de subjetivação o processo por meio do qual se obtém a constituição de um sujeito"[22]. E ainda:

> Penso que não existe um sujeito soberano, fundador, uma forma universal de sujeito que seja possível encontrar em todos os lugares... Penso, pelo contrário, que o sujeito se constitui por meio de práticas de sujeitamento ou, de modo mais autônomo, de práticas de libertação, de liberdade...[23]

9. É evidente que aqui não é possível fazer a distinção entre sujeito constituinte e sujeito constituído; só existe um sujeito, que nunca é dado previamente, e a obra a construir é o próprio que constrói. Esse é o paradoxo do cuidado de si que Hadot não consegue entender quando escreve que "não se trata da construção de um si, mas, pelo contrário, de uma superação do eu". "Si" não é para Foucault uma substância nem o resultado objetivável de uma operação (a relação consigo): é a própria operação, a própria relação. Não há, pois, um sujeito antes da relação consigo e do uso de si: o sujeito é essa relação, não um dos termos dela[24]. De acordo com sua pertinência essencial à esfera da filosofia

---

[20] Ibidem, p. 392-3.
[21] Ibidem, p. 706.
[22] Idem.
[23] Ibidem, p. 733.
[24] Ver. p. 52 deste volume.

126 • O uso dos corpos

primeira, o sujeito implica uma ontologia, a qual, porém, não é, para Foucault, a do hypokeimenon *aristotélico nem a do sujeito cartesiano. É, sobretudo, com relação a este último, ao seguir provavelmente uma sugestão heideggeriana, que Foucault toma distância. A contribuição específica de Descartes consiste, de fato, em "ter conseguido substituir um sujeito fundador de práticas de conhecimento por um sujeito constituído graças a práticas de si"*[25].

10. A ideia de que uma ética coincide não com a relação com uma norma, mas acima de tudo com uma "relação consigo", está constantemente presente em Foucault. É isso, não outra coisa, que ele descobriu em suas investigações sobre o souci de soi *no mundo clássico.* "Pour les Grecs, ce n'est pas parce qu'il est souci des autres qu'il est éthique. Se souci de soi est éthique en lui-même *[Para os gregos, não é porque ele é cuidado dos outros que ele é ético. Preocupar-se consigo mesmo é ético em si mesmo]."*[26] *Certamente, toda ação moral comporta "uma relação com a realidade em que se inscreve ou com um código a que se refere", mas ela não pode ser reduzida a um ato nem a uma série de atos conformes a uma regra, porque implica, em todo caso, "certa relação consigo"*[27]. *E tal relação – esclarece Foucault – não deve ser entendida simplesmente como "consciência de si", mas como a "constituição de si como sujeito moral"*[28]. *"É a relação consigo que se trata de instaurar, a relação consigo que determina o modo como o indivíduo deve constituir-se como sujeito moral das próprias ações."*[29] *Assim, a ética é, para Foucault, a relação que se tem consigo quando se age ou se entra em relação com outros, constituindo-se cada vez como sujeito dos próprios atos, independente de esses pertencerem à esfera sexual, econômica, política, científica etc. Assim, o que está em questão em* História da sexualidade *não é, de nenhum modo, uma história social ou psicológica dos comportamentos sexuais, mas a maneira como o homem se constituiu como sujeito moral dos próprios comportamentos sexuais. Da mesma forma, o que lhe*

---

[25] Michel Foucault, *Dits et écrits (1954-1988)*, v. 4, cit., p. 410 [ed. bras.: Helmut Becker, Raúl Fornet-Betancourt e Alfredo Gomez-Müller, "L'éthique du souci de soi comme pratique de la liberté", entrevista com Michael Foucault, 20 jan. 1984, em *Ditos e escritos*, v. 5, cit.].

[26] Ibidem, p. 714.

[27] Ibidem, p. 558.

[28] Idem.

[29] Ibidem, p. 618.

podia interessar nas experiências das comunidades homossexuais de São Francisco ou de Nova York era, mais uma vez, a relação consigo que a novidade delas implicava e a consequente constituição de um novo sujeito ético. 11. *No último curso no Collège de France,* Le courage de la vérité, *concluído poucos meses antes de morrer, Foucault abordou, a propósito dos cínicos, o tema da vida filosófica como verdadeira* vita *(alethes* bios*).*

No resumo do curso de 1981-1982, sobre A hermenêutica do sujeito, *no qual o tema do cuidado de si foi trabalhado por meio de uma leitura de* Alcibíades, *de Platão, Foucault havia escrito que* "s'occuper de soi n'est pas une simple préparation momentanée à la vie; c'est une forme de vie *[cuidar de si não é uma simples preparação momentânea para a vida; é uma forma de vida]* "[30]. *Ora, no paradigma da vida filosófica, ele vincula estreitamente o tema da verdade com o do modo de vida. O cinismo, escreve ele, colocou uma pergunta importante, que restitui sua radicalidade ao tema da vida filosófica:* "La vie, pour être vraiment la vie de la vérité, ne doit-elle pas être une vie autre, une vie radicalement et paradoxalement autre? *[A vida, para ser verdadeiramente a vida da verdade, não deve ser uma vida diferente, uma vida radical e paradoxalmente diferente?]* "[31]. *Com efeito, existem na tradição da filosofia clássica duas modalidades diferentes de vincular a prática de si à coragem da verdade: a platônica, que privilegia os* mathemata *e o conhecimento, e a cínica, que, por sua vez, confere à prática de si a forma de uma* prova (épreuve) *e busca a verdade do ser humano não em uma doutrina, mas em certa forma de vida que, subvertendo os modelos correntes na sociedade, faz do* bios philosophikos *um desafio e um escândalo*[32].

Na descendência desse modelo cínico, Foucault insere também o "militantismo como testemunho pela vida, na forma de um estilo de existência"[33] *na tradição dos movimentos revolucionários até o* gauchisme, *certamente bem familiar a sua geração.* "La résurgence du gauchisme", *escreve ele usando termos talvez mais adequados para caracterizar o situacionismo,*

comme tendance permanente à l'intérieur de la pensée et du projet révolutionnaire européens, s'est toujours faite en prenant appui non pas sur la dimension

---

[30] Idem, *L'herméneutique du sujet,* cit., p. 476.

[31] Idem, *Le courage de la vérité* (Paris, Gallimard-Seuil, 2009), p. 226 [ed. bras.: *A coragem da verdade,* trad. Eduardo Brandão, São Paulo, WMF Martins Fontes, 2011].

[32] Ibidem, p. 243.

[33] Ibidem, p. 170.

128 • O uso dos corpos

de l'organisation, mais sur cette dimension du militantisme qui est la socialité secrète ou le style de vie, et quelques fois le paradoxe d'une socialité secrète se manifestant et se rendant visible par des formes de vie scandaleuses.[34]

Próximo dele está o paradigma do artista na modernidade, cuja vida, "na forma mesma que ela assume, deve constituir um testemunho do que é a arte em sua verdade"[35].

Na análise do "tema de uma vida de artista, tão importante ao longo de todo o século XIX"[36], *Foucault encontra a proximidade entre arte e vida e a ideia de "uma estética da existência" que havia formulado em* L'usage des plaisirs. *Se, por um lado, a arte confere à vida a forma da verdade, por outro, a verdadeira vida é a garantia de que a obra que nela se enraíza é mesmo uma obra de arte. Desse modo, vida e arte se indeterminam, e a arte se apresenta como forma de vida no momento exato em que a forma de vida aparece como obra de arte.*

Em todo caso, tanto no bios *do filósofo quanto naquele do artista, a prática de si como constituição de outra forma de vida é o verdadeiro tema do curso, que se encerra no manuscrito com a afirmação, que pode ser considerada uma espécie de extremo legado testasmentário: "Il ne peut y avoir de vérité que dans la forme de l'autre monde et de la vie autre"*[37].

12. Para compreendermos o estatuto ontológico particular desse sujeito que se constitui por meio da prática de si, pode ajudar-nos a analogia com um par categorial extraído da esfera do direito público: poder constituinte e poder constituído. Também aqui a aporia, que paralisou a teoria juspublicista, nasce da separação dos dois termos. A concepção tradicional coloca na origem um poder constituinte, que cria e separa fora de si, em permanente circularidade, um poder constituído. Verdadeiro poder constituinte não é o que produz um poder

---

[34] Ibidem, p. 171. ["A ressurgência do esquerdismo como tendência permanente no interior do pensamento e do projeto revolucionário europeus sempre se faz se apoiando não na dimensão da organização, mas nessa dimensão do militantismo, que é a socialidade secreta ou o estilo de vida, e às vezes o paradoxo de uma socialidade secreta se manifesta e se torna visível por formas de vida escandalosas", Michel Foucault, *A coragem da verdade*, cit., p. 162. – N. T.]

[35] Ibidem, p. 173.

[36] Idem.

[37] Ibidem, p. 311 ["A verdade nunca é a mesma; só pode haver verdade na forma do outro mundo e da vida outra", Michel Foucault, *A coragem da verdade*, cit., p. 316. – N. T.]

constituído separado de si, que remete ao poder constituinte como a seu funda-mento intocável e que, no entanto, não tem outra legitimidade senão aquela que deriva do fato de ter produzido um poder constituído. Na verdade, consti-tuinte é só o poder – aquele sujeito – capaz de se constituir como constituinte. A prática de si é essa operação em que o sujeito se adéqua à própria relação constitutiva, continuando imanente a ela: "O sujeito põe em jogo a si mesmo no ato de tomar cuidado de si"[38]. Assim, o sujeito é o que está em jogo no cuidado de si, e esse cuidado nada mais é do que o processo pelo qual o sujeito constitui a si mesmo. E ética não é a experiência na qual um sujeito se mantém por trás, por cima ou por baixo da própria vida, mas aquela cujo sujeito se constitui e transforma em indissolúvel relação imanente à própria vida, viven-do sua vida.

13. O que, porém, significa "constituir-a-si"? Tem-se aqui algo como o "constituir-a-si visitante" ou o "passear-a-si" com que Espinosa[39] exemplificava a causa imanente. A identidade entre ativo e passivo corresponde à ontologia da imanência, ao movimento da autoconstituição e da autoapresentação do ser, em que não só desaparece toda possibilidade de distinguir entre agente e paciente, sujeito e objeto, constituinte e constituído, mas em que também meio e fim, potência e ato, obra e inoperosidade se indeterminam. A prática de si, o sujeito ético foucaultiano é essa imanência: o ser sujeito como passear-a-si. O ser que se constitui na prática de si nunca fica – ou nunca deveria ficar – debaixo ou antes de si, nunca separa – ou nunca deveria separar – de si um sujeito ou uma "substância", mas continua imanente a si, é sua constituição e não cessa de cons-tituir a si, de exibir a si e usar a si como agente, visitante, passeante, amante. Daí as dificuldades e as aporias de todo tipo. O problema do sujeito foucaultia-no é o problema da autoconstituição do ser, e, aqui, uma correta compreensão da ética implica necessariamente uma definição de seu estatuto ontológico. Quando algo como um "sujeito" foi separado e hipostasiado no ser em posição constituinte? A ontologia ocidental é, desde o início, articulada e atravessada por cisões e cesuras, que dividem e coordenam no ser sujeito (hypokeimenon) e es-sência (ousia), substâncias primeiras e substâncias segundas, essência e existência, potência e ato, e só um questionamento preliminar dessas cesuras permite a compreensão do problema daquilo que chamamos "sujeito".

---

[38] Idem, *L'herméneutique du sujet*, cit., p. 504.

[39] Ver p. 48-9 deste volume.

130 • O uso dos corpos

14. Precisamente porque a teoria do sujeito implica um problema ontológico, encontramos aqui as aporias que marcaram desde a origem o estatuto na filosofia primeira. A relação consigo determina, conforme observamos, o modo como o indivíduo se constitui sujeito das próprias ações morais. Contudo, segundo Foucault, o si não tem consistência substancial nenhuma, mas coincide com a própria relação, é nela absolutamente imanente. Então, como esse si, que nada mais é do que uma relação, pode constituir-se sujeito das próprias ações a fim de governá-las e definir um estilo de vida e uma "vida verdadeira"? O si, enquanto coincide com a relação consigo, nunca pode pôr-se como sujeito da relação nem se identificar com o sujeito que, nele, se constituiu. Ele pode apenas constituir a si como constituinte, mas nunca se identificar com aquilo que constituiu. Contudo, como sujeito constituído, ele é, por assim dizer, a hipóstase gnóstica ou neoplatônica que a prática de si deixa subsistir fora de si como resíduo ineliminável.

Para a relação entre o si e o sujeito moral, acontece algo semelhante ao que Sartre descrevia a respeito da relação entre a consciência e o ego: o si, que constituiu o sujeito, deixa hipnotizar-se e reabsorver nela e por ela. Ou, ainda, aquilo que, segundo Rudolf Boehm, acontece na cisão aristotélica entre essência e existência: estas, que deveriam definir a unidade do ser, em última análise, o cindem em uma essência inexistente e em uma existência inessencial, remetendo incessantemente uma à outra e caindo sem fim uma fora da outra. Sendo assim, si e sujeito são ligados circularmente em uma relação constituinte e, ao mesmo tempo, justo por isso, se encontram na absoluta impossibilidade de coincidirem uma vez por todas. O sujeito, que deve governar e conduzir suas ações numa forma de vida, se constituiu numa prática de si que nada mais é do que essa mesma constituição e essa forma de vida.

15. Como era previsível, no plano da prática, em Foucault a aporia ontológica encontra-se na teoria das relações de poder e do governo dos homens que nelas se efetua. As relações de poder, à diferença dos estados de dominação, implicam, necessariamente, um sujeito livre, cujas ações são "conduzir" e governar e que, enquanto livre, resiste obstinadamente ao poder. Contudo, justo enquanto o sujeito conduz e governa "livremente" a si mesmo, ele fatalmente entrará em relações de poder, que consistem em conduzir a conduta de outros (ou deixar conduzir por outros a própria). Quem, "conduzindo" sua vida, se constituiu como sujeito das próprias ações será "conduzido" por outros sujeitos ou procurará conduzir a outros: a subjetivação em determinada forma de vida é, na mesma medida, o sujeitamento numa relação de poder. A aporia da democracia e de seu governo dos homens – a identidade de governantes e governados, absolutamente separados e, mesmo assim, também absolutamente unidos numa relação incindível – é uma aporia ontológica, que tem a ver com a constituição do sujeito como tal. Como poder constituinte e poder constituído, a relação consigo e o sujeito são, uma para o outro, ao mesmo tempo transcendentes e imanentes. Mesmo assim, é justo a imanência entre o si e o sujeito numa forma de vida que Foucault procurou obstinadamente pensar até o fim, envolvendo-se em aporias cada vez mais contrastantes e, ao mesmo tempo, indicando com vigor a única direção em que algo como uma ética podia para ele tornar-se possível.

16. Na entrevista concedida a "Les nouvelles littéraires" menos de um mês antes de morrer, e publicada postumamente em 28 de junho de 1984, Foucault volta à questão do sujeito e, ao definir suas últimas investigações, escreve que nestas tratava-se para ele de "reintroduzir o problema do sujeito que eu havia mais ou menos deixado de lado em meus primeiros estudos... O que eu quis realmente fazer foi mostrar de que modo o problema do sujeito não deixou de existir ao longo dessa questão da sexualidade"[40]. Logo depois, no entanto, ele esclarece que, na Antiguidade clássica, é colocado com força o problema do cuidado de si, enquanto falta totalmente uma teoria do sujeito.

> *Isso não significa que os gregos não se esforçaram para definir as condições nas quais ocorreria uma experiência que não é a do sujeito, mas a do indivíduo, uma vez que ele busca se constituir como senhor de si mesmo. Falta à Antiguidade clássica ter problematizado a constituição de si como sujeito; inversamente, a partir do cristianismo, por sua vez, houve o confisco da moral pela teoria do sujeito. Ora, creio que uma experiência moral centrada no sujeito não é mais satisfatória atualmente.[41]*

Se a Antiguidade oferece o exemplo de um cuidado e de uma constituição de si sem sujeito, e o cristianismo, o de uma moral que reabsorve inteiramente no sujeito a relação ética consigo, então a aposta de Foucault consiste em manter firme o copertencimento recíproco dos dois elementos.

---

[40] Michel Foucault, *Dits et écrits (1954-1988)*, v. 4, cit., p. 705.

[41] Ibidem, p. 706 [ed. bras.: *Ditos e escritos*, v. 5: *Ética, sexualidade, política*, cit., p. 262].

132 • O uso dos corpos

17. Por essa perspectiva, compreende-se o interesse que a seus olhos poderia representar a experiência sadomasoquista. O sadomasoquismo, para Foucault, é sobretudo uma experiência de fluidificação das relações de poder. "Podemos dizer", declara ele em entrevista de 1982,

> que o S/M [sadomasoquismo] é a erotização do poder, a erotização de relações estratégicas. O que me impressiona no S/M é o modo como se diferencia do poder social. O poder caracteriza-se enquanto constitui uma relação estratégica que se estabiliza em uma instituição. Dentro das relações de poder, a mobilidade é por isso limitada... As relações estratégicas entre os indivíduos definem-se pela rigidez. Sob esse ponto de vista, o jogo S/M é muito interessante porque, embora seja uma relação estratégica, ela sempre é fluida. Certamente, há papéis, mas cada um sabe muito bem que eles podem ser invertidos. Às vezes, no início do jogo, um é o senhor e o outro é o escravo, e, no final, quem era escravo torna-se senhor. Mas também quando os papéis são fixos, os protagonistas sabem que se trata sempre de um jogo: as regras são transgredidas ou há um acordo, explícito ou tácito, que fixa certas fronteiras.[42]

A relação sadomasoquista é, nesse sentido, totalmente imanente a uma relação de poder ("o sadomasoquismo não é a relação entre uma pessoa que sofre e uma que inflige o sofrimento, mas entre um senhor e a pessoa sobre a qual ele exerce sua autoridade"[43]) que utiliza e transforma em função do prazer. "O S/M é a utilização de uma relação estratégica como fonte de prazer (de prazer físico)."[44]

Se o sadomasoquismo interessa a Foucault, isso se deve ao fato de ele mostrar que é possível agir sobre tais relações, seja para fluidificá-las e para inverter seus papéis, seja para deslocá-las do plano social para o sexual e corpóreo, utilizando--as para a invenção de novos prazeres. Em todo caso, a relação de poder continua, embora se abra desse modo para uma nova dialética, com respeito àquela entre poder e resistência por meio da qual Foucault havia definido sua estrutura. O horizonte das relações de poder e da governamentalidade continua não só insuperável, mas também, de algum modo, inseparável da ética ("la notion de gouvernementalité", havia escrito na longa entrevista de janeiro de 1984, "permet de faire valoir la liberté du sujet et le rapport aux autres, c'est-à-dire ce qui constitue la matière même de l'éthique [a noção de governamentalidade permite fazer valer a liberdade do sujeito e a relação com os outros, ou seja, o que constitui a própria matéria da ética]"[45]).

---

[42] Ibidem, p. 742-3.

[43] Ibidem, p. 331.

[44] Ibidem, p. 743.

[45] Ibidem, p. 729.

No entanto, a transformação das relações de poder no sadomasoquismo não podia deixar de implicar uma transformação no plano da ontologia. A relação S/M, com seus dois polos em troca recíproca, é uma relação ontológica, para a qual vale paradigmaticamente a tese foucaultiana segundo a qual "o si com que se tem relação nada mais é do que a própria relação". Em outras palavras, Foucault não tirou todas as implicações da "adequação ontológica de si com a relação", mesmo que as houvesse vislumbrado. Certamente, o sujeito, o si de que ele fala, não se deixa inscrever na tradição do hypokeimenon *aristotélico; contudo, Foucault – provavelmente por bons motivos – evitou constantemente o confronto direto com a história da ontologia que Heidegger havia assumido como tarefa preliminar.*

O que Foucault parece não ver, mesmo que a Antiguidade parecesse, de algum modo, oferecer a ele um exemplo, é a possibilidade de uma relação consigo e de uma forma de vida que nunca assumem a figura de um sujeito livre; e isso se as relações de poder remetem necessariamente a um sujeito, de uma zona da ética totalmente subtraída às relações estratégicas, de um Ingovernável que se situa além tanto dos estados de dominação quanto das relações de poder.

II
ARQUEOLOGIA DA ONTOLOGIA

Nas páginas a seguir, propomo-nos verificar se hoje ainda – ou novamente – é possível o acesso a uma filosofia primeira, ou seja, a uma ontologia. Por razões que procuraremos esclarecer, esse acesso, ao menos a partir de Kant, tornou-se problemático a ponto de não ser pensável senão na forma de arqueologia. De fato, a filosofia primeira não é um conjunto de formulações conceituais que, por mais complexas e refinadas que sejam, não ultrapassam os limites de uma doutrina: ela abre e define cada vez o espaço do agir e do saber humano, do que o homem pode fazer e do que ele pode conhecer e dizer. A ontologia é grávida do destino histórico do Ocidente não porque compete ao ser um poder mágico inexplicável e meta-histórico, mas, justamente pelo contrário, porque a ontologia é o lugar originário da articulação histórica entre linguagem e mundo, que conserva em si a memória da antropogênese, do momento em que se produziu aquela articulação. A toda mudança da ontologia corresponde, portanto, uma mudança não do "destino", mas do encadeamento de possibilidades que a articulação entre linguagem e mundo inaugurou como "história" para os seres da espécie *Homo sapiens*.

A antropogênese, o tornar-se humano do homem, não é um evento que se efetuou de uma vez por todas no passado: ele é, sim, um evento que não cessa de acontecer, processo ainda em curso no qual o homem está sempre em ato de tornar-se humano e de continuar sendo (ou tornar-se) inumano. A filosofia primeira é a memória e a repetição desse evento: ela conserva, nesse sentido, o *a priori* histórico do *Homo sapiens*, e é esse *a priori* histórico que a investigação arqueológica procura todas as vezes alcançar.

᙭ *No prefácio de* Les mots et les choses *(1966), Foucault recorre à expressão "a priori histórico" para definir o que, em determinada época, condiciona a possibilidade da formação e do desenvolvimento dos saberes e dos conhecimentos. A expressão é problemática, porque põe juntos dois termos pelo menos aparentemente contraditórios: o* a priori*, que implica uma dimensão paradigmática e transcendental, e a história, que se refere a uma realidade eminentemente fatual. É provável que Foucault tenha tirado o termo de* Origem da geometria*, de Husserl, que Derrida traduzira para o francês em 1962, mas certamente não o conceito, porque, enquanto o* historisches Apriori *designa em Husserl uma espécie de* a priori *universal da história, em Foucault ele se refere todas as vezes a determinado saber e a determinado tempo. Contudo, se ele não remete de nenhum modo a uma dimensão arquetípica além da história, mas fica imanente a essa, sua formulação contraditória leva à expressão o fato de que toda investigação histórica se choca inevitavelmente com uma des-homogeneidade constitutiva: aquela entre o conjunto dos fatos e dos documentos sobre os quais trabalha e um estrato que podemos definir como arqueológico, o qual, mesmo sem os transcender, continua irredutível a* *eles, permitindo sua compreensão. Overbeck expressou essa heterogeneidade por meio da distinção, em cada investigação, entre pré-história (Urgeschichte) e história (Geschichte), em que pré-história não designa o que entendemos costumeiramente com esse termo – ou seja, como algo cronologicamente arcaico (uralt) –, mas a história do ponto de insurgência (Entstehungsgeschichte), segundo o qual o pesquisador deve prestar contas de um fenômeno originário (um Urphänomen, no sentido dado por Goethe) e, ao mesmo tempo, da tradição que, enquanto parece transmitir-nos o passado, nos esconde sem cessar como surgiu e torna-o inacessível.*

Pode-se definir a arqueologia filosófica como a tentativa de trazer à luz os a priori históricos que condicionam a história da humanidade e definem suas épocas. Nesse sentido, é possível construir uma hierarquia dos a priori históricos, que volta no tempo para formas cada vez mais gerais. A ontologia, ou a filosofia primeira, constituiu durante séculos o a priori histórico fundamental do pensamento ocidental.

A arqueologia que tenta reabrir o acesso a uma filosofia primeira deve, no entanto, em primeiro lugar, fazer as contas com o fato singular de que, a partir de um momento para o qual o nome de Kant pode servir de guia, é justamente a impossibilidade de uma filosofia primeira que se tornou o *a priori* histórico do tempo em que, de algum modo, ainda vivemos. A verdadeira reviravolta copernicana do criticismo kantiano não diz respeito tanto à posição do sujeito quanto à impossibilidade de uma filosofia primeira, que Kant chama de *metafísica*. Conforme Foucault havia precocemente intuído, "é provável que nós pertençamos a uma época da crítica, a respeito da qual a ausência de uma filosofia primeira nos lembra a cada instante o reino e a fatalidade"[1]. Certamente Kant, no mesmo momento em que sancionava a impossibilidade da metafísica, procurou garantir sua sobrevivência entrincheirando-a na fortaleza do transcendental. Mas o transcendental – que na lógica medieval designava aquilo que sempre se disse e conheceu quando se diz "ser" – implica necessariamente um deslocamento do *a priori* histórico do evento antropogenético (articulação entre linguagem e mundo) para o conhecimento, de um ser que não é mais animal, mas ainda não é humano, para o sujeito cognoscente. A ontologia transforma-se, assim, em gnosiologia, e a filosofia primeira torna-se filosofia do conhecimento.

Até Heidegger, todos ou quase todos os filósofos profissionais pós-kantianos se ativeram à dimensão transcendental, como se ela caminhasse por si e, dessa

---

[1] Michel Foucault, *Naissance de la clinique* (Paris, Presses Universitaires de France, 1963), p. xi-xii [ed. bras.: *O nascimento da clínica*, Rio de Janeiro, Forense Universitária, 2011].

maneira, acreditando salvar o prestígio da filosofia, de fato a puseram a serviço das ciências e dos saberes a respeito dos quais pensavam poder definir as condições de possibilidade, precisamente quando estes, projetados em direção a um desenvolvimento tecnológico sem limites, demonstravam que disso não tinham necessidade. Foram filósofos não profissionais, como Nietzsche, Benjamin e Foucault, e, em sentido diverso, um linguista como Émile Benveniste que procuraram uma saída com relação ao transcendental. E fizeram-no deslocando para trás o *a priori* histórico, indo do conhecimento para a linguagem: com isso, não se atendo ao plano das proposições significantes, mas isolando cada vez uma dimensão que questionava o puro fato da linguagem, o puro dar-se dos enunciados, antes ou para além do conteúdo semântico. O falante, ou o locutor, substituiu, assim, o sujeito transcendental de Kant, e a língua assumiu o lugar do ser como *a priori* histórico.

Essa declinação linguística da ontologia parece ter chegado hoje a seu cumprimento. Certamente nunca a linguagem foi tão onipresente e invasora, sobrepondo-se em todos os âmbitos – não só na política e na comunicação, mas também, e sobretudo, nas ciências da natureza – ao ser, aparentemente sem deixar resíduos. O que se modificou, no entanto, foi que a linguagem já não funciona como um *a priori* histórico que, continuando impensado, determina e condiciona as possibilidades históricas dos homens que falam. Identificando-se integralmente com o ser, ela se põe agora como efetualidade neutra a-histórica ou pós-histórica, que não condiciona mais nenhum presumível sentido do devir histórico nem qualquer articulação epocal do tempo. Isso significa que vivemos num tempo que não é – ou, pelo menos, pretende não ser – determinado por algum *a priori* histórico, ou seja, um tempo pós-histórico (ou, então, um tempo determinado pela ausência ou pela impossibilidade de um *a priori* desse tipo).

É dessa perspectiva que procuraremos delinear – muito embora na forma de um esboço sumário – uma arqueologia da ontologia ou, mais precisamente, uma genealogia do dispositivo ontológico que funcionou durante dois milênios como *a priori* histórico do Ocidente. Se a ontologia é, antes de tudo, uma odologia, isto é, o caminho que o ser abre historicamente todas as vezes na direção de si mesmo, é a existência, hoje, de algo parecido como uma *odos* ou um caminho que procuraremos interrogar, perguntando-nos se a senda que se interrompeu ou se perdeu pode ser retomada ou deve, pelo contrário, ser definitivamente abandonada.

1
DISPOSITIVO ONTOLÓGICO

1.1. Uma arqueologia da filosofia primeira deve começar pelo dispositivo de cisão do ser que define a ontologia aristotélica. Esse dispositivo – que divide e, ao mesmo tempo, articula o ser e está, em última instância, na origem de toda diferença ontológica – tem seu *locus* em *Categorias*. Aqui Aristóteles distingue uma *ousia*, uma entidade ou uma essência, "que se diz de modo mais próprio, em primeiro lugar e sobretudo" (*kyriotata te kai protos kai malista legomene*), com relação às essências segundas (*ousiai deuterai*). A primeira é definida como "aquela que não se diz de um sujeito [*hypokeimenon*, aquilo que jaz debaixo, *sub-iectum*] nem está em um sujeito" e é exemplificada pela singularidade, o nome próprio e a dêixis ("esse determinado homem, Sócrates; esse determinado cavalo"); as segundas são "aquelas em cuja espécie estão presentes as essências chamadas de primeiras e, além disso, os gêneros dessas espécies – por exemplo, 'esse determinado homem' pertence à espécie 'homem', e o gênero dessa espécie é 'animal'" (*Categorias*, 2a 10-5).

Quaisquer que sejam os termos em que a divisão se articula no decurso da história (essência primeira/essência segunda, existência/essência, *quod est/quid est, anitas/quidditas*, natureza comum/suposto, *Dass sein/Was sein*, ser/ente), o decisivo é que, na tradição da filosofia ocidental, o ser, assim como a vida, sempre será interrogado com base na cisão que o atravessa.

א *Traduzimos* hypokeimenon *por "sujeito"* (sub-iectum). *O termo significa etimologicamente "aquilo que jaz debaixo ou no fundo". Não se trata aqui de mostrar por quais acontecimentos e quais peripécias o* hypokeimenon *aristotélico se tornará o sujeito da filosofia moderna. Em todo caso, é certo que, pelas traduções latinas, essa passagem de* Categorias *determinou de maneira decisiva o vocabulário da filosofia*

140 • O uso dos corpos

ocidental. Na terminologia de Tomás, a articulação aristotélica do ser apresenta-se da seguinte maneira:

Segundo o filósofo, substância [subtantia] se diz de dois modos. No primeiro, é a quidditas da coisa, que é expressa na definição, e nesse sentido dizemos que a definição designa a substância da coisa, que os gregos chamam de ousia, *e nós, de* essentia. *No segundo modo, é o sujeito [subiectum] ou o* suppositum *["aquilo que é posto debaixo"] que subsiste [subsistit] no gênero da substância. Isso pode ser expresso com um termo que significa a intenção e, então, se chama* suppositum. *Designa-o também com três termos que indicam a coisa: coisa de natureza [res* naturae], *subsistência [subsistentia], hipóstase [hypostasis]. Enquanto existe em si e não em outro, é chamada de* subsistentia; *enquanto é pressuposta à natureza em geral, é chamada de coisa natural determinada: assim, "esse homem" é uma coisa de natureza humana. Enquanto, por fim, é pré-suposta aos acidentes [supponitur accidentibus], é chamada de hipóstase ou substância. [Suma teológica, parte I, q. 29, art. 2, Resp.]*

Independente da terminologia em que se expressa em diferentes oportunidades, essa cisão do ser está na base da "diferença ontológica" que, segundo Heidegger, define a metafísica ocidental.

1.2. O tratado sobre *Categorias* ou predicamentos (o termo grego *kategoriai* significa, na linguagem jurídica, "imputações", "acusações") é classificado tradicionalmente entre as obras lógicas de Aristóteles. No entanto, ele contém, por exemplo na passagem em questão, teses de indubitável caráter ontológico. Por isso, os comentadores antigos discutiam sobre a identidade do objeto (*skopos*, a finalidade) do tratado: as palavras (*phonai*), as coisas (*pragmata*) ou os conceitos (*noemata*). No prólogo a seu comentário, João Filopono escreve que, segundo alguns (entre os quais Alexandre de Afrodísia), o objeto do tratado são apenas as palavras; segundo outros (como Eustácio), somente as coisas; e, por fim, segundo outros (como Porfírio), unicamente os conceitos. Mais correta, de acordo com Filopono, é a tese de Jâmblico (que ele aceita com alguns esclarecimentos), segundo a qual *skopos* do tratado são as palavras enquanto significam as coisas por meio dos conceitos (*phonon semainouson pragmata dia meson noematon*)[2].

Disso provém a impossibilidade de distinguir, em *Categorias*, lógica e ontologia. Aristóteles trata aqui dos entes enquanto significados pela linguagem e da linguagem enquanto se refere às coisas. Sua ontologia pressupõe o fato de que, como ele não se cansa de repetir, o ser se diz (*to on*

---

[2]   Filopono, *Philoponi in Aristotelis Categorias commentarium* (org. Adolfus Busse, Berlim, Reimer, 1898), p. 8-9.

legetai...), sempre já está na linguagem. A ambiguidade entre lógico e onto-lógico é tão consubstancial ao tratado que, na história da filosofia ocidental, as categorias serão apresentadas tanto como gêneros da predicação quanto como gêneros do ser.

1.3. No início do tratado, logo depois de ter definido os homônimos, os sinônimos e os parônimos (a saber, as coisas como são nomeadas), Aristóteles esclarece essa implicação onto-lógica entre ser e linguagem na forma de uma classificação dos entes segundo a estrutura da subjetivação ou pré-suposição:

> Dos entes, alguns são ditos de um sujeito [*kath'hypocheimenou*, literalmen-te "sobre a pressuposição de algo que jaz debaixo"], mas não estão em ne-nhum sujeito [*en hypocheimenoi oudeni*]; por exemplo, "homem" é dito sobre a pressuposição [subjetivação] desse determinado homem, mas não está em nenhum sujeito... Outros estão em um sujeito, mas não são ditos de nenhum sujeito... por exemplo, certo saber gramatical está no sujeito como alma, mas não é dito de nenhum sujeito... Outros ainda são ditos de um sujeito e estão em um sujeito; por exemplo, a ciência é dita da gramá-tica e se diz do sujeito gramática. Outros, por fim, não estão em um sujei-to nem são ditos de um sujeito: por exemplo, determinado homem, determinado cavalo. [*Categorias*, 1a 20-1b 5]

A distinção entre *dizer* (dizer de um sujeito) e *ser* (ser em um sujeito) não corresponde tanto à oposição entre linguagem e ser, linguístico e não linguístico, quanto à promiscuidade entre os dois significados do verbo "ser" (*einai*), o existencial e o predicativo. A estrutura da subjetivação/pressupo-sição continua, nos dois casos, a mesma: a articulação realizada pela lingua-gem pré-su-põe sempre uma relação de predicação (geral/particular) ou de inerência (substância/acidente) com respeito a um sujeito, um existente que jaz-debaixo-e-no-fundo. *Legein*, "dizer", significa em grego "recolher e ar-ticular os *entes* por meio das *palavras*": onto-logia. Mas desse modo a dis-tinção entre *dizer* e *ser* continua não-interrogada, e é essa opacidade da relação entre os mesmos que será transmitida por Aristóteles à filosofia ocidental, que a acolherá sem benefício de inventário.

א *Sabe-se que nas línguas indo-europeias o verbo "ser" geralmente tem duplo significa-do: o primeiro corresponde a uma função lexical, que expressa a existência e a realidade de algo ("Deus é", ou seja, existe); o segundo — a cópula — tem uma função puramente lógico-gramatical e expressa a identidade entre dois termos "Deus é bom"). Em muitas línguas (como no hebraico e no árabe) ou na mesma língua em épocas diversas (como*

142 • O uso dos corpos

no grego, em que originalmente a função copulativa é expressa por uma frase nominal isenta de verbo: ariston hydor, *"a melhor coisa é a água"), os dois significados são lexicalmente distintos.* Como escreve Émile Benveniste:

> *É importante compreender que não há relação alguma, nem de natureza nem de necessidade, entre uma noção verbal "existir, estar-aí realmente" e a função da cópula. Não devemos perguntar-nos como pode que o verbo "ser" falte ou seja omitido. Isso significa raciocinar ao inverso. A verdadeira pergunta seria, pelo contrário: como pode existir um verbo "ser", que dá expressão verbal e consistência lexical a uma relação lógica em um enunciado assertivo?*[3]

É justamente a promiscuidade entre os dois significados que está na base de muitas aporias e dificuldades na história da ontologia ocidental, que se constituiu, por assim dizer, como máquina dupla, destinada a distinguir e, ao mesmo tempo, a articular conjuntamente, em uma hierarquia ou em uma coincidência, as duas noções.

1.4. Pouco depois, a propósito da relação entre substâncias segundas e substâncias primeiras, Aristóteles escreve:

> Daquilo que foi dito, resulta com clareza que, das coisas que se dizem de um sujeito [*kath'hypokeimenou*, "sobre a pré-su-posição de algo que jaz-debaixo"], o nome e a definição se predicam [*kategoreisthai*] também do sujeito. Assim, "homem" se diz sobre a subjetivação [sobre a pré-su-posição] desse determinado homem, e o nome "homem" se predica dele; de fato, "homem" se predicará de determinado homem, e a definição do homem se predicará de determinado homem. Esse determinado homem é, de fato, também um homem, e o nome e a definição serão predicados de um sujeito. [*Categorias*, 2a 19-25]

A subjetivação do ser, a pressuposição de algo que jaz debaixo é, portanto, inseparável da predicação linguística, é parte da própria estrutura da linguagem e do mundo que ele articula e interpreta. Enquanto, em *Categorias*, o ser é considerado, do ponto de vista da predicação linguística, pelo fato de ser "acusado" (*kategorein* significa em grego, sobretudo, "acusar"), pela linguagem ele se apresenta "mais propriamente, em primeiro lugar e sobretudo" na forma da subjetivação. A acusação, o chamar em causa que a linguagem dirige ao ser o subjetiva, o pressupõe na forma de um *hypokeimenon*, de um existente singular que jaz-debaixo--e-no-fundo.

---

[3] Émile Benveniste, *Problèmes de linguistique générale*, v. 1 (Paris, Gallimard, 1966), p. 189 [ed. bras.: *Problemas de linguística geral*, v. 1, 5. ed., trad. Eduardo Guimarães, Campinas, Pontes, 2005].

A ousia primeira é o que não se diz sobre a pressuposição de um sujeito nem está em um sujeito, porque ela mesma é o sujeito que é pré-su-posto – como puramente existente – como aquilo que jaz sob toda predicação.

1.5. A relação pré-suponente é, nesse sentido, a potência específica da linguagem humana. Basta haver linguagem, e a coisa nomeada acaba pressuposta como o não-linguístico ou o não-relacionado (*irrelato*) com o qual a linguagem estabeleceu sua relação. Esse poder pressuponente é tão forte que imaginamos o não-linguístico como algo indizível e não-relacionado que, de algum modo, procuramos captar como tal, sem nos darmos conta de que aquilo que, dessa maneira, procuramos captar nada mais é do que a sombra da linguagem. O não-linguístico, o indizível, é, como deveria ficar evidente, uma categoria genuinamente linguística ou, melhor, a "categoria" por excelência – a acusação, isto é, o questionamento realizado pela linguagem humana, que nenhum ser vivo não falante jamais poderia conceber. A relação onto-lógica ocorre, assim, entre o ente pressuposto pela linguagem e seu ser na linguagem. Não-relacionada (*irrelata*) é, como tal, sobretudo a própria relação linguística.

É na estrutura da pressuposição que se articula o vínculo entre ser e linguagem, ontologia e lógica, que constitui a metafísica ocidental. Chamado em causa pelo ponto de vista da linguagem, o ser cinde-se desde o início em um ser existentivo (a existência, a *ousia* primeira) e um ser predicativo (a *ousia* segunda, que se diz dele): a tarefa do pensamento consistirá, portanto, em recompor em unidade o que o pensamento – a linguagem – pressupôs e dividiu. O termo "pressuposição" indica, assim, o sujeito em seu significado original: aquilo que, jazendo antes e no fundo, constitui o "sobre-o-qual" (sobre cujo pressuposto) se diz e que não pode, por sua vez, ser dito sobre algo. O termo "pressuposição" é etimologicamente pertinente: aliás, *hypokeistai* é usado como perfeito passivo de *hypotithenai*, e *hypokeimenon*, significa, assim, "aquilo que, tendo sido pré-su-posto, jaz debaixo". Nesse sentido, Platão – que talvez seja o primeiro a tematizar o poder pressuponente da linguagem, que, na língua, se expressa na oposição entre nomes (*onomata*) e discurso (*logos*) – pode escrever: "De que modo os nomes próprios, aos quais, de algum modo, outros nomes são pressupostos [*hypokeitai*], nos mostrarão os entes?" (*Crátilo*, 422d). Ou ainda: "A cada um desses nomes é pressuposta [*hypokeitai*] uma existência [*ousia*] particular" (*Protágoras*, 349b). O ser é aquilo que é pressuposto à linguagem que o manifesta, aquilo sobre cuja pressuposição se diz aquilo que se diz.

144 • O uso dos corpos

(É essa estrutura pressuponente da linguagem que Hegel – daí provém seu sucesso e seu limite – procurará ao mesmo tempo capturar e eliminar por meio da dialética; Schelling, por sua vez, tentará captá-la suspendendo o pensamento, por estupefação e assombro. Também nesse caso, o que a mente *quase atônita* contempla sem conseguir neutralizá-la é a própria estrutura da pressuposição.)

ℵ *Aristóteles expressa algumas vezes com perfeita consciência o vínculo onto-lógico entre ser e dizer: "Por si se diz o ser segundo aquilo que significam as figuras das categorias: segundo o modo em que se diz, desse modo o ser significa"* (kath' autà de einai legetai osaper semanei ta schemata tes kategorias: osachos gar legetai, tosautachos to einai semanei – Metafísica, *1017a 22 e seg.). A ambiguidade está, de resto, implícita na célebre formulação de* Metafísica, *1028a 10 e seg.: "O ser se diz de vários modos... significa realmente, por um lado, o que é e o isto é, por outro, o qual e o quanto e cada uma das outras coisas que se predicam desse modo". O ser é constitutivamente algo que "se diz" e "significa".*

1.6. Aristóteles fundamenta, dessa maneira, o primado da determinação subjetiva da *ousia* nos seguintes termos:

Todas as outras coisas se dizem sobre a pré-su-posição [*kath'hypokeimenou* – sobre a subjetivação] das *ousiai* primeiras ou estão na pressuposição delas... Assim, "animal" é predicado do homem, portanto, também desse determinado homem; se não fosse de nenhum desses homens particulares, nem sequer o seria do homem em geral... Se as substâncias [*ousiai*] primeiras não existissem, seria impossível que houvesse algo diferente; todo o resto se diz, de fato, a partir do pressuposto de seu estar-debaixo ou está neste pressuposto...

Esse primado das substâncias primeiras – expressas na linguagem por um nome próprio ou por um pronome ostensivo – é confirmado poucas linhas depois: "As *ousiai* primeiras, enquanto são supostas [*hypokesthai*] a todas as outras coisas, são ditas *ousiai* por excelência" (2a 34-2b 6).

A essência primeira é "mais propriamente, em primeiro lugar e sobretudo" *ousia*, porque ela é o ponto limite da subjetivação, do ser na linguagem, aquele além do qual não se pode nomear, predicar nem significar, apenas indicar. Assim, se "toda substância parece significar um determinado isso" (*tode ti*), isso é verdade em sentido próprio somente nas substâncias primeiras, que manifestam sempre "algo individual e uno" (*atomon kai hen aritmoi*); as substâncias segundas, por exemplo, "homem" ou "animal", "significam, por sua vez, sobretudo, certa qualidade: o sujeito (o que jaz-ao-fundo) de

Dispositivo ontológico • 145

fato não é uno, como na substância primeira, mas 'homem' se predica de muitas coisas e também 'animal'" (3b 10-6).

1.7. É por causa do primado dessa determinação subjetiva do ser como *hypokeimenon* primeiro, como a singularidade impredicável que está-debaixo-e-no-fundo da predicação linguística que, na tradição da filosofia ocidental, o termo *ousia* é traduzido em latim por *substantia*. Aliás, a partir do neoplatonismo, o tratado sobre *Categorias* assume um lugar privilegiado no *corpus* das obras aristotélicas e, na tradução latina, exerce uma influência determinante sobre a cultura medieval. Boécio, em cuja versão a Idade Média conheceu *Categorias*, mesmo ao se dar conta de que a tradução mais correta teria sido *essentia* (*ousia* é um deverbal formado com base no particípio do verbo *einai* e, em seu tratado teológico contra Êutiques e Nestório, Boécio defende que o termo *essentia* corresponde a *ousia*, reservando *substantia* para o grego *hypostasis*), recorre ao termo *substantia*, direcionando, assim, de modo determinante, o vocabulário e a compreensão da ontologia ocidental. O ser pode aparecer como aquilo que jaz-debaixo-e-no-fundo só do ponto de vista da predicação linguística, ou seja, com base no primado da determinação subjetiva da *ousia* como *hypokeimenon* primeiro, que está no centro de *Categorias* aristotélicas. Todo o léxico da ontologia ocidental (*substantia, subiectum, hypostasis, subsistentia*) é resultado desse primado da substância primeira como *hypokeimenon*, como aquilo que jaz-no-fundo de toda predicação.

1.8. No livro VII de *Metafísica*, no momento de colocar a pergunta "o que é a *ousia*?" e depois de ter distinguido quatro sentidos do termo, Aristóteles refere-se explicitamente à determinação subjetiva do ser elaborada em *Categorias*.

> O *hypokeimenon*, o sujeito [aquilo que jaz-debaixo-e-no-fundo] é aquilo sobre o qual se dizem as outras coisas, enquanto ele não se diz de outro; por isso, ele deve ser definido primeiro, porque o sujeito primeiro parece ser sobretudo [*malista*] *ousia* [1028b 35-1029a 1].

Nesse ponto, porém, ele parece questionar o primado do sujeito e até afirmar sua insuficiência:

> Acabamos de dizer em geral [*typoi*, "como se fosse um esboço"] o que é a *ousia*, ou seja, aquilo que não é (nem se diz) de um sujeito, mas sobre o qual tudo (é e se diz). Mas não se deve defini-la apenas desse modo, porque não

146 • O uso dos corpos

é suficiente [*hikanon*]: não só é obscuro [*adelon*], mas desse modo a matéria é que seria *ousia*... [1029a 9-12].

A partir desse momento, o primado da determinação subjetiva do ser cede o lugar à outra determinação da *ousia*, que Aristóteles denominará *to ti en einai* (*quod quid erat esse*, nas traduções medievais). Compreender a ontologia aristotélica significa situar corretamente a relação entre essas duas determinações da *ousia*.

1.9. Quem fez uma penetrante análise do problema dessa aparente contradição do pensamento aristotélico, parecendo ao mesmo tempo afirmar e negar o primado do sujeito, foi um aluno de Heidegger, Rudolf Boehm. Ele critica a interpretação tradicional que, a partir da Idade Média, mantém o primado do "que jaz-no-fundo" (*das Zugrundeliegende*) e mostra que Aristóteles introduz o *ti en einai* justamente para responder às aporias implícitas naquele primado. De fato, a determinação subjetiva da essência pensa a *ousia* não em si mesma, mas como algo diferente a pede e exige como aquilo que está-debaixo-e-no-fundo de si. O primado do sujeito em Aristóteles concorda, pois, com a tese segundo a qual a pergunta sobre a *ousia* só tem sentido se ela for articulada como relação com algo diferente, ou seja, na forma por meio da qual "algo é predicado de algo?". Essa determinação introduz no ser uma cisão fundamental, pela qual ele se divide em uma essência inexistente e em um existente sem essência. Assim, se pensarmos o ser com base no que "jaz-no-fundo", teremos, por um lado, um ser inessencial (um "que é" sem ser, um *quod est* sem *quidditas*) e, por outro, uma essência inexistente: "Essência [*Wesen*] e ser [*Sein*] caem um fora do outro e, desse modo, rompem um com outro, no duplo sentido do termo: rompem com o outro e caem em pedaços"[4].

Desse modo, pelo conceito *ti en einai*, Aristóteles procura pensar a unidade e a identidade da existência e da essência, do ser existencial da substância primeira e do ser predicativo da substância segunda, mas o faz de tal modo que, em última análise, o sujeito que jaz-no-fundo fica inacessível, e a essência aparece como algo não existente. O *ti en einai* expressa, assim, a irredutível contraposição recíproca (*Widerspiel*) entre ser e existir, que Boehm, na perspectiva de seu mestre Heidegger, reconduz em última

---

[4] Rudolf Boehm, *Das Grundlegende und das Wesentliche: zu Aristoteles'Abhandlung über das Sein und das Seiende (Metaphysik Z)* (Den Haag, M. Nijhoff, 1965), p. 169.

análise à "maravilha segundo a qual o ser é", cuja única expressão adequada é a pergunta: "Por que há o ser em vez do nada?"[5].

1.10. Condição preliminar de toda interpretação do *ti en einai* é uma análise da estrutura gramatical, que Boehm curiosamente menospreza. Isso é tão verdadeiro que a própria expressão é traduzida de maneira diferente por Boehm (*das Sein-was-es-war*, "o ser-aquilo-que-era"), por Natorp (*das was es war sein*, "aquilo que era ser"), por Tomás e pelos escolásticos medievais (*quod quid erat esse*), por Ross e por outros (simplesmente "essência"). Enquanto a insólita estrutura gramatical da expressão – e também a insólita presença do passado *en* ("era") em vez do presente *esti* – não for esclarecida, a passagem para sua interpretação filosófica não será de nenhum modo possível.

Quem em 1938 fez também uma análise gramatical do *ti en einai*, em um estudo exemplar, foi um jovem filólogo, Curt Arpe, que em 1942 viria a morrer em guerra. Ele mostra que, para compreender o sentido do *ti en einai,* importa completar mentalmente a fórmula com dois dativos, um puro e outro predicativo. Aristóteles expressa comumente a predicação essencial com um dativo predicativo – assim, justo na passagem em que se procura a definição do *ti en einai* (1029b 12-20): *to soi einai,* "o ser junto de si" (literalmente, "o ser para si"); *to mousikoi einai,* "o ser cultivado" (o ser músico) (literalmente, "o ser *al colto*"); *to epiphaneiai einai,* "o ser superfície" (o ser que aparece); e, em outro lugar, *to anthropoi einai,* "o ser homem" – ou "para o homem". Contudo, considerando que Aristóteles não fala aqui apenas do ser homem em geral, mas do ser homem desse determinado homem, é preciso inserir na fórmula um dativo puro ou concreto. "Com isso", escreve Arpe, "fica esclarecida a forma gramatical da pergunta *ti en... einai*; para ser compreendida, ela exige ser completada com um dativo puro predicativo, produzido por assimilação. Antecedendo-a com o artigo *to*, a fórmula adquire significado de resposta à pergunta"[6].

To ti en einai significa o seguinte (no caso de um ser humano): "O que era para X (para Sócrates, para Ema) ser (Sócrates, Ema)". A fórmula expressa a *ousia* de determinado ente, transformando a pergunta "o que é ser para esse determinado ente?" na resposta "o que era ser para aquele determinado ente".

---

[5]   Ibidem, p. 202-3.

[6]   Curt Arpe, *Das* ti ten einai *bei Aristoteles* (Hamburgo, Friederichsen, 1938), p. 18.

148 • O uso dos corpos

ℵ *Que a sugestão de Arpe é correta é algo provado também pelo fato de Aristóteles escrever em* Categorias, *1a 5: "Se alguém deve dizer o que é para cada um [ekateroi, dativo puro] deles [a saber, o homem e o boi] ser um animal [zooi, dativo predicativo]...".* Note-se que em Categorias *o verbo continua no presente (ti esti).*

Conforme observamos, a fórmula to ti en einai *permite duas traduções, "o que era o ser" e "ser aquilo que era". Ambas, de algum modo, precisam ser mantidas, porque a fórmula expressa precisamente o movimento de uma para outra, sem que elas jamais possam coincidir. Como se observou, "com os termos* hypokeimenon *e* ti en einai *são nomeados os dois significados, nos quais Aristóteles usa o termo ambivalente* ousia"[7]. *Contudo, "o que era o ser para X" nunca poderá "ser" verdadeiramente o que era.*

1.11. Se, dessa maneira, são esclarecidos a estrutura gramatical e o sentido da fórmula, ainda resta o problema do imperfeito "era" (*en*): por que Aristóteles deve introduzir na definição da essência um passado? Por que "o que *era*" em vez de "o que *é*"? É justamente esse o problema decisivo para definir o dispositivo ontológico que Aristóteles deixou em herança à filosofia ocidental.

Os estudiosos propuseram explicações que, embora sejam corretas sob certos aspectos, não captam o problema em sua complexidade. Sendo assim, Arpe tem bons motivos para recusar por ser platônica a solução de Trendelenburg, segundo a qual o imperfeito derivaria da precedência do modelo na mente do artista com respeito à obra[8]. Mas também a solução de Natorp, da qual Arpe parece compartilhar, não esgota o problema, por mais correta que seja. Segundo Natorp, o *ti en einai* significaria

> aquilo que, cada vez, para determinado sujeito "era" ou significava em todos os casos a mesma coisa, sendo acompanhado por esse ou por aquele predicado. É possível que no passado "era" escondia algo mais profundo, mas em primeiro lugar ele não quer dizer nada mais profundo do que o fato de que o termo, de que se deve dar a definição, se pressupõe já conhecido por meio do uso, que também sua denotação se pressupõe fatalmente idêntica e que agora tal identidade deve ser de modo especial colocada em destaque e trazida à consciência.[9]

Quanto a Boehm, ele vê no imperfeito a expressão da unidade e da identidade entre o ser e a essência, no sentido de que a identidade do ser de

---

[7]   Tugendhat, citado em Rudolf Boehm, *Das Grundlegende und das Wesentliche*, cit., p. 25.

[8]   Curt Arpe, *Das* ti ten einai *bei Aristoteles*, cit., p. 15.

[9]   Ibidem, p. 17.

um essente com aquilo que ele é implica necessariamente "a identidade de seu ser com aquilo que ele já era": trata-se, portanto, de garantir a continuidade de determinado ser consigo mesmo. "A identidade essencial de ser e essência seria ao mesmo tempo a identidade incessantemente reafirmada de um essente autônomo em geral."[10]

Se Aristóteles quisesse expressar apenas o fato banal de que o sujeito pressuposto já é necessariamente conhecido ou afirmar a identidade consigo mesmo de todo essente essencial (e ambas as coisas correspondem certamente a seu pensamento), ele poderia ter recorrido a fórmulas mais precisas do que o simples imperfeito *en*. O que está em jogo, nesse caso, é, antes de tudo, a própria estrutura do dispositivo ontológico aristotélico, que todas as vezes cinde o ser em existência e essência, em um sujeito pressuposto sobre o qual algo se diz e em uma predicação que dele se diz. Uma vez apresentada tal cisão, o problema se torna o seguinte: como é possível dizer a substância primeira, o *sub-iectum*? Como se pode captar o que *foi* pressuposto na forma do *hypokeimenon*, a saber, o fato de ser Sócrates de Sócrates, o fato de ser Ema de Ema? Se, como demonstraram as investigações de Boehm, é verdade que o ser foi cindido em um essente inessencial e em uma essência inexistente, como será possível superar essa cisão, fazendo coincidir a simples maravilha "de que algo é" com "o que esse ser é"?

O "o que *era* para esse essente ser" é a tentativa de responder a tais perguntas. Se, enquanto foi pressuposto, o indivíduo só pode ser captado como passado, o único modo de captar a singularidade em sua verdade é o tempo. O passado "era" na fórmula *ti en enai* certamente expressa a identidade e a continuidade do ser, mas sua contribuição fundamental, tenha ou não Aristóteles plena consciência disso, é a introdução do tempo no ser. O "algo mais profundo" que "se esconde" no passado "era" é o tempo: a *identidade* do ser, que a linguagem cindiu, implica necessariamente, se tentarmos pensá-la, *o tempo*. No mesmo gesto com o qual cinde o ser, a linguagem produz o tempo.

1.12. A pergunta "o que era o ser" deve responder a esta: considerando a cisão entre um *sub-iectum*, um existente que jaz-no-fundo inessencial e uma essência inexistente, como é possível captar a existência singular? Trata-se de problema semelhante ao que Platão havia demonstrado em *Teeteto*,

---

[10] Ibidem, p. 171.

150 • O uso dos corpos

levando Sócrates a dizer que os elementos primeiros e simples não têm definição (*logos*), que podem apenas ser nomeados (*onomasai monon*, 201a 1 e seg.). Em *Metafísica* (1034b 24), Aristóteles atribui tal "aporia" aos seguidores de Antístenes, que afirmavam que só se pode dar uma definição das substâncias compostas, não daquelas simples.

O problema torna-se mais relevante à medida que o dispositivo lógico, que segundo Aristóteles deve orientar todas as investigações, é formulado da seguinte forma: "Por que algo é [ou pertence a, *hyparchei*] algo diferente?" (1041 11 e seg.) Trata-se, pois, de eliminar qualquer pergunta desse tipo "por que algo é algo?", articulando-a na forma "por que algo é [pertence a] algo diferente?" (portanto, não "por que um homem culto é um homem culto?", mas sim "por meio de quê o homem é um ser vivo desse ou daquele tipo?"; não "por que uma casa é uma casa?", mas "por meio de quê esses materiais, tijolos e telhas, são uma casa?").

O dispositivo choca-se com uma dificuldade particular quando uma coisa não é predicada de outra, como quando se pergunta: "O que é o homem?". Nesse caso, de fato, nos encontramos frente a uma expressão simples (*haplos legesthai* – 1041b 2), que não é analisável como sujeito e predicados. A solução que Aristóteles oferece desse problema mostra que o *ti en einai* é precisamente aquilo que serve para captar o ser de uma substância simples ou primeira. Também nesse caso – ele sugere –, a pergunta (por exemplo, "o que é uma casa?") deve ser articulada na forma: "Por que tais coisas são uma casa?". Isso é possível "porque está presente [ou lhes pertence] o que *era* o ser da casa" (*hoti hyparchei ho en oikiai einai* – 1041b 5-6). Na fórmula *ho en oikiai einai*, que lembra explicitamente a do *ti en einai*, o passado "era" remete certamente à existência da casa como algo já conhecido e evidente (pouco antes Aristóteles havia escrito: *hoti hyparchei, dei delon einai*, "que exista, deve ser evidente" – 1041a 22); mas não se entende o funcionamento do dispositivo caso não se compreenda que o modo dessa existência é essencialmente temporal, que implica um passado.

1.13. Se perguntarmos agora de que tipo de temporalidade se trata, é evidente que não pode tratar-se de uma temporalidade cronológica (como se a preexistência do sujeito pudesse ser medida em horas ou em dias), mas de algo como um tempo operativo, que remete ao tempo que a mente emprega para realizar a articulação entre o sujeito pressuposto e sua essência. Por isso, as duas possíveis traduções da fórmula *to ti en einai* devem ser

Dispositivo ontológico • 151

mantidas: o "o que era para X ser" refere-se ao *hypokeimenon* pressuposto, e "o ser aquilo que era", à tentativa de captá-lo, de fazer coincidir sujeito e essência. O movimento dessa coincidência é o tempo: "Ser o que era para X ser". A divisão do ser realizada pelo dispositivo serve para colocar em movimento o ser, para dar-lhe tempo. O dispositivo ontológico é um dispositivo temporalizante.

Na tradição da filosofia ocidental, essa temporalidade interna ao sujeito deve ser pensada com base em Kant na forma de autoafeição. Quando Heidegger escreve que "o tempo, em sua qualidade de autoafeição pura, forma a estrutura essencial da subjetividade"[11], não devemos esquecer que, pelo dativo subentendido e pelo passado "era" do *ti en einai*, Aristóteles já havia assinalado no *hypokeimenon*, no *subiectum*, o lugar lógico daquela que viria a transformar-se na subjetividade moderna, indissoluvelmente ligada ao tempo.

1.14. Aristóteles não tematiza explicitamente a introdução do tempo no ser, implícita no *ti en einai*. Contudo, no momento de explicar (*Metafísica*, 1028a 30 e seg.) em que sentido a *ousia* é *protos*, primeiro e antes de tudo ele distingue três aspectos do primado: segundo a noção *(logoi)*, o conhecimento *(gnosei)* e o tempo *(chronoi)*. De acordo a noção, enquanto na noção de cada coisa está necessariamente presente aquela da *ousia*; referente ao conhecimento, porque conhecemos melhor algo quando sabemos o que é. A explicitação do terceiro aspecto do primado, o temporal, parece faltar. Em vez dela, Aristóteles enuncia a tarefa do pensamento com os seguintes termos: *kai de kai to palai te kai nyn kai aei zetoumenon kai aei aporoumenon, ti to on, touto esti tis he ousia* ("e precisamente aquilo que no passado e agora é sempre procurado e sempre continua problemático, o que é o ser, isso é a *ousia*"). Se, de acordo com a consequencialidade lógica, essa frase deve ser lida como esclarecimento do sentido temporal do *protos*, então ela não pode referir-se apenas a um tempo cronológico. Aristóteles cita aqui implicitamente uma passagem do *Sofista* platônico, que Heidegger colocaria no exergo de *Ser e tempo*: "Sabeis há tempos o que se deve entender quando dizeis 'ser'; nós, no entanto, um tempo [*pro tou*] o sabíamos, mas agora caímos em aporia [*eporekamen*]" (244a). O ser é aquilo que, se procuramos captá-lo, se divide em "antes" (*palai*), em que se acreditava poder

---

[11] Martin Heidegger, *Kant und das Problem der Metaphysik* (Frankfurt, Klostermann, 1929), § 34.

152 • O uso dos corpos

compreendê-lo, e em "agora" (*nyn*), quando se torna problemático. Portanto, a compreensão do ser sempre implica o tempo. (A reproposição heideggeriana do problema do ser é uma retomada da ontologia aristotélica e continuará até o final solidária das aporias da mesma.)

1.15. No dispositivo ontológico que Aristóteles deixa como herança para a filosofia ocidental, a cisão do ser em essência e existência e a introdução do tempo no ser são obras da linguagem. É a subjetivação do ser como *hypokeimenon*, como aquilo-sobre-o-que-se-diz, que põe em movimento o dispositivo. Por outro lado, como já vimos, o *hypokeimenon* sempre é nomeado por um nome próprio (Sócrates, Ema) ou indicado pelo *deítico* "isto". O *ti en einai*, "o que era para Ema ser Ema", expressa uma relação que transcorre entre o ente e seu ser na linguagem.

Subtraindo-se à predicação, o ser singular retrocede para um passado como o *sub-iectum* sobre cuja pressuposição se fundamenta todo discurso. O ser sobre-o-qual-se-diz e que não pode ser dito está sempre pré-suposto, sempre tem a forma de um "aquilo que *era*". Ao pressupor-se dessa maneira, o sujeito mantém conjuntamente seu primado e sua inacessibilidade. Nas palavras de Boehm, ele é inacessível graças a – e, ao mesmo tempo, apesar de – seu primado e tem seu primado apesar de – e, ao mesmo tempo, graças a – sua inacessibilidade[12]. Mas, assim como Hegel compreenderá na dialética da certeza sensível que abre *Fenomenologia*, esse passado é precisamente aquilo que permite captar na linguagem o "aqui" e o "agora" imediato como tempo, como "uma história". A impossibilidade de dizer – em vez de nomear – o ser singular produz o tempo e nele se resolve. (Que Hegel pense o absoluto como sujeito e não como substância significa justamente isso: que o pressuposto, o "sujeito" como *hypokeimenon*, foi liquidado, abandonado como pressuposto e, ao mesmo tempo, capturado, por meio da dialética e do tempo, como sujeito no sentido moderno. Dessa maneira, a estrutura pressuponente da linguagem é desvelada e transformada em motor interno da dialética. Schelling, por sua vez, sem ser bem-sucedido, procurará deter e neutralizar a pressuposição linguística.)

1.16. Compreendemos agora o que queríamos dizer ao afirmar que a ontologia tem a ver constitutivamente com a antropogênese e, ao mesmo

---

[12] Rudolf Boehm, *Das Grundlegende und das Wesentliche*, cit., p. 210-1.

Dispositivo ontológico • 153

tempo, o que está em jogo no dispositivo ontológico aristotélico – e, mais em geral, em toda transformação histórica da ontologia. O que está em questão no dispositivo, assim como em toda sua nova declinação histórica, é a articulação entre linguagem e mundo, que a antropogênese abriu como "história" para os seres da espécie *Homo sapiens*. Separando o puro existente (o *que é*) da essência (o *aquilo que é*) e inserindo entre eles o tempo e o movimento, o dispositivo ontológico reatualiza e repete o evento antropogenético, abre e define tanto o horizonte do agir quanto o do saber, condicionando, no sentido que se viu, como um *a priori* histórico, o que o homem pode fazer e o que ele pode conhecer e dizer.

Segundo a estrutura particular pressuponente da linguagem ("a linguagem", de acordo com a precisa formulação de Mallarmé, "é um princípio que se desenvolve pela negação de todo princípio", ou seja, transformando toda *archè* em um pressuposto), na antropogênese o evento da linguagem pré-supõe como (ainda) não linguístico e (ainda) não humano aquilo que o precede. O dispositivo deve, pois, capturar na forma da subjetivação o ser vivo, pressupondo-o como aquilo sobre o qual se diz, como aquilo que a linguagem, ao acontecer, pressupõe e abandona. Na ontologia aristotélica, o *hypokeimenon*, o puro "que é", nomeia tal pressuposto, a existência singular e impredicável que deve ser ao mesmo tempo excluída e capturada no dispositivo. O "era" (*en*) do *ti en einai* é, nesse sentido, um passado mais arcaico do que qualquer passado verbal, porque se refere à estrutura originária do evento da linguagem. No nome (em particular no nome próprio, e todo nome é na origem um nome próprio), o ser sempre está pressuposto pela linguagem à linguagem. Assim como Hegel viria a compreender perfeitamente, a precedência, que nela está em jogo, não é, de fato, cronológica, mas efeito da pressuposição linguística.

Daí nasce a ambiguidade do estatuto do sujeito-*hypokeimenon*: por um lado, ele é excluído enquanto não pode ser dito, apenas nomeado e indicado; por outro, ele é o fundamento sobre o qual tudo se diz. Esse é o sentido da cisão entre "que é" e "aquilo que é", *quod est* e *quid est*: o *ti en einai* é a tentativa de superar a cisão, incluindo-a para superá-la (na fórmula medieval *quod quid erat esse*, é evidente a tentativa de manter juntos o *quod est* e o *quid est*).

א *De acordo com o axioma formulado por Aristóteles em* De anima, *415b 13 ("Ser para os seres vivos é viver",* to de zen tois zosi to einai estin*), o que vale no plano do ser é transposto de maneira totalmente análoga para o plano do viver. Assim como o ser,*

154 • O uso dos corpos

também o "viver se diz de muitos modos" (pleonachos de legomenou tou zen – 413a 24), e também aqui um desses sentidos – a vida nutritiva ou vegetativa –, é separado dos outros e pressuposto aos mesmos. Conforme já mostramos, a vida nutritiva se torna, desse modo, aquilo que deve ser excluído da cidade – e, ao mesmo tempo, incluído nela –, assim como o simples viver é excluído do viver politicamente qualificado. Ontologia e política correspondem-se de maneira perfeita.

1.17. Bem diferente é o paradigma ontológico em Platão. Ele é o primeiro a descobrir a estrutura pressuponente da linguagem e a fazer dessa descoberta o fundamento do pensamento filosófico. Veja-se a passagem – célebre e mal-entendida, ao mesmo tempo – de *República* (511b), na qual Platão descreve o método dialético:

> Aprende, então, o que quero dizer com o outro segmento do inteligível, que a própria linguagem [*autos ho logos*] toca [*aptetai*] com a potência do dialogar [*tei tou dialeghestai dynamei*], tratando os pressupostos [*hypotheseis*, etimologicamente, "o que é colocado por debaixo, na base"] não como princípios [*archai*], mas como propriamente pressupostos, ou seja, como espécie de degraus e de impulsos para ir até o não pressuposto [*anypotheton*] na direção do princípio de tudo e, tendo-o tocado, [*apsamenos autes*], fixando-se nas coisas que daí decorrem, descer até ao final, sem se servir absolutamente do sensível, mas passando das próprias ideias por meio das ideias e terminando nas ideias.

O poder da linguagem é o de transformar o princípio (*archè*) em pressuposto ("hipótese", ou seja, o que a palavra pressupõe como seu referente). É o que fazemos em todo discurso não-filosófico, em que consideramos óbvio que o nome se refere a algo não-linguístico que tratamos, por isso mesmo, como dado, como princípio no qual podemos nos basear para alcançar o conhecimento. O filósofo é, por sua, vez, aquele que, consciente do poder pressuponente da linguagem, não trata as hipóteses como princípios, mas justamente como pressupostos, que devem ser usados apenas como degraus para alcançar o princípio não pressuposto. Contra um recorrente equívoco, é importante compreender que o método descrito por Platão nada tem a ver com uma prática mística, mas se situa rigorosamente no interior da linguagem (conforme ele diz para além de qualquer possível dúvida, o que está em questão é o que "a própria linguagem toca com a potência do dialogar"). Trata-se, pois, uma vez reconhecido o poder pressuponente do *logos* – que transforma a realidade que o pensamento deve alcançar no referente dado de um nome ou de uma definição –, de reconhecer e eliminar as hipóteses pressupostas (Platão denomina-as também "sombras" – *skiai* – e "imagens" – *eikones* – *República*, 510e), servindo-se da linguagem de maneira não pressuponente, ou seja, não referencial (por isso, quando se trata de enfrentar os problemas decisivos, Platão prefere recorrer ao mito e à brincadeira).

Assim, o filósofo liberta a linguagem de sua sombra e, em vez de considerar óbvias as hipóteses, procura partir delas – isto é, das palavras denotativas – na direção do princípio não pressuposto. A ideia é essa palavra libertada de sua sombra, que não pressupõe como dada a *archè*, mas procura alcançá-la como não pressuposta ao nome e ao discurso. O discurso filosófico move-se sempre e unicamente por essas palavras não pressuponentes, emancipadas de sua referência sensível, que Platão chama de ideias e que, significativamente, expressa pelo nome toda vez que está em questão precedida do adjetivo *autos* ("próprio"): o próprio círculo (*autos ho kyklos* – *Carta VII*, 342a-b), a própria coisa. A própria coisa, que aqui está em questão, não é um obscuro pressuposto não linguístico da linguagem, mas o que aparece quando, tendo tomado consciência de seu poder pressuponente, a linguagem se libertou de sua sombra. O "próprio círculo" é a palavra "círculo" enquanto significa não simplesmente o círculo sensível, mas ela mesma enquanto o significa. Só apagando o poder pressuponente da palavra é possível que ela permita que a coisa muda apareça: a própria coisa e a própria linguagem (*autos ho logos*) estão, nesse ponto, em contato – unidas apenas por um vazio de significação e de representação. (Uma palavra pode significar ela mesma só por meio de um vazio representativo – daí nasce a metáfora do "tocar"; a ideia é uma palavra que não denota, mas "toca", ou seja, como acontece no contato, manifesta a coisa e, ao mesmo tempo, também a si mesma – lembre-se, em *De anima*, 423b 15, da definição do tato como aquilo que percebe não "por um meio" [*metaxy*], mas "junto [*ama*] ao meio").

Nesse sentido, Kojève tem razão em dizer que a filosofia é o discurso que, ao falar de algo, fala também do fato de que se está falando. Consequentemente, porém, essa consciência não esgota a tarefa filosófica, porque, com base nela, são possíveis perspectivas diferentes – e até opostas. Assim, enquanto, para Platão, o pensamento deve procurar alcançar o princípio não pressuposto, eliminando o poder pressuponente da linguagem, Aristóteles – e, depois dele, Hegel – colocará na base de sua dialética justamente o poder pressuponente do *logos*.

156 • O uso dos corpos

1.18. A ontologia pensa o ser enquanto é dito e chamado em causa na linguagem, ou seja, enquanto é constitutivamente *onto-logia*. No dispositivo aristotélico, isso se manifesta na cisão do ser em um *hypokeimenon*, em algo que jaz-no-fundo (o ser nomeado ou indicado de um existente singular, enquanto não se diz de um sujeito, mas é pressuposto em todo discurso) e naquilo que se diz sobre a pressuposição dele. No *ti en einai*, Aristóteles procura pensar sua identidade, articular conjuntamente o que havia sido *dividido*: o ser é aquilo que cada vez *era* pressuposto na linguagem e pela linguagem. Em outras palavras, existência e identidade coincidem – ou podem coincidir – no decurso do tempo.

A tarefa que, desse modo, o dispositivo abre como *a priori* histórico à história do Ocidente é tanto especulativa quanto política: se o ser é dividido no *logos* e, mesmo assim, não irredutivelmente cindido, se é possível pensar a identidade do existente singular, então também será possível fundar sobre essa identidade dividida e articulada uma ordem política, uma cidade, não simplesmente uma pastagem de animais.

Mas realmente ocorre tal articulação – ao mesmo tempo, dividida e unitária – do ser? Ou ocorre, pelo contrário, no ser concebido desse modo, um hiato insuperável? O fato de que a unidade implica um passado e exige, para se realizar, o tempo a torna no mínimo problemática. No *ti en einai*, ela tem a seguinte forma: "O que *era* cada vez por isso existente ser (ou viver)". O passado mede o tempo que se insinua necessariamente entre a determinação existencial do ser como *hypokeimenon* (esse existente, o *tode ti*, o sujeito primeiro) e seu perseverar no ser, seu ser idêntico a si mesmo. A existência identifica-se com a essência pelo tempo. Em outras palavras, *a identidade entre ser e existência é uma tarefa histórico-política*. Ao mesmo tempo, é uma tarefa arqueológica, porque aquilo que se deve captar é um passado (um "era"). A história, enquanto procura alcançar uma presença, já é sempre arqueologia. O dispositivo ontológico, como cronogenético, é também "historiogenenético", produzindo e mantendo em movimento a história, e só pode ser mantido desse modo. Política e ontologia e dispositivos ontológicos e dispositivos políticos são solidários porque precisam uns dos outros para se realizar.

א *Ser e história são, nesse sentido, solidários e inseparáveis. Aqui vale o axioma benjaminiano segundo o qual existe história de tudo aquilo de que há natureza (ou seja, ser). Retomando a tese aristotélica, segundo a qual "a natureza está em caminho para si mesma", pode-se dizer que a história é o caminho da natureza na direção de si mesma (e não, como se afirma na concepção corrente, algo separado dela).*

Dispositivo ontológico • 157

1.19. No final de *Homo sacer I*, a analogia entre a situação epocal da política e aquela da ontologia havia sido definida com base em uma crise radical, que investe a própria possibilidade de distinguir e articular os termos do dispositivo ontológico-político.

O *bios* jaz hoje na *zoè* exatamente como, na definição heideggeriana do *Dasein*, a essência jaz *(liegt)* na existência. Schelling exprimia a figura extrema de seu pensamento na ideia de um ser que é apenas o puramente existente. Mas de que modo pode um *bios* ser apenas sua *zoè*, como pode uma forma de vida aferrar aquela *haplos* que constitui simultaneamente o desígnio e o enigma da metafísica ocidental?[13]

Existência e essência, ser existencial e ser copulativo, *zoè* e *bios* são hoje integralmente separados ou integralmente reduzidos um ao outro, e a tarefa histórica de uma articulação entre eles parece inexequível. A vida nua do *Homo sacer* é a hipóstase irredutível que aparece entre eles para testemunhar a impossibilidade tanto de sua identidade quanto de sua distinção: "O que era para X ser ou viver" agora é apenas vida nua. Da mesma maneira, o tempo, contemporaneamente cronológico e operativo, no qual se efetivava sua articulação, já não é captável como *medium* de uma tarefa histórica, em que o ser podia realizar a própria identidade consigo mesmo e os homens podiam garantir as condições de uma existência humana, ou seja, política. O dispositivo ontológico aristotélico, que garantiu durante quase dois milênios a vida e a política do Ocidente, já não pode funcionar como *a priori* histórico, na medida em que a antropogênese, que ele procurava fixar nos termos de uma articulação entre linguagem e ser, já não se espelha nele. Tendo chegado ao ponto extremo de sua secularização, a projeção da ontologia (ou da teologia) sobre a história parece ter-se tornado impossível.

℘ *A tentativa de Heidegger de captar – em perfeita coerência com o próprio modelo aristotélico – o ser como tempo, por isso, só podia ser malsucedida. Em sua interpretação de Kant, Heidegger afirma que o tempo, como forma do sentido interno e autoafeição pura, se identifica com o Eu. Justamente por isso, o Eu não pode ser captado no tempo. O tempo que, com o espaço, deveria tornar possível a experiência, é ele mesmo inexperienciável, mensurando apenas a impossibilidade da experiência de si. Toda tentativa de captar o eu ou o tempo implica, por isso mesmo, uma defasagem. Essa defasagem é a vida nua, que nunca pode coincidir consigo mesma; em certo sentido, sempre fracassou e nunca foi verdadeiramente vivida. Em outras palavras, viver é*

---

[13] Giorgio Agamben, *Homo sacer. Il potere sovrano e la nuda vita* (Turim, Einaudi, 2009), p. 210-1 [ed. bras.: *Homo sacer: o poder soberano e a vida nua I*, trad. Henrique Burigo, Belo Horizonte, Editora UFMG, 2002, p. 194].

158 • O uso dos corpos

justamente essa impossibilidade da experiência de si, essa impossibilidade de fazer coincidir o próprio existir e o próprio ser. (Esse é o segredo dos romances de James: só podemos viver porque fracassamos em nossa vida.)

O preceito "torna-te o que és", com o qual se poderia expressar a intenção do dispositivo aristotélico (com a pequena correção: "Torna-te o que eras"), enquanto confia ao tempo uma tarefa que não se pode cumprir, é contraditório. Segundo a sugestão de Kojève, deveria ser reformulado da seguinte maneira: "Torna-te o que nunca poderás ser" (ou "sê o que nunca poderás tornar-te"). É só ao preço da loucura que Nietzsche, no fim da história da metafísica, acreditou poder mostrar em Ecce homo: *"Wie man wird, was* man ist*", "como a gente se torna o que a gente é".*

2
TEORIA DAS HIPÓSTASES

2.1. Uma mudança epocal na ontologia do Ocidente situa-se entre os séculos II e III d.c. e coincide com a introdução, no vocabulário da filosofia primeira, de um termo quase completamente desconhecido no pensamento clássico (ausente em Platão, só comparecendo em Aristóteles no sentido originário de "sedimento", "resíduo"): hipóstase (*hypostasis*). Em estudo dedicado à história semântica do termo, Dörrie mostrou que o vocábulo, que aparece pela primeira vez na ontologia estoica, difunde-se progressivamente a partir do neoplatonismo como um verdadeiro *Modewort*[14] nas mais diversas escolas filosóficas para designar, em lugar do clássico *ousia*, a existência. Com caráter de "termo da moda", ele constitui um antecedente especial da análoga difusão do termo "existência" nas filosofias do século XX. Há, no final do mundo antigo, uma proliferação da hipóstase no vocabulário filosófico-teológico, assim como, no discurso filosófico do século XX, haverá uma proliferação da existência. Mas enquanto, no existencialismo do século XX, ao primado lexical também corresponde um primado da existência com relação à essência, no pensamento tardo-antigo, a situação da hipóstase é mais ambígua: o pressuposto da difusão do termo é, de fato, um processo inverso, motivo pelo qual o ser tende obstinadamente a transcender a existência. Assim, ao deslocamento do Uno para além do ser corresponde seu igualmente exasperado dar-se existência e manifestar-se nas hipóstases. E a essa mudança do *a priori*

---

[14] Heinrich Dörrie, "Hypostasis, Wort- und Bedeutungsgeschichte", em *Nachrichten der Akademie der Wissenschaft in Göttingen* (Phil. Kl., 3, 1955), p. 14, ou em *Platonica minora* (Munique, Fink, 1976).

160 • O uso dos corpos

histórico corresponde, em todo âmbito da cultura, uma transformação epocal, cujo alcance – enquanto talvez vivamos sob seu signo – ainda não somos capazes de medir. O ser (como hoje é evidente) tende a extenuar-se e a desaparecer, mas, ao desaparecer, deixa em seu lugar a pura efetividade residual da hipóstase, a existência nua como tal. A tese de Heidegger segundo a qual "a essência jaz [*liegt*] na existência" é, nesse sentido, o último – quase sepulcral – ato da ontologia hipostática.

2.2. O significado originário do termo *hypostasis* é – além daquele de "base", "fundamento" – "sedimento" e refere-se ao resíduo sólido de um líquido. Assim, em Hipócrates, *hyphistamai* e *hypostasis* designam respectivamente o depositar-se da urina e o próprio sedimento. Em Aristóteles, o termo aparece só nesse sentido para significar o sedimento de um processo fisiológico (*De partibus animalium*, 677a 15) e os excrementos como resíduos da nutrição (647b 28, 671b 20, 677a 15). É preciso refletir sobre o fato de que justamente um termo que na origem significava "sedimento" e "resíduo" tenha se tornado o termo-chave ou o *Modewort* para expressar um conceito ontológico fundamental: a existência. Em artigo exemplar, Benveniste sugeriu que, na presença de morfemas idênticos dotados de significados totalmente diferentes, devemos procurar em primeiro lugar se existe um uso do termo capaz de levar a uma unidade a aparente diversidade dos significados (desse modo, ele conseguiu explicar, conforme veremos, os dois significados, aparentemente inconciliáveis, de *trepho*: "nutrir" e "coagular")[15].

Por essa perspectiva, será oportuno perguntar que significado de *hyphistamai* e de *hypostasis* permite que ocorra um desenvolvimento semântico do termo aparentemente incompreensível. Na realidade, a diversidade dos significados explica-se sem dificuldades se considerarmos que, se o verbo originalmente significa "produzir um resíduo sólido" – portanto, "atingir o estado sólido", "dar-se uma consistência real" –, o desenvolvimento na direção do significado de "existência" é perfeitamente natural: a existência aparece aqui – com uma transformação radical da ontologia clássica – como resultado de um processo pelo qual o ser se reifica e se dá consistência. Não é só o significado originário que não desaparece no novo, mas ele permite

---

[15] Émile Benveniste, *Problèmes de linguistique générale*, v. 1 (Paris, Gallimard, 1966), p. 290-3 [ed. bras.: *Problemas de linguística geral*, v. 1, 5. ed., trad. Eduardo Guimarães, Campinas, Pontes, 2005].

Teoria das hipóstases • 161

compreender como um pensamento, no caso o neoplatônico, que procura obstinadamente deslocar o Uno para além do ser, só poderá conceber a existência como o resíduo e o sedimento material daquele processo transcendente.

2.3. Enquanto o *hypokeimenon*, o puro existente, era para Aristóteles a forma primeira e imediata do ser, que não tinha necessidade nenhuma de fundamento, porque ele mesmo era o sujeito primeiro (ou último), sob cujo pressuposto qualquer compreensão e qualquer predicação se tornam possíveis, por sua vez os estoicos já recorriam aos termos *hyphistasthai* e *hypostases* a fim de definir a passagem do ser em si para a existência. Eles designavam, assim, com o verbo *hyphistasthai*, o modo de ser dos incorpóreos, como o "dizível", o tempo e o evento, enquanto usavam o verbo *hyparchein* para referir-se à presença dos corpos. Há uma dimensão incorpórea do ser, que tem a natureza de um processo ou de um evento, não de uma substância. Desenvolvendo ainda mais essa tendência, a hipóstase torna-se algo como uma operação – conceitualmente, se não for geneticamente segunda – por meio da qual o ser se realiza na existência. Por isso, Dião de Prusa pode escrever: "Todo ser tem uma hipóstase" (*pan to on hypostasin echei*)[16]. O ser é distinto da existência, e esta é, ao mesmo tempo, algo (mais uma vez a imagem do sedimento é esclarecedora) que o ser produz e que, no entanto, necessariamente lhe pertence. Não há outro fundamento para a existência senão uma operação, uma emanação ou uma efetuação do ser.

❧ *O que mostra que a nova terminologia hipostática, que toma forma a partir da Stoa, resultava ser inicialmente pouco compreensível, é uma passagem de Galeno, na qual ele define como "pedantismo" a distinção feita por alguns filósofos entre o ser e a hipóstase: "Afirmo que é pedantismo [mikrologia] distinguir segundo o gênero o ser e a hipóstase [to on te kai to yphestos]" (Methodus medendi, II, 7). Mas que tal pedantismo, por sua vez, correspondia a uma mudança real no modo de conceber o ser, isso aparece com muita clareza se confrontarmos duas ocorrências – entre si distantes e, contudo, simetricamente inversas – da nova terminologia. Fílon, que, como sempre, antecipa tendências que se afirmarão com o neoplatonismo e com a teologia cristã, escreve que "só Deus existe [ou subsiste] no ser" (en toi einai hyphesteken); por sua vez, para definir o modo de existência de cada ente singular, em contraposição aos gêneros e às ideias, Alexandre de Afrodísia serve-se diversas vezes da expressão "ser na hipóstase [na existência]" (einai*

---

[16] Citado em Heinrich Dörrie, "Hypostasis, Wort- und Bedeutungsgeschichte", cit., p. 43.

162 • O uso dos corpos

en hypostasei)[17]. *Os entes são no modo da hipóstase, da existência, mas há também um ser não hipostático.* Por um lado, *o deus de Fílon, no qual é impossível distinguir ser e existir (ou – parafraseando uma expressão moderna – cuja existência jaz na essência); por outro, os múltiplos entes, em que o ser jaz e se reduz à existência. "Existir no ser" e "ser na existência": aqui começa o processo que levará a um distanciamento cada vez maior da essência com relação à existência e do divino com relação ao humano.*

2.4. Se é verdade que Plotino é o criador da doutrina neoplatônica das hipóstases[18], foi Porfírio quem tecnicizou o termo "hipóstase" no pensamento de seu mestre, já a partir dos títulos que dá aos tratados 1 ("Sobre as três hipóstases principais") e 3 ("Sobre as hipóstases cognoscitivas") da quinta *Enéada.*

A ontologia neoplatônica procura unir o dispositivo aristotélico de cisão e articulação do ser com o impulso genuinamente platônico para um além do ser. O resultado é que o ser se torna um campo de forças estendido entre um princípio além do ser e suas realizações (ou emanações) na existência, chamadas, justamente, de hipóstases. A horizontalidade da ontologia aristotélica é substituída por uma concepção decididamente vertical (alto/baixo; transcendência/hipóstase). Dessa maneira, em Plotino e em seus discípulos, o termo "hipóstase" designa a inteligência, a alma e todas as coisas que procedem do Uno e das hipóstases que ele produziu: "Procedem, portanto, do primeiro ao último, cada coisa sempre em sua própria sede, mas a coisa gerada (passa) a uma classe inferior com relação a seu gerador" (V, 2, 2).

É significativo, em *Enéadas*, o uso das expressões "ter uma hipóstase" (*hypostasin echein*, dezoito vezes) ou "assumir uma hipóstase" (*hypostasin lambanein*, pelo menos seis vezes). A existência não é o dado originário, mas algo que se "assume" ou é produzido ("as hipóstases se geram [*ai hypostaseis ginontai*], ficando imóveis e invariados os princípios" – III, 4, 1). Mas é precisamente a relação entre o princípio para além do ser e a multiplicidade das hipóstases que dela emanam que constitui o problema que a ontologia plotiniana não consegue resolver.

O problema encontra sua formulação mais aporética no tratado IV da quinta *Enéada*, com o título "Sobre como o que está com o primeiro provém

---

[17] Citado em ibidem, p. 37.

[18] Ibidem, p. 45.

do primeiro, ou sobre o Uno". De um lado, está um princípio imóvel e imutável; de outro, as "existências" que procedem dele por meio de uma enigmática *proodos*, um "sair fora" que ainda não é uma criação e que, portanto, não corresponde de nenhum modo a um ato ou um movimento do Uno.

> Se, portanto, continuando a ser aquilo em si mesmo, algo é gerado, isso é gerado por aquilo, enquanto é maximamente aquilo que é. Continuando a ser aquilo na própria morada [*en toi oiekeioi ethei*], o gerado é gerado por isso, continuando a ser o imutado... Mas de que modo, continuando a ser o imutado, algo em ato é gerado [*ginetai energeia*]? Há, por um lado, o ser em ato [*ousias*] e, por outro, o ser em ato [que deriva] da essência de cada coisa. O primeiro é cada ser enquanto é em ato, o segundo provém deste e deve necessariamente seguir ao mesmo e ser diferente dele. Assim como no fogo existe um calor que é a plenitude de sua essência e um calor que é gerado a partir dele quando realiza em ato, continuando a ser fogo, o ato que lhe é conatural, assim também para o princípio: continuando a ser isso em sua própria morada, um ser em ato [*energeia*] que se gera por sua perfeição, tendo assumido uma hipóstase [*hypostasin labousa*] a partir de uma grande potência, ou melhor, a partir da maior de todas, chega ao ser e à essência [*eis to einai kai ousian elthen*]. De fato, o princípio está para além do ser [*epekeina ousias*]. (V, 4, 2, 21-39])

2.5. Talvez nunca apareça com tanta evidência como nessa passagem a impossibilidade de expressar pelo vocabulário da ontologia aristotélica o novo paradigma hipostático. O dispositivo aristotélico de divisão do ser (essência/existência, potência/ato) mantém-se de pé, mas a relação entre os dois termos contrapostos muda completamente. Enquanto, em Aristóteles, a essência era o que resultava de uma pergunta destinada a compreender a existência (aquilo que era para X ser), a existência (a hipóstase) é agora de algum modo uma obra da essência.

O *hypokeimenon*, o sujeito que jaz no fundo do dispositivo aristotélico, que viria a ser retomado pelo *ti en einai* como o ser que *era*, agora se cinde e entra num processo infinito de fuga: por um lado, um princípio inaferrável e indizível, que tende a progredir ou regredir para além do ser; por outro, suas emanações hipostáticas na existência. A ontologia aristotélica fica irrevogavelmente fendida: entre o sujeito pressuposto em fuga para além do ser e da linguagem e as múltiplas hipóstases não parece haver passagem nenhuma.

É essa tensão contraditória – que é também aquela entre a eternidade platônica e o tempo aristotélico – que a teoria plotiniana e porfiriana das

164 • O uso dos corpos

hipóstases tenta em vão resolver. A introdução do tempo no ser, implícita na ontologia aristotélica, assume, assim, a forma de movimento circular das hipóstases que saem do ser (*proodos*) para a ele voltarem (*epistrophè*).

א *Em* Elementos de teologia, *Proclo sistematiza a ontologia hipostática plotiniana. Por um lado (prop. 27), ele sublinha vigorosamente que o princípio producente não produz as hipóstases por uma carência ou por meio de um movimento (é significativo que Proclo use, nesse caso, a expressão "conferir uma hipóstase"* – ten hypostasin parechetai; parecho *equivale etimologicamente a "ter ao lado"), mas só por plenitude e superabundância; por outro, ele procura encontrar um* medium *ou um elemento comum entre quem produz e as hipóstases por meio dos conceitos de semelhança (*homoiotes – prop. 28-9), participação (*metexis – prop. 23-4 e 68-9) e irradiação (*ellampsis – prop. 81). "Se o participante é separado [do participado], como poderá ser esse participado se não estiver contido naquele nem tiver nada dele? Deve haver uma potência ou uma irradiação que os una, procedendo do primeiro para o participante" (idem). Vê-se aqui com clareza que a tentativa neoplatônica de conciliar uma conceitualidade genuinamente platônica (participação, semelhança) com as categorias da ontologia aristotélica necessariamente produz aporias, que os conceitos de irradiação e processão procuram em vão resolver.*

א *O conceito de hipóstase assume destaque especial na gnose. Plotino criticava nos gnósticos a multiplicação de hipóstases (*Enéadas, II, 9, 2 e 6). Aliás, nos testemunhos que foram conservados, a partir do princípio preexistente, também denominado "abismo" ou "protopai", surge, segundo os gnósticos, uma multiplicidade de "existências" ou hipóstases, que parecem parodiar e disseminar as três hipóstases plotinianas. O que define as hipóstases gnósticas é que elas são de algum modo encarnadas em uma entidade pessoal, que está inserida em uma genealogia e a cujo respeito se narra uma espécie de mito. Assim, uma dessas hipóstases, Sofia (que, segundo alguns[19], corresponde à alma), sofre uma "paixão" e cai, afastando-se do Pai. De acordo com o que é referido por Hipólito, a partir das paixões de Sofia produzem-se "substâncias hipostáticas" (*ousias hypostatas – "a partir do medo, a substância psíquica, da dor, aquela material, da aporia, aquela demoníaca, da conversão e súplica, o retorno"). Aqui aparece com evidência que as hipóstases são o lugar de uma subjetivação, em que o processo ontológico que vai do preexistente à existência encontra algo parecido com uma figura pessoal. Na hipóstase gnóstica, o "sujeito" aristotélico (o* hypokeimenon*) entra no processo que o levará a transformar-se no sujeito moderno.*

2.6. A doutrina neoplatônica das hipóstases atinge seu desenvolvimento decisivo na teologia trinitária. Embora o termo *hypostasis* tivesse sido usado pelos arianos para salientar a diferença entre o Filho e o Pai,

---

[19] Pierre Hadot, *Plotin, Porphyre. Études néoplatoniciennes* (Paris, Les Belles Lettres, 1999), p. 214.

ele se impõe – de maneira definitiva, só a partir de Atanásio – para expressar a relação ontológica implícita na doutrina da Trindade: "Um só Deus em três hipóstases" (*heis theos en trisin hypostasesin*). Nesse contexto, o termo *hypostasis*, desde então muitas vezes confundido com *ousia*, distingue-se claramente desta: as três hipóstases ou existências referem-se a uma única substância.

A partir desse momento, a história do conceito de hipóstase passa a confundir-se com a dos acalorados conflitos em que uma divergência terminológica se transforma em heresia, uma precisão lexical, em anátema. Ao longo de uma história de sucessivas disputas e de conciliações, de secessões e condenações, a fórmula que emerge no final para designar a Trindade, contra arianos e sabellianos, nestorianos e monofisitas, é: *mia ousia, treis hypostaseis* [uma substância, três hipóstases].

O problema ficava mais complicado porque o Ocidente latino (que havia usado o termo *substantia* para traduzir *ousia*) preferia falar não de hipóstases, mas de "pessoas": na convicta formulação de Tertuliano: *tres personae, una substantia*. Graças também à paciente ação mediadora dos padres calcedônios, o contraste entre Igreja latina e Igreja grega se solucionou com o primeiro concílio de Constantinopla. A distinção entre hipóstases e pessoa é reconhecida como puramente terminológica.

"Nós, gregos", escreve Gregório de Nazianzo,

afirmamos religiosamente uma só *ousia* em três hipóstases, a primeira palavra expressando a natureza da divindade, e a segunda, a triplicidade das propriedades individualizantes. Os latinos pensam o mesmo, mas, em razão da estreiteza de sua língua e à penúria de vocábulos, não podiam distinguir a hipóstase da substância e serviram-se, por isso, do termo "pessoa"... Acreditou-se que fosse uma diferença de fé, embora não houvesse mais que uma diversidade de palavras. (*Oratio*, XXXI, 35)

✻ *É Gregório de Nissa que afirma com clareza que as hipóstases trinitárias não devem ser entendidas simplesmente como potências ou hábitos na única substância divina, mas como existências hipostáticas. Na economia trinitária – escreve ele – o que está em questão não é simplesmente a faculdade ou as potências de Deus (sua palavra – logos – ou sua sapiência), mas "uma potência que deu a si existência hipostática segundo a essência" (kat'ousian... yphestosa dynamis – Or. cat., 5). Aqui, o vocabulário neoplatônico é transferido imediatamente para as hipóstases trinitárias, a respeito de que os padres orientais, como Cirilo, eram perfeitamente conscientes:*

Ao admitirem três hipóstases principais e afirmarem que a substância divina é extensiva às três hipóstases ou ao usarem às vezes o mesmo termo "trindade", os platônicos

166 • O uso dos corpos

concordam com a fé cristã e nada lhes faltaria se quisessem aplicar às três hipóstases o termo "consubstancialidade" para conceberem a unidade de Deus.[20]

2.7. Dörrie observou que, em Atanásio, o termo *hypostasis* não significa simplesmente "realidade", mas "realização" (*Realisierung*): "Ele expressa um ato, não um estado"[21]. Deus é um único ser, uma só *substantia* – em si, como o Uno de Plotino, incognoscível –, que se dá realidade e existência em três hipóstases singularmente determinadas, três aspectos (*prosopa*) ou manifestações (que, no Ocidente latino, vão se tornar, conforme vimos, três "pessoas").

No Ocidente, a partir de uma definição de Boécio, que viria a obter enorme êxito, o conceito de pessoa era definido como *naturae rationalis individua substantia*, "subsistência individual de uma natureza racional" (*natura*, por outro lado, era, segundo Boécio, *unamquemque rem informans differentia specifica*, "a diferença específica que informa qualquer coisa singular"). Dessa forma, o problema de pessoas ou hipóstases trinitárias vinculava-se com o problema filosófico da individuação, de modo que tanto a natureza divina quanto a das criaturas se tornam uma *individua substantia*, se individualizam ou se "personificam". (O caráter "pessoal" do sujeito moderno, conceito tão determinante na ontologia da modernidade, tem origem na teologia trinitária – e, por meio dela, na doutrina das hipóstases – e nunca se emancipou dela de fato.)

Dessa maneira, a hipóstase – que, no neoplatonismo, parecia implicar, mesmo que talvez apenas aparentemente, um primado da essência sobre a existência – entra num lento processo de transformação que desembocará, por fim, na modernidade, em um primado da existência. Na fórmula latina *tres personae, una substantia*, a pessoa (*prosopon*, máscara e, ao mesmo tempo, rosto) comporta, conforme observamos, que a substância divina se manifeste, se dê forma e realidade efetiva em uma existência individualizada. No primeiro plano, está aqui a *oikonomia*, a atividade pela qual a natureza divina se revela a si mesma e às criaturas. Que a ontologia cristã – e, portanto, aquela moderna, que dela deriva – é uma ontologia hipostática, isso significa que ela é eminentemente efetiva e operativa; como Dörrie lembrava, *hypostasis*, mais do que realidade, significa realização.

---

[20] François Picavet, "Hypostases plotiniennes et Trinité chrétienne", *Annuaire de l'École pratique des hautes études. Section des sciences religieuses*, Paris, 1917-1918, p. 45.

[21] Heinrich Dörrie, "Hypostasis, Wort- und Bedeutungsgeschichte", cit., p. 60.

De fato, enquanto no dispositivo aristotélico a existência singular era o dado pressuposto, na ontologia hipostática ela é algo que deve ser alcançado ou efetivado. Porfírio, em *Isagoge*, havia sistematizado do ponto de vista lógico a doutrina aristotélica das categorias na forma de uma árvore ou de uma "escada" (*klimax*) que, a partir do gênero superior – a substância – descia pelas diferenças genéricas e específicas até o indivíduo. Foi sugerido oportunamente que, enquanto os padres orientais entram na árvore por baixo, ou seja, partindo do indivíduo concreto existente para subir depois na direção da espécie e do gênero até a substância, os padres latinos entram na árvore pelo alto e procedem depois *per descensum*, do geral para o individual, da substância para o gênero e para a espécie, a fim de tocar por último a existência singular. Partindo do universal, eles são, por isso, levados a procurar depois a razão formal ou o princípio que se acrescenta à essência, a fim de determinar sua individuação. A sugestão, certamente útil para compreendermos as duas atitudes mentais relativas ao problema da existência, é inexata na medida em que a relação entre essência e existência – pelo menos no modelo teológico – implica, ou deveria sempre implicar, ambos os movimentos. Mas é essencial que a ontologia se torne agora um campo de forças estendidas entre a essência e a existência, em que os dois conceitos, em si teoricamente inseparáveis, tendem, no entanto, a afastar-se e a reaproximar-se segundo um ritmo correspondente à crescente opacidade da relação entre os mesmos. O problema da individuação – a saber, o problema da existência singular – é o lugar em que tais tensões alcançam sua máxima separação.

2.8. Na reflexão de Agostinho, o problema da relação entre essência e existência apresenta-se como o problema da relação entre a Trindade em si e cada uma das pessoas divinas. No livro VII do conjunto *De Trinitate*, ele se pergunta se o nome Deus e os atributos "bom", "sábio" ou "onipotente" devem ser referidos à Trindade em si (*per se ipsam*) ou a cada pessoa divina como tal (*singula quaeque persona* – c. I). Como já foi observado[22], o verdadeiro problema aqui é: como conciliar a unidade da essência com a pluralidade das três pessoas. É para responder a tal dificuldade que Agostinho enuncia uma tese que determinou durante séculos o modo como o pensamento pensou a relação: "Toda essência que se diz de modo relativo é também

---

[22] Jan Peter Beckmann, *Die Relation der Identität nach Johannes Duns Scotus* (Bonn, H. Bouvier, 1967), p. 200.

168 • O uso dos corpos

algo excetuado o relativo" (*Omnis essentia quae relative dicitur est etiam aliquid excepto relativo*). A fim de provar essa tese, ele recorre ao exemplo – também determinante para a história da filosofia – da relação entre o senhor e o escravo. Se um homem é definido como "senhor", isso implica que ele esteja em relação com um escravo (e vice-versa). No entanto, a essência desse homem não se esgota de modo nenhum no fato de ele ser senhor, mas pressupõe em primeiro lugar sua essência como homem. Só enquanto o senhor é homem ele pode fazer parte da relação senhor/escravo e dizer-se de maneira relativa. Assim como o ser-homem é o pressuposto substancial do ser-senhor, também o ser-Deus, a Trindade em si – essa parece ser a implicação – é o pressuposto essencial de cada uma das pessoas divinas.

Contudo, a analogia é defeituosa, pois a trindade das pessoas é originalmente inerente ao Deus cristão e, por conseguinte, não é possível, assim como no caso do homem com respeito ao senhor, pensar um Deus que não seja desde sempre trino. A partir daí, a importância decisiva da fórmula *excepto relativo*: ela deve ser lida segundo a lógica da exceção que definimos em *Homo sacer I*[23]: o relativo é ao mesmo tempo excluído e incluído no absoluto, no sentido de que – segundo o étimo do termo *ex-ceptio* – ele foi "capturado fora", ou seja, foi incluído por meio de sua exclusão. A relatividade e a singularidade das pessoas foram capturadas na essência-potência unitária de Deus, de maneira que elas são nela ao mesmo tempo excluídas e incluídas. Surgem daí as disputas, as contradições e as aporias que marcaram tão profundamente a história da Igreja e que a teologia trinitária nunca conseguirá superar. Para fazê-lo, deveria ter abandonado a conceitualidade da ontologia aristotélica e neoplatônica, voltando-se para outra ontologia.

א *Em Heidegger, a diferença entre essência e existência, tematizada como "diferença ontológica" entre o ser e o ente, torna-se o problema crucial da filosofia. O parágrafo 9 de* Ser e tempo, *a que se deve a caracterização do pensamento como "existencialismo", afirma: "A essência do Ser-aí reside em sua existência"*[24]. *Embora Heidegger ressalte enfaticamente que o conceito de existência, que aqui está em questão, não é aquele da ontologia tradicional, ele mesmo fala, a propósito do Ser-aí, em um "primado da existência"*[25].

---

[23] Giorgio Agamben, *Nudità* (Roma, Nottetempo, 2009), p. 21-2 [ed. bras.: *Nudez*, trad. Davi Pessoa, Belo Horizonte, Autêntica, 2014, p. 25-6]].

[24] Martin Heidegger, *Sein und Zeit* (12. ed., Tübingen, M. Niemeyer, 1972), p. 42 [ed. bras.: *Ser e tempo*, trad. Fausto Castillo, Campinas/Rio de Janeiro, Editora da Unicamp/Vozes, 2012]].

[25] Ibidem, p. 43.

Nas obras sucessivas, a metafísica é definida por meio do esquecimento da diferença ontológica e do primado do ente sobre o ser. No compêndio de história da metafísica contido no parágrafo 259 de Beiträge zur Philosophie *(publicado em 1989, mas composto entre 1936 e 1938), a metafísica é definida pelo primado do ente: ela "é o pensamento que pensa o ser como ser do ente,* tendo por base este último e tendo em vista este último "[26]*. A fase extrema da história da metafísica é caracterizada pelo retraimento e pelo abandono do ser* (Seinsverlassenheit):

> *O ente aparece então assim, aparece como objeto e como algo disponível, como se o ser não fosse... Que o ser abandone o ente significa: o ser dissimula-se no ser manifesto do ente. E o próprio ser é determinado essencialmente como esse ato de subtraente dissimular-se... Abandono do ser: que o ser abandone o ente, que este seja remetido a si mesmo e se torne objeto da maquinação.*[27]

A ontologia aristotélica nesse caso é abandonada em favor de uma ontologia hipostática. O ente, abandonado pelo ser, é como uma hipóstase neoplatônica ou gnóstica que, incapaz da epistrophè *na direção do Uno que a produziu, agora ocupa sozinha a cena do mundo.*

Devemos a Lévinas um desenvolvimento coerente e explícito da ontologia heideggeriana em sentido hipostático. Em De l'existance à l'existant, *ele, forçando o conceito de* Dasein, *define como hipóstase a passagem da impessoalidade do "há"* (il y a) *para o surgimento de uma simples existência individual, que ainda não é um sujeito nem uma consciência*[28].

Aqui, em uma ontologia decididamente hipostática, parece romper-se, assim como na gnose, o nexo que une a essência à existência e o ser ao ente. O pensamento de Heidegger a partir de Beiträge zur Philosophie *é a tentativa – grandiosa, mas certamente fracassada – de reconstruir uma possível unidade e, ao mesmo tempo, de pensar além desta. A única via para resolver as aporias da ontologia hipostática teria sido a passagem para uma ontologia modal. É uma ontologia desse tipo que procuraremos desenvolver nas páginas a seguir.*

---

[26] Idem, *Metaphysische Anfangsgründe der Logik im Ausgang vom Leibniz* (Frankfurt, Klostermann, 1978), p. 426.

[27] Ibidem, p. 115.

[28] Emmanuel Lévinas, *De l'existence à l'existant* (Paris, Fontaine, 1947), p. 75 [ed. bras.: *Da existência ao existente*, trad. Paul Albert Simon e Ligia Maria de Castro Simon, São Paulo, Papirus, 1998].

3
POR UMA ONTOLOGIA MODAL

3.1. Talvez nunca emerja com tanta evidência a inadequação do dispositivo ontológico aristotélico para dar conta da singularidade quanto na correspondência entre Leibniz e Des Bosses. O que está em jogo na correspondência é o problema de como conceber a unidade das substâncias compostas, de maneira que esse ou aquele corpo não apareça apenas como um agregado de mônadas, mas possa ser percebido como uma unidade substancial.

"Se a substância corpórea", escreve Leibniz em resposta ao anúncio de uma dissertação *De substantia corporea* que Des Bosses está para lhe enviar, "é algo real para além das mônadas que a compõem, assim como a linha é algo mais do que pontos, deve-se dizer que ela consiste em certa união ou, então, em algo real e unificante que Deus acrescenta às mônadas [*uniente reali a Deo superaddito monadibus*]. Leibniz chama de "vínculo substancial" (*vinculum substantiale*) o princípio absoluto (*absolutum aliquid*) que confere sua "realidade unitiva" às mônadas, sem a qual os corpos seriam meras aparências e só as mônadas seriam reais.

> Se não houvesse tal vínculo substancial das mônadas, todos os corpos com todas as suas qualidades nada mais seriam do que aparências bem fundadas, como o arco-íris ou uma imagem no espelho, ou seja, sonhos ininterruptos perfeitamente congruentes consigo mesmos.[29]

No texto anexado à carta, Leibniz procura esclarecer a natureza do vínculo substancial, definindo-o como uma "relação mais perfeita" que

---

[29] Gottfried Wilhelm Leibniz, *Die philosophischen Schriften*, v. 2 (org. C. I. Gerhardt, Hildesheim, Olms, 1960), p. 435-6; carta 89, 5 fev. 1712.

172 • O uso dos corpos

transforma uma pluralidade de substâncias simples ou mônadas em uma nova substância:

> Deus não só considera as mônadas singulares e as modificações de cada uma delas, mas também as relações entre elas, e nisso consiste a realidade das relações e das verdades. Uma das primeiras entre elas é a duração ou a ordem das sucessões, o lugar ou a ordem das coexistências, a ação recíproca e o comércio... Mas, além dessas relações reais, podemos conceber uma mais perfeita, pela qual, a partir de uma multiplicidade de substâncias, se produz uma nova. E isso não será um simples resultado, na medida em que não consistirá nas únicas relações verdadeiras ou reais, mas acrescentará, além disso, alguma nova substancialidade ou um vínculo substancial [*aliquid novam substantialitatem seu vinculum substantiale*], que será o efeito não só do intelecto divino, mas também de sua vontade. E isso não se acrescentará às mônadas de qualquer modo, pois assim também coisas separadas se achariam unidas na nova substância e nada de determinado nasceria nos corpos contíguos, mas bastará que ela una as mônadas que estão sob o domínio de uma só e constituem assim um corpo orgânico ou uma máquina natural [*unum corpus organicum seu unam Machinam naturae*].[30]

3.2. O que está em questão no vínculo substancial é o problema daquilo que permite considerar como substância única essa ou aquela "máquina natural", aquele "cavalo" ou aquele "cão"[31], esse ou aquele corpo humano, independentemente da união do corpo com a alma. Contudo, o problema piora porque ao teólogo jesuíta Des Bosses interessa, sobretudo, compreender como se deve entender a unidade do corpo de Cristo que está em questão na transubstanciação eucarística (*hoc este corpus meum*). A ideia do vínculo natural permite a Leibniz propor uma solução elegante ao problema.

Se o que define a existência singular do corpo é o vínculo substancial, não será necessário para a transubstanciação destruir as mônadas do pão e do vinho; bastará que o vínculo do corpo de Cristo elimine e substitua o vínculo precedente que definia a conjunção daquelas substâncias. Portanto, a frase "este é meu corpo" não designa as mônadas, mas o vínculo que realiza sua unidade:

> Penso que vossa transubstanciação possa ser explicada, mantendo as mônadas (o que parece mais concordante com a razão e com a ordem do universo), mas pelo vínculo substancial do corpo de Cristo de que Deus se serve

---

[30] Ibidem, p. 438-9.

[31] Ibidem, p. 457.

a fim de unir substancialmente as mônadas do pão e do vinho, no entanto, após ter destruído o vínculo substancial precedente e, com ele, suas modificações e seus acidentes. Desse modo, restarão apenas as aparências do pão e do vinho, que teriam restado também se nenhum vínculo substancial tivesse sido acrescido por Deus às mônadas...[32]

Contra Des Bosses, que reluta em conceber aquilo que causa a unidade da substância singular como forma especial de acidente, chamado "acidente absoluto" ou "modo substancial", Leibniz afirma que a singularidade da substância composta não resulta de uma modificação das mônadas nem pode ser algo como um modo ou um acidente que nelas existiria como se fosse em um sujeito. O vínculo, embora não sendo uma forma preexistente, constitui a unidade do corpo como realidade substancial.

3.3. Certamente não é casual que, para expressar aquela que no vocabulário ontológico era a unidade da substância, Leibniz recorra ao termo "vínculo". Os franciscanos, que foram os primeiros a afirmar que o corpo vivo já no embrião é dotado de uma unidade e de uma perfeição, antes mesmo que a alma se una a ele, haviam denominado tal princípio de *forma corporeitatis*. Com respeito ao termo *forma*, tão ligado à ontologia aristotélica, o termo *vinculum* sublinha o fato de que Leibniz busca algo diferente, embora, talvez justamente por isso, seja obrigado a acrescentar o adjetivo "substancial". Houve quem observasse que Leibniz usa o termo "vínculo" em seus opúsculos matemáticos para designar um signo que compõe em unidade símbolos numéricos ou algébricos. Se, em certos casos, a união é contingente e o vínculo pode ser dissolvido, em outros, assim como ocorre na raiz quadrada de dois, ele é indissolúvel com relação à quantidade que modifica, que, portanto, só existe por meio do vínculo. Mas o termo *vinculum* acarretava consigo igualmente outras tradições bem conhecidas de Leibniz, como a do direito e a da magia, em que o vínculo é uma potência ativa, que une indissoluvelmente o que na natureza aparece dividido.

De toda maneira, certamente a escolha terminológica, assim como a insistência com que Des Bosses a contrasta, corresponde à tentativa – como veremos, nem sempre bem-sucedida – de pensar de outro modo as categorias da ontologia aristotélica.

---

[32] Ibidem, p. 459.

174 • O uso dos corpos

3.4. O que está em jogo no debate nesse ponto fica claro: como pensar a natureza unitária da singularidade corpórea não como aparência, mas como algo real. Para Des Bosses, a unidade do corpo (esse ou aquele cavalo, essa ou aquela menina: a substância primeira de Aristóteles) nada mais é do que um modo ou um acidente que emana da forma substancial. Para Leibniz, por sua vez, trata-se de um novo princípio que ainda é da ordem da substância, mas que obriga a repensar a substância em termos inéditos, mesmo correndo o risco de contradizer sua definição tradicional.

Em *Monadologia*, assim como a relação das mônadas entre si havia sido expressa com a metáfora de um "espelho vivo" (toda mônada é *un miroir vivant* de todo o universo), também a imagem que se afirma progressivamente em Leibniz para definir a natureza particular do vínculo é aquela, acústico-musical, de um eco. A carta que conclui a correspondência é, nesse sentido, uma espécie de pequeno tratado que procura definir, não sem dificuldades e contradições, um novo vocabulário da ontologia.

Des Bosses insistia em conceber o vínculo substancial como um modo: Leibniz retrucava que ele não pode ser um modo, pois não altera nem modifica as mônadas (*"sive ponas, sive tollas, nihil in monadibus mutatur"*[33]). Mais ainda: mesmo que a forma substancial e a matéria do composto estejam contidas no vínculo, isso não liga as mônadas de maneira essencial (*essentialiter*), mas só de modo natural (*naturaliter*). Isso significa, no vocabulário leibniziano, que o vínculo "exige [*exigit*] as mônadas, mas não as implica [*involvit*] essencialmente, pois pode existir sem as mônadas, e estas, sem ele". Daí provém a congruência da metáfora do eco: assim como a alma é o eco das coisas externas e, contudo, é *independente* delas, também "há um eco das mônadas que, pela própria constituição, uma vez posta, exige as mônadas, mas delas não depende [*exigit monadas, sed non ab iis pendet*]"[34].

O que a imagem do eco procura expressar é essa curiosa intimidade e, ao mesmo tempo, exterioridade entre o vínculo e as mônadas. Se o corpo fosse diferente de um eco exterior das mônadas, seria uma substância diversa, não seu vínculo; se fosse inerente a elas, seria um acidente seu ou uma modificação. Contudo, a ideia de um eco como algo substancial certamente é paradoxal. Se de fato é possível conceber sons (as mônadas) sem um eco, não há como pensar um eco sem sons que o precedam. Por esse motivo,

---

[33] Ibidem, p. 516.
[34] Ibidem, p. 517.

Leibniz é obrigado a considerar algo como "um eco originário" (*echo originaria*)[35] ou um eco que é "fonte das modificações" (*fons modificationum*)[36]; e, frente à objeção segundo a qual um eco não pode ser princípio de ação, responde que "um corpo que envia um eco é princípio de ação"[37]. Quando Des Bosses sugere que, ao dizer, como faz Cristo na eucaristia, "este corpo", o pronome demonstrativo não se refere necessariamente à unidade da substância (*individualitatem substantiae*), mas àquela das aparências[38], Leibniz responde que "quando se diz 'este é o corpo', não se designam as mônadas com o termo 'este' nem com o termo 'corpo'..., mas o substanciado que é gerado ou composto por meio dos vínculos substanciais"[39]. O que torna a singularidade inconfundível com esse ou aquele corpo não é aparência, mas realidade, não é apenas modo, mas substância; contudo, uma substância que não tem outra consistência senão aquela, puramente acústica, de um eco. Um eco ativo, que exige as mônadas, embora delas não dependa, e, por sua vez, sobre elas age como algo originário que as harmoniza e constitui em unidade.

3.5. Algumas vezes, na disputa, os dois interlocutores dão a entender que a divergência entre eles é mais terminológica do que real ("se devemos chamar de ente médio ou de acidente, essa é uma questão de vocábulos"[40]). "És livre para chamar de modo substancial o vínculo que dá realidade ao composto."[41] Na verdade, o que está em jogo diz respeito precisamente ao modo como se devem entender os conceitos fundamentais da ontologia escolástica. Para o jesuíta, que mantém a noção tradicional, o que Leibniz entende como unidade do corpo singular não pode ser senão um modo ou um acidente, mesmo que seja de um tipo especial (por esse motivo definido, forçando sua noção, como "substancial"); para Leibniz, os corpos não são modos nem acidentes, mas substâncias[42];

---

[35] Ibidem, p. 519.

[36] Ibidem, p. 504.

[37] Ibidem, p. 503.

[38] Ibidem, p. 454.

[39] Ibidem, p. 459.

[40] Ibidem, p. 453.

[41] Ibidem, p. 515.

[42] Alfred Boehm, *Le vinculum substantiale chez Leibniz: ses origines historiques* (Paris, Vrin, 1962), p. 32.

176 • O uso dos corpos

trata-se de forçar a noção tradicional de substância em um direção imprevista. Por um lado, o que ele quer aferrar é ainda a substância primeira aristotélica, "o que era para X ser"; por outro, esta já não lhe aparece como pressuposto, mas como força ativa, que resulta quase *a posteriori* das mônadas como eco e não se deixa, portanto, subsumir facilmente sob o conceito de substância, de algo que jaz debaixo e no fundo.

Propôs-se interpretar a novidade da concepção leibniziana defendendo um primado da relação sobre o ser[43]. Contudo, isso significa, por um lado, diminuir sua novidade, pois a teologia escolástica já havia afirmado sem reservas, em Deus, o primado da relação trinitária (a "economia") sobre a substância; por outro, na carta que finaliza a correspondência, parece fazer a distinção entre o vínculo e as relações que intercorrem entre as mônadas: "As ordens", escreve ele,

> ou as relações que unem duas mônadas, não estão apenas em uma ou em outra das mônadas, mas em ambas, ou melhor, em nenhuma delas, mas unicamente na mente; não deverás entender tal relação a não ser acrescentando um vínculo real ou algo substancial, que seja sujeito para os predicados e para as modificações comuns que as unem.[44]

Se o vínculo é uma relação, ele não tem, como o modo, um sujeito de inesão: é "algo absoluto; portanto, substancial" (*absolutum aliquid adeoque substantiale*)[45].

3.6. Com a obstinação com que se atêm o jesuíta a seu "modo substancial" e o filósofo a seu "vínculo", na realidade isso tinha a ver com uma dificuldade que dizia respeito à situação histórica da ontologia. A filosofia que Leibniz trazia como herança era a escolástica tardia, que havia encontrado sua expressão talvez mais realizada em *Disputationes metaphysicae*, de Francisco Suárez (afirmou-se com razão que Suárez é o "manual" em que Leibniz lê *Schola peripatetica*). Aqui, a tradição, que identificava o objeto da metafísica no *ens qua ens*, havia chegado a um ponto em que a relação entre essência e existência, que Aristóteles julgava ter solucionado com o *ti en einai*, havia se transformado no problema central da ontologia. Isso porque, se em Deus essência e existência coincidiam, nas criaturas – e marcadamente nos corpos e nas substâncias compostas – se tratava, por sua

---

[43] Christianne Fremont, *L'être et la relation* (Paris, Vrin, 1981), p. 69.

[44] Gottfried Wilhelm Leibniz, *Die philosophischen Schriften*, v. 2, cit., p. 517.

[45] Ibidem, p. 433.

vez, de pensar sua relação, de forma nenhuma óbvia. Enquanto Aristóteles, em sua investigação da *ousia*, tinha partido de um primado do *hipokeimenon*, a saber, do existente singular, a escolástica, desenvolvendo o gesto neoplatônico, partia, pelo contrário, de um primado da essência, da qual se tratava de deduzir a existência. No entanto, uma vez que o ser das criaturas era definido baseado na essência, o princípio que realizava sua determinação na existência singular se tornava extremamente problemático. A existência singular continua sendo o *experimentum crucis* da filosofia, que ela não pode deixar de fazer e com o qual corre incessantemente o risco de naufragar.

3.7. É na tentativa de definir a relação entre essência e existência que filósofos e teólogos encalham em uma série de distinções ao mesmo tempo sutis e inconcludentes. Estas atingem sua massa crítica no problema do princípio de individuação. Na tradição escolástica, que vai de Tomás de Aquino e Duns Escoto a Cayetano e Suárez, todos admitem que a existência individual acrescenta algo à essência; as divergências têm a ver com o modo de definir a diferença e a relação entre elas. Duas posições parecem aqui opor-se resolutamente: a primeira, representada por Henrique de Gand, nega toda diferença real entre a essência e a existência (ou seja, conforme também se expressa a teologia escolástica com respeito à individuação, entre a natureza comum e o suposto). A outra, exemplificada por Tomás de Aquino, afirma que, nas criaturas materiais, essência e existência, natureza e suposto, diferem *realiter* [realmente].

Entre essas duas posições, impõe-se progressivamente uma terceira, que, desenvolvendo uma tese de Duns Escoto, talvez encontre sua mais perfeita enunciação em Suárez. Segundo tal doutrina, nas coisas criadas o indivíduo acrescenta à natureza comum algo realmente distinto desta; e, mesmo assim, a existência singular não é distinta da essência como uma coisa é distinta de outra (*ut res a re*). Por sua vez, Tomás, embora afirme que a existência difere realmente da essência, deixava claro que, "assim como não podemos dizer que a própria corrida corre, também não podemos dizer que a existência existe" (*In librum Boethii de hebdomadibus Lect. II*). Se a existência singular não pode ser simplesmente reduzida à essência, ela nem sequer pode ser separada da mesma como uma coisa com relação a outra, como uma essência com relação a outra essência. É com o objetivo de definir esse estatuto particular da existência singular que vemos abrirem caminho os conceitos de "modo" e de "diferença modal".

178 • O uso dos corpos

3.8. A teoria dos modos tem sua primeira elaboração temática em Egídio de Viterbo. Já no tratado juvenil sobre *Graus das formas* (*Gradi delle forme*), Egídio observa que, na matéria extensa, a extensão (embora pertença à categoria da quantidade) nada mais é, com respeito à matéria (que pertence à categoria da substância), do que um modo de ser (*modus se habendi*):

> Alguns acreditam que a extensão da matéria seja diferente da extensão como quantidade e seja certa coisa diversa da matéria, de maneira que a matéria e sua extensão seriam duas coisas realmente [*realiter*] diferentes... Contudo, é preferível dizer que a extensão passiva de que falamos não é uma categoria em si, mas remeta à essência da matéria e seja determinado modo de ser [*quendam modum se habendi*] que pertence à matéria enquanto está ligada à quantidade.[46]

O mesmo conceito de modo é usado por Egídio a fim de explicar a transubstanciação eucarística. Nela, os acidentes do pão e do vinho, que, como tais, ficam, após a transubstanciação, privados de substância, adquirem o modo de uma substância, enquanto a natureza humana de Cristo, na medida em que se une ao Verbo divino, embora sendo substância, adquire o modo de um acidente:

> No sacramento da Eucaristia, porque aqui os acidentes são sem substância... O que aqui, segundo a coisa, é um acidente tem determinado modo de substância [*habet quendam modum substantiae*], enquanto lhe compete existir por si; e, na natureza humana de Cristo, a natureza, por mais que segundo a coisa seja uma substância, contudo, enquanto é inerente ao Verbo em sua integridade, assume o modo de um acidente [*habet quendam modum accidentis*].[47]

"Ser por si" (*per se esse*) e "ser inerente" (*inesse*), de fato, não expressam, segundo Egídio, a essência da substância e do acidente, só um modo próprio de ser ("ser inerente realmente não define o próprio ser do acidente, mas determinado modo próprio de ser [*modus essendi eius*], assim como ser por si não define o próprio ser da substância, mas certo modo de ser da substância"[48]). "Ser por si" e "ser em outro" (*esse in alio*), dois termos fundamentais da ontologia aristotélica, diferem entre si modalmente (*modaliter*), não essencialmente. A definição espinosiana da substância como "aquilo que é em si" (*quod in se est*) torna-se mais compreensível se a situarmos sob a perspectiva da concepção egidiana da diferença modal.

---

[46] Damasus Trapp, *Aegidii Romani de doctrina modorum. Angelicum.* XII (1935), p. 14-5.

[47] Ibidem, p. 17.

[48] Ibidem, p. 18.

Por uma ontologia modal • 179

É no tratado *Sobre a composição dos anjos* que o conceito de modo encontra sua localização própria no contexto do problema da individuação para definir a relação entre natureza comum (essência) e suposto (existência singular). Contra Henrique de Grand, Egídio sustenta que natureza e suposto de fato diferem (do contrário, *homo* e *humanitas* seriam a mesma coisa), mas que tal diferença tem caráter modal, não essencial (*suppositum non dicit essentiam aliam a natura*), do contrário não poderíamos, como fazemos, atribuir o predicado humanidade ao homem. A natureza comum (a humanidade) difere do suposto (cada homem), assim como a potência, do ato, assim como uma *res* ainda não modificada difere da mesma *res* depois de ser modificada[49].

Segundo uma ambiguidade que vai marcar duradouramente o conceito de modo, aqui a dificuldade diz respeito ao próprio estatuto do modo, que é ao mesmo tempo lógico e ontológico. Por essa perspectiva, nada é mais instrutivo do que a forte polêmica que opõe, a propósito da concepção egidiana do modo, Godofredo de Fontaines e Tomás de Argentina. De acordo com o primeiro, é logicamente contraditório que algo seja de fato diferente e não seja, porém, outra coisa.

"Se o modo", escreve Godofredo,

é um nada [*nihil*] ou absolutamente algo não existente [*absolute non ens*], então por meio dele uma coisa não pode diferir de outra, não só de fato, mas nem sequer segundo a razão. Se, no entanto, é algo, será um ente determinado. Se é um ente, ou é tal apenas na mente, então não pode, portanto, constituir alguma diferença real com respeito à coisa fora da mente. Ou é um ente verdadeiro por si fora da mente e, nesse caso, se identifica perfeitamente com a natureza e por consequência, porque a natureza é aquele modo, não é possível que isso constitua uma diferença, ou é um ente diverso da natureza, absolutamente, e, por isso, poderá apenas compor-se com ela real ou relativamente; nesse caso, a relação entre a substância e seus acidentes será algo real, o que é falso...[50]

A resposta de Tomás de Argentina talvez seja a tentativa mais sutil de definir a situação particular do modo entre o ser e o nada, entre o lógico e o ontológico:

O modo não é nada, mas é algo que expressa a própria natureza: portanto, é uma coisa, a saber, natureza. Contudo, o modo e a natureza não significam

---

[49] Ibidem, p. 24-5.

[50] Ibidem, p. 36.

180 • O uso dos corpos

a natureza E algo [*natura ET aliquid*], mas sim a mesma natureza diversificada ATRAVÉS de algo [*PER aliquid*], que é um modo real, porque atinge realmente uma variação feita na própria natureza.[51]

℘ *A transubstanciação eucarística produz o paradoxo de acidentes sem substâncias (o pão e o vinho depois da transubstanciação são acidentes sem substância) e de uma substância sem acidentes (o corpo de Cristo). Trata-se de um problema que põe radicalmente em questão as categorias da ontologia e, ao obrigar a repensar a definição tradicional do acidente, sugere a Egídio o recurso à noção de modo.*

3.9. Entre a distinção real – que está nas coisas – e aquela de razão – que está na mente –, Duns Escoto havia introduzido a distinção formal, que era algo menos do que uma distinção real e algo mais do que uma distinção de razão. Seus discípulos haviam inserido nessa categoria a distinção entre essência e existência, natureza e suposto, quantidade e substância. Suárez, acolhendo uma tradição que vinha se consolidando de Egídio até Cayetano, chama essa distinção modal e constrói sobre ela uma verdadeira teoria dos modos.

Considero que há, nas coisas criadas, uma distinção – atual e correspondente à natureza das coisas antes de qualquer operação da mente – que não é tão grande quanto aquela que ocorre entre duas coisas ou essências completamente distintas. Ela poderia ser chamada real, porque deriva das coisas, não de uma denominação intelectual extrínseca; contudo, para distingui-la da distinção real maior, podemos chamá-la de... mais propriamente modal, pois ela acontece sempre entre uma coisa e um modo seu.[52]

A distinção modal implica que a realidade das coisas criadas seja definida não só pela entidade, que Suárez chama de substancial ou radical, mas também por "modos reais, que são algo positivo e correspondentes por si mesmos aos entes, conferindo a eles algo que está fora da essência em sua integridade, enquanto individual e existente na natureza"[53]. Entre esses modos reais, Suárez cita a inerência à substância de uma quantidade ou de uma qualidade, a união da forma substancial com a matéria (é esse o problema de Leibniz na correspondência com Des Bosses) e "a existência ou a personalidade com respeito à natureza comum"[54].

---

[51] Idem.

[52] Francisco Suárez, *Francisci Suárez e Societate Jesu Opera omnia*, v. 25 (Paris, Vives, 1861), p. 255.

[53] Idem.

[54] Ibidem, p. 256.

Por uma ontologia modal • 181

O modo é, portanto, uma afeição da coisa "que determina seu estado último e sua razão de existir, sem, contudo, acrescentar a ela uma nova essência, só a modificando"[55]. Mais uma vez, trata-se de definir um estatuto de ser paradoxal, enquanto totalmente privado de uma essência própria e, contudo, de fato distinto daquilo a que é inerente como modo, ou seja, modificando-o.

> Esse modo, assim como o definimos, distingue-se realmente da coisa, da qual é o modo... mas não se distingue propriamente daquilo do qual é modo como uma coisa de outra coisa [*ut res a re*]; distingue-se por uma distinção menor, que muito propriamente se chama modal. Menor, seja porque o modo, considerado em si, não é propriamente uma coisa ou uma entidade e, portanto, não pode distinguir-se como uma coisa de outra, seja também porque tal modo é tão intimamente [*intime*] ligado à coisa de que é modo, a ponto de que nenhum poder jamais o faria existir sem aquela, como se sua conjunção implicasse uma identidade...[56]

A ideia de modo foi inventada para tornar pensável a relação entre a essência e a existência, que são distintas e, ao mesmo tempo, absolutamente inseparáveis. A distinção entre elas é, porém, assimétrica, pois, conforme Suárez esclarece pouco depois, na distinção modal, "a separação de um elemento do outro não é recíproca... o que significa que um extremo pode ficar sem o outro, mas não vice-versa... E isso define o ser modal, que não pode subsistir por si só nem ser separado daquilo de que é modo"[57]. Em outras palavras, na distinção está implícita uma hierarquia que, se concebermos a existência como modo, implica uma inversão do primado aristotélico do *hypokeimenon* em favor da essência. É precisamente esse primado da essência que torna, porém, incompreensível a individuação, ou seja, a passagem da essência para a existência. Se concebermos a existência singular como o modo de uma essência preexistente – o que Suárez evita fazer –, a individuação resultará incompreensível. Se a existência é, de fato, absolutamente inessencial e não acrescenta à essência nada além de uma modificação, se a essência pode ser sem o seu modo, por que e em virtude de que a essência deveria ser levada à existência, deveria modificar-se?

3.10. A elegância com que Duns Escoto resolve o problema da individuação encontrou sua fórmula lendária no conceito de heceidade. Duns

---

[55] Idem.

[56] Ibidem, p. 257.

[57] Ibidem, p. 263.

182 • O uso dos corpos

Escoto concebe a individuação como acréscimo à natureza ou forma comum não de outra forma ou essência, mas de uma *ultima realitas*, uma ultimidade da própria forma. Em outras palavras, a existência singular não acrescenta nada à forma comum a não ser uma heceidade (ou eis-idade, como se poderia traduzir, pensando no *ecce homo*, o genial termo escotiano *haecceitas*). A "eis-idade" não é algo diferente da essência, é só sua última realidade, na qual ela pode apresentar-se à ostentação (por isso Suárez verá nela um modo). Não há na forma ou na essência um princípio *em virtude* do qual ela se torna individual: tem-se aqui apenas uma ultimidade *da* forma, a modificação extrema que permite dizer: eis o homem; ou seja: este é meu corpo. Por isso, acontece, segundo Duns Escoto, que a forma ou a natureza comum seja em si indiferente a qualquer singularidade ou, como depois dele repetirão os escolásticos, que "ela não rejeite ser colocada com qualquer unidade singular".

Vê-se aqui com clareza que, uma vez que essência e existência foram divididas (ou, como acontece na teologia cristã, sua coincidência seja admitida unicamente em Deus), é necessário procurar na essência o que permite – ou pelo menos não impeça – sua individuação. Esse é o sentido da indiferença ou da não repugnância de que fala Duns Escoto. Conforme havia dito Avicena, *equinitas est equinitas tantum*, a cavalidade só é cavalidade, é indiferente tanto à generalidade quanto à singularidade e não tem em si nada que se oponha para individuar-se na heceidade.

Radicalizando e, ao mesmo tempo, criticando a posição de Duns Escoto, Suárez afirma que a essência, para se individuar, não necessita de nenhum princípio ulterior. Certamente é possível distinguir a existência individual da essência comum; no entanto, essa diferença não é modal, como para Duns Escoto, mas puramente de razão, e não encontra na coisa um fundamento distinto com relação a sua essência. Por isso, frente à pergunta se "ser esse ou aquele ente (ou seja, a existência singular) acrescenta algum modo... distinto do próprio ente, de maneira que aquele determinado ente, ou seja, substância, segundo a natureza da coisa se distinga formalmente, enquanto a substância acrescenta um modo, que não está incluído no conceito de ente"[58], Suárez responde com negativa. A essência de um ente singular já contém sua possível individuação e não precisa de nenhum suplemento real nem sequer do acréscimo inessencial que é o modo.

---

[58] Ibidem, p. 82.

3.11. Também quando se pensa a relação entre essência e existência singular de acordo com o modelo da relação aristotélica entre a potência e o ato, o possível e o atual, a individuação continua problemática. O que leva o possível a produzir-se na eis-idade, a realizar-se em ato nessa ou naquela singularidade?

Em célebre passagem do livro Theta de *Metafísica* (1047a 24-5), Aristóteles havia exposto (mas não resolvido) o problema da formulação enigmática segundo a qual: "É potente aquilo para o que, ao se verificar o ato a respeito do qual se diz ter a potência, nada será potente não ser". Se, assim como a potência e o ato, essência e existência foram divididas, nada é mais problemático do que a relação entre elas.

Por isso, assim como Duns Escoto foi obrigado a supor na essência uma indiferença ou uma não repugnância frente à singularidade, também Suárez deve postular na essência ou na natureza comum uma *aptitudo* a ser produzida naquela determinada existência singular. "O princípio intrínseco do qual deriva a diferença individual de uma forma substancial é a própria essência da forma, na medida em que possui certa aptidão para informar a matéria."[59] No mesmo sentido, a essência, enquanto é possível, "tem certa aptidão, ou seja, não repugnância, para ser produzida naquele determinado ser"[60]. "A aptidão das coisas possíveis de existir nada mais é, por sua vez, do que certa não repugnância e, por parte da causa, significa uma potência para produzi-las."[61]

A "aptidão" certamente é mais do que a indiferença ou a não repugnância, mas não é fácil explicar no que ela pode consistir, o que inclina ou dispõe uma essência à individuação, uma vez que se pense, como faz Suárez, que ela já contém tudo aquilo de que precisa e que a diferença entre essência e existência seja unicamente de razão. Quando, alguns decênios mais tarde, Leibniz define existência como uma "exigência" da essência e, na correspondência com Des Bosses, escreve que o vínculo, que define a existência das substâncias compostas, "exige as mônadas, mas não as implica essencialmente", é com esse mesmo problema que ele procura confrontar-se.

Sendo assim, não causa surpresa que, em outra passagem de *Disputationes*, para justificar de algum modo a diferença conceitual entre essência e

---

[59] Ibidem, p. 185.

[60] Jean-François Courtine, *Suárez et le système de la métaphysique* (Paris, PUF, 1990), p. 302.

[61] Ibidem, p. 319.

184 • O uso dos corpos

existência, Suárez recorra ao conceito de expressão. A determinação do ser na existência singular – afirma ele – não deve ser compreendida ao modo de uma composição, mas unicamente como um modo mais expressivo de conceber o ente (*per modum expressioris conceptionis*). Essência e existência singular não são, portanto, dois conceitos de fato separados, mas diferem só "enquanto um é mais determinado do que o outro [*unus est magis determinatus quam alio*]..., enquanto em um a coisa é concebida mais expressivamente [*per unum expressius concipitur res*]"[62].

Suárez não esclarece em que consiste tal suplemento de expressividade com respeito à heceidade de Duns Escoto ou ao modo de Egídio, mas é certo que tal passagem é como uma estafeta que anuncia o gesto decidido com que Espinosa virá a escrever que as coisas particulares "nada mais são do que modos pelos quais os atributos de Deus se exprimem de modo certo e determinado" (*Ética*, I, proposição XXV, cor.).

3.12. Nesse ponto, podemos compreender melhor o que está em jogo na correspondência entre Leibniz e Des Bosses, a qual tomamos como ponto de partida. O que está em jogo é genuinamente ontológico. Trata-se de pensar a existência singular de um corpo, ou seja, algo que o desenvolvimento da ontologia tinha tornado problemático. Des Bosses situa-se nas posições, para ele mais confortáveis, da tradição modal: a existência não é um ente, mas um modo de ser, que nada mais acrescenta à essência senão uma modificação. Ele concorda com Leibniz que as mônadas por si sós não podem constituir mais que um agregado e que, portanto, precisam de um vínculo: mas tal vínculo é só um modo da mônada dominante (aquela que dá forma ao corpo, a essência), não, conforme sustenta Leibniz, algo absoluto e substancial. Contra essa concepção modalística da unidade de um corpo existente havia reagido outra tradição, que objeta aos *modistae* ser "absurdo que possa dar-se alguma entidade formalmente distinta por meio da qual a forma está unida à matéria: é, portanto, absurdo que se dê uma união modal"[63].

Leibniz, que fez seu exórdio em 1663 com uma dissertação *Sobre o princípio da individuação*, em que assumia a tese de Suárez segundo a qual "todo indivíduo se individua pela totalidade de sua essência", introduz

---

[62] Francisco Suárez, *Francisci Suárez e Societate Jesu Opera omnia*, v. 25, cit., p. 101.

[63] Alfred Boehm, *Le vinculum substantiale chez Leibniz*, cit., p. 51.

agora, a fim de explicar a unidade da substância composta, algo mais substancial do que um modo e uma diferença de razão, que, retomando um conceito já amplamente usado pelos escolásticos, ele chama de *vinculum substantiale*. O que nesse caso está em questão não é tanto se o princípio de individuação é um modo ou um vínculo substancial, mas uma transformação dos conceitos fundamentais da ontologia. Sob essa perspectiva, é decisivo o conceito de exigência, que Leibniz já havia elaborado no final dos anos 1680, no escrito *De veritatis primis*. O vínculo é um princípio ativo, que "exige as mônadas", assim como, no escrito sobre as verdades primeiras, a existência é definida como "uma exigência da essência". A "não repugnância" de Duns Escoto e a "aptidão" de Suárez tornaram-se agora uma exigência. A existência não é um modo da essência nem uma diferença só de razão: é uma exigência.

É essa transformação da ontologia que procuraremos seguir e desenvolver em uma nova perspectiva.

3.13. Alguns decênios antes dos anos em que acontece a correspondência, o modelo de uma ontologia modal havia sido elaborado por um filósofo com que Leibniz manteve uma relação que foi definida com razão como "um misto de admiração e repugnância"[64]: Espinosa. É certo que esse aspecto do pensamento espinosiano à maioria dos contemporâneos pareceu tão inaceitável quanto seu pretenso ateísmo, a ponto de Bayle, a fim de ridicularizá-lo, escrever que, "no sistema de Espinosa, os que dizem que os alemães mataram 10 mil turcos se expressam mal, a não ser que não entendam: Deus, transformado em alemães, matou Deus transformado em 10 mil turcos"[65]. Em todo caso, Bayle tendo ou não razão, o problema da relação entre a substância e os modos é uma das cruzes da hermenêutica espinosiana.

A tese ontológica radical de Espinosa é conhecida: "Nada existe fora das substâncias e dos modos" (*praeter substantias et modos nihil existit* – *Ética*, I, proposição XV, dem.). Afirmou-se que a novidade de Espinosa não consiste na definição da substância, mas naquela dos modos; contudo, embora nos *Cogitata* (I, I) ele tivesse distinguido os modos dos acidentes ("o acidente é só um modo de pensar e existe unicamente com respeito ao pensamento, enquanto o modo é algo real"), a definição dos modos segue

---

[64] Georges Friedmann, *Leibniz et Spinoza* (Paris, Gallimard, 1962), p. 277.

[65] Ibidem, p. 187.

186 • O uso dos corpos

a tradição do acidente: os modos são "afecções da substância, ou seja, aquilo que está em outro, meio pelo qual também é concebido" (*in alio est, per quod etiam concipitur* – *Ética*, I, def. 5). (Com uma significativa variação, o corolário da proposição XXV define as coisas particulares como "afecções dos atributos de Deus, ou seja, modos pelos quais os atributos de Deus são expressos de certa maneira determinada".)

Um dos problemas com que cada vez deve confrontar-se o intérprete de Espinosa é que pensamentos substancialmente novos são expressos na terminologia da filosofia de seu tempo. Esta, que derivava da tradição escolástica, distinguia, como havíamos observado, entre essência e existência e entre natureza comum e suposto individual e recorria ao conceito de modo a fim de pensar tais diferenças. Oportunamente foi notado que, em Espinosa, o problema do princípio de individuação nunca é mencionado[66]. Isso significa que a relação substância/modos se apresenta para ele de maneira realmente diferente daquela em que a escolástica havia pensado a passagem da natureza comum para o suposto individual ou da potência para o ato. Ele escolhe de forma verossímil o termo "modo" porque, sem significar simplesmente uma diferença de razão, implicava a menor diferença possível com respeito à substância. Os modos estão na substância, estão em Deus (*quod omnia in Deo sint* – *Ética*, I, app.); contudo, a relação, ao mesmo tempo de identidade e de diferença, entre as coisas particulares multíplices e finitas e a única substância continua problemática, pelo menos enquanto somos obrigados a pensá-la segundo os conceitos da ontologia tradicional.

Em que sentido se deve entender a afirmação segundo a qual os modos "estão em outro" se nada mais são do que afecções e modificações da substância? Trata-se aqui de uma diferença real ou de uma diferença lógica? O homem (II, proposição X e cor.) é um modo e, como tal, está em Deus e exprime sua natureza; sua essência "é constituída por certas modificações dos atributos de Deus" e, contudo, "o ser da substância não pertence à essência do homem". O vínculo entre realidade e modo de pensar, entre ontológico e lógico, que Espinosa se propunha esclarecer, alcança aqui sua máxima densidade. Os modos são afecções de Deus ou atributos de Deus (os atributos são – segundo a definição IV, parte I – "o que o intelecto percebe da substância como constituinte de sua essência")? É precisamente

---

[66] Harry Austryn Wolfson, *The Philosophy of Spinoza* (Cleveland/Nova York, World Publishing Company/Meridian, 1958), p. 392.

com respeito à relação substância/modos que se diria que Espinosa não conseguiu resolver a ambiguidade entre ontologia e lógica que o dispositivo aristotélico havia deixado como herança para a filosofia ocidental.

֍ *O conceito de modo – enquanto procura pensar a coincidência ou a indiferença de essência e existência, de potência e ato – carrega consigo uma ambiguidade, motivo pelo qual, na história da filosofia ocidental, se apresenta ora como conceito lógico (prefere-se, então, falar de "modalidade" e de lógica modal), ora como conceito ontológico. A ambiguidade continua evidente em Kant, segundo o qual as categorias da modalidade expressam a relação de um objeto com nossa faculdade de conhecer e, contudo, "elas não têm apenas um significado lógico... mas devem dizer respeito às coisas e a suas possibilidades, realidade ou necessidade"* (Crítica da razão pura, A219-B627). *É possível ver nessa dúplice natureza da modalidade algo mais do que um eco da natureza particular da distinção formal segundo Duns Escoto (que é mais do que uma distinção de razão e, no entanto, menos do que uma distinção real) e algo mais do que o modo, segundo Suárez, que é real, mas não como uma coisa (os modos* non sunt formaliter entia*). A indecidibilidade entre lógica e ontologia, é, nesse sentido, consubstancial ao conceito de modo e deve ser remetida à indecidibilidade constitutiva da onto-logia aristotélica, na medida em que esta pensa o ser enquanto é dito. Isso significa que a ambiguidade do conceito de modo não pode ser simplesmente eliminada, mas deve ser pensada como tal.*

É possível que a disputa entre a filosofia impropriamente definida continental e a filosofia analítica encontre sua raiz nessa ambiguidade; portanto, poderia ser resolvida unicamente no terreno de um repensamento da teoria dos modos e das categorias das modalidades.

3.14. Possível paradigma para explicar a relação entre a substância e os modos, entre *natura naturans* e *natura naturata*, é o emanacionista. Os estudiosos mostraram as analogias entre o modelo espinosiano e aquele que a tradição neoplatônica havia transmitido aos filósofos e aos cabalistas hebreus. Deus é causa dos modos não por um ato de criação, mas pela própria necessidade segundo a qual, no modelo emanacionista, as inteligências e as hipóstases emanam da causa primeira. No entanto, a analogia é enganosa. No paradigma emanacionista, o fato de que as coisas procedem de Deus significa que elas saem realmente de Deus e dele se separam. Em Espinosa, pelo contrário, os modos estão e continuam em Deus.

Não existe em Espinosa algo como uma processão ao finito a partir do infinito. Deus ou a substância é para ele uma infinita crosta lógica que mantém unidas as migalhas do infinito número de modos finitos, e essa crosta nunca fica fragmentada a fim de permitir às migalhas sair para fora ou emanar. A substância infinita por sua própria natureza contém dentro de si os modos imediatos infinitos, e os modos imediatos infinitos contêm

188 • O uso dos corpos

dentro de si os modos mediatos infinitos, e estes contêm dentro de si um número infinito de modos finitos.[67]

A irônica observação de Bayle sobre Deus transformado em alemães que mata Deus transformado em 10 mil turcos, com a implicação panteísta que ela sugere, talvez não fosse tão impertinente.

3.15. O problema do significado ontológico da diferença entre ser e modos desponta com evidência especial na cabala, na relação entre *Ein sof* e *sephiroth*. Scholem evidenciou as conexões e as divergências entre o Uno plotiniano e o *Ein sof* dos cabalistas (o "sem fim" ou o "infinitamente", dado o caráter adverbial originário da expressão), mas viu com a mesma lucidez que a questão crucial aqui é aquela da identidade ou diferença entre o *Ein sof* e as *sephiroth* (que correspondem às hipóstases plotinianas). Assim como o Uno plotiniano, também o *Ein sof* é, de fato, absolutamente isento de determinações ou atributos (como tal, ele é chamado pelos cabalistas *belimah*, "sem que"). O que acontece, então, na passagem desse "infinitamente sem que" às *sephirot*, cada uma das quais representa, como as hipóstases de Plotino, uma propriedade e uma determinação? O problema torna-se mais agudo – é aí que de fato se situa o salto ou a fratura decisiva – na relação entre o *Ein sof* e a primeira *sephirah* (que, segundo alguns, é o pensamento; segundo outros, a vontade). Se o *Ein sof* e a primeira *sephirah* (ou, de maneira mais geral, o conjunto das dez *sephiroth*) são essencialmente diversos, então entre Deus e suas emanações ou palavras (assim como também as chamam os cabalistas) se abre um abismo; se eles forem idênticos, o risco será a queda no panteísmo.

Nesse sentido, tem-se o significado estratégico do nada na concepção hebraica (e cristã) da criação *ex nihilo:* entre o *Ein sof* e as *sephiroth* há o nada (*'ayin*) e, nas palavras do cabalista Azriel, ao produzir o ser do nada, Deus "fez que seu nada se tornasse seu ser"[68]. Nesse ponto, no entanto, o problema se repropõe como sendo da relação (de identidade ou diferença) entre o *Ein sof* e o nada.

> Seria possível afirmar que os primeiros cabalistas, que pretendiam estabelecer entre *Ein sof* e *'ayin* uma diferença de nome e não de natureza, de fato cancelaram do drama do universo o primeiro ato, o ato que contém a

---

[67] Ibidem, p. 398.

[68] Gershom Scholem, *Concetti fondamentali dell'ebraismo* (Genova, Marietti, 1986), p. 64.

exposição dialética do Todo. A teoria da identidade entre os dois termos estabelecia uma reviravolta panteísta: a criação a partir do nada é apenas a cifra da unidade essencial entre todas as coisas e Deus.[69]

A relação entre o *Ein sof* e as *sephiroth* parece sempre prestes a naufragar em uma absoluta identidade ou a romper-se em uma igualmente absoluta diferença.

א *Herrera, em seu tratado* A porta do céu, *exprime essa dificuldade dizendo que é tão contraditório afirmar que o* Ein sof, *como causa primeira, produz aquilo que ele já é e contém em si quanto afirmar que ele produz aquilo que não é e não possui:*

> *Se a Causa primeira, enquanto infinitamente perfeita, contém tudo em si, pergunto se na produção universal de todas as coisas deu e comunicou o que ela é e possui em si ou o que ela não é e não possui. Se me respondessem que deu o que é e possui, argumento que é impossível, seja porque o que ela é e possui é infinito e simplicíssimo, enquanto tudo aquilo que deu é limitado e de algum modo composto, seja porque o que ela é e possui não pode ser produzido, não só enquanto é improduzido e improduzível, mas também porque ninguém pode produzir o que já existe, dado que a produção consiste em uma passagem do não ser para o ser... Mas, se dissessem que deu o que ela não é e não possui, então parece que há algo que aquele que é sumamente perfeito não seria e não conteria em si, contrariamente ao que nos mostra a reta razão... Portanto, ao combinarmos e quase conciliarmos entre si esses dois extremos e ao mediarmos entre si, como fez o príncipe dos Peripatéticos, que pôs entre o nada e o ser a potência, só nos resta concluir que a Causa primeira de certa maneira produziu o que é e possui e, de algum modo, produziu o que não é e não possui...*[70]

Resulta evidente que o problema não pode ser resolvido no interior das categorias da ontologia tradicional, exigindo, portanto, a passagem a uma conceitualidade diversa.

3.16. O que aqui está em questão é nada menos do que o problema metafísico da diferença ontológica entre ser e ente. Em outras palavras, na relação entre o *Ein sof* e as *sephiroth*, entre o Uno e as hipóstases, está em jogo a diferença ontológica que define, segundo Heidegger, a metafísica do Ocidente. Como acontece às vezes, a crucialidade e a dificuldade da decisão em Heidegger se mostram em um detalhe textual imperceptível: a correção de uma palavra em uma frase do *Nachwort*, acrescentado em 1943 à quarta edição de *O que é a metafísica?*. No texto de 1943, lia-se: "Pertence à

---

[69] Idem, "Dieci tesi astoriche sulla 'Qabbalah'", em *Il nome di Dio e la teoria cabbalistica del linguaggio* (Milão, Adelphi, 1998), p. 98.

[70] Abraham Cohen de Herrera, *La porta del cielo* (org. Giuseppa Saccaro del Buffa, Vicenza, Neri Pozza, 2010), p. 295.

190 • O uso dos corpos

verdade do ser que o ser é de fato [*wohl*] sem o ente e que, pelo contrário, nunca o ente é sem o ser"; a quinta edição (1949), por sua vez, corrige o "de fato", substituindo por "nunca": "Pertence à verdade do ser que o ser nunca é sem o ente e que nunca um ente é sem o ser"[71]. Enquanto na primeira versão o nexo entre ser e ente é rompido por parte do ser, que se apresenta consequentemente como nada, a segunda afirma que o ser nunca pode ser separado dos entes e se identifica de algum modo com eles, assim como a manifestação e a ilatência de algo não são essencialmente diferentes daquilo a respeito do que se manifesta. A diferença ontológica equivale a uma separação e a um hiato entre o ser e o ente ou estão em questão aqui a ilatência e a latência de um mesmo? O que é o ente para o ser e o ser para o ente, se eles nunca podem separar-se? A correção apresentada sem motivos parece indicar uma oscilação e uma incerteza.

O problema fica resolvido – tanto aqui quanto no caso da relação entre o *Ein sof* e as *sephiroth* e entre o Uno e suas hipóstases – se o colocarmos nos termos de uma ontologia modal (admitido que, no caso, ainda se possa falar de ontologia). Entre ser e modos a relação não é de identidade nem de diferença, porque o modo é ao mesmo tempo idêntico e diverso – ou melhor, implica a coincidência dos dois termos, ou seja, o fato de caírem juntos. Nesse sentido, o problema do risco panteísta é mal apresentado: o sintagma espinosiano *Deus sive natura* não significa "Deus = natureza"; o *sive* (quer derive do *se* condicional e concessivo, quer derive do *sic* anafórico) exprime a modalização, isto é, o fato de se neutralizar e de não resolver tanto a identidade quanto a diferença. Divino não é o ser em si, mas seu *sive*, o fato de sempre já se modificar e "se naturar" – nascer – nos modos.

O problema é, nesse ponto, encontrar os conceitos que permitem pensarmos corretamente a modalidade. Não estamos habituados a pensar de modo *substantival*, enquanto o modo tem uma natureza constitutivamente *adverbial*, exprime não "o que", mas "como" o ser é.

3.17. Há, em Espinosa, um conceito que fornece a chave para compreender a relação substância/modos além das contradições da ontologia tradicional. É o de causa imanente, sobre o qual já tivemos oportunidade

---

[71] Martin Heidegger, *Wegmarken* (Frankfurt, Klostermann, 1967), p. 102 [ed. bras.: *Marcas no caminho*, trad. Enio Paulo Giachini e Ernildo Stein, Petrópolis, Vozes, 2008].

Por uma ontologia modal • 191

de nos determos. A proposição XVIII da primeira parte o enuncia da seguinte maneira: "Deus é causa imanente de todas as coisas, não causa transitiva"; e a demonstração específica esclarece que "fora de Deus não pode haver substância nenhuma, isto é, uma coisa que, fora de Deus, exista em Deus... Por conseguinte, Deus é causa imanente de todas as coisas, não causa transitiva". A remissão ao conceito aristotélico de causa interna (*enyparchon*) contraposta à externa (*ektos* – *Metafísica*, 1070b 22) é pertinente, mas nada acrescenta àquela que parece ser uma explicação tautológica (Deus é causa interna ou imanente porque não há nada fora Dele).

Mostramos[72] como Espinosa deu uma indicação decisiva sobre o conceito em *Compendium grammatices linguae hebraeae*, a propósito de uma forma especial do nome infinitivo (o infinito em hebraico é declinado como nome), que exprime uma ação referida junto ao agente e ao paciente (que ele exemplifica com a expressão "constituir a si visitante" ou "passear a si"). Essa forma do verbo hebraico corresponde exatamente à voz média do verbo grego ou latino, que recordamos a propósito do uso[73].

A causa imanente é, portanto, uma ação em que agente e paciente coincidem, ou seja, caem juntos. Isso significa que, parafraseando o exemplo espinosiano, nos modos, a substância "constitui-a-si mesma como existente" (ou vivente, se Deus é vida, como está escrito em *Cogitata*, capítulo 6), "passeia a si mesma" na existência. Isso significa, igualmente, que, para pensar a relação substância/modos, é necessário dispor de uma ontologia na voz média, em que o agente (Deus, ou a substância), ao efetivar os modos, afeta e modifica na realidade apenas a si mesmo. A ontologia modal pode ser compreendida unicamente como ontologia medial, e o panteísmo espinosiano, se de panteísmo se trata, não é uma identidade inerte (substância = modo), mas um processo em que Deus afeta, modifica e exprime a si mesmo.

Na primeira parte deste livro, chamamos de "uso" um processo medial desse tipo. Em uma ontologia modal, o ser usa a si, ou seja, constitui, exprime e ama a si mesmo na afecção que recebe de suas próprias modificações.

א *A relação de causa imanente implica que o elemento ativo não cause o segundo, mas, antes, nele se "expresse". O conceito de expressão para o qual Gilles Deleuze chamou oportunamente atenção e que vimos aparecer já em Suárez e Tomás de Argentina percorre toda a* Ética *espinosiana e se refere tanto à relação entre os atributos e a substância*

---

[72] Ver p. 48 deste volume.
[73] Ver p. 48 deste volume.

192 • O uso dos corpos

(todo atributo "expressa uma essência eterna e infinita" – I, def. 6) quanto àquela entre os modos e Deus ("tudo aquilo que existe exprime de modo certo e determinado a natureza ou essência de Deus" – proposição XXXVI, sch.) Segundo a perspectiva que aqui nos interessa, a expressão age como princípio de transformação e neutralização do conceito de causa, que, ao abolir toda hierarquia entre a causa e o efeito, afirma a imanência do expresso em quem exprime e do passivo no ativo.

3.18. Uma compreensão correta da relação ser/modos permite que se resolva, ou melhor, se transforme em *euporias* as aporias do dispositivo aristotélico, sendo a primeira delas a da relação fundamental entre ser e linguagem. O que estava em jogo no *ti en einai* era a relação de identidade de uma coisa consigo mesma, a relação entre Ema e seu ser Ema ("o que era para Ema ser Ema"). No entanto, tal relação só é pensável porque o ente foi nomeado, só porque Ema tem um nome, foi dita Ema[74]. Em outras palavras, a relação ontológica corre entre o ente e seu ser nomeado, entre Ema e seu ser-dito Ema, entre Ema e sua "dizibilidade" (o que os estoicos chamavam *lekton*, "dizível", e não concebiam como atributo mental nem linguístico, mas ontológico).

É essa relação que também está em questão – sem que se pudesse dar conta e menos ainda pudesse resolvê-la – na distinção formal de Duns Escoto. O que – ao distingui-lo tanto do ser real quanto do ser mental – ele chama ser formal ou *formalitas* é, na verdade, o ser-dito. Tal ser-dito não deve, de nenhum modo, ser concebido como um ser na mente, dependente da relação cognoscitiva de um sujeito; ele é, sim, a qualidade ou o caráter que o ente recebe como dito, como sempre já recebeu um nome e, como tal, sempre já foi pré-suposto. O nome é, aqui, um atributo ontológico da coisa, não um contrassigno exterior.

Duns Escoto, ao desenvolver, em nova direção, a tese agostiniana segundo a qual a relação existe em si independentemente do relativo, de fato define o ser da relação como forma e o estatuto ontológico desta forma como *ens debilissimum*. A relação é algo existente, mas é o mais fraco de todos os entes, porque consiste unicamente no modo de ser de dois entes (*"relatio inter omnia entia est ens debilissimum, cum sit sola habitudo duorum" – Super praedicamenta*, q. 25, 10)[75]. Precisamente por isso ela é difícil de

---

[74] Ver p. 149 deste volume.

[75] Cf. Jan Peter Beckmann, *Die Relation der Identität nach Johannes Duns Scotus* (Bonn, H. Bouvier, 1967), p. 45.

Por uma ontologia modal • 193

conhecer (*"et ita minimum cognoscibile in se"*)[76]: se procurarmos captá-la – se procurarmos captar o ser-dito –, ela nos escapa entre as mãos. O *ens debilissimum* é o ser-dito, é o nome.

O erro que Duns Escoto repete seguindo os passos de Agostinho consiste em conceber a essência em si como algo que deve ser pressuposto a seu ser dito *relative* e pode, como tal, ser considerado e usufruído independentemente do relativo. Assim, segundo Duns Escoto, no caso da essência trinitária de Deus, é possível desejá-la e usufruir dela sem referência a uma das pessoas divinas:

Afirmo que é possível para o homem usufruir nesse mundo da essência divina sem usufruir da pessoa [*frui essentia divina non fruendo persona*], e a prova é que, segundo Agostinho, se a essência se diz de modo relativo, não é uma essência, porque toda essência que se diz de modo relativo é algo excetuado o relativo. (*Ox.*, I, d. I, p. I, q. 2, 31)[77]

Isso significaria – dessa maneira o erro é imediatamente confutado – que é possível amar a Deus sem amar a Cristo ou – se o traduzirmos nos termos que aqui nos interessam – que é possível amar a identidade consigo mesma de Ema (sua essência) sem amar a singularidade que se chama Ema (sua existência).

Todo o problema da relação entre essência e existência, entre ser e ser relativo, aparece sob nova luz se o situarmos no contexto de uma ontologia modal. A essência não pode ser sem o relativo, tampouco o ser sem o ente, porque a relação modal – admitindo que se possa falar de uma relação – acontece entre o ente e sua identidade consigo mesmo, entre a singularidade que traz o nome Ema e seu ser-dito Ema. A ontologia modal acontece no fato primordial – que Aristóteles se limita a pressupor sem o tematizar – de que o ser sempre já se diz: *to on legetai...* Ema não é a individuação particular de uma essência humana universal, mas, como modo, é o ente para o qual, em seu existir, está em jogo, o fato de ter nome, seu ser na linguagem.

𐤉 *É por essa perspectiva que convém considerar a intuição de Benjamin, que, em aforisma de* Sombras curtas, *define o amor platônico como o amor que "conserva e guarda não degustado [indelibato] o nome da amada" e para o qual "a própria existência da amada provém de seu nome como os raios do seu núcleo incandescente"*[78]. *O amor é, nesse sentido, uma categoria da ontologia: ele é o cuidado daquele* ens debilissimum

---

[76] Idem.

[77] Ibidem, p. 205.

[78] Walter Benjamin, *Gesammelte Schriften*, v. 4, tomo 1 (Frankfurt, Suhrkamp, 1980), p. 369.

194 • O uso dos corpos

que é a relação entre uma coisa e seu nome, o fato de assumir sem reservas a relação entre o ente e seu ser na linguagem.

3.19. O objetivo aqui não é a interpretação do pensamento de Espinosa nem de Leibniz, mas a elaboração de categorias que se livrem das aporias do dispositivo ontológico. Por essa perspectiva, outro precioso conceito, ao lado daquele de causa imanente, é o de exigência, que já encontramos em Leibniz. Um repensamento das categorias da modalidade não é possível sem uma definição do conceito de exigência. Realmente, por efeito da exigência, não só a existência, mas também a possibilidade e a contingência, se transformam e se modificam. Uma definição da exigência implica, portanto, como tarefa preliminar, uma redefinição das categorias ontológicas fundamentais, antes de tudo as da modalidade.

Leibniz pensou a exigência como um atributo da possibilidade: *omne possibile exigit existere*[79]. O que é possível exige tornar-se real, a potência – ou a essência – exige a existência. Por isso, Leibniz define a existência como exigência da essência: "*Se existentia esset aliud quiddam quam essentiae exigentia, sequeretur ipsam habere quandam essentiam, seu aliquid novum superadditum rebus, de quo rursus quaeri potest, an haec essentia existat, et cur ista potius quam alia* [Se a existência fosse alguma coisa diferente da exigência da essência, disso se seguiria que essa coisa teria alguma essência ou algo novo lhe teria sido acrescentado, a respeito do qual, por sua vez, se poderia perguntar se essa essência existe e por que esta (existe) mais do que a outra]"[80]. A existência não é um *quid*, algo diverso com respeito à essência ou à possibilidade, é só uma exigência contida na essência. Mas como compreender essa exigência? Em fragmento de 1689, Leibniz chama tal exigência *existurientia* (termo formado a partir do infinito futuro de *existere*), e é por meio dela que ele procura tornar compreensível o princípio de razão. A razão pela qual algo existe em vez de nada "consiste na prevalência das razões de existir [*ad existendum*] sobre aquelas de não existir, ou seja, se é lícito dizê-lo com uma palavra, na exigência de existir da essência [*in existurientia essentiae*]"[81] . A raiz última dessa exigência é Deus

---

[79] Gottfried Wilhelm Leibniz, *Die philosophischen Schriften*, v. 1 (org. Hans Heinz Holz, Darmstadt, Wissenschaftliche Buchgesellschaft, 1965), p. 176.

[80] Idem.

[81] Idem, *Sämtliche Schriften und Briefe* (org. Deutsche Akademie der Wissenschaft zu Berlin, Leipzig-Berlim, Akademie Verla, 1923-), p. 1.634-5.

(é necessário que exista uma raiz *a parte rei* da exigência de existir das essências [*existituritionis essentiarum*], e essa raiz só pode ser o ente necessário, fundo [*fundus*] das essências e fonte [*fons*] das existências, ou seja, Deus... Jamais, a não ser em Deus e por meio de Deus, as essências poderiam encontrar um caminho para a existência [*ad existendum*]).[82]

3.20. Portanto, a exigência é uma categoria da ontologia. Isso deveria implicar uma redefinição das categorias ontológicas, o que Leibniz se abstém de fazer. Assim, ele atribui a exigência à essência (ou à potência) e faz da existência o objeto da exigência. Por isso, seu pensamento continua tributário do dispositivo ontológico, que divide no ser essência e existência, potência e ato, e vê em Deus seu ponto de indiferença entre eles, o princípio "existificante" (*existentificans*), em que a essência se faz sempre existente. Mas o que é uma possibilidade que contém uma exigência? E como pensar a existência se ela nada mais é do que uma exigência? E se a exigência fosse mais original do que a própria distinção entre essência e existência, potência e ato? Se o próprio ser devesse ser pensado a partir de uma exigência, de que as categorias da modalidade (possibilidade, contingência, necessidade) nada mais são do que as inadequadas especificações, o que devemos recolocar decididamente em questão?

3.21. A natureza da exigência é definida, segundo Leibniz, pelo fato de ela não implicar logicamente seu objeto. Em outras palavras, diz-se que uma coisa exige outra quando, se a primeira for, também a outra será, sem que, porém, a primeira a implique logicamente ou a contenha no próprio conceito e sem que obrigue a outra a ser. A exigência não é uma categoria lógica. Por isso, Leibniz pode escrever, na correspondência com Des Bosses, que "o vínculo substancial exige [*exigit*] as mônadas, mas não as implica [*involvit*] essencialmente, pois pode existir sem as mônadas e elas podem existir sem ele". Exigir (*exigere*) não é implicar (*involvere*). (No mesmo sentido, Benjamin pode escrever que a vida do príncipe Myškin exige ficar inesquecível mesmo que ninguém a recordasse.) Mas o que significa exigir que algo seja, sem que este necessariamente seja? A partir daí, tem-se o estatuto ontológico particular da exigência: ela não é da ordem da essência (não é uma implicação lógica contida na essência) nem sequer coincide com

---

[82] Idem.

196 • O uso dos corpos

a realidade atual. No onto-lógico, ela consiste no limiar – no hífen – que une e ao mesmo tempo separa o ôntico e o lógico, a existência e a essência.

Assim, a exigência é a categoria mais adequada para pensar a ambiguidade entre lógica e ontologia que o dispositivo aristotélico deixou como herança para a filosofia ocidental. Ela não corresponde à linguagem nem ao mundo, nem ao pensamento nem ao real, mas à sua articulação. Se a ontologia pensa o ser enquanto é dito, a exigência corresponde ao *enquanto* que separa e, ao mesmo tempo, une os dois termos.

O problema é, porém, precisamente como deve ser pensada essa articulação. Ela não pode ser como um nexo substancial. Por isso, é, ao mesmo tempo, real e não fatual, nem simplesmente lógica nem completamente real. Se linguagem e mundo estão frente a frente sem articulação nenhuma, o que aparece entre eles é uma pura exigência – ou seja, uma *dizibilidade*. *O ser é uma pura exigência estendida entre a linguagem e o mundo.* A coisa exige a própria dizibilidade, e tal dizibilidade é o entendido da palavra. Mas, na realidade, existe só a dizibilidade: a palavra e a coisa são apenas as duas frações desta.

3.22. Uma essência que se torna exigência não é mais uma simples possibilidade, ou potência, mas algo diferente. Poderíamos afirmar que a exigência é, no sentido em que se viu, um modo da potência. No entanto, desse modo, repetiríamos o erro dos escolásticos, que haviam procurado conciliar o modo com uma conceitualidade que, em última instância, lhe é estranha. Não são apenas a possibilidade e a essência a ser transformadas pela exigência; também o ato e a existência, investidos pela exigência, perdem sua fixidez e, ao se contraírem na potência, exigem que sejam possíveis, exigem a própria potência. *Se a existência se torna uma exigência da possibilidade, então a possibilidade se torna uma exigência da existência.* A posição leibniziana do problema da exigência acaba, no caso, invertida: não é o possível que exige existir; é, pelo contrário, o real que exige a própria possibilidade. O próprio ser, conjugado na voz média, é uma exigência, que neutraliza e torna inoperosas tanto a essência quanto a existência – tanto a potência quanto o ato. Essas são apenas as figuras que a exigência assume se for considerada pelo ponto de vista da ontologia tradicional.

3.23. Nesse ponto, o problema do *vinculum substantiale* deve ser repensado a partir do início. O ser não preexiste aos modos, mas constitui a si modificando-se, nada mais é do que suas modificações. Compreende-se, então, por que Leibniz pode escrever, em seu vocabulário ainda contraditório, que o vínculo é algo como um eco, "que logo depois que é posto exige as mônadas". Tal proposição torna-se inteligível unicamente se for restituído ao conceito de exigência seu pleno significado ontológico. Se a exigência, não a substância, é o conceito central da ontologia, podemos dizer que o ser é uma exigência dos modos, assim como os modos são uma exigência do ser, contanto que se esclareça que aqui a exigência não é uma implicação lógica nem um imperativo moral. Esse é também o único sentido da doutrina dos transcendentais: o ser, que sempre já é suas modificações, exige ser *unum, verum, bonum seu perfectum*, exige verdade, justiça e perfeição, no mesmo sentido em que Benjamin afirmava que a justiça não é uma virtude, mas um estado do mundo.

3.24. É aqui que encontra seu lugar próprio o conceito de *conatus*. Quando Espinosa define a essência como *conatus*, como "o esforço pelo qual toda coisa tende a perseverar em seu ser" (*Ética*, III, proposição VII: *Conatus, quo unaquaeque res in suo esse perseverare conatur, nihil est praeter ipsius rei actualis essentia* [O esforço pelo qual cada coisa se esforça por preservar no seu ser nada é fora da essência atual dessa coisa]), ele pensa algo como uma exigência (no escólio, ele afirma: *potentia sive conatus* – o *conatus* é a potência enquanto ela é, na verdade, exigência). O oxímoro "essência atual" mostra a inadequação das categorias da ontologia tradicional a respeito daquilo que, no caso, se deve pensar.

Que o verbo *conor* esteja na voz média mostra mais uma vez sua pertinência com a ontologia que aqui procuramos delinear. Se traduzimos *conor* como "exigir" e *conatus* como "exigência" ("a exigência pela qual toda coisa exige perseverar em seu ser"), isso é feito sob a condição de não esquecer a natureza medial do processo que está em jogo: o ser que deseja e exige, ao exigir, modifica, deseja e constitui a si mesmo. É isso, não outra coisa, que significa "perseverar em seu ser".

‫א‬ *Herrera, seguindo os passos de Plotino, em seu tratado identifica* ser e querer: *"a Causa primeira, como Plotino demonstra sutilmente, é em si o que deseja, não menos de quanto deseja o que é"*[83]. *Por outro lado, tendo em vista explicar como no Ein sof possa produzir-se algo como um impulso para a criação, ele pensa este primeiro*

---

[83] Abraham Cohen de Herrera, *La porta del cielo*, cit., p. 273.

198 • O uso dos corpos

movimento como dileto, que ele chama sha'ashu'a, *"deleytable alteración": "Esse quase sair de si, enquanto infinito, para outro, que é e convém que seja finito, é o* sha'ashu'*a, ou quase movimento, com que (embora seja em si e totalmente o mesmo) parece diferir de si e quase se encaminhar e tender para outro..."*[84]. *O conatus, em sua mais íntima natureza, é desejo e prazer.*

3.25. Categoria adequada para pensar o *conatus* é *ductus*, definido como *tenor sub aliqua figura servatus*, "tensão conservada sob certa figura". Tal conceito, que lembra de algum modo as noções estoicas *plegé* e *tonos* (Cleante havia falado de um *"tonos* na substância de todas as coisas" – SVF, fragmento 497), que designam a tensão interna do ser, encontrou uma aplicação precoce no vocabulário da grafologia, em que designa a tensão que dirige o gesto da mão na formação das letras.

Segundo esse paradigma grafológico, podemos fazer uma representação da relação entre a exigência – ou a tensão – da substância e seus modos. Os modos são as figuras nas quais a substância conserva sua exigência (seu *ductus*). Assim como, em uma linha de escritura, o *ductus* da mão passa continuamente da forma comum da letra aos traços particulares que identificam a presença singular da mesma, sem que em ponto nenhum se possa traçar um limite real entre as duas esferas, também, em determinado modo – por exemplo, em determinado rosto humano –, a natureza humana transita de maneira contínua na existência, e é justamente essa incessante emergência que constitui sua expressividade. Natureza comum e singularidade, essência e existência, nada mais são do que as duas aparências geradas pelo *ductus* incessante da substância. E a exigência singular – o modo – não é uma substância nem um fato pontual, mas uma série infinita de oscilações modais, por meio das quais, cada vez, a substância se constitui e se exprime.

3.26. Na fórmula que expressa o tema da ontologia: *on he on, ens qua ens,* "o ser como ser", o pensamento se deteve no primeiro *ens* (a existência, que algo seja) e no segundo (a essência, o que é algo), deixando impensado o termo médio, o *qua*, o "como". O lugar próprio do modo está nesse "como". O ser, que aqui está em questão, não é o *quod est* nem o *quid est,* tampouco um "que é" ou um "o que é", mas um *como*. Esse "como" originário é a fonte originária das modificações ("como" deriva etimologicamente de

---

[84] Ibidem, p. 297.

quo-modo). Restituir o ser a seu *como* significa restituí-lo a sua *com-moditas*, a saber, a sua justa medida, a seu ritmo e a seu jeito (*commodus*, que em latim é tanto um adjetivo quanto um nome próprio, tem precisamente esses significados, e *commoditas membrorum* designa a harmônica proporção dos membros).

Um dos significados fundamentais de "modo" é, aliás, o musical, de ritmo, justa modulação (modificar em latim significa modular harmonicamente: é nesse sentido que dissemos que o "modo" do ser é a fonte das modificações).

Benveniste mostrou que "ritmo" (*rythmos*) é um termo técnico da filosofia pré-socrática que designa a forma não em sua fixidez (para forma, o grego usa preferencialmente o termo *schema*), mas no átimo em que é assumida pelo que se move, é móvel e fluido[85]. Platão aplica o termo aos movimentos ordenados do corpo: "Essa ordem dos movimentos recebeu o nome ritmo, enquanto se chama de harmonia a ordem da voz em que se fundamentam o agudo e o grave, e a união de ambos se chama dança" (*Leis*, 665a). Nesse sentido, o termo também é usado, especialmente pelos poetas líricos, para definir a forma própria e o caráter de cada indivíduo: "Conhece que ritmo governa os homens" (*gignoske d' oios rythmos anthropous echei* – Arquíloco), "não louvar um homem antes de conhecer seu sentimento, seu ritmo e seu caráter" (*orgen kai rithmon kai tropon* – Teógnis).

O modo expressa essa natureza "rítmica" e não "esquemática" do ser: o ser é um fluxo e a substância se "modula" e adquire ritmo – não se fixa e esquematiza – nos modos. Não é o individuar-se, mas o ritmar-se da substância que define a ontologia que aqui procuramos definir.

Daí a particular temporalidade do modo, sobre a qual é oportuno refletir. O advérbio *modo* significa, em latim, "há pouco, agora mesmo, recentemente". Ele indica, no "agora", um leve corte temporal, que não é tanto um passado cronológico quanto uma não coincidência do átimo consigo mesmo, que o obriga a parar e a retomar-se. Poderíamos, então, dizer que a forma temporal do modo não é o passado nem o presente, menos ainda o futuro: ela é o *modo*rno, sob a condição de devolver a esta palavra desacreditada seu significado etimológico, de *modo e modus* (também presente, em alguma medida, no termo aparentado "moda").

---

[85] Émile Benveniste, *Problèmes de linguistique générale*, v. 1 (Paris, Gallimard, 1966), p. 33 [ed. bras.: *Problemas de linguística geral*, v. 1, 5. ed., trad. Eduardo Guimarães, Campinas, Pontes, 2005].

200 • O uso dos corpos

Desde seu primeiro aparecimento em carta de Gelásio I, que faz a distinção entre as *admonitiones modernae* e as *antiquae regulae*, o termo *modernus* sempre comporta uma tensão com respeito ao passado, como se o presente pudesse ser captado e definido unicamente com um corte a respeito de si mesmo. Em outras palavras, o moderno é intimamente histórico e arcaico porque precisa do antigo para ser relacionado e, ao mesmo tempo, contraposto a ele. De maneira análoga, a temporalidade do modo não é a atualidade: na existência presente e na atual, é o corte que os impede de coincidir consigo mesmos – o tempo operativo no qual o fluxo do ser pulsa e para, recomeça e repete e, dessa maneira, modula-se em um ritmo. Enquanto exige conservar-se em seu ser, a substância se dissemina nos modos e, assim, pode dar-se forma no tempo. O "ser que era" e sua retomada no pensamento, a existência e a essência, a substância e os modos, o passado e o presente nada mais são do que os momentos ou as figuras desse ritmo, dessa música do ser: *ductus sub aliqua figura servatus*.

Nesse sentido, é propriamente moderno não tanto quem se contrapõe ao antigo, mas quem compreende que só quando algo "fez seu próprio tempo", isso se torna realmente urgente e atual. Só nesse ponto o ritmo do ser pode ser conhecido e apreendido como tal. Hoje estamos nessa situação epocal extrema; contudo, parece que os homens não conseguem tomar consciência disso e continuam cindidos e divididos entre o velho e o novo, o passado e o presente. Arte, filosofia, religião e política fizeram seu tempo, mas só agora nos aparecem em sua plenitude, só agora poderemos alcançar a partir delas uma nova vida.

א *Avicena, ao desenvolver a ideia neoplatônica de emanação, concebe o ser como um fluxo (fayd). O primeiro princípio não age por vontade nem por escolha, mas simplesmente existe, e da sua existência deriva e "flui" o mundo. O fato de que na imagem do fluxo esteja em questão uma neutralização tendencial do conceito de causa, no sentido da imagem recíproca entre causante e causado, está implícito no modo como Alberto Magno retoma essa ideia: "Só pode fluir o que tanto no fluente quanto naquilo de que flui é da mesma forma, assim como o riacho tem a mesma forma da fonte da qual flui..."[86]. Se mantivermos a imagem do fluxo, então a forma mais adequada de pensar o modo será a de concebê-lo como uma voragem no fluxo do ser. Ele não tem outra substância senão aquela do único ser, mas, com respeito ao mesmo, tem uma figura, uma maneira e um movimento que lhe pertencem como próprios. Os modos são redemoinhos*

---

[86] Olga Lizzini, *Fluxus (fayd): Indagine sui fondamenti della Metafisica e della Fisica di Avicenna* (Bari, Edizioni di Pagina, 2011), p. 10-1.

no interminável campo da substância, que, submergindo e turbilhonando em si mesma, se dissemina e expressa nas singularidades.

3.27. A fim de pensar corretamente o conceito de modo, é necessário concebê-lo como limiar de indiferença entre a ontologia e a ética. Assim como na ética o caráter (*ethos*) exprime o irredutível ser-assim de um indivíduo, também na ontologia o que está em questão no modo é o "como" do ser, o modo em que a substância são suas modificações. O ser exige suas modificações, elas são seu *ethos*: seu ser irreparavelmente consignado aos próprios modos de ser, a seu "assim". O modo em que algo é, o ser-assim de um ente, é uma categoria que pertence indecidivelmente tanto à ontologia quanto à ética (o que também se pode expressar dizendo que, no modo, elas coincidem). Por essa perspectiva, a reivindicação de uma ontologia modal deveria ser terminologicamente integrada, no sentido de que, entendida corretamente, uma ontologia modal já não é uma ontologia, mas uma ética (sob a condição de acrescentar que a ética dos modos já não é uma ética, mas uma ontologia).

É só nesse ponto que um confronto com a ontologia heideggeriana se torna possível. Se a diferença entre essência e existência é o problema crucial em *Ser e tempo*, no sentido de que "a essência do Ser-aí repousa em sua existência"[87], os caracteres desse ente, no entanto, não devem ser concebidos segundo o modelo da ontologia tradicional, como "propriedades" ou acidentes de uma essência, mas "sempre e só como possíveis modos [*Weisen*] de ser". Por conseguinte, "o termo 'Ser-aí', com o qual designamos esse ente, exprime o ser, e não a coisa, conforme acontece quando dizemos pão, casa, árvore"[88].

Heidegger sublinha com ênfase que o conceito de existência que aqui está em questão não é o da ontologia tradicional, fundado na clara distinção entre essência e existência. O aceno aos "modos de ser" e deixar claro que "todo ser-assim [*Sosein*] desse ente é primariamente ser" (idem) deveriam ter esclarecido que a ontologia do *Dasein*, mesmo que Heidegger não a enuncie explicitamente, é uma forma radical, embora não tematizada claramente, de ontologia modal. As aulas do semestre estivo de 1928 em

---

[87] Martin Heidegger, *Sein und Zeit* (12. ed., Tübingen, M. Niemeyer, 1972), p. 42 [ed. bras.: *Ser e tempo*, trad. Fausto Castillo, Campinas/Rio de Janeiro, Editora da Unicamp/Vozes, 2012].

[88] Idem.

202 • O uso dos corpos

Marburgo, que muitas vezes acrescentam comentários preciosos a respeito de passagens de *Ser e tempo*, sugerem-no sem reservas: "[Ser-aí] designa o ente para o qual ser seu modo de ser [*seine eigene Weise zu sein*] não é, em sentido determinado, indiferente"[89]. O Ser-aí não é uma essência, assim como em Duns Escoto e na escolástica, indiferente a suas modificações: ele é sempre e somente seu modo de ser, ou seja, é radicalmente modo (parafraseando o mote escolástico, segundo o qual "a cavalidade é somente cavalidade", o Ser-aí é modo, mais nada). O Ser-aí é o modo de um ser que coincide integralmente com ele.

Aqui não é possível precisar as razões que levaram Heidegger a não explicitar o caráter modal de sua ontologia. É provável que tenha sido justamente a adesão prolongada ao dispositivo aristotélico que não lhe tenha permitido compreender que a diferença ontológica deveria ser integralmente resolvida na relação ser-modos. Em todo caso, trata-se da mesma dificuldade que o obrigou evitar até o final um confronto com a filosofia de Espinosa.

---

[89] Idem, *Metaphysische Anfangsgründe der Logik im Ausgang vom Leibniz* (Frankfurt, Klostermann, 1978), p. 171.

Limiar II

1. Na segunda metade dos anos 1930, enquanto escreve e reúne as anotações que confluíram no rascunho Beiträge zur Philosophie *(inoportunamente rubricado pelos editores da* Gesamtausgabe *como seu* Hauptwerk*), Heidegger volta insistentemente ao conceito de* Dasein*,* Ser-aí *(que agora escreve sempre* Da-sein*), e, ao retomar a analítica existencial que havia esboçado em* Ser e tempo*, define de novo a relação entre o homem e aquilo que aquele termo deveria designar. Em* Ser e tempo – *sugere ele – o conceito ainda era pensado de maneira demasiadamente antropológica, o que podia dar lugar a equívocos. O termo não significa o homem nem sequer um caráter ou uma propriedade estrutural do ser humano (justamente isso é que agora poderia prestar-se a "fáceis mal-entendidos" em* Ser e tempo*): ele é, acima de tudo, algo que ele deve assumir e "assumir como encargo" (*übernehmen*)[90] e em que deve "insistir"[91]. Isso indica "uma possibilidade do homem por vir", o "fundamento de determinado, futuro ser humano, não do homem em si"[92], ou seja, do homem que "se encarrega de ser o* Da *[o Aí]" e se concebe como "guardião da verdade do ser"[93]. Ser-aí não significa "estar disponível aqui ou lá" nem simplesmente "encontrar-se" (*Vorkommen*), mas "insistente suportação" [*inständige Ertragsamkeit*] *na fundação do* Aí[94]*, "persistência" [*Beständnis; bestehen *significa 'superar com tenacidade uma prova'] na verdade do Ser [*Seyns*]"[95]*. No curso de 1929-1930 sobre* Conceitos fundamentais da metafísica, Dasein *era definido ainda mais icasticamente como "fardo" que o homem deve tomar para si.*

Reflitamos sobre a terminologia com que Heidegger procura definir o Da-sein*: "assumir o encargo" (*übernehmen*), "possibilidade", "insistente suportação", "persistência". Trata-se, pois, não de algo que sempre já está presente no homem e de que o homem pode dispor, mas de uma tarefa ou de uma prova que o homem deve assumir como encargo e sustentar – e de uma tarefa árdua, se for*

---

[90] Martin Heidegger, *Beiträge zur Philosophie* (Frankfurt, Klostermann, 1989), p. 297.

[91] Ibidem, p. 319.

[92] Ibidem, p. 300.

[93] Ibidem, p. 297.

[94] Ibidem, p. 298.

[95] Ibidem, p. 311.

204 • O uso dos corpos

*verdade que, conforme diz o título do parágrafo 5, ela fica reservada a "poucos e raros" (*für die Wenigen – für die Seltenen*).*

O ser-aí, nesse caso, parece ser não uma substância, mas algo como uma atividade ou um modo de existir que o homem deve assumir para ter acesso à verdade (sua e do ser) – algo em que ele, portanto, pode eventualmente fracassar. Mas como pode aquilo em que está em questão a própria verdade do ser ficar confiado unicamente à incerteza e à contingência de uma "prova" e de uma "tarefa"?

2. Heidegger choca-se aqui com uma dificuldade que já estava presente em Ser e tempo. *Nesse ponto, a constituição ontológica circular do ser-aí, ou seja, do ente para o qual está em jogo, em seu ser, o próprio ser, implica um "primado" (*Vorrang*)[96] e uma "excelência" (*Auszeichnung*)[97] do* Dasein, *que em sua própria estrutura – enquanto "tem uma relação de ser com seu ser" – é "em si mesmo ontológico"[98].* O ser-aí, nesse sentido, é "a condição ôntico-ontológica da possibilidade de toda ontologia"[99]. *No entanto, no início do mesmo parágrafo 4, a relação entre* Dasein *e homem havia sido definida por Heidegger de maneira pelo menos superficial nos seguintes termos: "Enquanto comportamentos do homem, as ciências têm o modo de ser [Seinsart] desse ente (o homem). Tal ente compreendemo-lo terminologicamente [*fassen wir terminologisch*] como* Dasein"[100].

O que é tematicamente enfrentado em Beiträge zur Philosophie *é justamente o problema dessa "compreensão terminológica". É o homem que, ao assumir seu* Da, *"projeta o ser" (*Entwerfer des Seyns*)[101], abrindo sua clareira e salvaguardando sua verdade, ou é, por sua vez, o ser que "usa"[102] o homem para esse fim? O ser, o aberto, é, portanto, uma prestação do homem enquanto Ser-aí ou o Ser-aí (e o homem que ele implica) é uma prestação do ser?*

---

[96] Idem, *Sein und Zeit* (12. ed., Tübingen, M. Niemeyer, 1972), p. 13 [ed. bras.: *Ser e tempo*, trad. Fausto Castilho, Campinas/Rio de Janeiro, Editora da Unicamp/ Vozes, 2012].

[97] Ibidem, p. 11.

[98] Ibidem, p. 13.

[99] Idem.

[100] Ibidem, p. 11.

[101] Ibidem, p. 299.

[102] Ibidem, p. 318.

Limiar II • 205

3. Em Beiträge, *tais perguntas não param de ressoar, e pode-se dizer que o* Ereignis *(entendido etimologicamente como "apropriação") é o dispositivo por meio do qual Heidegger procura resolver a aporia que nelas se expressa.*

Isso é afirmado com clareza na explicação do título que abre o livro: o que aqui está em questão é "o deixar-se apropriar na apropriação" (Er-eignis), *o que equivale a uma transformação essencial do homem de "animal dotado de razão"* (animal rationale) *em* Da-sein. *O título adequado é, portanto,* Do Ereignis[103].

Os parágrafos da seção V, que tem por título "A fundação", voltam obstinadamente ao problema da relação entre ser-aí e homem:

Quem é o homem? Aquele que é usado [gebraucht] pelo Ser para a suportação da essência [Wesung] da verdade do Ser.

Enquanto é usado assim, o homem "é", porém, homem só na medida em que está fundado no ser-aí, a saber, em que ele mesmo, criando, torna-se fundador do ser-aí.

O Ser, porém, é aqui, ao mesmo tempo, compreendido como apropriação [Er--eignis]. Ambos se copertencem: a retrofundação [Rückgründung] no ser-aí e a verdade do ser como apropriação-evento [Ereignis].

Não se compreenderá nada da interrogação aqui aberta se nos basearmos, sem nos darmos conta disso, em representações quaisquer de homem e de "ente como tal", em vez de colocarmos e termos em questão ao mesmo tempo e como uma só coisa o "homem" e o Ser (não o ser do homem).[104]

O Ereignis *é o que permite pensar o copertencimento e a recíproca fundação de homem e ser-aí e de ser-aí e Ser. Se a relação de copertencimento entre Ser e ser-aí (o* Da, *o* Aí *como abertura do ser), já em* Ser e tempo, *e ainda mais em* Beiträge, *é de algum modo analisada e definida, aquela entre homem e ser-aí e a transformação do ser vivo homem, do* animal rationale, *em* Da-sein *que nela está em questão ainda continua problemática até o final. O Ser se "funda para trás" no ser-aí, mas que o ser-aí necessite por sua vez de uma fundação ou de um lugar (de um* Da) *no homem, isso fica na indefinição. De que modo o ser-aí implica em si o homem para que o Ser, apropriando a si o ser-aí, possa apropriar-se também do homem? E o que acontece, no acontecimento da apropriação, com o ser vivo homem como tal?*

---

[103] Idem, *Metaphysische Anfangsgründe der Logik im Ausgang vom Leibniz* (Frankfurt, Klostermann, 1978), p. 3.

[104] Ibidem, p. 318.

206 • O uso dos corpos

4. Benjamin definiu em certa oportunidade o estilo de Heidegger como "cheio de arestas", no sentido de que ele revelaria o medo do filósofo de chocar-se com as arestas, ou seja, com problemas que não era capaz de resolver. Que Heidegger não era capaz de resolver o copertencimento entre homem e Da-sein, que o problema do ser vivo homem continua de algum modo não resolvido, isso é algo que fica evidente com a obscuridade e a vagueza que caracterizam o estilo de Beiträge toda vez que Heidegger se confronta com tal tema. O parágrafo 175 está entre aqueles em que a questão é pontualmente lembrada. Trata-se, aqui, de superar o primeiro aceno ao Ser-aí enquanto fundação da verdade do Ser que, em Ser e tempo, havia sido feito com a pergunta sobre o homem, concebido como "aquele que projeta o ser [Entwerfer des Seyns] e, portanto, fora de toda antropologia"[105]; contudo, aqui o equívoco consiste no fato de que o Ser-aí parece poder ser compreendido só em referência ao homem. Se, em vez disso, for pensado a partir da verdade do Ser,

> o Ser-aí... se afasta da referência ao homem e se desvela como o "entre" realizado pelo próprio Ser como o âmbito aberto para o ente, no qual este último se reporta a si. O Aí é apropriado e feito acontecer [ereignet] pelo próprio Ser, e o homem, como guardião da verdade do Ser, é consequentemente apropriado e, dessa forma, pertence ao Ser de um modo excelente e único [in einer ausgezeichneten einzigen Weise].[106]

Não se explica, porém, como essa apropriação "excelente e única" do homem por parte do Ser pode acontecer, a não ser usando o "consequentemente", que continua mais problemático ainda na medida em que o Ser-aí acabou de ser afastado de qualquer referência ao homem.

Nesse ponto, não causa surpresa que o parágrafo se conclua com uma frase em que as formas de estilo cheias de arestas liquidem e deixem o problema totalmente sem solução: "A pergunta sobre o que é o homem só agora encontra a abertura de um caminho, que, apesar disso, se desenrola às claras e deixa vir sobre si a tempestade do Ser"[107].

5. O problema central de Beiträge e, em certo sentido, de todo o pensamento de Heidegger é, portanto, justo o que todo estudante do primeiro ano de filosofia vê imediatamente e também imediatamente esquece: a relação entre o

---

[105] Ibidem, p. 299.

[106] Idem.

[107] Ibidem, p. 300.

ser vivo homem e o Da-sein. *Se o Ser-aí – como Heidegger não se cansa de repetir – consiste unicamente no ser-o-aí, em oferecer a clareira e o aberto para a verdade do Ser, de onde provém e onde se situa o "aí", que o Ser-aí é e deve ser? Só uma releitura dos parágrafos 28 e 29 de* Ser e tempo, *dedicados à análise do ser-aí como situação emotiva, permite identificar o lugar a partir do qual uma resposta se torna possível.*

*A situação emotiva "revela o ser-aí em seu ser consignado [*Überantwortetsein*] ao Aí"*[108]*. O ser-aí é, portanto, "sempre já aberto como o ente a que ele é consignado em seu ser, enquanto o ser que ele, ao existir, tem de ser"; contudo, justo o "de onde e o onde" (*das Woher und das Wo*) desse Aí ficam obstinadamente na obscuridade (*im Dunkel*)*[109]*. É esse caráter do ser-aí, o de ser velado em seu de onde e em seu onde, e, contudo, e exatamente por isso, tanto mais "descobertamente aberto", que Heidegger chama o ser-lançado do ser-aí em "seu Aí" (*in sein Da*)*[110]*. Poucas linhas depois, a estranheza e a obscuridade do Aí são afirmadas com força ainda maior: "A tonalidade emotiva traz o ser-aí para a frente do Que do seu Aí, que está diante dele com uma implacável enigmaticidade"*[111]*.*

*No entanto, no mesmo contexto, o Aí é definido, com respeito ao ser-aí, como "seu" e, um pouco antes, lemos que "o ser-aí traz consigo desde o início [*von Hause aus*] seu Aí"*[112]*. Esse pertencimento original, esse caráter de ser seu "suità" é que devem ser interrogados e postos em questão. Por que o ser-aí é "consignado" a seu Aí como a um enigma implacável e, sendo o Aí, está sempre já disposto em tonalidades emotivas? De onde provém o caráter de velamento e de estranheza do Aí? Por que o Aí continua tão impenetrável para o ser-aí?*

A única resposta possível é que o Aí é estranho, velado e emotivamente disposto por não pertencer originalmente ao Ser-aí, mas ao homem, ao ser vivo que oferece ao Ser-aí o lugar de que este precisa para encontrar "seu" Aí. A implicação do homem e do Ser-aí acontece no Aí; o Aí é o lugar de um conflito originário, de uma expropriação e de uma apropriação, em que o ser vivo homem se retira e suspende para que tenha lugar o ser-aí. A "gigantomaquia em torno do ser", que Ser e tempo *se propõe renovar, supõe uma gigantomaquia preliminar em torno do Aí, que se desenrola entre o ser vivo homem e o Ser-aí.*

---

[108] Ibidem, p. 134.

[109] Idem.

[110] Idem.

[111] Ibidem, p. 136.

[112] Ibidem, p. 133.

208 • O uso dos corpos

O Aí do Ser-aí tem lugar no não lugar do ser vivo homem. Contudo, tal conflito – ou tal oferecer-se recíproco –, que, como tal, não é tematizado em Ser e tempo *e em* Beiträge, *só aparece como exigência de uma "transformação do homem em Ser-aí", continuando coberto e absorvido pela relação entre Ser-aí e Ser. Desse modo, o Aí é o objeto de um jogo dialético de prestidigitação entre o Ser-aí e o homem, em que ele, que não pode provir do homem, é tornado próprio pelo Ser-aí como se já fosse sempre "seu", sendo posteriormente apropriado pelo ser como sua própria clareira.*

6. *A pressuposição do ser vivo como o elemento antropóforo que cumpre, por assim dizer, o papel de substrato para a humanidade do homem é um traço constante da filosofia moderna. O que aqui está em jogo é, de fato, o problema – simplesmente arqueológico – de todas as definições – um exemplo é a do homem como* animal rationale *– que consistem em acrescentar uma determinação qualificativa a um elemento que serve de fundamento. Se o homem só é verdadeiramente homem quando passa de simples ser vivo a racional, então deveremos pressupor um animal-homem ainda não verdadeiramente humano. Da mesma maneira, se o homem só for verdadeiramente homem quando, tornando-se Ser-aí, se abre para o ser, se o homem só é essencialmente homem quando "é a clareira do ser", isso significa que existe antes ou sob o mesmo um homem não humano, que pode ou deve ser transformado em ser-aí.*

Em Carta sobre o humanismo, *Heidegger de algum modo parece estar consciente desse dilema. A metafísica – escreve ele – "pensa o homem a partir de sua* animalitas, *não na direção de sua humanidade"*[113]. *Em primeiro lugar, deve-se perguntar "se em geral a essência do homem se situa na dimensão da* animalitas*", se podemos captar essa essência para definir o homem como um ser vivo (*Lebewesen*) entre outros. O erro do biologismo ainda não é superado quando se juntam à corporeidade do homem a alma e à alma o espírito. O homem reside em sua essência só enquanto é reivindicado pelo ser, ek-siste estaticamente "na clareira do ser" (*in der Lichtung des Seins*), e esta ek-sistência "nunca pode ser pensada como modalidade específica entre outras que definem o ser vivo". Por essa perspectiva, "também aquilo que, comparado com o animal, atribuímos ao homem como* animalitas*" deve ser pensado a partir de sua ek-sistência*[114].

---

[113] Idem, *Wegmarken* (Frankfurt, Klostermann, 1967), p. 155 [ed. bras.: *Marcas no caminho*, trad. Enio Paulo Giachini e Ernildo Stein, Petrópolis, Vozes, 2008].

[114] Idem.

"O corpo do homem", escreve Heidegger a esse propósito, "é algo essencialmente diferente de um organismo animal". Essa tese enigmática, formulada apressadamente, mas sem reservas, talvez tivesse se constituído como germe de uma concepção diferente da relação não só entre a animalitas *e a* humanitas, *mas também entre o homem e o Ser-aí. Aqui, assim como no caso do corpo do escravo em Aristóteles, está em questão nada menos do que a possibilidade de outro corpo do homem. Contudo, no texto da* Carta, *ela não é retomada nem ulteriormente desenvolvida. Pelo contrário, poucas páginas depois, a relação entre o homem e o Ser-aí é retomada em termos que, apesar da tentativa de tomar distância frente a ela, parecem recair na aporia de um ser vivo que só se torna verdadeiramente humano ao aceitar a reivindicação do ser.*

> *A essência do homem consiste no fato de que ele é mais do que o homem nu* [mehr als der blosse Mensch], *na medida em que este é entendido como ser vivo dotado de razão. "Mais" aqui não deve ser entendido de modo aditivo, como se a definição tradicional do homem devesse continuar a determinação fundamental e depois sofrer uma ampliação mediante o acréscimo do existencial. O "mais" significa: mais originariamente e, por isso, mais essencialmente na essência. No entanto, justo aqui aparece o enigma: o homem é no ser-lançado. Isso quer dizer: o homem como contragolpe* [Gegenwurf] *ek-sistente do ser é mais do que o* animal rationale, *precisamente na medida em que é menos com respeito ao homem que se concebe a partir da subjetividade. O homem não é o senhor do ente. O homem é o pastor do ser. Nesse "menos", o homem não sofre uma perda, mas ganha, à medida que alcança a verdade do ser. Ele obtém a pobreza essencial do pastor, cuja dignidade consiste em ser chamado pelo ser à salvaguarda de sua verdade. Esse chamado provém do lançamento* [Wurf] *do qual provém o ser lançado do Ser-aí.*[115]

Aqui se verifica que a filosofia primeira é sempre, acima de tudo, pensamento da antropogênese, do tornar-se homem. Mas quem aqui é lançado? Se o Ser-aí é o que é gerado como contragolpe ao chamado do ser, algo como uma animalidade ou não humanidade ainda é pressuposto ao que é verdadeiramente humano, ao ser-aí que, pro-jetado em seu Aí, alcança a verdade do ser. Certamente, o contragolpe, segundo um esquema dialético que Hegel nos tornou familiar, é mais originário do que o pressuposto, ou seja, do que a animal rationale. *Mas o pressuposto esconde, no caso, o fato de que a operação dialética deixa um resto que continua não interrogado. O evento antropogenético da apropriação por parte do ser nada mais pode do que ter-se produzido em um ser vivo, cujo destino não pode não estar em questão no Ser-aí. Só uma concepção*

---

[115] Ibidem, p. 172-3.

210 • O uso dos corpos

do humano que não só nada acrescentasse à animalidade, mas nem sequer sobreviesse a algo, poderia ter-se realmente emancipado da definição metafísica do homem. Uma humanidade desse tipo, contudo, não poderia ser pensada como tarefa de que "se encarregar" nem como resposta a um chamado.

7. Nos parágrafos 10 e 12 de Ser e tempo, *a relação entre ser-aí e vida foi ressaltada e resolvida como um primado ôntico e ontológico do Ser-aí frente ao que é simplesmente vivo. "A vida", lemos aqui,*

> é um modo de ser particular, mas essencialmente acessível só no Ser-aí. A ontologia da vida só é alcançada pelo caminho de uma interpretação privativa; ela determina o que deve ser, para que algo como um só-mais-vida (nur-noch-Leben) possa ser. A vida não é um simples estar disponível nem sequer Ser-aí. O Ser-aí, por sua vez, nunca é determinável ontologicamente de modo que ele seja posto primeiro como vida (ontologicamente indeterminada) e depois ainda se acrescente algo.[116]

Certamente, qualquer definição do que precede o pensamento e a linguagem – a compreensão do ser própria do Ser-aí – não pode deixar de ser pressuposta por eles e a eles. O acontecimento, a apropriação do homem por parte do ser por intermédio do Ser-aí, é algo que pressupõe o ser vivo, ao qual e no qual o acontecimento se produziu. Heidegger sabe perfeitamente que aquilo que a linguagem corrente e as ciências naturais chamam de vida é, assim como a certeza sensível em Hegel, um pressuposto que, como tal, se alcança unicamente pelo caminho privativo a partir do ser-aí, só sendo possível, sucessivamente, voltar a ele se for alcançado o que foi tirado. O que, porém, está em questão é justo o estatuto desse pressuposto – nesse caso, o "só-mais-vida" –, e isso não pode ser menosprezado. Heidegger sugere que a vida não é um "simples estar disponível" (pures Verhandensein)[117], mas também não tem a estrutura do ser-aí. Contudo, o modo de ser da vida, em Ser e tempo, *depois não é mais questionado, e Heidegger limita-se a confirmar que a constituição ontológica da vida pode ser determinada (por exemplo, pela biologia) por meio de privação só a partir da estrutura ontológica do Ser-aí: "Seja ôntica, seja ontologicamente, o primado cabe ao ser-no-mundo como tomar cuidado de si"[118]. Mas o ser-no-mundo (In-der-Welt-sein) como estrutura originária do* Dasein *não é o mesmo que o ambiente (*Umwelt*) animal.*

---

[116] Ibidem, p. 50.

[117] Idem.

[118] Ibidem, p. 58.

Limiar II • 211

8. *No semestre invernal de 1929-1930, dois anos após a publicação de* Ser e tempo, *Heidegger dedicou à relação entre o animal e o homem um curso inteiro, cujo texto, publicado em 1983, sob o título* Conceitos fundamentais da metafísica, *certamente constitui uma de suas maiores obras*[119]. *Aqui a relação entre o homem e o animal (e, embora Heidegger não o mencione explicitamente, entre o ser vivo homem e o ser-aí) é posta de maneira bem mais radical do que uma crítica da dialética da privação e da adição implícita na definição metafísica do* animal rationale. *O modo de ser do animal aparece aqui, com respeito ao do homem, como o mais próximo e, ao mesmo tempo, o mais difícil de pensar. O curso inicia opondo ao homem "formador de mundo" (*weltbildend*) o estatuto ontológico do animal com sua "pobreza de mundo" (*Weltarmut*), ao aberto do ser-no-mundo humano, o não-aberto da relação do animal com seu ambiente (que nada mais é do que o conjunto de seus desinibidores).*

*Mas basta que a análise se desenvolva e se aprofunde para que as coisas comecem a complicar e para que a oposição perca sua clareza. Para o animal, que é capturado por seus desinibidores e fica atordoado (*benommen*) neles, o ambiente não está simplesmente fechado. Ele, pelo contrário, está aberto (*offen*) e, talvez, com força maior do que aquela com que o mundo possa estar aberto para o homem e, contudo, ele não é revelado (*offenbar*) em seu ser:*

> *No atordoamento [*Benommenheit*], o ente não é revelado, não é aberto, mas nem sequer fechado. O atordoamento está fora dessa possibilidade. Não podemos dizer: o ente está fechado no animal... O atordoamento do animal coloca-o, por sua vez, essencialmente fora da possibilidade de que o ente lhe seja aberto ou, então, fechado. Que o atordoamento é a essência do animal significa: o animal, enquanto tal, não se encontra em uma revelabilidade [*Offenbarkeit*] do ente.*[120]

Se, portanto, tentarmos definir o estatuto ontológico da relação do animal com seu ambiente da maneira que resulta do curso, devemos afirmar que o animal é, ao mesmo tempo, aberto e não aberto – ou, melhor, que ele é não uma coisa nem outra: ele é aberto em um não desvelamento, que, por um lado, o atordoa e o captura com inaudita veemência em seu desinibidor; por outro, nunca revela como ente aquilo que, de qualquer modo, o mantém vinculado e encantado. Nesse caso, Heidegger parece oscilar entre dois polos opostos, que lembram de algum modo os

---

[119] Ver p. 113-4 deste volume.

[120] Martin Heidegger, *Die Grundbegriffe der Metaphysik: Welt, Endlichkeit, Einsamkeit* (Frankfurt, Klostermann, 1983), p. 361 [ed. bras.: *Os conceitos fundamentais da Metafísica: mundo, finitude, solidão*, 2. ed., trad. Marco Antônio Casanova, Rio de Janeiro, Forense Universitária, 2011].

212 • O uso dos corpos

*paradoxos do não-conhecimento místico. Por um lado, o atordoamento animal é uma abertura mais intensa do que qualquer conhecimento humano (Heidegger pode, assim, escrever que "a vida possui uma riqueza de um ser aberto que talvez de modo nenhum o mundo do homem conheça"[121]); por outro, o atordoamento animal, enquanto não é capaz de desvelar e perceber como tal o próprio desinibidor, é fechado em uma opacidade integral. Inclusive o atordoamento, como a ek-sistência do homem, é, nesse sentido, uma forma de êxtase, na qual "o animal, no fato de estar atordoado, é colocado essencialmente fora de si em outro que, certamente, não lhe pode ser desvelado enquanto ente nem enquanto não-ente, mas que... introduz na essência do animal um abalo essencial (*wesenhafte Erschütterung)[122]. *Portanto, não causa surpresa que Heidegger, talvez por uma tácita alusão à noite obscura da mística, sinta a necessidade de evocar, a propósito do atordoamento do ser vivo em seu desinibidor, um dos mais antigos símbolos da* unio mystica, *a falena que amorosamente se deixa consumar pela chama, com a qual, muitos anos depois, Debord compararia a própria vida.*

9. No curso, o que corresponde no homem ao atordoamento animal e aproxima em "proximidade extrema"[123] o aberto do mundo ao não-aberto-nem--fechado do ambiente é o tédio profundo. A seção ampla que Heidegger dedica à análise da "tonalidade emotiva fundamental" tem por função estratégica definir o operador metafísico no qual se realiza a passagem do animal para o homem, da pobreza de mundo para o mundo. Sendo assim, é no tédio profundo, assim como no atordoamento animal, que o homem é abalado e entregue ao "ente em sua totalidade", que agora lhe está defronte em absoluta opacidade.

"O ente em sua totalidade", escreve Heidegger,

> *não desaparece; pelo contrário, mostra-se enquanto tal justamente em sua indiferença... Isso significa que, no tédio, o ente se encontre colocado frente ao ente em sua totalidade, enquanto, nessa forma de tédio, o ente que nos circunda já não oferece possibilidade nenhuma de fazer ou de deixar fazer... O Ser-aí encontra-se, assim, entregue ao ente que se rejeita em sua totalidade.[124]*

No tédio profundo, o Ser-aí regride, por assim dizer, a uma condição animal: ele é entregue a algo que se lhe rejeita, exatamente assim como acontece com o

---

[121] Ibidem, p. 371.

[122] Ibidem, p. 236.

[123] Ibidem, p. 409.

[124] Ibidem, p. 208-10.

animal, em seu atordoamento, que é capturado e exposto em um não desvelado.
Por esse motivo, Heidegger pode escrever que o tédio profundo é um fenômeno humano em que "a essência da animalidade, o atordoamento, aparentemente se encontra em uma vizinhança extrema"[125]. *Contudo, com respeito ao atordoamento animal, o tédio realiza um passo ulterior, pois nele não só o ente é desvelado, mas também toda relação atual com ele é desativada e mantida em suspensão. Mas é justamente nesse "ser-mantido-em-suspensão" (*Hingehaltenheit*) do homem com respeito às coisas que o circundam, nessa recusa do ente na sua totalidade, que algo como uma possibilidade – a possibilidade de ser-aí – se produz no homem. E isso é precisamente aquilo que o animal, atordoado em seu desinibidor, não pode fazer, porque sua relação com o ambiente é constituída de tal maneira que uma suspensão e uma possibilidade nunca podem manifestar-se.*

O homem aparece, então, como um ser vivo que, ao suspender suas relações com as coisas, aferra o ente em sua recusa como possibilidade. Ele é um animal que, entediando-se, despertou a partir e frente a seu próprio atordoamento e agora pode aferrá-lo como tal, uma falena que, à medida que a chama a consuma, pela primeira vez se dá conta desta e de si. Isso significa que o Ser-aí é um animal que aferrou sua animalidade e dela fez a possibilidade do humano. Mas o humano é vazio, pois nada mais é do que uma suspensão da animalidade.

10. Em nenhuma parte, Heidegger formula com clareza uma tese semelhante, e até é possível que ele tenha, a certa altura, se retratado frente a ela. Mesmo assim, talvez só uma tese parecida permitisse que se compreenda por que a abertura do ser-aí é um encargo a assumir para que a tonalidade emotiva revele o Ser-aí em seu ser entregue e lançado no Aí. O Aí que o homem é e deve ser e que lhe está defronte como um enigma implacável não tem conteúdo concreto nenhum, pois aquilo que nele é aferrado por meio de sua suspensão é unicamente o atordoamento animal. Isso, que parece uma Ur-stimmung [tonalidade emotiva original] *e a fonte última de todas as tonalidades emotivas humanas, é a obscura joia incrustada na clareira do ser, o sol negro que resplandece no aberto.*

Por isso, em Beiträge, *a tonalidade emotiva fundamental do homem que vem é definida como* "die Verhaltenheit", *a re-tenção, ou seja, o "manter-se pronto para a recusa como doação"*[126] *e "das Erschrecken", o espanto que faz*

---

[125] Ibidem, p. 409.

[126] Idem, *Beiträge zur Philosophie*, cit., p. 15.

214 • O uso dos corpos

retroceder frente a algo que se vela e, ao mesmo tempo, mantém acorrentado a si o ser-aí. No curso de 1934-1935 sobre Hölderlin, tem-se a mesma situação fatual, o mesmo ser irrevogavelmente lançado em uma condição dada para se apresentar como tarefa: "A vocação histórica sempre é a de transformar o já-dado [das Mitgegebene*] em um dado-como-tarefa [das* Aufgegebene*]"[127]. E se quisermos nomear algo como a tonalidade emotiva fundamental, a* Grundstimmung* que domina todo o pensamento de Heidegger, deveríamos defini-la como o ser que obstinadamente se entrega a algo e que, com o mesmo vigor, se rejeita, ou melhor: o fato de ser entregue a um inassumível. Mas tal inassumível nada mais é do que o atordoamento animal, a "sacudida essencial" que alcança o ser vivo pelo fato de ser exposto e capturado em uma não-revelação. O ser vivo não é simplesmente um pressuposto, a ser dialeticamente superado e conservado, mas algo inassumível e obscuro que continua suspenso no próprio coração do ser.*

11. Esse sentir-se implacavelmente entregue a algo que, no entanto, se deve assumir como encargo – o ser-lançado como tarefa – talvez estivesse na origem do "radicalismo pequeno-burguês" e da "vontade de destruição" que tanto incomodavam em Heidegger, Löwith e Leo Strauss e com o que eles justificavam em parte a adesão ao nacional-socialismo. Talvez isso explique também por que, no final dos anos 1980 em Paris, Lévinas, que, ao saber de minha participação nos seminários de Le Thor, me havia pedido impressões sobre Heidegger, estivesse tão surpreso que eu o considerasse "afável". Assim como Löwith, também Lévinas, que o havia conhecido nos anos 1930, o considerava duro e decidido, como quem procurasse, justamente, assumir uma tarefa de que não conseguia dar conta.

Recordo o momento de sua chegada em Le Thor em setembro de 1966. Fui a seu encontro no jardim do pequeno albergue – chamava-se Le Chasselas, nome derivado de uma cepa daquela região –, onde também ele se alojaria, e logo me chamaram a atenção os olhos, tão vivos, acesos e penetrantes, que de fato não mantinha abaixados, como ficou na lembrança de Löwith. A expressão facial era, ao mesmo tempo, severa e afável, com a severidade afável que eu havia visto no rosto dos camponeses toscanos. Estava – assim me parecia – consciente de si e, no entanto, parecia improvisamente esquecer-se para abandonar-se ao

---

[127] Idem, *Hölderlins Hymnen "Germanien" und "der Rhein"* (Frankfurt, Klostermann, 1980), p. 292.

sorriso, como aconteceu quando lhe mostrei a fotografia que apenas lhe havia tirado com uma Polaroid (naqueles anos ainda era novidade); exclamou surpreso: "Sie sind ein Zauberer!" *["Você é um mago!]. Mas também tinha movimentos bruscos de ira, como ocorreu quando, perto do final do seminário sobre Heráclito, disse, mirando Jean Beaufret: "Vocês constantemente me impediram de terminar o seminário".*

Parava demoradamente a fim de observar os jogadores de bocha no vilarejo, comentando os gestos deles com uma espécie de competência partícipe e hilária. E, na companhia de René Char ou na casa de Madame Mathieu, mostrava-se à vontade com conhecimento da qualidade da uva ou do vinho. Quando, perto de Aix, após longa excursão pelo bosque, chegamos ao ponto onde Cézanne colocava seu cavalete, ficou imóvel por quase uma hora, mudo e praticamente desfalecido frente à visão estupenda da St. Victoire. Talvez, mesmo que agora a história do ser chegasse ao fim e a tonalidade emotiva fundamental já fosse a Gelassenheit *[serenidade], ainda procurava assumir o Aí, deter-se na clareira do ser, na suspensa animalidade.*

12. Se a interpretação da gênese do humano baseado na animalidade que acabamos de delinear for correta, a possibilidade não é uma categoria modal entre outras, mas é a dimensão ontológica fundamental, em que o ser e o mundo se abrem a partir da suspensão do ambiente animal. E é porque o ser se revela acima de tudo na forma do possível que Heidegger pode escrever que "o homem, que como transcendência existente se lança para frente em possibilidade, é um ser de distância"[128]. O homem é um ser de distância porque é um ser de possibilidade, mas, na medida em que a possibilidade a que está entregue nada mais é do que a suspensão da relação imediata do animal com seu ambiente, ela contém o nada e o não-ser como seus traços essenciais. E precisamente porque o ser-homem lhe é dado apenas como possibilidade o homem está continuamente no ato de recair na animalidade. O privilégio da possibilidade na ontologia heideggeriana é indissolúvel da aporia que atribui ao homem a humanidade como uma tarefa que, como tal, sempre pode ser trocada por uma tarefa política.

13. Em 1929, em Davos, durante o confronto – ou duelo – entre Cassirer e Heidegger, o jovem Emmanuel Lévinas, que acompanhava com outros companheiros,

---

[128] Idem, *Wegmarken*, cit., p. 131.

216 • O uso dos corpos

entre os quais Franz Rosenzweig, tomou resolutamente partido de Heidegger. Conta-se que, à noite, enquanto discutiam e festejavam a vitória do novo pensamento contra a velha filosofia acadêmica, Lévinas, pondo na cabeça uma peruca branca, fez a caricatura do filósofo neokantiano, com sua canície imponente e precoce. Isso fica ainda mais singular pelo fato de que algumas das categorias centrais do pensamento do primeiro Lévinas podem ser lidas, sem forçar nada, como caricaturas (no sentido etimológico de "figura caricata", cujos traços foram exagerados) de noções heideggerianas, em especial a do ser-lançado.

No ensaio De l'évasion[129], Lévinas leva ao extremo a opacidade da Geworfenheit, *a ponto de fazer do fato bruto do "há" (il y a), a que o homem se acha toda vez entregue e "pregado" (rivé), a característica fundamental de sua ontologia. Na experiência do "há", da maneira como se revela na insônia, "quando não há nada para estar vigilante nem nenhum motivo para ficar desperto", encontramo-nos remetidos a uma presença anônima e opressora, de que não podemos escapar: "Somos vinculados ao ser, obrigados a ser"[130].*

Não há dúvida de que aqui está em questão nada mais do que uma exasperação do ser-lançado heideggeriano, mas enquanto em Heidegger trata-se justamente de assumir o Aí que o Ser-aí é e deve ser, para Lévinas trata-se, pelo contrário, por um exagero caricatural da situação emotiva, de que são sublinhados os traços atrozes e vergonhosos, de escapar daquela experiência do "ser entregue a", da qual – essa parece ser a sugestão de Lévinas – Heidegger nunca conseguiu libertar-se. Que a intenção paródica tem, nesse caso, uma função decididamente crítica é algo confirmado, para além de qualquer dúvida, pelo breve texto Algumas reflexões sobre a filosofia do hitlerismo, *escrito um ano antes e no qual a mesma categoria do "ser pregado" serve para definir a concepção nacional-socialista da corporeidade.*

14. Também Oskar Becker, um dos mais competentes entre os primeiros alunos de Heidegger, havia tentado encontrar uma saída do pensamento do mestre por meio de uma exageração da categoria do ser-lançado; mas enquanto, em Lévinas, tratava-se de uma caricatura por excesso, Becker parece praticar uma espécie de caricatura por defeito ou por antífrase. Ao pathos *heideggeriano*

---

[129] Ver p. 107 deste volume.

[130] Emmanuel Lévinas, *De l'existence à l'existant* (Paris, Fontaine, 1947), p. 109 [ed. bras.: *Da existência ao existente*, trad. Paul Albert Simon e Ligia Maria de Castro Simon, São Paulo, Papirus, 1998].

do ser entregue, correspondem aqui a aventurosidade e a leveza de um modo de existir de que todo peso e todo ter-de-ser parecem ter desaparecido.

A intenção paródica é tão pouco escondida que Becker pode chamar, em oposição à ek-sistência heideggeriana, "para-existência" a experiência "hiper-ontológica" que procura analisar e, no mesmo sentido, ele pode aproximar pontualmente um Dawesen *ao* Dasein.

Um dos âmbitos em que Becker procura pôr à prova o que se poderia definir sua "contra- ou para-analítica do ser-aí" é a existência do artista. O ser-lançado heideggeriano – argumenta ele em ensaio de 1929 – não basta para dar conta do ser-aí particular do gênio em todos os aspectos. Aqui o "caráter de peso" que define o ser-aí em seu ser entregue e lançado no Aí desaparece. O modo de existir do artista, que não é simplesmente histórico, mas "aventuroso e fortunoso", para ser aferrado, precisa de uma nova categoria ontológica, que se pode aproximativamente designar como "quase-existencial ou para-existencial". O "para-existencial" em questão apresenta-se como algo simetricamente inverso com respeito aos existenciais que Heidegger chama "ser-lançado" e "projeto". Por isso, Becker o chama "ser levado" (Getragensein)[131].

Tomada ao pé da letra – argumenta Becker –, a expressão poderia ser mal-entendida, como se houvesse aqui ainda um peso que deve ser sustentado.

*Com o ser-levado (*vehi, pherestai*) se deveria, acima de tudo, pensar na peculiar mobilidade isenta de peso do firmamento na concepção antiga (não nos moldes da mecânica newtoniana, segundo a qual, aliás, gravitações e força centrífuga arrastam consigo ininterruptamente os astros no céu).*

Trata-se, assim, de sermos levados sem que haja nada que nos sustente, de uma condição em que o que nos leva não seja – como acontece no fato de sermos lançados heideggeriano ou na persuasão em Michelstaedter – o peso a que somos entregues, mas, ao contrário, nossa absoluta falta de peso e de tarefa. Isso não significa que o artista viva em completa inconsciência ou fora da história; a "aventurosidade" peculiar de sua existência situa-se, sim, "no meio entre a extrema insegurança do projeto-lançado e a absoluta segurança do ser-levado, entre a extrema problematicidade de tudo aquilo que é histórico e o absoluto não-causar problema de todo ser natural"[132].

---

[131] Oskar Becker, "Von den Hinfälligkeit des Schönen und der Abenteuerlichkeit des Künstlers" (1929), em *Dasein und Dawesen. Gesammelte philosophische Schriften* (Pfüllingen, Neske, 1961), passim.

[132] Ibidem, p. 31-2.

Nesse sentido, ser-lançado e ser-levado constituem os dois polos entre os quais se estendem e se articulam os vários graus e as várias modalidades da existência. E, como forma por excelência do ser-levado, a inspiração da existência artística – "despreocupada e não ameaçada pela culpa e pela morte"[133] – é o contrário do angustiado e decidido ser entregue a uma tarefa; contudo, ela é, ao mesmo tempo, exposta em uma fragilidade e uma caducidade que o ser-lançado não conhece.

15. Nada se assemelha mais à condição descrita por Becker que a experiência amorosa, e o melhor testemunho do ser-levado não se encontra nos escritos nem nas anotações de trabalho dos artistas, mas nos diários de uma mulher apaixonada: Helen Grund Hessel.

Embora os fatos narrados nesses diários fossem anotações de outras fontes e tivessem inspirado nos anos 1970 um celebérrimo filme, sua publicação em 1991, quase dez anos após a morte da autora, constitui um documento excepcional, no qual, para além do extraordinário caso amoroso que ali é narrado, uma forma de vida dá testemunho de si com uma intensidade e uma imediatez absolutamente incomparáveis.

Os diários cobrem três meses, de agosto a outubro de 1920. A existência que é descrita em todos os pormenores, inclusive íntimos, não se esgota em uma série de fatos e episódios e não constitui, portanto, de nenhum modo, algo similar a uma biografia. A vida de Helen é "levada" a ponto de nada poder nela ser isolado nem adquirir consistência fatual: tudo transcorre e muda sem parar em visão (os diários aparecem constelados de tais momentos em que a narrativa se rompe em uma visão). E seu ser-levado não é algo individual, mas carrega consigo a existência das pessoas que a circundam, desde o amante Henri-Pierre Roché até o marido Franz Hessel, desde os filhos Uli e Stéphane até a irmã Bobann e os amigos Thankmar von Münchhausen, Herbert Koch e Fanny Remak. A vida que Helen vive e a vida para a qual ela vive identificam-se sem resíduos, e o que aparece nessa coincidência não é mais uma vida pressuposta, mas algo que, na vida, incessantemente a supera e ultrapassa: uma forma-de-vida.

---

[133] Ibidem, p. 36.

III
FORMA-DE-VIDA

1
A VIDA DIVIDIDA

1.1. Uma genealogia do conceito de *zoè* deve começar pela constatação – de nenhum modo óbvia, inicialmente – de que na cultura ocidental "vida" não é uma noção médico-científica, mas um conceito filosófico-político. Os 57 tratados de *Corpus hippocraticum*, que reúnem os textos mais antigos da medicina grega, compostos entre os últimos decênios do século V e os primeiros do século IV a. C., ocupam, na edição Littré, dez volumes *in quarto*; mas um exame de *Index hippocraticum* mostra que o termo *zoè* aparece apenas oito vezes, nunca com significado técnico. Assim, os autores de *Corpus* podem descrever minuciosamente os humores que compõem o corpo humano e cujo equilíbrio determina a saúde e a doença, podem interrogar-se a respeito da natureza do nutrimento, do crescimento do feto e da relação entre modos de vida (*diaitai*) e saúde, além de descrever os sintomas das doenças agudas e, por fim, refletir sobre a arte médica, sem que jamais o conceito "vida" assuma importância nem função específica. Isso significa que não é necessário o conceito "vida" para construir a *techne iatrikè*.

‫ℵ‬ *Dos oito textos de* Corpus *em que aparece a palavra* zoè, *três (*Carta a Damagete, O discurso no altar *[*Oratio ad aram*] e* Discurso à embaixada de Téssalo *[*Tessali legati oratio*]) não têm caráter médico e certamente são apócrifos. Das outras cinco ocorrências, três referem-se à duração da vida do paciente com respeito à morte iminente:* Art., *63: "Sua vida se prolongará só por alguns dias" (*zoè oligomeros toutoisi ginetai*).* Affect., *23: "Não há nenhuma esperança de vida" (*zoes oudemia elpis*);* Praec., *9: "Perdem a vida" [*metallassousi tes zoes*]. Por fim, em duas, o sentido poderia ser relevante, mas ficou totalmente indeterminado:* Cor., *7: "Eles [os grandes vasos] são as fontes da natureza humana, os rios que borrifam o corpo e trazem a vida ao homem" [*ten zoen pherousi toi anthropoi*];* Alim., *32: "Potência uma e não uma, pela qual tais coisas e as outras são administradas – uma para a vida do todo e da*

222 • O uso dos corpos

parte [zoen hollou kai merou], a outra para a sensação do todo e da parte". Esta última ma ocorrência é a única na qual, pela oposição entre vida e sensação, o termo zoè *parece adquirir um significado menos genérico.*

Também o verbo zen, *"viver", que aparece 55 vezes em* Corpus, *nunca tem significado técnico e, quando não designa genericamente os "seres vivos", refere-se à duração da vida ou, na fórmula estereotipada* ouk an dynaito zen, *à impossibilidade de sobreviver em determinadas condições.*

O outro termo para "vida" em grego, bios *(no sentido, que aqui interessa, de forma de vida ou de vida humana qualificada) aparece 35 vezes em* Corpus, *sobretudo no célebre* incipit, *de* Aforismos: *Ho bios brachys, he de techne makrè [a vida é curta, a arte é longa]. Confirmando a falta de tecnicização do conceito "vida" no âmbito médico, os textos de* Corpus *mostram, com relação àqueles literários e filosóficos, certa indeterminação da oposição* zoè/bios *(cf., por exemplo,* Flat., *4).*

1.2. Vamos focar agora em *Política*, de Aristóteles. Embora não se ocupe dos cidadãos como corpos naturais vivos, mas da cidade como comunidade hierarquicamente suprema, o conceito "vida" assume ali, desde as primeiras páginas, um significado técnico. Para que um termo tenha caráter técnico, não é necessário que ele seja definido; basta que assuma na teoria uma função estratégica decisiva. Um reconhecimento sumário das acepções dos termos *zoè* e *zen* nos mostra que, embora Aristóteles nunca apresente uma definição axiomática dos mesmos, é justamente a articulação entre eles no par "viver"/"viver bem", "vida natural"/"vida politicamente qualificada", "*zoè*"/"*bios*", que permite definir a esfera da política. A célebre definição da *polis* como "nascida em vista do viver [*tou zen*], mas existente em vista do viver bem [*tou eu zen*]" (*Política*, 1252b 28-30) deu forma canônica ao entrelaçamento entre vida e vida politicamente qualificada, entre *zoè* e *bios*, que devia continuar decisiva na história da política ocidental.

É a estrutura desse entrelaçamento que procuramos definir em *Homo sacer I**.

1.3. Como Aristóteles não se cansa de lembrar, os homens realmente não se uniram "apenas em vista do viver, mas, sobretudo, em vista do viver bem" (*tou zen monon heneka, allà mallon tou eu zen*). Se não fosse assim – acrescenta ele – "também haveria uma *polis* de escravos e de animais" (ibidem,

---

* *Homo sacer: o poder soberano e a vida nua I*, trad. Henrique Burigo, Belo Horizonte, Editora UFMG, 2002, p. 194. (N. E.)

A vida dividida • 223

1280a 30-1), o que para ele era evidentemente impossível. A comunidade perfeita resulta, então, da articulação de duas comunidades: uma comunidade do simples viver (*koinonia tez zoes* – 1278b 17) e uma comunidade política (*politikè koinonia* – 1278b 25); e, mesmo que a primeira comporte certa "serenidade" e uma "doçura natural" (1278b 30), é em vista da segunda que a primeira é constituída ("a *polis* é, por natureza, anterior à família [*oikia*] e a cada indivíduo, porque o todo é necessariamente anterior à parte" – 1253a 19-20).

O limiar que marca a passagem de uma comunidade para outra é a autarquia (*autarkeia*). Esse conceito cumpre na política aristotélica uma função essencial, que talvez ainda não tenha merecido a devida atenção. Victor Goldschmidt mostrou que "autarquia" não é, em Aristóteles, um conceito jurídico nem econômico, tampouco político, mas biológico[1]. Autárquica é a *polis* cuja população alcançou a justa consistência numérica. Uma análise inicial das passagens de *Política* em que Aristóteles recorre a esse conceito parece confirmar a tese. De fato, o termo aparece em função estratégica já na citada definição da *polis* no início do tratado: a *polis* é "uma comunidade perfeita, que alcançou o limite da completa autarquia [*pases echousa peras tes autarkeias*], nascida em vista do viver, mas existente em vista do viver bem". A definição é confirmada no decurso do tratado quase nos mesmos termos: "Comunidade do viver bem, seja para as famílias, seja para as estirpes, em função de uma vida perfeita e autárquica" (1280b 33); "comunidade de estirpes e vilas em uma vida perfeita e autárquica" (*zoes teleias kai autarkous* – 1281a 1). Mas o que é uma "vida autárquica"?

Uma passagem do livro VII esclarece em que sentido se deve entender o termo:

> Há, sem dúvida, um limite para o tamanho também da *polis*, tanto quanto para o de todas as outras coisas – animais, plantas e instrumentos; nenhum deles conservará sua própria potência [*dynamin*] se for muito pequeno ou excessivamente grande... Da mesma maneira, uma *polis*, quando tiver muito poucos habitantes, não é autárquica – e a *polis* é algo autárquico – e, quando tiver demais, será autárquica para as necessidades, como uma comunidade étnica [*ethnos*], mas não como uma *polis*. Realmente é difícil que possa existir nesse caso uma organização política [*politeia*]: quem será o estrategista de uma multidão desmedida? E quem será o arauto, se não tiver

---

[1] Victor Goldschmidt, *Écrits*, v. 1: *Études de philosophie ancienne* (Paris, Vrin, 1984), p. 86.

224 • O uso dos corpos

a voz de um Estêntor? Portanto, é necessário, para haver uma *polis*, que ela tenha uma multidão [*plethos*, uma quantidade de população] autárquica no que diz respeito ao viver bem segundo a comunidade política... É claro, portanto, que esse é o melhor limite de uma *polis*: a medida maior da multidão no que diz respeito à autarquia da vida que se possa abraçar com um único olhar. [1326a 35-1326b 9]

1.4. O conceito de autarquia serve para definir a medida da população e da "vida", que permite que se passe de uma simples *koinonia zoes,* ou de uma comunidade puramente étnica, a uma comunidade política. A vida política é necessariamente uma "vida autárquica". Isso implica, porém, que existe uma vida que é insuficiente para a política e que deve se tornar autárquica a fim de poder aceder à comunidade política. *Assim, a autarquia é, como a stasis, um operador biopolítico, que permite ou impede a passagem da comunidade de vida à comunidade política, da simples* zoè *à vida politicamente qualificada.*

Isso acaba sendo mais problemático na medida em que existem, dentro dos limites da *polis*, vidas humanas que participam de uma comunidade de *zoè*, mas que estão constitutivamente excluídas da comunidade política. O escravo, por exemplo, vive em uma comunidade de vida (*koinonos zoes* – 1260a 40) com o senhor, mas não em uma comunidade política, e o mesmo se pode dizer a respeito da mulher. A família é o lugar em que habita essa vida que, mesmo sendo parte constitutiva da cidade e sendo teoricamente capaz de autarquia ("a família", escreve Aristóteles, "é mais autárquica do que um indivíduo sozinho" – 1261b 11), é constitutivamente excluída da vida política (ou, se preferirmos, incluída por meio de sua exclusão).

Por esse ponto de vista, a tese de Goldschmidt deve ser clarificada no sentido de que há uma vida que, mesmo podendo alcançar a autarquia biológica, é incapaz de aceder à comunidade política e cuja existência, no entanto, é necessária à existência da cidade. Contudo, ela mantém sua pertinência enquanto mostra que, por meio do conceito de autarquia, a comunidade política aristotélica conserva um caráter biológico. A autarquia é, nesse sentido, uma signatura que mostra a presença na *polis* grega de um elemento genuinamente biopolítico.

1.5. No entanto, um exame mais atento do significado do sintagma "vida autárquica" mostra que isso implica algo além de uma simples grandeza

A vida dividida • 225

numérica mais conveniente. Uma passagem de *Ética a Nicômaco* em que Aristóteles se pergunta a respeito da felicidade como bem supremo do homem oferece uma indicação decisiva de acordo com essa perspectiva:

O bem perfeito parece ser autárquico. Empregamos o termo autárquico não para aludir a um indivíduo que leva uma vida solitária, mas também com respeito aos pais, aos filhos, à esposa e, de maneira mais geral, aos amigos e aos concidadãos, pois o homem é por natureza um ser político. E aqui importa estabelecer um limite: se considerarmos os pais, os descendentes e os amigos dos amigos, vai-se ao infinito. Mas isso o examinaremos em seguida. Definimos como autárquico aquele que torna preferível sua própria vida e não necessita de nada mais. E isso é, em nossa opinião, a felicidade. Ela é preferível a tudo, sem que se lhe deva acrescentar nada... A felicidade é algo perfeito e autárquico, sendo o fim de todas as ações. [1097b 7-20]

Uma vida autárquica, ou seja, a vida do homem como animal político, é, portanto, uma vida capaz de felicidade. Mas isso implica que o conceito de autarquia saia do âmbito estritamente biológico para logo assumir um significado político. É na passagem imediatamente sucessiva, em que Aristóteles procura definir a obra (*ergon*) própria do homem, que se diz em que sentido deverá ser entendido o nexo constitutivo entre vida autárquica, felicidade e política. Não se trata do simples viver (*zen*),

pois isso é comum também às plantas, enquanto nesse caso buscamos algo próprio [*idion*]. Portanto, é preciso excluir a vida nutritiva e o crescimento. Sobra a vida sensitiva, mas essa é comum ao cavalo e ao boi e a todo animal. Não resta, portanto, senão a vida de ação [*praktikè*] de um ser dotado de *logos*... Consideramos, por conseguinte, que seja própria do homem certa vida [*zoen tina*], e essa é um ser em ato da alma e das ações acompanhadas pelo *logos*. (1097b 34-1098a 15)

A cesura, que exclui – e, ao mesmo tempo, inclui – a *zoè* da (e na) comunidade política acontece, portanto, no interior da própria vida humana, e tal divisão da vida foi tão determinante para a história da humanidade ocidental que ela ainda decide o modo de pensarmos não só a política e as ciências sociais, mas também as ciências naturais e a medicina.

א *Autárquico significa tanto "que alcançou a justa medida" quanto "politicamente qualificado". Neste último sentido, o termo funciona como signatura, não como conceito. O fato de que a autarquia não remete apenas a certa proporção na população, mas tenha em si mesma um significado político, é evidente nos tratados medievais. Tanto em* Defensor pacis, *de Marsílio de Pádua, quanto em* De regimine christiano, *de Egídio de Viterbo, a finalidade da sociedade política é, justamente, a vida autárquica (*sufficiens vita *ou* sufficientia vitae).

226 • O uso dos corpos

*Perfecta communitas, omnem habens terminum per se sufficientie, ut consequens est dicere, facta quidem igitur vivendi gracia, existens autem bene vivendi...; homines... naturaliter sufficientem vitam appetere... quod eciam nec solum de homine confessum est, verum de omni animalium genere [*a comunidade completa, tendo todos os meios para suprir-se por si mesma, sendo, pois, apropriado dizer que ela surgiu principalmente da necessidade de viver e existe em função do bem viver, [...] os seres humanos [...] desejam naturalmente una vida suficiente [...] o que se admite não só para os seres humanos, mas também para todo gênero de animais*]. (Defensor, 1, 1-5)*

Compreender o que é a política implica, por conseguinte, compreender o que é uma "vida suficiente", com as ambiguidades que um conceito similar, ao mesmo tempo biológico e político, parece implicar.

1.6. Em investigação precedente[2], mostramos que a articulação estratégica do conceito de vida encontra seu lugar original em *De anima*, de Aristóteles. Aqui, entre os vários modos em que o termo "viver" se diz, Aristóteles isola aquele mais geral e separável.

> É por meio do viver que o animal se distingue do inanimado. Viver diz-se, porém, em vários modos [*pleonachos*], e mesmo que só um deles subsista, diremos que algo vive: o pensamento, a sensação, o movimento e o repouso segundo o lugar, o movimento segundo a nutrição, a destruição e o crescimento. Por isso também todas as espécies de vegetais nos aparecem vivendo. Aliás, é evidente que os vegetais têm em si um princípio e uma potência tais que, por meio deles, crescem e se destroem em direções opostas... Esse princípio pode ser separado dos outros, mas os outros não podem sê-lo nos mortais. Isso é evidente nas plantas: nelas não há outra potência da alma. É, portanto, por esse princípio que o viver pertence aos seres vivos... Chamamos potência nutritiva [*threptikon*] essa parte da alma de que participam também os vegetais. [413a 20 e seg.]

Segundo sua costumeira estratégia, Aristóteles não define de maneira nenhuma o que é a vida: ele se limita a dividi-la graças ao isolamento da função nutritiva, para rearticulá-la posteriormente em uma série de potências ou faculdades distintas e correlatas (nutrição, sensação, pensamento). Um dos modos em que se diz o viver é separado dos outros a fim de constituir, dessa maneira, o princípio pelo qual a vida pode ser atribuída a determinado ser. O que foi separado e dividido (no caso, a vida nutritiva) é precisamente o que permite construir a unidade da vida como articulação

---

[2] Giorgio Agamben, *L'aperto. L'uomo e l'animale* (Turim, Bollati Boringhieri, 2002), p. 21-2 [ed. port.: *O aberto. O homem e o animal*, Lisboa, Edições 70, 2010].

A vida dividida • 227

hierárquica de uma série de faculdades e oposições funcionais, cujo significado último é não só psicológico, mas imediatamente político.

א Aristóteles chama "nutritivo" (threptikon) ou "alma nutritiva" (threptikè psychè) "a primeira e mais comum potência da alma, por meio da qual o viver pertence a todos os seres vivos" (prote kai koinotate dynamis psyches, kath' hen hyparchei to zen tois apasin – De anima, 415a 25). Para designar essa parte da alma, ele recorre ao termo phytikon (vegetativo ou vegetal) só uma vez, em Ética a Nicômaco, a fim de distingui- -la da parte concupiscível (epithymetikon) e confirmar sua exclusão do logos: "A parte irracional da alma é dupla: a vegetativa não participa de modo nenhum da razão, enquanto a concupiscível participa dela de algum modo, na medida em que obedece e segue à razão" (1102b 29-34). Mas, tendo em vista que é só nas plantas que a faculdade nutritiva se separa daquela sensitiva ("o threptikon separa-se do sensitivo [aisthe- tikon] nas plantas [en tois phytois]" – De anima, 415a 1), os comentadores antigos habituaram-se a designá-la com o termo phytikon (ou phytikè psychè ou phytikè dynamis). Assim, em seu comentário a De anima, Temístio escreve: "A alma tem mui- tas faculdades [dynameis]... como aquela que é chamada vegetativa [phytiken], cujas operações são em primeiro lugar a nutrição, depois, o crescimento e, por fim, a geração"[3]. "Alma vegetativa" (phytikè psychè) encontra-se, por sua vez, no De anima de Alexan- dre de Afrodísia.

É significativo que Alexandre possa se perguntar se o princípio vegetativo pertence à alma ou simplesmente à natureza: o princípio vegetativo está, de fato, sempre em ato nos animais, mesmo no sono, enquanto as outras potências da alma não estão sempre em ato[4].

Se o vegetativo pertencesse à alma, então seria impossível, ao mesmo tempo, levar ao ato as outras faculdades; o nutritivo nos animais está sempre em ato, enquanto nenhuma outra faculdade o está... Se a potência da alma fosse unitária, também as outras faculdades estariam sempre em ato.

Por meio das traduções latinas dos comentadores gregos, a expressão "vida vegetativa" passou à medicina medieval e moderna como termo técnico. A medicina moderna assume em sua base uma articulação da vida, cuja origem é metafísico-política, não biológico-científica.

א De anima é verossimilmente o primeiro texto em que "vida" (zoè) adquire um sen- tido genérico, distinto da vida de cada indivíduo vivo, distinto de uma vida. Ivan Illich definiu o conceito moderno de "vida" como um conceito "espectral" e um fetiche e iden- tificou sua primeira aparição na passagem do Evangelho em que Jesus diz: "'Eu sou a

---

3 Temístio, Themisti in libros Aristotelis de anima periphrasis (org. Ricardus Heinze, Berlim, Reimer, 1900), p. 44.

4 Alexandre, Alexandri Aphrodisiensis praeter commentaria scripta minora. De anima liber cum mantissa (org. Ivo Bruns, Berlim, Reimer, 1887), p. 74.

vida'. Não 'eu sou uma *vida', mas 'Eu sou* a *vida'* tout court "[5]. *"A noção de uma enti-dade 'vida'", escreve ele, "que pode ser protegida legal e profissionalmente, foi construída, dando muitas voltas, por meio de um discurso legal-médico-religioso-científico, cujas raízes penetram profundamente no passado teológico". Igreja e instituições laicas con-cordam hoje em considerar essa noção espectral, que pode ser aplicada do mesmo modo a tudo e a nada, como se fosse o objeto sagrado e precípuo de seus cuidados, algo que pode ser manipulado e gerido e, ao mesmo tempo, defendido e protegido.*

1.7. Segundo nossa perspectiva, é decisivo que essa divisão da vida tenha, como tal, imediatamente um significado político. Para que a *zoè* possa alcançar a autarquia e constituir-se como vida política (*bios politikos*), é necessário que seja dividida e que uma de suas articulações seja excluída e, ao mesmo tempo, incluída e colocada como fundamento negativo da *politeia*. Por isso, em *Ética a Nicômaco*, Aristóteles tem o cuidado de clarificar que o homem político deve conhecer aquilo que diz respeito à alma e saber que nela existe uma parte – a vida nutritiva (ou vegetativa) – que não participa de maneira nenhuma da razão e, não sendo, portanto, verdadeiramente humana, fica excluída da felicidade e da virtude (por conseguinte, também da política):

> Portanto, importa que também o homem político conheça aquilo que diz respeito à alma... E dissemos que há uma parte dela que é isenta de razão e outra que, por sua vez, é dotada de razão. Se elas estão separadas, como acontece com os membros do corpo e com tudo aquilo que é composto de partes, ou se, pelo contrário, mesmo sendo duas por definição, sejam, porém, inseparáveis por natureza, como acontece numa superfície esférica com a parte côncava e a parte convexa, isso não faz diferença nenhuma no presente discurso. Da parte irracional, uma parece comum [a todos os seres vivos] e vegetal, ou seja, o princípio da nutrição e do crescimento e, de fato, uma faculdade da alma desse tipo a encontramos em todos os seres que se nutrem, nos embriões, assim como nos seres completos... A virtude de tal faculdade aparece, portanto, como comum a todos os seres e não é propriamente humana [*anthropine*]. Essa parte e essa faculdade são em ato sobretudo no sono e, enquanto dormem, o bom e o mau não se diferenciam em quase nada, motivo pelo qual se afirma que pela metade da vida as pessoas infelizes não se diferenciam de modo nenhum das felizes... Por conseguinte, podemos deixar de lado a vida nutritiva, pois ela não participa da virtude humana. [1102a 23-1102b 14]

Em *Magna moralia*, essa exclusão é confirmada particularmente com respeito à felicidade: "A alma nutritiva não contribui para a felicidade" (1185a 35).

---

[5] Ivan Illich, *Nello specchio del passato* (Milão, Boroli, 2005), p. 230; ver p. 16 deste volume.

A vida dividida • 229

א *Em* De anima, *Aristóteles estabelece uma correspondência singular entre o tato e a vida nutritiva, como se coubesse ao tato, no plano da sensação, o mesmo papel primordial que corresponde à nutrição. Depois de ter confirmado que a "faculdade nutritiva deve encontrar-se em todos os seres que crescem e se corrompem", ele escreve que,*

> *considerando que o animal é um corpo inanimado e todo corpo é tangível [apton] e tangível é o que é perceptível pelo tato [aphei], é necessário que o corpo animal possua a capacidade táctil para que o animal possa conservar-se... Por isso, o gosto é uma espécie de tato, pois seu objeto é o alimento e o alimento é um corpo tangível... E é evidente que sem o tato o animal não pode existir. (434b 12-20)*

Assim como, com respeito à faculdade nutritiva, a sensação e o intelecto implicam um suplemento heterogêneo que diferencia o animal e o homem com relação à planta, também, enquanto o tato torna possível a vida, "os outros sentidos existem em vista do bem" (ibidem, 24), e como não é possível separar nos mortais a alma nutritiva das outras, da mesma forma "sem o tato não é possível que haja outro sentido... e, com a perda do tato, os animais morrem" (435b 3-4). O dispositivo metafísico-político que divide e articula a vida age em todos os níveis do corpo vivo.

1.8. Nesse ponto, podemos tornar mais precisa a articulação entre simples vida e vida politicamente qualificada, *zoè* e *bios*, que, em *Homo sacer I*, tínhamos posto na base da política ocidental. Aquela que agora podemos denominar como a máquina ontológico-biopolítica do Ocidente fundamenta-se em uma divisão da vida que, por meio de uma série de cesuras e de limiares (*zoè/bios*, vida insuficiente/vida autárquica, família/cidade), adquire um caráter político de que inicialmente estava desprovida. Mas é justo por essa articulação de sua *zoè* que o homem – único entre os seres vivos – torna-se capaz de uma vida política. A função própria da máquina é, assim, uma operação sobre o ser vivo que, "politizando" sua vida, a torna "suficiente", ou seja, capaz de fazer parte da *polis*. Assim, o que chamamos de política é, antes de tudo, uma qualificação especial da vida, atuada por uma série de partições que acontecem no próprio corpo da *zoè*. Mas essa qualificação não tem outro conteúdo senão o puro fato da cesura como tal. Isso significa que o conceito de vida não poderá ser verdadeiramente pensado enquanto não for desativada a máquina biopolítica que sempre já a capturou em seu interior por uma série de divisões e de articulações. A partir de então, a vida nua pesará sobre a política ocidental como um obscuro e impenetrável resíduo sacral.

Compreende-se, então, o significado essencialmente ontológico-político, não só psicológico, da divisão das partes da alma (faculdades nutritiva, sensitiva, intelectiva) no livro II de *De anima*. Por essa perspectiva, tanto

230 • O uso dos corpos

mais determinante aparece o problema – sobre o qual Aristóteles não deixa de se deter – da separabilidade apenas lógica ou também físico-espacial das várias partes. Enquanto é próprio da alma vegetativa o fato de poder existir independentemente das outras (como acontece nas plantas), as outras partes, pelo menos nos seres mortais (a restrição dá a entender que isso talvez seja possível nos deuses), não podem ser separadas daquela. "Cada uma dessas faculdades", pergunta Aristóteles,

> é uma alma ou uma parte da alma? E se for uma parte, é separável apenas logicamente [*logoi*] ou também segundo o lugar [*topoi*]? Em alguns casos, não é difícil verificar, enquanto em outros há dificuldades. De fato, assim como, para as plantas, se observa que algumas delas continuam vivendo mesmo que sejam divididas e que suas partes sejam separadas umas das outras (como se a alma que nelas se encontra fosse única em ato em cada planta, mas múltipla em potência), também vemos que acontece com relação às outras diferenças da alma, como ocorre nos insetos, quando são seccionados... Quanto ao intelecto e à potência do pensamento, nada é claro, mas parece que é um gênero diferente e que este só pode ser separado, assim como o eterno com relação ao corruptível. A partir do que foi dito, fica claro que as outras partes da alma não são separáveis, conforme alguns pensam. Mas que o sejam, segundo o *logos*, é evidente. [413b 14-29]

O *logos* é capaz de dividir o que não pode ser fisicamente dividido, e a consequência que essa divisão "lógica" exerce sobre a vida consiste em tornar possível sua politização. *A política, como* ergon *próprio do homem, é a práxis que se fundamenta na separação, operada pelo* logos, *de funções que do contrário seriam inseparáveis.* A política aparece aqui como aquilo que permite tratar uma vida humana como se, nela, a vida sensitiva e a intelectiva fossem separáveis da vegetativa – e, por conseguinte, a partir do momento em que isso é impossível nos mortais, dando-lhes legitimamente a morte. (Esse é o sentido de *vitae necisque potestas* que vimos definir o poder soberano.)[6]

Por isso, na história da biopolítica ocidental, alcança-se um limiar decisivo quando, na segunda metade do século XX, por meio do desenvolvimento das técnicas de reanimação (a expressão é significativa: estão em questão, mais uma vez, a alma e a vida), a medicina realiza o que Aristóteles considerava impossível, a saber, a separação, no homem, entre a vida vegetativa e as outras funções vitais. Não nos deve surpreender o fato de

---

6   Giorgio Agamben, *Homo sacer. Il potere sovrano e la nuda vita* (Turim, Einaudi, 2009), p. 97-101 [ed. bras.: *Homo sacer. O poder soberano e a vida nua*, cit.].

A vida dividida • 231

que, a partir desse momento, sejam novamente postos em questão todos os conceitos fundamentais da política. Uma redefinição da vida exige necessariamente uma redefinição da política.

א Convém refletir sobre o sentido da analogia entre ser e viver na estratégia aristotélica. A tese metafísico-política é esta: "Ser é para os seres vivos viver" (to do zen tois zosi to einai estin – De anima, 415b, 13). Contudo, tanto o ser quanto o viver "se dizem de muitos modos" e estão, portanto, sempre já articulados e divididos. Assim como a articulação do ser permite introduzir nele o movimento e torná-lo, no final, pensável, também a divisão da vida, tirando-a de sua unidimensionalidade, permite fazer dela o fundamento da política. Ao isolamento de um ser "que se diz mais propriamente em primeiro lugar e sobretudo" corresponde, no plano do viver, a separação de uma esfera da vida (a vida vegetativa), que tem o papel de archè, "por meio da qual o viver pertence ao seres vivos". A vida é, nesse sentido, a declinação política do ser: ao pleonachos legesthai deste corresponde o pleonachos legesthai daquela; ao dispositivo ontológico, que articula e põe em movimento o ser, corresponde a máquina biopolítica, que articula e politiza a vida. E uma desativação da máquina biopolítica implica necessariamente uma desativação do dispositivo ontológico (e vice-versa).

1.9. O que permite à vida nutritiva cumprir o papel de fundamento e de motor da máquina bio-política é, acima de tudo, sua separabilidade das outras esferas da vida (enquanto as outras não podem separar-se dela). Mas o que constitui seu privilégio é também aquilo que autoriza sua exclusão da cidade e de tudo que define o humano como tal.

Uma leitura mais atenta da seção de *De anima* dedicada à faculdade nutritiva mostra, no entanto, elementos que poderiam permitir olhar para ela de maneira totalmente diferente. No momento de definir os *erga* próprios dessa faculdade, ou seja, a geração e o uso de alimento" (*gennesai kai trophei chresthai* – 415a 26), Aristóteles parece instituir uma correspondência singular entre a parte mais baixa e a mais elevada da alma humana, o pensamento (*nous*): "A obra mais natural dos seres vivos... consiste em produzir outro semelhante a si: o animal (produzir) um animal, a planta, uma planta, de maneira que participe, na medida do possível, do eterno e do divino" (415a 3-5). Poucas páginas adiante, ele escreve que o nutrimento "conserva o ser" (*sozei ten ousian*) do ser vivo e que a faculdade nutritiva "é um princípio [*archè*] capaz de conservar aquele que o possui como tal" (416b 15-6). Além disso, tanto em Aristóteles quanto nos comentadores encontramos uma curiosa proximidade terminológica entre a alma nutritiva (ou vegetativa) e a intelectiva: também o intelecto é "separável" (*choristos* – 430a

232 • O uso dos corpos

18) e, como o intelecto, o princípio nutritivo é "ativo" (*poietikon* – 416b 15); ainda mais decisivamente, em Alexandre de Afrodísia, o teórico do intelecto agente (ou poético): "O princípio nutritivo é *poietikon*"[7].

Em um ensaio exemplar, Émile Benveniste chamou atenção para o aparentemente inexplicável duplo significado do verbo grego *trepho*, que significa tanto "nutrir" quanto "adensar, coagular um líquido" (por exemplo, *trephein gala*, "fazer coalhar o leite"). A dificuldade é resolvida quando se compreende que o verdadeiro significado de *trepho* não é simplesmente nutrir, mas "deixar crescer ou favorecer o desenvolvimento natural de algo". Não há contradição entre *trephein gala* ("nutrir o leite", ou seja, "deixar que ele coalhe") e *trephein paidas* ("nutrir as crianças"), porque ambos significam "deixar que algo alcance o estado a que tende naturalmente"[8].

É esse, segundo todas as evidências, o significado que o verbo e seu derivado *threptikon* apresentam em Aristóteles, e por isso ele pode escrever que a alma nutritiva é "um princípio que conserva o ser de quem o possui". É por ter como única preocupação a necessidade de manter incólume a função de signatura política da divisão da vida que o filósofo precisou excluir a vida nutritiva da felicidade e da *aretè* que definem a cidade dos homens.

Ao mesmo tempo contra e a favor de Aristóteles, trata-se de pensar a vida nutritiva como aquilo que permite que o ser vivo alcance o estado a que tende, assim como acontece com o *conatus* que impulsiona todo ser a conservar seu ser (*sozein ten ousian*). Não só devemos aprender a pensar uma *aretè* da vida nutritiva, mas *trephein* nomeia, nesse sentido, a virtude fundamental do ser vivo, o impulso graças ao qual toda faculdade alcança o estado para o qual tende naturalmente. E seu significado político não reside em sua exclusão-inclusão na cidade, mas no fato de que ela, deixando o coração pulsar, os pulmões respirarem e a mente pensar, confere unidade e sentido a toda forma de vida. Pensamos até aqui a política como aquilo que subsiste graças à divisão e à articulação da vida, como uma separação da vida com relação a si mesma que a qualifica, a cada vez, como humana, animal ou vegetal. Agora, pelo contrário, trata-se de pensar uma política da forma-de-vida, da vida indivisível com relação a sua forma.

---

[7] Alexandre, *Alexandri Aphrodisiensis praeter commentaria scripta minora*, cit., p. 74.

[8] Émile Benveniste, *Problèmes de linguistique générale*, v. 1 (Paris, Gallimard, 1966), p. 349 [ed. bras.: *Problemas de linguística geral*, v. 1, 5. ed., trad. Eduardo Guimarães, Campinas, Pontes, 2005].

2
UMA VIDA INSEPARÁVEL DE SUA FORMA

2.1. Essa investigação partiu da constatação de que os gregos não tinham um termo único para expressar o que entendemos com a palavra *vida*. Eles usavam dois termos semântica e morfologicamente distintos: *zoè*, que expressava o simples fato de viver, comum a todos os seres vivos (animais, homens ou deuses), e *bios*, que significava a forma de viver própria de um indivíduo ou de um grupo. Nas línguas modernas, nas quais tal oposição desaparece gradualmente do léxico (em que ela continua conservada, como em *biologia* e *zoologia*, já não indica nenhuma diferença substancial), um único termo – cuja opacidade cresce em medida proporcional à sacralização de seu referente – designa o pressuposto comum nu que sempre é possível isolar em cada uma das inumeráveis formas de vida.

Por sua vez, com o termo *forma-de-vida*, entendemos uma vida que nunca pode ser separada de sua forma, uma vida em que nunca é possível isolar ou manter separado algo como uma vida nua.

2.2. Uma vida, que não pode ser separada de sua forma, é uma vida para a qual, em seu modo de viver, está em questão o próprio viver e, em seu viver, está em jogo, sobretudo, seu modo de viver. O que significa essa expressão? Ela define uma vida – a vida humana – na qual cada um dos modos, dos atos e dos processos do viver nunca são simplesmente *fatos*, mas sempre e sobretudo são *possibilidades* de vida, sempre e sobretudo potência. E a potência, enquanto nada mais é do que a essência ou a natureza de cada ser, pode ser suspensa e contemplada, mas nunca absolutamente dividida com relação ao ato. O hábito de uma potência é seu uso habitual, e a forma--de-vida é esse uso. A forma do viver humano nunca é prescrita por uma

234 • O uso dos corpos

vocação biológica específica nem é marcada por qualquer necessidade, mas, por mais costumeira, repetida e socialmente obrigatória que seja, conserva sempre o caráter de uma possibilidade real, pondo em jogo o próprio viver. Não há, pois, um sujeito ao qual cabe uma potência, que ele é capaz de, arbitrariamente, decidir pôr em ato: a forma-de-vida é um ser de potência não só ou não tanto porque pode fazer ou não fazer, conseguir realizar ou fracassar, perder-se ou encontrar-se, mas acima de tudo porque é sua potência e com ela coincide. Por isso, o ser humano é o único ser em cujo viver está sempre em questão a felicidade, cuja vida está irremediável e dolorosamente destinada à felicidade. Isso constitui imediatamente a forma-de-vida como vida política.

2.3. Isso significa que aquilo que chamamos de forma-de-vida é uma vida na qual o evento da antropogênese – o tornar-se humano do homem – ainda está em curso. Só porque na forma-de-vida estão em jogo a memória e a repetição do evento, o pensamento pode remontar arqueologicamente à própria separação entre *zoè* e *bios*. Essa separação produziu-se no evento antropogenético, quando, depois de uma transformação cujo estudo não é tarefa das ciências humanas, a linguagem apareceu no ser vivo e este pôs em jogo na linguagem sua própria vida natural. O evento antropogênico coincide, portanto, com a fratura entre vida e língua, entre o vivente e o falante; mas, justo por isso, o tornar-se humano do homem implica a experiência incessante dessa divisão e, ao mesmo tempo, da igualmente incessante e nova rearticulação histórica do que foi dividido desse modo. O mistério do homem não é aquele, metafísico, da conjunção entre o ser vivo e a linguagem (ou a razão, ou a alma), mas aquele, prático e político, de sua separação. Se o pensamento, as artes, a poesia e, em geral, as práticas humanas têm algum interesse, isso se deve ao fato de que eles fazem girar arqueologicamente no vazio a máquina e as obras da vida, da língua, da economia e da sociedade para remetê-las ao evento antropogenético, para que nelas o tornar-se humano do homem nunca seja realizado de uma vez por todas, nunca cesse de acontecer. A política nomeia o lugar desse evento, independentemente do lugar em que se produza.

2.4. Por sua vez, o poder político que conhecemos sempre se fundamenta, em última instância, na separação de uma esfera da vida nua com relação ao contexto das formas de vida. Assim, na fundamentação hobbesiana da soberania, a vida no estado de natureza é definida apenas pelo fato de estar incondicionalmente exposta a uma ameaça de morte (o direito ilimitado de todos sobre tudo), e a vida política, a saber, aquela que se desenvolve sob a proteção do Leviatã, nada mais é do que essa mesma vida, exposta a uma ameaça que agora repousa apenas nas mãos do soberano. A *puissance absolue et perpétuelle* [poder absoluto e perpétuo], que define o poder estatal, não se fundamenta, em última instância, numa vontade política, mas na vida nua, que só é conservada e protegida na medida em que está submetida ao direito de vida e de morte do soberano (ou da lei). O estado de exceção, sobre o qual o soberano decide cada vez, é justo aquele em que a vida nua, que, na situação normal, aparece unida às múltiplas formas de vida social, é explicitamente revogada como fundamento último do poder político. O sujeito derradeiro, que se trata de excluir e, ao mesmo tempo, incluir na cidade, é sempre a vida nua.

2.5. "A tradição dos oprimidos ensina-nos que o 'estado de exceção' em que vivemos é a regra. Devemos chegar a um conceito de história que corresponda a esse fato." Tal diagnóstico de Benjamin, que já tem mais de cinquenta anos, nada perdeu de sua atualidade. E isso não se deve tanto ou não só porque o poder não tem hoje outra forma de legitimação senão a emergência e remete em todo lugar e continuamente a ela, ao mesmo tempo que trabalha secretamente para produzi-la (como não pensar que um sistema que já pode funcionar só com base numa emergência não esteja interessado em mantê-la a qualquer preço?), mas também e sobretudo porque, entrementes, a vida nua, que era o fundamento oculto da soberania, tornou-se em qualquer lugar a forma de vida dominante. A vida, no estado de exceção tornado normal, é a vida nua que separa, em todos os âmbitos, as formas de vida com relação à coesão delas numa forma-de-vida. Dessa maneira, no lugar da cisão marxiana entre o homem e o cidadão, entra aquela entre a vida nua, portadora última e opaca da soberania, e as múltiplas formas de vida abstratamente recodificadas em identidades jurídico-sociais (o eleitor, o trabalhador dependente, o jornalista, o estudante, mas também o soropositivo, a travesti, a estrela de filme pornô, o velho, o pai, a mulher), todas repousando sobre aquela. (O fato de ter trocado essa vida nua separada de sua forma, em sua rejeição, por um princípio superior – a soberania, ou o sagrado – é o limite do pensamento de Bataille, tornando-o inútil para nós.)

236 • O uso dos corpos

2.6. A tese de Foucault segundo a qual "o que hoje está em jogo é a vida" e, por isso, a política se tornou biopolítica é, nesse sentido, substancialmente correta. No entanto, é decisivo o modo como se entende o sentido dessa transformação. O que continua, de fato, não questionado nos debates atuais sobre a bioética e sobre a biopolítica é justamente aquilo que deveria ser questionado antes de qualquer outra coisa – a saber, o próprio conceito biológico de vida. Esse conceito – que se apresenta hoje sob as vestes de uma noção científica – é, na realidade, um conceito político secularizado. Disso nasce a inadvertida, mas decisiva, função da ideologia médico--científica no sistema do poder e o uso crescente de pseudoconceitos científicos com fins de controle político: a própria captura da vida nua, que o soberano podia efetuar, em certas circunstâncias, sobre as formas de vida, agora é maciça e cotidianamente realizada pelas representações pseudocientíficas do corpo, da doença e da saúde e da "medicalização" de esferas cada vez mais amplas da vida e da imaginação individual. A vida biológica, forma secularizada da vida nua, que em comum com esta tem indizibilidade e impenetrabilidade, constitui, assim, as formas de vida reais como formas de *sobrevivência*, restando nelas não provada como a obscura ameaça que pode ser atualizada repentinamente na violência, na estranheza, na doença, no incidente. Ela é o soberano invisível que nos olha por trás das máscaras estúpidas dos poderosos que, dando-se conta disso ou não, nos governam em seu nome.

2.7. Uma vida política, ou seja, orientada pela ideia de felicidade e reunida numa forma-de-vida, só é pensável a partir da emancipação com relação a essa cisão. A pergunta sobre a possibilidade de uma política não estatal tem, portanto, necessariamente a seguinte forma: é possível hoje, existe hoje, algo como uma forma-de-vida, ou melhor, uma vida para a qual, em seu viver, esteja em jogo o próprio viver, uma *vida da potência*?

Chamamos de *pensamento* o nexo que constitui as formas de vida num contexto inseparável, em forma-de-vida. Com isso não entendemos o exercício individual de um órgão ou de uma faculdade psíquica, mas uma experiência, um *experimentum* que tem por objeto o caráter potencial da vida e da inteligência humana. Pensar não significa simplesmente ser afetado por essa ou aquela coisa, por esse ou aquele conteúdo de pensamento em ato, mas ser, ao mesmo tempo, afetado pela própria receptividade, fazer experiência, em cada coisa pensada, de uma pura potência de pensar. O pensamento é, nesse sentido, sempre uso de si, implica sempre a afeição que se recebe enquanto se está em contato com determinado corpo ("o pensamento é o ser cuja natureza consiste em ser em potência... Quando o pensamento se tornou, em ato, cada um dos inteligíveis... continua mesmo, então, de algum modo, em potência e pode, assim, pensar a si mesmo" – Aristóteles, *De anima*, 429a-b).

Só se o ato nunca estiver integralmente separado da potência, só se, em minhas vivências e em meus entendimentos, estiverem em jogo cada vez o viver e o entender – se houver, portanto, nesse sentido, pensamento –, então uma forma de vida poderá tornar-se, em sua própria facticidade e sua coisalidade, *forma-de-vida*, na qual nunca é possível isolar algo como uma vida nua.

2.8. A experiência do pensamento, que aqui está em questão, é sempre experiência de uma potência e de um uso comuns. Comunidade e potência identificam-se sem resíduos, porque o fato de ser inerente a cada potência um princípio comunitário é função do caráter necessariamente potencial de toda comunidade. Entre seres que estivessem desde sempre em ato, que já fossem sempre essa ou aquela coisa, essa ou aquela identidade, e tivessem esgotado, nelas, inteiramente sua potência, não poderia haver comunidade nenhuma, apenas coincidências e partições factuais. Só podemos comunicar-nos com outros por meio daquilo que em nós, assim como nos outros, continuou em potência, e toda comunicação (conforme Benjamin intuiu a respeito da língua) é, antes de tudo, comunicação não de algo comum, mas de uma comunicabilidade. Por outro lado, se houvesse um único ser, este seria absolutamente impotente, e onde eu posso, ali já somos sempre muitos (assim como, se há uma língua, ou seja, uma potência de falar, não pode haver um único ser que fala).

Por isso, a filosofia política moderna não começa com o pensamento clássico, que havia feito da contemplação, do *bios theoreticos*, uma atividade separada e solitária ("exílio de um só junto a um só"), mas com o averroísmo, ou seja, com o pensamento do único intelecto possível comum a todos os homens e, marcadamente, no ponto em que Dante, em *De monarchia*, afirma o fato de ser inerente a uma *multitudo* a própria potência do pensamento. Depois de ter afirmado que "há uma operação característica de todo o gênero humano, em função da qual este é organizado numa multidão tão grande", ele identifica essa operação não apenas no pensamento, mas na potência do pensamento:

238 • O uso dos corpos

A última força própria do homem não é o ser simplesmente considerado, pois dele também participam os elementos: nem o ser um agregado, pois este se encontra também nos minerais. Nem sequer é o ser animado, que também existe nas plantas; tampouco o ser capaz de aprender, pois este é comum aos animais; mas o ser capaz de aprender pelo intelecto possível [*esse apprehensivum per intellectum possibile*], o qual compete exclusivamente ao homem e a nenhuma outra criatura inferior ou superior. De fato, mesmo que haja outras essências inteligentes, o intelecto delas não é possível como o dos homens, pois tais essências são puramente intelectuais, e seu ser consiste exclusivamente em entender aquilo que são, e isso acontece sem descontinuidade [*sine interpolatione*], pois assim não seriam eternas. É claro, portanto, que o último grau da potência da humanidade é a potência ou a virtude intelectiva. E como a potência do pensamento humano não pode ser integral e simultaneamente atualizada por um só homem ou por uma só comunidade particular, é necessário que haja no gênero humano uma multidão [*multitudinem esse in humano generi*] pela qual toda a potência seja atuada [*per quam tota potentia hec actuetur*]... A tarefa própria do gênero humano, tomado em sua totalidade, é a de atuar incessantemente toda a potência do intelecto possível, em primeiro lugar em vista da contemplação e, consequentemente, em vista do agir. [*De monarchia*, I, 3-4]

2.9. Reflita-se sobre o nexo constitutivo que Dante institui entre a *multitudo* e a potência do pensamento como potência genérica da humanidade (*ultimum de potentia totius humanitatis*). No caso, a multidão não é apenas um conceito quantitativo ou numérico. Como resulta inequivocamente do fato de que esse conceito define a especificidade do homem com relação aos animais e aos anjos e do esclarecimento "tomado em sua totalidade", ela nomeia em primeiro lugar a *forma genérica* de existência da potência propriamente humana, ou seja, do pensamento. Assim, não se trata de algo como a soma das atuações individuais da potência nem – daí a relevância especial do advérbio "sempre" (*semper*) – de um processo para cujo cumprimento a potência da humanidade será completamente realizada. Há uma multidão porque em cada homem há uma potência – ou seja, uma possibilidade – de pensar (e não, como acontece nos anjos, um pensamento que não conhece interrupção – *sine interpolatione*); justamente por isso, a existência da *multitudo* coincide com a atuação genérica da potência de pensar e, consequentemente, com a política. Se houvesse apenas as múltiplas atuações individuais e sua soma, não haveria uma política, só a pluralidade numérica das atividades definidas pela variedade dos objetivos particulares (econômicos, científicos, religiosos etc.); no entanto, dado que a atuação da potência genérica do pensamento coincide com a existência de uma *multitudo*, esta é imediatamente política.

Assim como, segundo Averróis, a *multitudo*, como sujeito genérico da potência de pensar, sempre deve ser pensada em relação à existência de um filósofo singular que, por meio dos fantasmas de sua imaginação, se une ao intelecto único, também a potência do pensamento de que falamos sempre deve ser posta em relação com o uso singular de uma potência comum. Por isso, enquanto a unicidade do pensamento comum continua ligada à contingência de um exercício singular, é importante considerar com cautela a função política da rede, da qual hoje com frequência se fala. Enquanto ela depende da disponibilidade permanentemente em ato de um saber social pré-constituído, falta-lhe precisamente a experiência da *potência*, que define o saber humano com respeito àquele angélico. O que continua preso na "rede" é, por assim dizer, o pensamento sem sua potência, sem a experiência singular de sua atuação genérica.

A *multitudo* é um conceito político só enquanto é inerente à potência do pensamento como tal. E o pensamento não define uma forma de vida ao lado de outras em que se articulam a vida e a produção social: ele *é a potência unitária que constitui em forma-de-vida as múltiplas formas de vida*. Frente à soberania estatal, que só pode afirmar-se separando, em cada âmbito, a vida nua de sua forma, ele é a potência que incessantemente reúne a vida a sua forma ou impede que se dissociem. O diferencial entre a simples maciça inscrição do saber social nos processos produtivos, que caracteriza a fase atual do capitalismo, e o pensamento como potência antagonista e forma-de-vida passa pela experiência dessa coesão e dessa inseparabilidade. O pensamento é forma-de-vida, vida inseparável de sua forma, e onde quer que se mostre a intimidade dessa vida inseparável, na materialidade dos processos corpóreos e dos modos de vida habituais não menos do que na teoria, ali – e somente ali – há pensamento. E é esse pensamento, essa forma-de-vida que, abandonando a vida nua ao "homem" e ao "cidadão", que a vestem provisoriamente e a representam com seus "direitos", deve tornar-se o conceito-guia e o centro unitário da política que vem.

3
CONTEMPLAÇÃO VIVENTE

3.1. Uma genealogia da ideia de vida na modernidade deveria começar pela revalorização e pela hipostasiação da *zoè* que se realiza a partir dos primeiros séculos da era cristã no âmbito neoplatônico, gnóstico e cristão. Não sabemos por quais caminhos o pensamento tardo-antigo chegou à inversão da relação hierárquica entre *bios* e *zoè*; o certo é que, quando a segunda Academia e, depois, o neoplatonismo elaboram a teoria das três hipóstases (ser, vida, pensamento) ou quando os primeiros textos cristãos falam de uma "vida eterna" ou, ainda, quando o par "vida" e "luz" (ou "vida" e "*logos*") começa a aparecer em *Corpus hermeticum* e na gnose, não é, como poderíamos esperar, o termo *bios* que se apresenta em primeiro plano, mas *zoè*, a vida natural comum a todos os seres vivos, que, no entanto, sofreu uma completa transformação semântica. Um indício lexical desse fenômeno é o progressivo e irrefreável declínio do termo *bios* no decurso do século III d. C. e o consequente enfraquecimento da oposição *bios/zoè*. Uma folheada em *Index plotinianum* mostra que, enquanto em *Enéadas*, *bios* se conserva relativamente em poucas passagens (quase sempre para indicar o modo de vida humano), *zoè*, que até Plotino é bastante raro no sentido de forma de vida, substitui gradualmente *bios* e adquire a inteira gama de significados que confluirão no termo moderno "vida" (é significativa, nesse sentido, a difusão de *zoè* no vocabulário da intimidade e da vida privada, tanto como nome próprio quanto como expressão de ternura, por exemplo no moderno "vida minha").

3.2. O documento mais significativo dessa transformação da concepção clássica da *zoè* são os dois tratados plotinianos *Sobre a felicidade* (Enéadas,

242 • O uso dos corpos

I, 4) e *Sobre e contemplação (III, 8)*. Plotino parte com toda probabilidade da passagem de *Sofista* (248e-249a), que atribui ao ser "o movimento e a vida e a alma e o pensamento, considerando que ele não pode estar aí justo, solene e sagrado, sem viver nem pensar e sem inteligência", e (parte) da afirmação análoga, do livro Lambda de *Metafísica* (1027b, 27), segundo a qual "também a vida (*zoè*) pertence a deus, porque o ato de inteligência é vida, e deus é o próprio ato; ele subsiste por si, essa é a vida perfeita e eterna [*zoè aristè kai aidios*]". Contudo, enquanto para Platão e Aristóteles tratava-se essencialmente de atribuir a vida ao pensamento e de conceber a vida do pensamento como propriedade específica do ser divino (e humano, na medida em que este é capaz de "fazer-se eterno"), para Plotino, com uma inversão radical que constitui um dos traços mais característicos da visão de mundo tardo-antigo, não é o pensamento, mesmo, vivente, mas a própria vida que, em todas as formas (inclusive os animais e as plantas), é imediatamente contemplação (*theoria*).

Plotino começa com um gesto de cuja novidade se dá perfeitamente conta, atribuindo a contemplação a todos os seres vivos, inclusive às plantas (que eram, para Aristóteles, os seres "alógicos" por excelência) e enuncia, logo depois, aparentemente na forma de brincadeira, a tese de uma *physis* que gera e produz por meio da contemplação:

> Se agora disséssemos, brincando antes de enfrentar seriamente o tema, que todos os seres desejam a contemplação e almejam esse fim, não só aqueles racionais, mas também os animais irracionais e a natureza que existe nas plantas e a terra que as gera, que todos a alcançam como podem e segundo sua natureza... Digamos agora qual é a contemplação da própria terra e das árvores e das plantas todas e como poderíamos remeter à atividade da contemplação o que elas produzem e geram sobre a terra; além disso, como a natureza, que chamam de irracional e isenta de representações, tem, por sua vez, em si mesma a contemplação e por meio desta produz o que produz. [3, 8, I]

A primeira consequência do caráter "teorético" ou contemplativo da *physis* é uma transformação da própria ideia de vida natural (*zoè*), que deixa de ser um conjunto de funções heterogêneas (a vida psíquica, a vida sensível, a vida vegetativa) e passa a definir-se, desde o início, com uma forte ênfase no caráter unitário de todo fenômeno vital, como "nem vegetativa nem sensitiva, tampouco psíquica", mas como "contemplação viva". Os estoicos haviam elaborado o conceito de "vida lógica" (*logikè zoè*) e de "animal lógico" (*zoon logikon*) a fim de caracterizar a vida propriamente

Contemplação vivente • 243

humana frente àquela dos outros seres vivos. A novidade dessa noção, com respeito à definição clássica do homem como "animal que tem o *logos*" (*zoon logon echon*) é que, aqui, o *logos* não é simplesmente acrescentado às funções vitais comuns aos outros animais, deixando-as não mudadas, mas invade a inteira *physis* humana, transformando de cima para baixo, de maneira que seus impulsos, seus desejos, suas sensações e suas paixões se apresentam como intimamente lógicos. Plotino leva ao extremo essa ideia estoica e a estende em certa medida a todos os seres vivos e a todas as formas de vida, sem distinção. Lógica e teorética é agora a própria vida, que se articula, se dissemina e se diversifica segundo o caráter mais ou menos manifesto (*ergastes*, "luminoso") da contemplação que lhe é própria. A intuição dessa profunda unidade da vida em sua íntima tensão lógica para a expressão e o pensamento é o legado mais original que o mundo tardo-antigo deixa como herança para a teologia cristã e, com isso, para a modernidade.

A contemplação é um movimento da natureza para a alma e desta para o pensamento, e as contemplações se tornam cada vez mais íntimas e unidas aos contemplantes... Acontece, portanto, na contemplação, que aquilo que é dois se torne verdadeiramente um: e este é contemplação viva [*theoria zosa*], não um objeto contemplado [*theorema*], como se estivesse em outro. O que vive em outro não vive por si mesmo. Se o contemplado [*theorema*] e o pensado [*noema*] estiverem vivos, deverá tratar-se de uma vida não vegetativa [*phytikè*] nem sensível [*aisthetikè*], tampouco psíquica. Também as outras vidas são pensamentos [*noeseis*]. Mas há um pensamento vegetativo, um pensamento sensível e um pensamento psíquico. Em que sentido são pensamentos? Enquanto são *logoi*, linguagens. E toda vida é um pensamento [*pasa zoè noesis tis*], mas um é mais ou menos obscuro, assim como acontece com a vida. Existe, porém, uma vida mais luminosa [*enargestera*], e a primeira vida e o primeiro pensamento são uma só coisa. A primeira vida é pensamento, e a vida segunda é um pensamento segundo, e a vida última é um último pensamento. Toda vida pertence ao gênero do pensamento e é vida do pensamento. Mas os homens atribuem diferenças à vida, não ao pensamento, e dizem que algo é pensamento e outra coisa não é, porque não procuram o que é a vida. Note-se que este discurso mostra mais uma vez que todos os seres são contemplações. E se a vida mais verdadeira é a vida do pensamento, então o pensamento mais verdadeiro vive e a contemplação e o contemplado são um ser vivo e uma vida, e os dois são uma só coisa. [Idem]

3.3. À unidade dual entre vida e pensamento em todas as manifestações corresponde um novo estatuto ontológico do ser vivo, que o tratado *Sobre*

244 • O uso dos corpos

a felicidade tematiza obliquamente, servindo-se de categorias que parecem provir do vocabulário tradicional da reflexão política. O conceito central dessa nova ontologia é o de forma de vida (*eidos zoes* ou *tes zoes*), cuja peculiaridade como termo técnico do léxico plotiniano passou despercebida à atenção dos estudiosos. Plotino começa questionando se, uma vez identificado o "viver bem" (*eu zen*, mesmo termo que define na *Política* aristotélica a finalidade da *polis*) com o ser feliz (*eudaimonein*), deve-se tornar participantes também os seres vivos diversos do homem, por exemplo, os pássaros e as plantas (Plotino manifesta em seus escritos uma predileção especial pelas plantas, que, pelo contrário, em Aristóteles cumprem costumeiramente papel de paradigma negativo com relação ao homem). Os que negam aos seres irracionais a capacidade de viver bem acabam, sem se dar conta, colocando o viver bem em algo diferente da vida (por exemplo, na razão). Por sua vez, Plotino declara sem reservas que situa a felicidade na vida e procura, por isso, pensar um conceito de vida e de estar à altura dessa tese radical. Leiamos a passagem em questão, que constitui uma das contribuições supremas do gênio de Plotino, cujas implicações ontológicas talvez não tenham sido ainda plenamente percebidas:

> Nós colocamos a felicidade na vida; se fizéssemos do termo "vida" sinônimo, atribuiríamos a todos os seres vivos a aptidão para a felicidade e o viver bem em ato a todos os que possuem unidade e identidade, realidade de que são capazes todos os seres vivos, e não atribuiríamos essa potência só aos seres vivos dotados de razão, negando-a por sua vez aos irracionais. A vida seria, assim, algo comum [*koinon*], que teria em potência a mesma aptidão para a felicidade, pelo fato de que ser feliz consistiria em certa vida. Parece-me, portanto, que também aqueles que situam o ato de ser feliz na vida racional [*en logikei zoei*] e não na vida comum [*en koinei zoei*] não se dão conta de que, dessa maneira, pressupõem que o ato de ser feliz não é vida. Seriam obrigados a dizer que a potência lógica, a que adere a felicidade, é uma qualidade. No entanto, o assunto é para eles a vida lógica, e a felicidade consiste nisso tudo, a saber, em outra forma de vida [*perì allo eidos zoes*]. Entendo essa expressão não no sentido de uma divisão lógica, mas naquele em que dizemos que uma coisa é anterior, e outra, posterior. Contudo, dado que o termo "vida" se diz de muitos modos e apresenta diferenças entre o primeiro, o segundo e assim por diante, e viver é um termo homônimo que se diz em um sentido a respeito da planta e em outro sentido a respeito do ser racional e ambos diferem segundo o grau de clareza ou de obscuridade, da mesma forma acontece para o bem. [I, 4, 3]

Contemplação vivente • 245

3.4. A nova bio-ontologia plotiniana articula-se por meio de uma reinterpretação crítica do conceito estoico da vida lógica. Plotino pensa, porém, a vida não como um substrato (*hypokeimenon*) indiferenciado a que se juntariam determinadas qualidades (por exemplo, o ser racional ou linguístico), mas como um todo indivisível, que ele define como *eidos zoes*, "forma de vida". Que essa expressão adquira aqui caráter terminológico, isso resulta para além de qualquer dúvida a partir da clarificação de que, nela, *eidos* não indica a diferença específica de um gênero comum (por esse motivo, seria errado traduzi-lo por "espécie"). A clarificação segundo a qual o termo *eidos* não deve ser entendido como espécie de um gênero, mas segundo o anterior e o posterior, remete, de acordo com a definição dada por Aristóteles em *Metafísica* (1018b 9 seg.), apenas à maior ou à menor proximidade a uma *archè* (por isso Plotino havia falado de "vida primeira" ou "segunda"). Assim, "vida" não é um sinônimo (em que há identidade tanto do termo quanto da definição, que remetem a um referente comum), mas um homônimo, que, em cada forma de vida, adquire um sentido que se diversifica segundo o fato de ser mais ou menos manifesta, mais ou menos luminosa. Sob a urgência de uma nova definição da vida, Plotino transforma profundamente a ontologia aristotélica: existe, sim, uma única substância, mas esta não é um sujeito que carrega atrás ou debaixo de si suas qualidades, e sim que é desde sempre homonimamente compartilhada numa pluralidade de formas de vida, em que a vida nunca é separável de sua forma, mas é, aliás, todas as vezes, seu modo de ser, sem deixar, por isso, de ser una.

3.5. "Se o homem é capaz de possuir a vida perfeita, então será também capaz de ser feliz. Se não fosse assim, a felicidade seria deixada para os deuses, que se tornariam os únicos a possuir tal vida. Na medida em que afirmamos que a felicidade existe também para os homens, deve-se perguntar como ela existe. No seguinte modo: é evidente, também por outros argumentos, que tem a vida perfeita o homem que não tem apenas a sensibilidade, mas ainda o raciocínio e o pensamento verdadeiro. No entanto, não há homem que não a possua, em potência ou em ato, e quando ele a tem em ato o chamamos feliz. Diremos, então, que tal forma da vida [*eidos tes zoes*], que é perfeita, está nele como uma parte? O homem que a tem em potência a possui como uma parte; o homem feliz é, porém, aquele que já é essa em ato e se transformou no próprio ser essa (forma da vida) [*metabeke pros to autò einai touto*]" (I, 4, 4, 1-15).

246 • O uso dos corpos

A vida feliz apresenta-se aqui como uma vida que não possui sua forma como parte ou como qualidade, mas *é* essa forma, passou integralmente para ela (esse é o sentido de *metabaino*). Nessa nova e extrema dimensão, a antiga oposição entre *bios* e *zoè* perde definitivamente seu sentido. Plotino pode, assim, escrever nesse momento, com uma expressão intencionalmente paradoxal, que retoma e destorce um dos conceitos-chave da *Política* aristotélica: *autarkes oun ho bios toi outos zoen echonti,* "autárquico é o *bios* para quem tem de tal modo a *zoè*" (ibidem, 23). Vimos que Victor Goldschmidt demonstrou que *autarkia* em *Política*, de Aristóteles, não é um conceito jurídico nem econômico nem político em sentido restrito, mas, sobretudo, biológico. Autárquica é a *polis* que alcançou a justa consistência numérica de sua população. Só se alcançou tal limite, ela pode passar do simples viver para o viver bem. É esse conceito biológico-político que Plotino transforma completamente, tornando-o indistinguível do *bios* e da forma de vida. Os dois termos, *bios* e *zoè*, sobre cuja oposição se fundava a política aristotélica, contraem-se agora um no outro, num gesto peremptório que, ao mesmo tempo que se despede da política clássica, sinaliza uma inédita politicização da vida como tal. Política não é mais uma *zoè* que, uma vez tornada autárquica, passa para o *bios* político; político é, antes de tudo, apenas um modo de viver a *zoè*; política é a forma de vida como tal ("autárquico é o *bios* de quem tem, de tal modo, a *zoè*"). A aposta é aqui de que possa dar-se um *bios*, um modo de vida, que se define apenas por sua especial e inseparável união com a *zoè* e não tem outro conteúdo senão esta (e reciprocamente, o fato de se dar uma *zoè* que nada mais é do que sua forma, seu *bios*). Precisa e unicamente é a esse *bios* e a essa *zoè* transfigurados dessa maneira que competem os atributos da vida política: a felicidade e a autarquia, que, na tradição clássica, se fundavam sobre a separação entre *bios* e *zoè*. Tem um *bios* político quem nunca tem sua *zoè* como parte, como algo separável (ou seja, como vida nua), mas é sua *zoè*, é integralmente *forma-de-vida*.

4
A VIDA É UMA FORMA GERADA VIVENDO

4.1. Um dos meios pelos quais os conceitos plotinianos de vida e de forma de vida (*eidos zoes*) são transmitidos aos autores cristãos é o *Adversus Arium*, de Mário Vitorino, retórico romano convertido ao cristianismo que, com sua tradução de *Enéadas*, exerceu influência determinante sobre Agostinho. Vitorino procura pensar o paradigma trinitário, que toma forma naqueles anos, por meio de categorias neoplatônicas, não só desenvolvendo, segundo essa perspectiva, a doutrina das três hipóstases (ser, vida, pensamento), mas também – e sobretudo – aprofundando a unidade entre ser e vida, que acabamos de ver definir a bio-ontologia plotiniana. Aristóteles, numa passagem de *De anima* que alcançaria longa descendência, já havia afirmado, embora cursivamente, que "ser para os viventes é viver". Trata-se agora, traduzindo na íntegra o vocabulário ontológico para um vocabulário "bio-lógico", de pensar a unidade e a consubstancialidade – e, ao mesmo tempo, a distinção – entre o Pai e o Filho como unidade e articulação de "viver" e "vida" em Deus. A esse difícil problema teológico, mobilizando até excessivamente os artifícios e as sutilezas de sua arte retórica, Vitorino dedica o quarto livro inteiro de seu tratado:

> "Ele vive" e sua vida [*vivit ac vita*] são um, o mesmo ou outro? São um? Então por que dois nomes? O mesmo? De que modo, então, se ser em ato é uma coisa, e a própria ação, outra? São, portanto, outro? Como, se a vida é vida enquanto vive e, enquanto é vida, necessariamente vive? O que vive não é, de fato, isento de vida nem, enquanto é vida, não vive. Um então será no outro e, portanto, duplo em cada um deles; mesmo assim, se forem dois, não o serão pura e simplesmente, porque um é no outro, e isso em ambos. Por conseguinte, serão o mesmo? Mas o que é o mesmo em dois é outro de si. A identidade é, portanto, ao mesmo tempo

248 • O uso dos corpos

alteridade em cada um dos dois. No entanto, se há identidade e se cada um é idêntico a si, então haverá unidade. De fato, sendo cada um o que é outro, nenhum dos dois será duplo [*geminum*]. E se, portanto, cada um, naquilo mesmo que é, é o outro, cada um em si será uno. Mas, se cada um é em si uno, também no outro será uno... O viver e a vida são tais que vida é viver e viver é uma vida – e não no sentido de que o uno esteja duplicado na outra ou que uma seja com o outro, porque essa seria uma união [*copulatio*] e, por mais que estivessem inseparavelmente unidos, haveria não unidade, mas união [*unitum est, non unum*]. Pelo contrário, é no próprio ato que viver é ser vida, e ser vida, viver... Ele vive e a vida são, portanto, uma única substância.[9]

4.2. Nada mostra melhor a nova e decisiva centralidade que o conceito de vida adquire nas especulações do paganismo moribundo ou na teologia cristã nascente do que o fato segundo o qual o problema da consubstancialidade entre Pai e Filho é pensado nos termos de uma relação entre o puro viver e a vida que nele co-originariamente é gerada. Na passagem que, conforme foi observado, talvez seja a mais densa de toda a obra, Vitorino resolveu o paradoxo dessa bi-unidade – com uma evidente retomada do conceito plotiniano de *eidos zoes* – mediante a ideia de uma "forma de vida" (*vitae forma, forma viventis*) gerada pelo próprio ato de viver (*vivendo*):

A vida é, realmente, um hábito do viver [*vivendo habitus*] e quase certa forma ou estado gerado vivendo [*quase quaedam forma vel status vivendo progenitus*], que contém em si o próprio viver e o ser que é vida [*id esse quod vita est*], e ambos são uma só substância. De fato, não estão um no outro, mas são um só geminado em sua simplicidade [*unum suo simplici geminum*] e em si porque provém de si [*ex se*] e de si porque a simplicidade original opera algo em si mesma... Ser é realmente viver e o ser vida é um certo modo, ou seja, uma forma do vivente produzida por aquele mesmo de que é forma [*forma viventis confecta ipso illo cui forma est*]. Dado que aquilo que produz, ou seja, o viver, nunca teve início – o que vive por si não começa porque vive sempre –, nem sequer a vida tem início. Se o que produz é sem início, também o que é produzido carecerá de um início. Ambos são ao mesmo tempo [*simul*, "ao mesmo tempo"] e, por isso, também são consubstanciais. Deus é viver e Cristo é a vida, e a vida está no viver e na vida está o viver. Dessa maneira, eles são um no outro, assim como o produto [*confectum*] e o produtor [*conficiens*] são um no outro: assim como o produtor está no produto, também o produto está no produtor, mais ainda porque

---

[9] Mário Vitorino, *Traités théologique sur la Trinité*, v. 1 (org. Pierre Hadot, Paris, Les Éditions du Cerf, 1960), p. 502-4.

A vida é uma forma gerada vivendo • 249

eles coexistem desde sempre. O Pai é no Filho, e o Filho, no Pai. O produtor é produtor do produto, e o produto, produto do produtor. Portanto, uma só substância, não uma por duas ou duas em uma, mas, dado que naquela substância em que Deus é, na mesma também o Filho é, ou seja, seus modos: assim como Deus vive, também vive o Filho, e na substância em que o Pai é, nessa mesma é o Filho.[10]

Convém refletir sobre a transformação radical que a ontologia clássica sofre no momento em que o ser é deslocado para o plano do viver. Essência e existência, potência e ato, matéria e forma se indeterminam e se referem agora uma a outra como "viver" e "vida", ou seja – segundo um sintagma que começa a aparecer com frequência crescente na prosa latina –, como um *vivere vitam*, "viver a vida". Não só não cabe à forma nenhuma superioridade hierárquica nem genética, pois ela não é mais o que dá ou define o ser, mas, pelo contrário, a forma é gerada e produzida no ato mesmo de ser – ou seja, de viver – e nada mais é senão uma *forma viventis confecta illo ipso cui forma est* [forma viva levada a termo por aquele que é forma]. Assim como o Pai e o Filho, também essência e existência, potência e ato, viver e vida se compenetram de tal forma que não parece mais possível distingui-los. É significativo que Vitorino deva configurar a relação entre Deus e as três pessoas da Trindade nos termos de uma ontologia modal, segundo um paradigma que havia encontrado sua primeira formulação na Stoa. "Ser é, de fato, viver, e o ser vida nada mais é do que um certo modo..." (*modus quidam* – a correção *motus* da *editio princeps* deve ser recusada em favor da lição do manuscrito mais autorizado), assim como, logo depois, Pai e Filho são definidos como "modos" da única substância divina. E como o modo não acrescenta nada à substância, a vida não acrescenta nada ao viver, e nada mais é senão a forma que nele se gera vivendo: justamente, forma-de-vida, em que viver e vida se tornam indiscerníveis no plano da substância e discerníveis unicamente como manifestação e "aparência":

A vida é produzida vivendo [*conficitur vivendo*] e, existindo, ao mesmo tempo é formada. Mas essa formação é uma aparição [*formatio apparentia est*], e o aparecer é um surgir e um nascimento a partir da latência, mas nascimento do que já existia antes de nascer.[11]

---

[10] Ibidem, p. 536-8.
[11] Ibidem, p. 544.

250 • O uso dos corpos

4.3. É nesse ponto que, ao retomar e levar ao extremo a ideia plotiniana de um *eidos tes zoes*, em que *bios* e *zoè*, vida do pensamento e vida comum, entram num limiar de indistinção, Vitorino pode servir-se, em sentido técnico, do sintagma "forma de – ou da – vida" (*vitae forma*):

> Deus nada mais é do que viver, mas o viver como princípio, do qual provém o viver de todos os outros seres, ato mesmo que existe no agir [*actio ipsa in agendo existens*] e tem seu ser no movimento desse modo; em outras palavras, tem sua existência e sua substância como se não as tivesse [*habens quamquam ne habens quidem*], mas como se ele existisse o próprio viver de modo original e universal [*existens ipsum sit principaliter et universaliter vivere*]. Aquilo que é produzido por esse ato e é quase sua forma é a vida. E como o *aion* é produzido em um ato sempre presente de todas as coisas, assim a vida é produzida vivendo em uma operação sempre presente e é gerada à própria potência e substância, se assim se pode dizer, a vitalidade, ou seja, como uma forma de (ou da) vida [*vitalitas, hoc est ut vitae forma*].[12]

A forma da vida está, em Deus, tão inseparavelmente unida ao viver que não pode aqui haver lugar para algo como um "ter"; Deus não "tem" a existência e a forma, mas – forçando gramaticalmente as coisas a ponto de tornar transitivo o verbo "existir" – ele "existe" seu viver e, desse modo, produz uma forma, que nada mais é do que sua "vitalidade", ou seja, a forma de sua vida. Mais uma vez, o paradigma modal (substância/modos) põe em questão a ontologia aristotélica fundamentada nas oposições existência/essência, potência/ato: a substância não "tem", mas "é" seus modos. Em todo caso, na ideia de uma "forma-de-vida", assim como existência e essência, também *zoè* e *bios*, viver e vida, se contraem um sobre o outro e caem juntos, fazendo que apareça um terceiro, cujo significado e cujas implicações ainda nos falta examinar.

---

[12] Ibidem, p. 542.

5
POR UMA ONTOLOGIA DO ESTILO

5.1. Tentemos levar além do contexto teológico a reflexão de Vitorino. A forma-de-vida não é algo como um sujeito, que preexiste ao viver e lhe dá substância e realidade. Pelo contrário, ela é gerada vivendo, é "produzida por aquilo de que é forma" e não tem, portanto, com respeito ao viver, prioridade nenhuma, nem substancial nem transcendental. Ela é só uma maneira de ser e viver, que não determina, de modo nenhum, o ser vivo, assim como não é por ele de nenhum modo determinada e, no entanto, é dele inseparável.

Os filósofos medievais tinham um termo, *maneries*, que eles remetiam ao verbo *manere*, enquanto os filólogos modernos, identificando-o com o moderno "maneira", fazem derivá-lo de *manus*. Uma passagem de *Livro da escada* sugere, por sua vez, etimologia diversa. O autor dessa obra visionária, que parecia ser familiar para Dante, assiste a certa altura ao aparecimento de uma pena, de que "emanava a tinta" (*manabat encaustum*). "Todas estas coisas", escreve ele, "eram feitas de tal maneira que pareciam ter sido criadas no mesmo instante" (*et haec omnia tali manerie facta erant, quod simul videbantur creata fuisse*). A aproximação etimológica *manare/maneries* mostra que, aqui, *maneries* significa "modo de surgir": todas essas coisas emanavam da pena de maneira que pareciam ter sido criadas no mesmo instante.

A forma-de-vida, nesse sentido, é uma "maneira manancial", não um ser que tem essa ou aquela propriedade ou qualidade, mas um ser que é seu modo de ser, que é seu surgir e é continuamente gerado por sua "maneira" de ser. (Deve ser lida por essa perspectiva a definição estoica do *ethos* como *pegè biou*, "fonte de vida".)

252 • O uso dos corpos

5.2. É desse modo que devemos entender a relação entre *bios* e *zoè* em uma forma-de-vida. Ao final de *Homo sacer I**, a forma de vida havia sido cursivamente evocada com um *bios* que é apenas sua *zoè*. Mas o que pode significar "viver (ou ser) sua *zoè*", o que pode ser um modo de vida que tem por objeto somente a vida, que nossa tradição política sempre já separou em vida nua? Com certeza, significará vivê-la como algo absolutamente inseparável, fazendo coincidir em todos os pontos *bios* e *zoè*. Mas, antes de tudo, o que devemos entender por *zoè*, se não puder tratar-se da vida nua? Nossa vida corpórea, a vida fisiológica que desde sempre tendemos a separar e a isolar? Aqui se vê o limite e, ao mesmo tempo, o abismo que Nietzsche teria entrevisto quando falava da "grande política" como fisiologia. O risco, no caso, é o mesmo em que caiu a biopolítica da modernidade: fazer da vida nua como tal o objeto eminente da política.

Sendo assim, trata-se, antes de tudo, de neutralizar o dispositivo bipolar *zoè/bios*. Como acontece todas as vezes em que nos encontramos frente a uma máquina dupla, aqui é preciso precaver-nos tanto da tentação de jogar um polo contra outro quanto daquela de contrair simplesmente um no outro em nova articulação. Trata-se, pois, de tornar inoperosos tanto o *bios* quanto a *zoè*, para que a forma-de-vida possa aparecer como o *tertium* que se tornará pensável unicamente a partir dessa inoperosidade, a partir desse coincidir – ou seja, cair juntos – de *bios* e *zoè*.

5.3. Na medicina antiga, existe um termo – *diaita* – que designa o regime de vida, a "dieta" de um indivíduo ou de um grupo, entendida como a proporção harmônica entre o alimento (*sitos*) e o exercício físico ou o trabalho (*ponos*). Assim, em *Corpus hippocraticum*, a "dieta humana" (*diaite anthropine*) é algo como o modo de vida, variadamente articulado de acordo com as estações e os indivíduos, mais adaptado à boa saúde (*pros hygeien orthos*). Trata-se, pois, de um *bios*, cujo objeto parece ser unicamente a *zoè*.

Curiosamente, esse termo médico também tem outro significado técnico, o qual remete dessa vez – assim como, de resto, acontece com nosso termo "dieta" – à esfera político-jurídica: *diaita* é a arbitragem que decide um litígio não segundo a letra da lei, mas segundo as circunstâncias e a

---

* *Homo sacer: o poder soberano e a vida nua I*, trad. Henrique Burigo, Belo Horizonte, Editora UFMG, 2002. (N. E.)

Por uma ontologia do estilo • 253

equidade (a partir daí, no vocabulário medieval e moderno, desenvolveu-se o significado de "assembleia política com poder de decisão"). Nesse sentido, o termo opõe-se a *dike*, que indica não tanto o costume ou o modo de vida, mas a regra imperativa (Aristóteles, *Retórica*, 1347b 19: "Deve-se recorrer à *diaita*, não à *dike*, pois para o *diaitetes*, o árbitro, interessa o conveniente, enquanto para o *dikastes*, o juiz, interessa a lei [*nomos*]").

Conforme costuma acontecer, a distância entre os significados de um mesmo termo pode dar lugar a considerações instrutivas. Se a política se fundamenta, como observamos, em uma articulação da vida (viver/viver bem; vida/vida autárquica), então não pode surpreender que o modo de vida, a "dieta" que garante a boa saúde dos homens, assuma também um significado político, que, no entanto, terá a ver não com o *nomos*, mas com o governo e o regime de vida (não por acaso o termo latino que traduz *diaita* – *regimen* – mantém a mesma duplicidade semântica: o título *de regimine* é comum tanto aos tratados médicos quanto aos políticos). No plano do "regime", vida biológica e vida política se indeterminam.

5.4. Os teólogos fazem a distinção entre a vida que vivemos (*vita quam vivimus*), ou seja, o conjunto dos fatos e dos acontecimentos que constitui nossa biografia, e a vida pela qual vivemos (*vita qua vivimus*), ou seja, aquilo que torna a vida vivível e dá a ela sentido e forma (talvez seja aquilo que Vitorino chama de *vitalitas*). Em toda existência, essas duas vidas apresentam-se divididas e, mesmo assim, pode-se dizer que toda existência é a tentativa – muitas vezes fracassada e, no entanto, insistentemente repetida – de realizar a coincidência entre ambas. Assim, feliz só é a vida na qual a divisão desaparece.

Se deixarmos de lado os projetos para alcançar essa felicidade no plano coletivo – desde as regras conventuais até aos falanstérios –, o lugar em que a busca da coincidência entre as duas vidas encontrou seu laboratório mais sofisticado foi o romance moderno. Os personagens de Henry James – e isso vale para todos os personagens – nada mais são, nesse sentido, do que o experimento em que a vida que vivemos incessantemente se divide com relação à vida pela qual vivemos e, ao mesmo tempo, busca unir-se a ela de maneira igualmente obstinada. A existência das mesmas se cinde: por um lado, na série dos fatos, talvez casuais e em todo caso não assumíveis, objeto da *episteme* mundana por excelência, as fofocas; por outro lado, ela se apresenta como o "animal na selva", algo que os aguarda sempre à espreita

254 • O uso dos corpos

nas curvas e nas encruzilhadas da vida e um dia sem falta dará o salto para mostrar "a verdadeira verdade" por sua conta.

5.5. A vida sexual – como se apresenta nas biografias sexuais que Krafft--Ebing reúne em sua *Psychopathia sexualis* nos mesmos anos em que James escreve seus romances, por exemplo – parece efetivar um limiar que escapa da cisão entre as duas vidas. Aqui, o animal na selva sempre já deu seu salto – ou, então, preferencialmente, sempre já desvelou sua natureza fantasmática. Essas biografias, miseráveis segundo qualquer aparência, que foram transcritas apenas para dar testemunho de seu caráter patológico e infame, testemunham uma experiência em que a vida *que* foi vivida se identifica sem resíduos com a vida *pela qual* foi vivida. Na vida que os protagonistas anônimos vivem está em questão, em cada instante, a vida pela qual vivem; esta foi jogada e esquecida sem reservas na primeira, mesmo ao preço de perder toda a dignidade e respeitabilidade. Os repertórios míopes da taxonomia médica escondem uma espécie de arquivo da vida beata, cujos segredos patográficos foram rompidos todas as vezes pelo desejo. (O refugiar-se narcísico da libido no Eu, por meio do qual Freud define a perversão, nada mais é do que a transcrição psicológica do fato de que, para o sujeito, naquela determinada e incontrolável paixão, está em jogo sua vida e que esta foi colocada em jogo inteiramente naquele determinado gesto ou naquele determinado comportamento perverso.)

Em nossa sociedade, para encontrarmos exemplos e materiais de uma vida inseparável de sua forma, chama atenção que precisemos escarafunchar nos registros patográficos ou – como aconteceu com Foucault no caso de *Vidas dos homens infames* – nos arquivos policiais. A forma-de-vida é, nesse sentido, algo que ainda não existe em sua plenitude e só pode ser atestado em lugares que, nas presentes circunstâncias, não parecem ser necessariamente edificantes. Trata-se, de resto, de uma aplicação do princípio benjaminiano, segundo o qual os elementos do estado final se escondem no presente não nas tendências que parecem progressivas, mas naquelas mais insignificantes e desprezíveis.

5.6. Existe, porém, igualmente uma alta tradição da vida inseparável. Na literatura cristã das origens, a proximidade entre vida e *logos* que está em questão no exórdio do Evangelho de João é tomada por modelo de uma vida inseparável. "A própria vida", lê-se no comentário de Orígenes, "é gerada sobrevindo à Palavra [*epigignetai toi logoi*] e, uma vez gerada, resta inseparável [*achoristos*] desta" (*Com. Io.*, II, 129).

Segundo o paradigma messiânico da "vida eterna" (*zoè aionos*), a própria relação entre *bios* e *zoè* transforma-se de modo que a *zoè* pode apresentar-se em Clemente de Alexandria como o fim supremo do *bios*: "A piedade para com Deus é a única exortação verdadeiramente universal que, de maneira clara, diz respeito ao *bios* em sua integridade, voltada em cada instante para o fim supremo, a *zoè*" (*Protreptikos*, XI). A inversão da relação entre *bios* e *zoè* permite aqui uma formulação que, para o pensamento grego clássico, simplesmente não teria tido sentido e que parece antecipar a biopolítica moderna: a *zoè* como *telos* do *bios*.

Em Vitorino, a tentativa de pensar a relação entre Pai e Filho produz uma ontologia inédita, segundo a qual "todo ser possui uma espécie inseparável [*omne esse inseparabilem speciem habet*]; aliás, a espécie é a própria substância, não enquanto a espécie é anterior ao ser, mas enquanto a espécie torna definido o ser"[13]. Assim como viver e vida, também ser e forma coincidem sem resíduos.

5.7. É por essa perspectiva que se pode ler o modo como os teóricos franciscanos repensam a divisão aristotélica das almas (ou das vidas), a ponto de questionar radicalmente tanto a própria realidade da divisão quanto a hierarquia entre alma vegetativa, sensitiva e intelectiva que a escolástica havia deduzido dela. A vida intelectiva – escreve Duns Escoto – contém em si a vida vegetativa e a sensitiva, não no sentido de que estas, subordinando-se àquela, devam ser abolidas e destruídas formalmente, mas, pelo contrário, apenas no sentido de uma perfeição maior das mesmas (*Intellectiva continet perfecte et formaliter vegetativam et sensitivam per se et non sub ratione destruente rationem vegetativae et sensitivae, sed sub ratione perfectiori quam illae formae habeantur sine intellectiva*). Ricardo de Middleton pode, por isso, afirmar que "a vegetativa, a sensitiva e a intelectiva não são três formas, mas uma só forma [*non sunt tres formae, sed una forma*], por meio da qual existe no homem um ser vegetativo, sensitivo e intelectivo". E, para além da divisão aristotélica, os franciscanos elaboram a ideia de uma "forma da corporeidade" (*forma corporeitatis*), que se encontra já

---

[13] Mário Vitorino, *Traités théologique sur la Trinité*, v. 1 (org. Pierre Hadot, Paris, Les Éditions du Cerf, 1960), p. 234.

256 • O uso dos corpos

perfeita no embrião antes da alma intelectiva e, depois, coexiste com ela. Isso significa que nunca há algo como uma vida nua, uma vida sem forma que faz o papel de fundamento negativo para uma vida superior e mais perfeita: a vida corpórea já está sempre formada, já é sempre inseparável com relação a uma forma.

5.8. Como descrever uma forma-de-vida? Plutarco, no início de *Vidas paralelas*, evoca um *eidos*, uma forma que o biógrafo deve saber captar para além da confusão dos eventos. O que ele procura captar não é, porém, uma forma-de-vida, mas um traço exemplar, algo que, na esfera da ação, permita unir uma vida a outra num único paradigma. Em geral, a biografia antiga – a vida dos filósofos e dos poetas que ela nos transmitiu – não parece interessada em descrever eventos reais nem a compô-los de forma unitária, mas em escolher um fato paradigmático – extravagante e significativo – tirado mais da obra do que da vida. Se essa projeção singular da obra sobre a vida continua problemática, mesmo assim é possível que justo a tentativa de definir uma vida a partir de uma obra seja uma espécie de lugar lógico em que a biografia antiga pressentiu a ideia de uma forma-de-vida.

5.9. Fernand Deligny nunca procurou narrar a vida das crianças autistas com que vivia. Antes de tudo, tentou transcrever escrupulosamente, sobre folhas transparentes em uma forma que chamava "linhas errantes" (*lignes d'erre* [garatujas]) os trajetos dos deslocamentos e dos encontros delas. Colocadas umas sobre as outras, as folhas transparentes deixavam aparecer, além do intrincado das linhas, uma espécie de contorno (*cerne*) circular ou elíptico, que fechava dentro de si não só as linhas de errância, mas também os pontos (*chevêtres*, que vem de *enchevêtrement*, "emaranhado"), singularmente constantes, em que os trajetos se entrecruzavam. "É claro", escreveu ele,

> que os trajetos – as linhas errantes – são transcritos e que o contorno de área aparece sempre como o *traçado* de *algo diverso* que não havia sido *previsto* nem pré-pensado por quem traçava nem pelos traçados. É claro que se trata do efeito de *algo* que nada deve à linguagem nem remete ao inconsciente freudiano.[14]

É possível que esse enredo singular, aparentemente indecifrável, expresse, mais do que qualquer narrativa, não apenas a forma de vida das crianças mudas,

---

[14] Fernand Deligny, *Les enfants et le silence* (Paris, Galilée, 1980), p. 40.

Por uma ontologia do estilo • 257

mas qualquer forma de vida. Nesse sentido, é um exercício instrutivo tentar assinalar sobre o mapa da cidade em que vivemos os itinerários de nossos movimentos, que se revelam tenaz e quase obsessivamente constantes. É no traçado daquilo em que perdemos nossa vida que talvez seja possível reencontrar nossa forma-de-vida. Em todo caso, Deligny parece atribuir a suas *lignes d'erre* algo como um significado político pré-linguístico e, mesmo assim, coletivo:

> Foi ao observar tais contornos de área que nos surgiu o projeto de insistir na transcrição do que é simplesmente *visível*, na expectativa de que venha a *aparecer* um traçado do que escrevemos N, inscrito em nós a partir da existência dessa nossa *espécie*, Nós primordial e que insiste em anunciar, de fora de todo querer e de todo poder, por *nada*, imutável, como, no polo oposto, a ideologia.[15]

5.10. Tenho em minhas mãos a página de um jornal francês que publica anúncios de pessoas que procuram um companheiro de vida. A rubrica chama-se, curiosamente, "modos de vida" e traz, ao lado de uma fotografia, uma breve mensagem que tenta descrever com poucos e lacônicos traços algo como a forma ou, justamente, o modo de vida do autor da inserção (às vezes também de seu destinatário ideal). Abaixo da fotografia de uma mulher sentada à mesa de um café, com o rosto sério – aliás, decididamente melancólico – apoiado sobre a mão esquerda, é possível ler:

> Parisiense, alta, magra, loira e distinta, com cerca de cinquenta anos, vivaz, de boa família, desportiva; caça, pesca, golfe, equitação, esqui, gostaria de encontrar homem sério, espirituoso, sexagenário, do mesmo perfil, para viver junto dias felizes, Paris ou província.

O retrato de uma jovem morena que fixa uma bola suspensa no ar vem acompanhado dessa legenda: "Jovem brincalhona, bonita, feminina, espiritual, busca jovem mulher vinte/trinta anos, perfil similar, para fundir-se no ponto G!!!". Às vezes, a fotografia quer dar conta também da ocupação de quem escreve, como a que mostra uma mulher que torce em um balde um pano para limpar o chão: "Cinquenta anos, loira, olhos verdes, um metro e sessenta, porteira, divorciada (três filhos, 23, 25 e 29 anos, independentes). Física e moralmente jovem, atraente, vontade de compartilhar as simples alegrias da vida com companheiro amável 45/55 anos". Outras vezes, o elemento decisivo para caracterizar a forma de vida é a presença de um animal, que

---

[15] Idem.

258 • O uso dos corpos

aparece em primeiro plano na fotografia ao lado da patroa: "Labrador gentil busca para sua patroazinha (36 anos) um patrão doce apaixonado pela natureza e por animais, para nadar na felicidade no campo". Por fim, o primeiro plano de um rosto no qual uma lágrima deixa um sinal de rímel declara: "Jovem mulher, 25 anos, de uma sensibilidade à flor da pele, busca um jovem homem, terno e espiritual, com o qual viver um romance imenso".

A lista poderia continuar, mas o que todas as vezes irrita e ao mesmo tempo comove é a tentativa – perfeitamente bem-sucedida e, ao mesmo tempo, irreparavelmente fracassada – de comunicar uma forma de vida. De que maneira aquele rosto, aquela vida, poderá coincidir com o resumido elenco de *hobbies* e traços carateriais? É como se algo decisivo – e, por assim dizer, inequivocamente público e político – tivesse sumido a tal ponto na idiotice do privado que resultasse para sempre irreconhecível.

5.11. Na tentativa de se definir pelos próprios *hobbies*, vem à luz em toda a sua problematicidade a relação entre a singularidade, seus gostos e suas inclinações. O aspecto mais idiossincrático de cada um, seus gostos, o fato de que lhe agrada tanto o café gelado, o mar de verão, aquela determinada forma dos lábios, aquele determinado cheiro, mas também a pintura do Ticiano idoso – tudo isso parece guardar seu segredo no modo mais impenetrável e irrisório. Trata-se de subtrair decididamente os gostos à dimensão estética e redescobrir seu caráter ontológico, a fim de reencontrar neles algo como uma nova terra ética. Não se trata de atributos nem de propriedades de um sujeito que julga, mas do modo em que cada um, perdendo-se como sujeito, se constitui como forma-de-vida. O segredo do gosto é o que a forma-de-vida deve decifrar, sempre já decifrou e exibiu – assim como os gestos traem e, ao mesmo tempo, absolvem o caráter.

Duas teses publicadas em Tiqqun 2 (*Introduction à la guerre civile*) resumem naturalmente o significado ontológico dos "gostos" em sua relação com uma forma-de-vida:

> Todo corpo é afetado por sua forma-de-vida como se fosse por um *clinamen**, uma inclinação, uma atração, um *gosto*. Aquilo para que o corpo inclina, inclina por sua vez para ele.

---

*   *Clinamen*: termo consagrado por Epicuro, mas teoria desenvolvida depois por Lucrécio, que consiste em desvio imprevisível dos átomos, causado por um pequeno movimento aleatório lateral. (N. T.)

A forma-de-vida não se refere *àquilo que* eu sou, mas a *como* sou o que sou. (p. 4-5)

Se todo corpo é afetado por sua forma-de-vida como se fosse por um *clinamen* ou um gosto, o sujeito ético é o sujeito que se constitui em relação a esse *clinamen*, é o sujeito que dá testemunho de seus gostos, responde pelo modo em que é afetado por suas inclinações. A ontologia modal, a ontologia do *como* coincide com uma ética.

5.12. Na carta a Milena, do dia 10 de agosto de 1920, Kafka fala de seu encontro fugaz com uma jovem num albergue. Durante o encontro, a jovem cometeu, "em perfeita inocência", uma "pequena obscenidade" e disse uma "pequena besteira" sem importância – mesmo assim, Kafka deu-se conta, naquele preciso instante, de que jamais as teria esquecido, como se precisamente aquele pequeno gesto e aquela pequena palavra o tivessem irresistivelmente atraído para aquele albergue. Desde então – acrescenta Kafka –, durante anos e anos, seu corpo "era abalado até ao limite do suportável" pela lembrança e pelo desejo daquela "pequena e bem determinada besteira".

O elemento decisivo, o que torna inesquecível aquela pequena besteira, não é, evidentemente, a coisa em si (Kafka diz que "não vale a pena falar disso"), não é só a baixeza da jovem, mas seu modo particular de mostrar baixeza, o fato de ela, de algum modo, dar testemunho de sua baixeza. É isso e só isso que torna a baixeza perfeitamente inocente, ou seja, ética.

Não são a justiça ou a beleza que nos comovem, mas o modo que cada um tem de ser justo ou belo, de ser afetado por sua beleza ou sua justiça. Por isso, também uma baixeza pode ser inocente, também uma "pequena obscenidade" pode nos comover.

5.13. À forma-de-vida é inerente uma dupla tendência. Por um lado, ela é uma vida inseparável de sua forma, unidade em si incindível; por outro, ela é separável de todas as coisas e de todos os contextos. Isso fica evidente na concepção clássica da *theoria*, que, em si unida, é, porém, separada e separável de qualquer coisa, em perpétua fuga. Essa dupla tensão é o risco inscrito na forma-de-vida, que tende a separar-se asceticamente em uma esfera autônoma, a teoria. É necessário, pois, pensar a forma-de-vida como um viver o próprio modo de ser, como inseparável de seu contexto, precisamente porque não está em relação, mas em contato, com ele.

260 • O uso dos corpos

O mesmo acontece na vida sexual: quanto mais ela se torna uma forma-de-vida, tanto mais ela parece separável de seu contexto e indiferente a ele. Em vez de ser princípio de comunidade, ela se separa para constituir uma comunidade especial própria (o castelo de Silling em Sartre ou as *bathouses* californianas para Foucault). Quanto mais a forma-de-vida se torna monádica, tanto mais se isola das outras mônadas. No entanto, a mônada se comunica sempre com as outras, enquanto as representa em si, como num espelho vivo.

5.14. O arcano da política reside em nossa forma-de-vida e, contudo, justamente por isso não conseguimos penetrar nele. É tão íntimo e tão próximo que, se buscamos aferrá-lo, nos deixa entre as mãos apenas o inaferrável, tediosa cotidianidade. É como a forma das cidades ou das casas em que habitamos, que coincide perfeitamente com a vida que dissipamos nelas e, talvez justo por isso, improvisamente nos aparece impenetrável, enquanto outras vezes, de repente, como nos momentos revolucionários, segundo Jesi, se ramifica coletivamente e parece desvelar-nos seu segredo.

5.15. No pensamento ocidental, o problema da forma-de-vida surgiu como problema ético (o *ethos*, o modo de vida de um indivíduo ou de um grupo) ou estético (o estilo com que o autor deixa marcada sua obra). Só se o restituirmos à sua dimensão ontológica, o problema do estilo e do modo de vida poderá encontrar sua devida formulação; e isso só poderá acontecer na forma de algo como uma "ontologia do estilo" ou de uma doutrina capaz de responder à pergunta: "O que significa que os múltiplos modos modificam ou expressam a única substância?".

O lugar em que, na história da filosofia, foi posto esse problema é o averroísmo, como problema da conjunção (*copulatio*) entre o indivíduo singular e o intelecto único. Segundo Averróis, o meio que permite tal união é a imaginação: cada indivíduo se une ao intelecto possível ou material por meio dos fantasmas de sua imaginação. No entanto, a conjunção só pode acontecer se o intelecto desnudar o fantasma de seus elementos materiais, até produzir, no ato do pensamento, uma imagem perfeitamente nua, algo como uma *imago* absoluta. Isso significa que o fantasma é o que cada corpo sensível deixa marcado no intelecto na mesma medida em que é verdadeiro o inverso, ou seja, que ele é aquilo que o intelecto único opera e deixa marcado em cada um. Na imagem contemplada, cada corpo

Por uma ontologia do estilo • 261

sensível e o único intelecto coincidem, ou seja, caem juntos. As perguntas "quem contempla a imagem?" e "quem se une a que coisa" não admitem uma resposta unívoca. (Os poetas averroístas, como Cavalcanti e Dante, farão do amor o lugar dessa experiência em que o fantasma contemplado é, ao mesmo tempo, o sujeito e o objeto do amor, e o intelecto conhece e ama a si na imagem.)

O que denominamos forma-de-vida corresponde a essa ontologia do estilo; ela nomeia o modo como uma singularidade dá testemunho de si no ser, e o ser expressa a si em cada corpo.

6
EXÍLIO DE UM SÓ JUNTO DE UM SÓ

6.1. Ao final de *Enéadas* (VI, 9, 11), para definir a vida dos deuses e dos "homens divinos e felizes" (isto é, dos filósofos), Plotino recorre à fórmula que se tornou exemplar como expressão da mística neoplatônica, *phygè monou pros monon* [fuga do Uno para o Uno]. Bréhier traduziu-a com as seguintes palavras: *"Telle est la vie des dieux et des hommes bienheureux: s'affranchir des choses d'ici bas, s'y déplaire,* fuir seul vers lui seul [Tal é a vida dos deuses e dos homens felizes: libertar-se das coisas daqui de baixo, aborrecer-se, *fugir só para si só*]".

Em 1933, Erik Peterson, que pouco antes havia se convertido ao catolicismo, publicou um estudo sobre "A origem e o significado da fórmula '*monou pros monon*' em Plotino". Contra a interpretação de Cumont, que tinha visto na expressão a transposição de uma fórmula cultual pagã, o teólogo neorromano, com um gesto que mostra uma sensibilidade protestante, por sua vez indica como origem da fórmula uma "velha expressão grega", pertencente ao vocabulário da intimidade. Expressões como *monos monoi* – sugere ele – são usuais em grego para designar uma relação pessoal, privada ou íntima. Plotino teria se limitado a introduzir nessa fórmula corrente "o significado conceitual de sua metafísica e de sua mística"[16]. A metáfora "fuga de um só para junto a um só", que, segundo Peterson, contém em si tanto a ideia de um vínculo (*Verbundenheit*) quanto a de uma separação (*Absonderung*), acabaria deslocando uma expressão pertencente à esfera do léxico privado para a da terminologia místico-filosófica, e esse deslocamento seria a "contribuição mais própria e original" de Plotino.

---

[16] Erik Peterson, "Herkunft und Bedeutung der Monos pros monon-Formel bei Plotin", *Philologue*, n. 88, 1933, p. 35.

264 • O uso dos corpos

6.2. A questão toda é, porém, falseada pelo fato de que a atenção dos estudiosos se concentrou apenas na fórmula *monou pros monon*, considerando óbvio o significado do termo *phygè*, que imediatamente a precede e de que a própria fórmula seria apenas uma determinação. A tradução correta, mas genérica, como "fuga" (ou "fugir") constantemente ocultou o dado linguístico essencial, a saber, que *phygè* é, em grego, o termo técnico para o exílio (*phygein pheugein* significa "ir para o exílio", e *phygas* é o exilado). Isso é verdade de tal maneira que, algumas páginas antes, encontrando o substantivo *phygè* na série de três termos por meio dos quais Plotino descreve a distância com relação às "fontes da vida", os mesmos tradutores usam sem problema "exílio". Plotino não transfere simplesmente uma fórmula da esfera da intimidade para a místico-filosófica; bem mais significativo é que ele caracterize antes de tudo a vida divina e feliz do filósofo com um termo presente no léxico jurídico-político: o exílio. Contudo, o exílio agora não é mais o banimento de um indivíduo da cidade para outro lugar, mas o de "um só para junto de um só", e a condição de negatividade e de abandono que ele expressa parece transmutar-se num estado de "felicidade" (*eudaimonon bios*) e de "leveza" (*kouphisthesetai*).

A "contribuição mais própria e mais original" de Plotino consiste, então, no fato de ter unido um termo jurídico-político, que significa a exclusão e o exílio, a um sintagma que expressa a intimidade e o estar juntos (também em Numênio, em passagem muitas vezes citada como possível fonte da fórmula plotiniana, encontramos, em vez de *phygè*, um verbo – *omilesai* – que significa "conversar" e "estar juntos"). A vida divina do filósofo é uma paradoxal "separação (ou exclusão) na intimidade"; o que na fórmula está em jogo é um exílio na intimidade, um banimento de si junto de si.

6.3. Ao definir a condição do filósofo com a imagem do exílio, Plotino nada mais faz do que retomar uma tradição antiga. Não é só no *Fédon* (67a) que Platão havia recorrido a uma metáfora política (a *apodemia*, a emigração, literalmente o abandono do *demos*) para definir a separação da alma com relação ao corpo, mas também no *Teeteto* (176a-b), em passagem que se costuma incluir como possível fonte da fórmula plotiniana – *phygè de omoiosis theoi katà ton dynaton* [fugir é, pois, assemelhar-se tanto quanto possível aos deuses] – se atribui ao termo *phygè* seu originário significado político: "Assemelhar-se a deus é virtualmente um exílio".

Outro precedente da caracterização da vida filosófica como exílio aparece na passagem de *Política* em que Aristóteles define como "estrangeiro" o *bios* do filósofo: "Qual é o *bios* preferível, aquele que se realiza pelo fazer política juntos [*synpoliteuesthai*] e pelo ato de participar em comum [*koinonein*] na *polis* ou, pelo contrário, aquele como estrangeiro [*xenikos*] e desvinculado da comunidade política?" (1324a 15-6). A vida contemplativa do filósofo aqui é comparada à de um estrangeiro que, na *polis* grega, não podia participar da vida política, como, aliás, acontecia com o exilado. Que a condição do *apolis*, de quem está desvinculado de qualquer comunidade política, fosse para os gregos especialmente inquietadora (e, por isso, ao mesmo tempo, sobre-humana e sub-humana), isso fica evidente na passagem do coro de *Antígona*, em que Sófocles define a essência do *deinos*, do "poder terrível" que pertence ao homem, com o oxímoro *hypsipolis apolis*, literalmente: "superpolítico apolítico". E Aristóteles se lembrava certamente dessa passagem quando, por sua vez, no início de *Política* afirma que "quem é apolítico, por natureza e não por sorte, é inferior ou é mais forte do que o ser humano" (1253a 4-8).

6.4. Na tradição da filosofia grega, o exilado e o apólide não são, por conseguinte, figuras neutras, e só quando a remetemos a seu contexto jurídico-político a fórmula plotiniana alcança todo seu sentido. Ao retomar a aproximação entre a vida filosófica e o exílio, Plotino a leva ao extremo, propondo uma nova e mais enigmática figura do bando. A relação de bando em que está presa a vida nua e que em *Homo sacer I* havíamos identificado como a relação política fundamental é reivindicada e assumida como própria pelo filósofo, mas nesse gesto ela se transforma e se inverte em positiva, ao pôr-se como figura de uma intimidade nova e feliz, de um "estar a sós" como sinal de uma política superior. O exílio da política dá lugar a uma política do exílio.

A filosofia apresenta-se, desse modo, como a tentativa de construir uma vida ao mesmo tempo "superpolítica e apolítica" (*hypsipolis apolis*): separada no bando da cidade, ela se torna, porém, íntima e inseparável de si mesma, em uma não-relação que tem a forma de um "exílio de um só junto a um só". "Só junto de um só" ("estar a sós") só pode significar: estar junto, para além de toda relação. A forma-de-vida é esse bando, que não tem mais a forma de um vínculo, de uma exclusão-inclusão da vida nua, mas aquela de uma intimidade sem relação.

(É nesse sentido que deve ser lido o aceno, no capítulo 4.6 de *Homo sacer I*, à necessidade de pensar o *factum* político social não mais na forma

266 • O uso dos corpos

de uma relação. Sob a mesma perspectiva, o capítulo 4.3, ao desenvolver a ideia de que o Estado não se fundamenta em um vínculo social, mas na proibição de sua dissolução, sugeria que a dissolução não deve ser entendida como dissolução de um vínculo existente, porque o próprio vínculo não tem outra consistência senão aquela, puramente negativa, que lhe deriva da proibição da dissolução. Na medida em que na origem não há vínculo nem relação, tal ausência de relação é capturada no poder estatal na forma do bando e da proibição.)

6.5. Ao desenvolver a caracterização aristotélica da atividade do pensamento como *thigein*, "tocar", Giorgio Colli define "contato" como "interstício metafísico", ou o momento no qual dois entes são separados apenas por um vazio de representação.

No contato, dois pontos estão em contato no sentido limitado de que entre eles não há nada: contato é a indicação de um nada representativo, que, porém, é um nada determinado, porque aquilo que não é (seu entorno representativo) lhe proporciona uma colocação espaço-temporal.[17]

Assim como o pensamento em seu ápice não representa, mas "toca" o inteligível, também na vida do pensamento como forma-de-vida *bios* e *zoè*, forma e vida, estão em contato, ou seja, habitam em uma não-relação. E é num contato – isto é, num vazio de representação –, não numa relação, que as formas-de-vida se comunicam. O "estar a sós" que define a estrutura de cada forma-de-vida define também sua comunidade com as outras. E é a esse *thigein*, esse contato, que o direito e a política buscam de todo jeito capturar e representar numa relação. A política ocidental, nesse sentido, é constitutivamente "representativa", porque sempre já tem que reformular o contato na forma de uma relação. Portanto, será necessário pensar o político como uma intimidade não mediada por alguma articulação ou alguma representação: os homens, as formas-de-vida, estão em contato, mas isso é irrepresentável porque consiste justamente num vazio representativo, ou seja, na desativação e na inoperosidade de toda representação. À ontologia da não-relação e do uso deve corresponder uma política não representativa.

ℵ *"Estar a sós" é uma expressão da intimidade. Estamos juntos e muito próximos, mas entre nós não há articulação nem relação que nos una, estamos juntos um ao outro na forma de nosso estar sós. O que costumeiramente constitui a esfera da privacidade*

---

[17] Giorgio Colli, *La ragione errabonda* (Milão, Adelphi, 1982), p. 349.

Exílio de um só junto de um só • 267

torna-se aqui público e comum. Por isso, os amantes se mostram nus um ao outro: eu me mostro a você como quando estou só comigo mesmo, o que compartilhamos nada mais é do que nosso esoterismo, nossa inapropriável zona de não-conhecimento. Esse Inapropriável é o impensável, que nossa cultura deve sempre excluir e pressupor para dele fazer o fundamento negativo da política. Por isso, o corpo nu deve ser recoberto por um vestuário para assumir um valor político: assim como a vida nua, também a nudez é algo que deve ser excluído e depois capturado a fim de finalmente reaparecer sob a forma do desnudamento (o fato de que, no Lager, *o deportado deva ser desnudado de qualquer vestuário antes de ser eliminado ainda mostra o significado político da nudez).*

Os etólogos e os estudiosos do comportamento conhecem uma exibição das partes íntimas – seja entre os animais, seja entre as crianças e os primitivos – com caráter apotropaico e repelente. Para confirmar seu originário caráter político, a intimidade que une se torna aqui o que repele e separa. Tal significado fica ainda mais evidente no gesto de Hécuba que mostra o seio nu ao filho Heitor para impeli-lo a ir à luta: "Heitor, filho meu, mostre aidos *frente a isso!" (*Ilíada, X, 82). O aidos – *traduzir como "vergonha" seria insuficiente – é um sentimento íntimo que obriga a ter uma atitude* pública. *A nudez aqui mostra seu valor de limiar entre público e privado.*

6.6. No curso sobre Hölderlin do semestre de inverno de 1934-1935, ao retomar uma expressão do poeta, Heidegger chama de intimidade (*Innigkeit*) um morar que se mantém no conflito entre dois opostos.

Intimidade não significa simplesmente uma "interioridade" [*Innerlichkeit*] do sentimento no sentido de um fechar-se em si mesma de uma experiência vivida [*Erlebnis*]. Nem sequer designa um grau particularmente elevado do "calor do sentimento". Intimidade não é uma palavra da alma bela e de sua posição no mundo. A palavra não tem nada de sensibilidade sonhadora. Justamente o contrário: ela significa, sobretudo, a força mais elevada do *Dasein*. Essa força se mantém com a persistência do conflito [*Widerstreit*] mais extremo.[18]

Assim, a intimidade nomeia, segundo Heidegger, "o consciente instar [*Innerstehen*] e o suportar [*Austragen*] o conflito essencial daquilo que encontra sua unidade originária na contraposição [*Entgegensetzung*]"[19].

Heidegger denomina, portanto, intimidade o modo em que se deve viver a morada na dimensão mais originária acessível ao homem, o "harmonicamente contraposto". Na ontologia heideggeriana, ela corresponde à experiência da diferença como diferença. Morar nela significa manter e ao

---

[18] Martin Heidegger, *Hölderlins Hymnen "Germanien" und "der Rhein"* (Frankfurt, Klostermann, 1980), p. 117.

[19] Ibidem, p. 119.

268 • O uso dos corpos

mesmo tempo negar os opostos, segundo um gesto que Heidegger, mais uma vez nas pegadas de Hölderlin, chama *Verleugnung*, de um verbo que significa "esconder negando", "renegar". Freud havia denominado *Verneinung* uma abolição do removido, que de algum modo lhe confere expressão, sem, contudo, levá-lo à consciência. De maneira análoga, a *Verleugnung*, deixando não-dito o não dizível no dito, expressa poeticamente o segredo – isto é, o copertencimento dos opostos – sem o formular, o nega e, ao mesmo tempo, o conserva (aqui aparece o problema da relação, ainda insuficientemente investigada, do pensamento de Heidegger com o de Hegel).

A intimidade como conceito político que, para nós, está em questão situa-se além da perspectiva heideggeriana. Não se trata de experienciar a diferença como tal, confirmando e, mesmo assim, negando a contraposição, mas de desativar e tornar inoperosos os opostos. A regressão arqueológica não deve expressar nem negar, nem dizer nem não-dizer: ela alcança, sim, um limiar de indiscernibilidade, em que a dicotomia falta e os opostos coincidem – ou melhor, caem juntos. O que então aparece não é uma unidade cronologicamente mais originária nem uma unidade nova e superior, mas algo como uma saída. O limiar de indiscernibilidade é o centro da máquina ontológico-política: se a alcançarmos e nos mantivermos nela, a máquina não pode mais funcionar.

7
"FAÇAMOS ASSIM"

7.1. Em *Investigações filosóficas*, Wittgenstein recorre cinco vezes ao termo *Lebensform*, "forma de vida", para explicar o que é uma linguagem (*eine Sprache*) e como se deve entender um jogo linguístico (*Sprachspiel*). "Imaginar uma linguagem", diz-se na primeira ocorrência, "significa imaginar uma forma de vida"[20]. Logo depois, Wittgenstein esclarece que "o termo 'jogo linguístico' deve aqui salientar que o falar da linguagem é uma parte de uma atividade [*Tätigkeit*] ou de uma forma de vida [*Lebensform*]"[21]. Adiante, é dito que essa "atividade ou forma de vida" é algo diferente e mais profundo do que reconhecer a correção de uma regra ou de uma opinião: "Correto e falso é o que os homens *dizem*; e, na linguagem, os homens estão de acordo. Não é um acordo sobre as opiniões [*Meinungen*], mas sobre formas de vida"[22]. Além disso, ainda é sublinhada a proximidade entre linguagem (mais precisamente, uso da linguagem) e forma de vida: "Porventura só quem sabe falar pode esperar? Só quem domina o uso [*die Verwendung*] de uma língua. Em outras palavras, os fenômenos do esperar são modificações dessa complicada forma de vida"[23]. E a última ocorrência sugere que a forma de

---

[20] Ludwig Wittgenstein, *Schriften*, v. 1: *Tractatus logico-philosophicus, Tagebücher 1914--1916, Philosophische Untersuchungen* (Frankfurt, Suhrkamp, 1969), § 19 [ed. bras.: *Tractatus logico-philosophicus*, trad. Luiz Henrique Lopes dos Santos, São Paulo, Edusp, 2001].

[21] Ibidem, § 23.

[22] Ibidem, § 241.

[23] Ibidem, p. 485.

270 • O uso dos corpos

vida é como um dado que se deve assumir como tal: "O que deve ser aceito, o dado [*das Hinzunehmende, Gegebene*] – assim se poderia dizer – são as formas de vida"[24].

7.2. Essa última ocorrência parece caracterizar a forma de vida (e o jogo linguístico com o qual é comparada) como uma espécie de ponto limítrofe, no qual, segundo um típico gesto wittgensteiniano, as explicações e as justificações devem cessar. "Nosso erro", lê-se perto do final da primeira parte do livro, "consiste em buscar uma explicação onde deveríamos ver nos fatos fenômenos originários [*Urphänomene*]. Ou seja, lá deveríamos dizer: joga-se esse jogo linguístico"[25]. Em *Observações sobre os fundamentos da matemática*[26], é salientado o mesmo conceito: "Aqui o perigo é dar uma justificação de nosso modo de proceder onde não há justificação e nós deveríamos nos limitar a dizer: façamos assim [*so machen wir's*]". Toda investigação e toda reflexão chegam a um limite, no qual, assim como no "fenômeno originário", segundo Goethe, a investigação deve parar; mas a novidade, com respeito à citação goethiana, é que esse *Urphänomen* não é um objeto, mas simplesmente um uso e uma práxis, não tendo a ver com um "que", mas só com um "como": "Façamos assim". É a esse "como" que se refere, na verdade, toda justificação: "O que os homens fazem valer como justificação mostra como eles pensam e vivem"[27].

7.3. Tentou-se explicar o conceito de forma de vida por meio daquele de regra constitutiva, ou seja, de uma regra que não se aplica a uma realidade preexistente, mas a constitui. Wittgenstein parece referir-se a algo parecido quando escreve que "o jogo de xadrez é... caracterizado [*charakterisiert*] por suas regras"[28] ou, de forma mais precisa: "Eu não posso dizer: esse é um pião, e para essa figura valem as regras do jogo; mas, sim, só as

---

[24] Ibidem, p. 539.

[25] Ibidem, § 654.

[26] Idem, *Schriften*, v. 6: *Bemerkungen über die Grundlagen der Mathematik* (Frankfurt, Suhrkamp, p. 1.974), § 74.

[27] Idem, *Schriften*, v. 1, cit., § 325.

[28] Idem, *Schriften*, v. 4: *Philosophische Grammatik* (Frankfurt, Suhrkamp, 1969), § 13 [ed. bras.: *Gramática filosófica*, trad. do inglês Luiz Carlos Borges, São Paulo, Loyola, 2003].

regras do jogo determinam [*bestimmen*] essa figura: o pião é a soma das regras segundo as quais ele é movido"[29].

O conceito de "regra constitutiva", aparentemente evidente, no entanto, esconde uma dificuldade que devemos levar em consideração. Enquanto costumeiramente se entende por regra algo que se aplica a uma realidade ou a uma atividade preexistente, nesse caso a regra constitui a realidade e parece, portanto, identificar-se com ela. "O pião é o conjunto das regras segundo as quais ele é movido"; portanto, o pião não segue a regra, ele *é* a regra. O que pode significar "ser" a própria regra? Encontramos aqui a mesma indeterminação entre regra e vida que havíamos observado nas regras monásticas: elas não se aplicam à vida do monge, mas a constituem e a definem como tal. Precisamente por isso, como os monges logo tinham compreendido, a regra se reduz sem resíduos a uma prática vital, e essa coincide em todos os pontos com a regra. A "vida regular" é uma "regra vital" e, assim como em Francisco, *regula* e *vita* são sinônimos perfeitos. Podemos, então, afirmar a respeito do monge, como a respeito do pião no jogo de xadrez, que "ele é o conjunto das regras segundo as quais é movido"?

7.4. Aqueles que usam o conceito de "regra constitutiva" parecem dar a entender que a regra, mesmo se resolvendo na constituição do jogo, fica separada dele. Contudo, como foi observado, isso vale só enquanto o jogo é considerado um conjunto formal do qual a regra descreve a estrutura (ou fornece as instruções de uso). Se, no entanto, considerarmos o jogo como ele se dá na realidade, isto é, como uma série de "episódios interativos concretos, em que estão envolvidas pessoas reais, com objetivos específicos, habilidades e capacidades linguísticas e de outro tipo"[30], se, em outras palavras, olharmos o jogo pela perspectiva do uso, não por aquela das instruções, então a separação não é mais possível. No plano da pragmática, o jogo e a regra se tornam indiscerníveis, e o que aparece, em sua mútua indeterminação, é um uso ou uma forma de vida. "Como posso seguir uma regra...?

---

[29] Idem, *Schriften*, v. 2: *Philosphische Bemerkungen* (Frankfurt, Suhrkamp, 1969), p. 327-8 [ed. bras.: *Observações filosóficas*, trad. do inglês Adail Sobral e Maria Stela Gonçalves, São Paulo, Loyola, 2005].

[30] Max Black, "Lebensform and Sprachspiel in Wittgenstein Later Work", em Elisabeth Leinfellner et al. (orgs.), *Wittgenstein and His Impact on Contemporary Thought. Proceedings of the Second International Wittgenstein Symposium* (Viena, Holder-Pichler-Tempsky, 1978), p. 328.

272 • O uso dos corpos

Se esgotei as justificações, atingi a rocha dura e minha pá entortou. Estou, então, inclinado a dizer: 'É assim que eu ajo'."[31]

Da mesma maneira, se olharmos pelo ponto de vista das regras gramaticais, pode-se dizer que definem a língua como sistema formal, mesmo continuando distintas com relação a ela; mas, se olharmos para a linguagem em uso (ou seja, para a *parole*, não para a *langue*), então é igualmente verdadeiro, senão for mais, que as regras da gramática são tiradas do uso linguístico dos falantes e dele não se distinguem.

7.5. Realmente, a distinção, muitas vezes lembrada, entre regras constitutivas e regras pragmáticas não tem razão de existir; toda regra constitutiva – o bispo move-se dessa ou daquela maneira – pode ser formulada como regra pragmática – "não podes mover o bispo senão obliquamente" –, e vice-versa. O mesmo acontece com as regras gramaticais: a regra sintática – "na língua francesa o sujeito deve normalmente preceder o verbo" – pode ser pragmaticamente formulada dessa maneira: "Não podes dizer *pars je*, só podes dizer *je pars*". Trata-se realmente de dois modos diversos de considerar o jogo – ou a língua: uma vez como um sistema formal que existe em si, ou seja, como *langue*, e outra como um uso ou uma práxis, isto é, *parole*.

Por isso, há motivos para perguntar se é possível transgredir a regra do xadrez, como aquela que estabelece o xeque-mate. Poderíamos ficar tentados a dizer que a transgressão, que é impossível no plano das regras constitutivas, é possível no plano da pragmática. De fato, quem transgride a regra deixa de jogar. Daí nasce a gravidade especial do comportamento do trapaceiro: quem trapaceia não transgride uma regra, mas finge continuar jogando quando, na realidade, saiu do jogo.

7.6. O que realmente está em questão nas regras constitutivas, aquilo de que elas procuram inadequadamente dar conta é algo como um processo de autoconstituição do ser, ou seja, o mesmo processo que a filosofia havia expressado com o conceito de *causa sui*. Conforme Espinosa oportunamente lembrou, esse só pode significar que "algo, antes de ser, se fez ser, o que é absurdo e impossível" (*KV*, II, XVII); significa, sim, a imanência do ser a si mesmo, um princípio interno de automovimento e modificação de si, motivo pelo qual todo ser, como Aristóteles diz da *physis*, é sempre

---

[31] Ludwig Wittgenstein, *Schriften*, v. 1, cit., § 217.

"Façamos assim" • 273

um caminho para si mesmo. A regra constitutiva, assim como a forma de vida, exprime esse processo auto-hipostático, no qual o constituinte é e continua imanente ao constituído, se realiza e se exprime nele e por meio dele, como inseparável.

Se o lermos atentamente, é isso que Wittgenstein escreve em uma das raras passagens em que usa (em inglês) o termo "constituir", referindo-se às regras do xadrez.

> Que ideia temos do rei no xadrez e qual é sua relação com as regras do xadrez...? Por acaso tais derivam da ideia...? Não, as regras não estão contidas na ideia e não são obtidas com a análise dela. Elas a constituem [*they constitute it*]... As regras constituem a "liberdade" das peças.[32]

As regras não são separáveis entre algo como uma ideia ou um conceito do rei (o rei é a peça que se move segundo esta ou aquela regra): elas são imanentes aos movimentos do rei, expressam o processo de autoconstituição de seu jogo. Na autoconstituição de uma forma de vida está em questão sua liberdade.

7.7. Por esse motivo, Wittgenstein não considera a forma de vida pelo ponto de vista das regras (sejam constitutivas, sejam pragmáticas), mas por aquele do uso, ou seja, a partir do momento em que explicações e justificações não são mais possíveis. Toca-se aqui um ponto em que "dar razão ou justificar uma evidência chegam ao fim"[33], algo como um "fundo" que corresponde a um nível, por assim dizer, animal do homem, a sua "história natural". Conforme se afirma em uma das raríssimas passagens em que o termo "forma de vida" aparece fora de *Investigações filosóficas*:

> Eu gostaria de considerar agora essa segurança não como algo semelhante a uma precipitação ou a uma superficialidade, mas como forma de vida... Isso, no entanto, quer dizer que quero concebê-la como algo que jaz além do justificado e do injustificado – portanto, por assim dizer, como um quê de animal.[34]

A animalidade, que aqui está em questão, não se contrapõe de nenhuma maneira, segundo a tradição da filosofia ocidental, ao homem como ser

---

[32] Idem, *Wittgenstein's Lectures. Cambridge 1932-1935* (Oxford, Blackwell, 1975), p. 86, § 204.

[33] Idem, *On Certainty* (Oxford, Blackwell, 1969) [ed. port.: *Da certeza*, Lisboa, Edições 70, 2000].

[34] Ibidem, § 358-9.

274 • O uso dos corpos

racional e falante; mas são precisamente as práticas mais humanas – o falar, o esperar, o narrar – que alcançam aqui seu terreno último e mais próprio: "Mandar, perguntar, narrar, conversar são partes de nossa história natural, assim como caminhar, comer, beber, jogar"[35]. Para esse solo impenetrável às explicações, que as regras constitutivas em vão procuram captar, Wittgenstein recorre também aos termos "uso, costume, instituições": "Isso é simplesmente o que fazemos. Isso é entre nós um costume ou um fato de história natural"[36]; "obedecer a uma regra, fazer uma relação, dar uma ordem, jogar xadrez são costumes (usos, instituições)"[37]. A opacidade das formas de vida é de natureza prática e, em última análise, política.

---

[35] Idem, *Schriften*, v. 1, cit., § 25.

[36] Idem, *Schriften*, v. 6, cit., § 63.

[37] Idem, *Schriften*, v. 1, cit., § 199.

8
OBRA E INOPEROSIDADE

8.1. No curso sobre *L'Herméneutique du sujet*, Foucault vincula intimamente o tema da verdade com o do modo ou da forma de vida. A partir de uma reflexão sobre o cinismo grego, ele mostra que a prática ética de si assume a forma não de uma doutrina, como acontece na tradição platônica, mas de uma prova (*épreuve*), na qual a escolha do modo de vida se torna, em todos os sentidos, a questão decisiva. Como derivação do modelo cínico, que faz da vida do filósofo um desafio incessante e um escândalo, Foucault evoca dois exemplos em que a reivindicação de certa forma de vida se torna imprescindível: o estilo de vida do militante político e, logo depois, a vida do artista da modernidade, que parece presa em uma curiosa e inextricável circularidade. Por um lado, a biografia do artista deve dar testemunho, por meio de sua própria forma, da verdade da obra que nela se situa; por outro, é a prática da arte e a obra que ela produz que conferem a sua vida a marca da autenticidade.

Embora o problema da relação entre a verdade e a forma de vida seja certamente um dos temas essenciais do curso, Foucault não se ocupa mais desse estatuto ao mesmo tempo exemplar e contraditório da condição do artista na modernidade. De que não se trata de uma questão acidental, isso é algo testemunhado, para além de qualquer dúvida, pelo fato de que a coincidência entre vida e arte, que aqui está em questão, é, desde o romantismo até a arte contemporânea, uma tendência constante, que levou a uma transformação radical no modo de conceber a própria obra de arte. Assim, não só arte e vida acabaram se indeterminando em tal medida que se tornou muitas vezes impossível distinguir prática de vida e prática artística, mas, a partir das vanguardas do século XX, isso teve como consequência uma dissolução

276 • O uso dos corpos

progressiva da própria consistência da obra. O critério de verdade da arte deslocou-se de tal maneira na mente e, muitas vezes, no próprio corpo do artista, em sua fisicidade, que este não precisa exibir uma obra a não ser como cinza ou documento da própria prática vital. A obra é vida, e a vida nada mais é do que obra; mas, nessa coincidência, em vez de se transformarem e caírem juntas, elas continuam se perseguindo mutuamente em uma fuga sem fim.

8.2. É possível que na circularidade paradoxal da condição artística surja uma dificuldade que tem a ver com a própria natureza do que chamamos forma-de-vida. Se a vida aqui é inseparável de sua forma, se *zoè* e *bios* estão intimamente em contato, como conceber sua não-relação, como pensar o fato de se darem juntos e simultaneamente caírem? O que confere à forma-de-vida sua verdade e, ao mesmo tempo, sua errância? E que relação existe entre prática artística e forma-de-vida?

Nas sociedades tradicionais e, em medida menor, ainda hoje, toda existência humana está presa a certa prática ou a certo modo de vida – tarefa, profissão, ocupação precária (ou, hoje, cada vez mais frequentemente, de maneira privativa, desemprego); isso, de algum modo, a define e com ela tende mais ou menos completamente a identificar-se. Por razões que aqui não cabe investigar, mas que certamente dizem respeito ao estatuto privilegiado que, a partir da modernidade, é atribuído à obra de arte, a prática artística tornou-se o lugar em que essa identificação vive uma crise duradoura e em que a relação entre o artista como produtor e sua obra se torna problemática. Assim, enquanto na Grécia clássica a atividade do artista era definida exclusivamente por sua obra, e ele, considerado por isso mesmo *banausos*, tinha um estatuto por assim dizer residual com respeito à obra, na modernidade é a obra que constitui de algum modo um resíduo incômodo da atividade criadora e do gênio do artista. Por isso, não causa surpresa que a arte contemporânea tenha realizado a passagem decisiva, substituindo a obra pela própria vida. Nesse ponto, se não quisermos continuar prisioneiros de um círculo vicioso, o problema se torna aquele, totalmente paradoxal, de tentar pensar a forma de vida do artista em si mesma, o que é justo o que a arte contemporânea tenta, mas não parece ser capaz de fazer.

8.3. O que denominamos forma-de-vida não é definido pela relação com uma práxis (*energeia*) nem com uma obra (*ergon*), mas por uma potência (*dynamis*) e por uma inoperosidade. Um ser vivo que busque definir-se e

Obra e inoperosidade • 277

dar-se forma pela própria operação está, de fato, condenado a permutar incessantemente a própria vida com a própria operação, e vice-versa. Por sua vez, só ocorre forma-de-vida onde ocorre contemplação de uma potência. É claro que só pode ocorrer contemplação de uma potência em uma obra; mas, na contemplação, a obra é desativada e tornada inoperosa e, dessa maneira, é restituída à possibilidade, aberta a um novo uso possível. Verdadeiramente poética é a forma de vida que, *na própria obra*, contempla a própria potência de fazer e de não fazer e nela encontra paz. *A verdade, que a arte contemporânea jamais consegue levar à expressão, é a inoperosidade, que procura realizar a qualquer preço.* Se a prática artística é o lugar em que se faz sentir com maior vigor a urgência e, ao mesmo tempo, a dificuldade da constituição de uma forma-de-vida, isso se deve ao fato de que nela se conservou a experiência de uma relação com algo que excede a obra e a operação e, mesmo assim, continua delas inseparável. Um ser vivo nunca pode ser definido por sua obra, apenas por sua inoperosidade, ou seja, pelo modo em que mantendo-se, em uma obra, em relação com uma pura potência se constitui como forma-de-vida, na qual *zoè* e *bios*, vida e forma, privado e público, entram num limiar de indiferença, e o que está em questão já não é a vida nem a obra, mas a felicidade. O pintor, o poeta, o pensador – e, em geral, qualquer um que pratique uma *poiesis* e uma atividade – não são os sujeitos soberanos de uma operação criadora e de uma obra; eles são, sim, seres vivos anônimos que, tornando todas as vezes inoperosas as obras da linguagem, da visão, dos corpos, procuram fazer experiência de si e constituir sua vida como forma-de-vida.

Se, conforme sugere Bréal, o termo *ethos* nada mais é que o tema pronominal reflexivo *e* seguido pelo sufixo *-thos* e significa, portanto, simples e literalmente, "seidade" ("*seità*"), ou seja, o modo como cada um entra em contato consigo, então a prática artística, no sentido que aqui se tentou definir, pertence sobretudo à ética, não à estética; é essencialmente uso de si. No momento em que se constitui como forma-de-vida, o artista não é mais o autor (no sentido moderno, essencialmente jurídico, do termo) da obra nem o proprietário da operação criativa. Estes são apenas uma espécie de resíduos subjetivos e as hipóstases que resultam da constituição da forma de vida. Por isso, Benjamin podia afirmar não querer ser reconhecido (*Ich nicht erkannt sein will*[38]) e Foucault, ainda mais categoricamente, que não

---

[38] Walter Benjamin, *Gesammelte Schriften*, v. 6 (Frankfurt, Suhrkamp, 1985), p. 532.

queria identificar a si mesmo (*I prefer not to identify myself*). A forma-de-vida não pode reconhecer-se nem ser reconhecida, porque o contato entre vida e forma e a felicidade que nela está em questão se situam além de todo possível reconhecimento e de toda possível obra. A forma-de-vida é, nesse sentido, antes de tudo, a articulação de uma zona de irresponsabilidade, em que as identidades e as imputações do direito estão suspensas.

9
O MITO DE ER

9.1. No final de *A República*, Platão narra o mito de Er, o Panfílio, que, tido como morto em batalha, inesperadamente voltou à vida quando seu corpo já estava estendido sobre a pira a fim de ser queimado. O resumo que ele faz da viagem de sua alma para "certo lugar demoníaco", onde assiste ao juízo das almas e ao espetáculo de sua reencarnação em novo *bios* é uma das visões mais extraordinárias do além, comparável, por vivacidade e riqueza de significados, à *nekyia* da *Odisseia* e à *Comédia*, de Dante. A primeira parte da narração descreve o juízo das almas dos mortos: entre dois abismos próximos sobre a terra e outros dois abertos no céu, estão sentados os juízes (*dikastai*) que,

> depois de pronunciarem a sua sentença, mandavam os justos avançar para o caminho à direita, que subia para o céu, depois de lhes terem atado à frente a nota do seu julgamento; ao passo que, aos injustos, prescreviam que tomassem à esquerda, e para baixo, levando também atrás a nota de tudo quanto haviam feito. Quando [Er] se aproximou, disseram-lhe que ele devia ser o mensageiro [*angelon*], junto dos homens, das coisas do além, e ordenaram-lhe que ouvisse e observasse tudo o que havia naquele lugar. Ora ele viu que ali, por cada uma das aberturas do céu e da terra, saíam as almas, depois de terem sido submetidas ao julgamento, ao passo que pelas restantes, por uma subiam as almas que vinham da terra, cheias de lixo e de pó, e por outra desciam as almas do céu, em estado de pureza [*katharas*]. E as almas, à medida que chegavam, pareciam vir de uma longa travessia e regozijavam-se por irem para o prado acampar, como se fosse uma festa solene [*en penegyrei*]; as que se conheciam, cumprimentavam-se mutuamente, e as que vinham da terra faziam perguntas às outras sobre o que se passava no além, e as que vinham do céu, sobre o que sucedia na terra. Umas, a gemer e a chorar, recordavam quantos e quais sofrimentos haviam

280 • O uso dos corpos

suportado e visto na sua viagem por baixo da terra, viagem essa que durava mil anos, ao passo que outras, as que vinham do céu, contavam as suas deliciosas experiências e visões de uma beleza indescritível [*theas amechanous to kallos*]. Referir todos os pormenores seria, ó Gláucon, tarefa para muito tempo. Mas Er dizia que o essencial era o seguinte. Fossem quais fossem as injustiças cometidas e as pessoas prejudicadas, pagavam a pena de tudo isso sucessivamente, dez vezes por cada uma, quer dizer, uma vez em cada cem anos, sendo essa a duração da vida humana – a fim de pagarem, decuplicando-a, a pena do crime. [614c-615c][39]

9.2. A parte mais significativa do mito, pelo menos para nós, só começa nesse ponto e diz respeito à escolha que cada alma, antes de entrar no ciclo do nascimento e da morte, deve fazer de sua forma de vida, de seu *bios*. Todas as almas, depois de terem transcorrido sete dias no prado, no oitavo dia devem pôr-se em viagem para chegar após quatro dias a um lugar de onde podem avistar,

estendendo-se desde o alto por todo o céu e a terra, uma luz, reta como uma coluna, muito semelhante ao arco-íris, porém mais brilhante e mais pura. Chegaram lá, depois de terem feito um dia de caminho e aí mesmo viram, no centro da luz, pendentes do céu, as extremidades das suas cadeias (efetivamente essa luz era o vínculo que mantinha junto [*syndesmon*] o céu e abraçava a sua órbita inteira, assim como o fazem os cordames das trirremes); dessas extremidades pendia o fuso [*atrakton*] da Necessidade [*Ananke*], por cuja ação giravam todas as esferas.

A respectiva haste e gancho eram de aço; o contrapeso [*sphondylos*], de uma mistura desse produto e de outros. Quanto à natureza do contrapeso, era como segue. A sua configuração era semelhante à dos daqui, mas, quanto à sua constituição, contava Er que devíamos imaginá-la da seguinte maneira: era como se, num grande contrapeso oco e completamente esvaziado, estivesse outro semelhante, maior, que coubesse exatamente dentro dele, como as caixas que se metem umas nas outras; do mesmo modo, um terceiro, um quarto, e mais quatro. Com efeito, eram oito ao todo, os contrapesos, encaixados uns nos outros, que, na parte superior, tinham o rebordo visível com outros tantos círculos, formando um plano contínuo de um só fuso em volta da haste. Esta atravessava pelo meio, de ponta a ponta, o oitavo. Ora o primeiro contrapeso, o exterior, era o que tinha o círculo do rebordo mais largo; o segundo lugar cabia ao sexto; o terceiro, ao quarto; o quarto, ao oitavo; o quinto, ao sétimo; o sexto, ao quinto; o sétimo, ao

---

[39] Ed. port.: Platão, *A República* (trad. Maria Helena da Rocha Pereira, 9. ed., Lisboa, Fundação Calouste Gulbenkian, 2001), p.485-6.

O mito de Er • 281

terceiro; o oitavo, ao segundo. O círculo do maior era cintilante, o do sétimo era o mais brilhante, o do oitavo tinha a cor do sétimo, que o iluminava, o do segundo e do quinto eram muito semelhantes entre si; um pouco mais amarelados do que aqueles, o terceiro era o que tinha a cor mais branca, o quarto era avermelhado, o sexto era o segundo em brancura. O fuso inteiro girava sobre si na mesma direção, mas, na rotação desse todo, os sete círculos interiores andavam à volta suavemente, em direção oposta ao resto. Dentre esses, o que andava com maior velocidade era o oitavo; seguiam-se, ao mesmo tempo, o sétimo, o sexto e o quinto; o quarto parecia-lhes ficar em terceiro lugar nesta revolução em sentido contrário; o terceiro, em quarto; e o segundo, em quinto. O fuso girava nos joelhos da Necessidade [*Ananke*]. No cimo de cada um dos círculos, andava uma Sereia que com ele girava e que emitia um único som, uma única nota musical; e de todas elas, que eram oito, resultava um acorde de uma única escala. Mais três mulheres estavam sentadas em círculo, a distâncias iguais, cada uma em seu trono, que eram as filhas da Necessidade, as Parcas [*Moirai*], vestidas de branco, com grinaldas na cabeça – Láquesis, Cloto e Átropos –, as quais cantavam ao som da melodia das Sereias: Láquesis cantava o passado, Cloto, o presente, e Átropos, o futuro. Cloto, tocando com mão direita no fuso, a ajudava a fazer girar o círculo exterior, de tempos a tempos; Átropos, com a mão esquerda, procedia do mesmo modo com os círculos interiores; e Láquesis tocava sucessivamente nuns e noutros com cada uma das mãos. [616b-617d][40]

9.3. A essa visão extraordinária, inteiramente marcada pelo signo da necessidade e da perfeita – embora sombria – harmonia, segue-se, em estridente contraste, a descrição da escolha que as almas fazem de seu modo de vida. Após o rigor indefectível de uma máquina cósmica, que age por meio de vínculos e cadeias e produz como resultado uma ordem harmônica, simbolizada pelo canto das sereias e das moiras, temos agora o espetáculo "piedoso, ridículo e ao mesmo tempo maravilhoso" (619e) do modo como as almas entram de novo no ciclo "tanatóforo" (617d) do nascimento. Se lá tudo era vínculo, destino e necessidade, aqui Ananke parece ceder a Tyke seu reino, e tudo se torna acaso, contingência e sorteio; e, se o sinal da necessidade era o admirável contrapeso metálico que regula o movimento das esferas celestes, o da contingência recebe aqui um nome totalmente humano e errático: *airesis*, "escolha":

---

[40] Ibidem, p. 487-90.

282 • O uso dos corpos

Ora eles, assim que chegaram, tiveram logo de ir junto de Láquesis. Primeiro um profeta [*prophetes*] dispô-los por ordem. Seguidamente, pegou em lotes [*klerous* – a tabela ou o pedaço de vidro que cada cidadão usava para marcar e depois punha em recipiente para o sorteio] e modelos de vidas [*bion paradeigmata*] que estavam no colo de Láquesis, subiu a um estrado elevado e disse: "Declaração da virgem Láquesis, filha da Necessidade, Almas efêmeras, vai começar outro período portador da morte para a raça humana [*periodou thnetou genous thanatephorou*]. Não é um gênio [*daimon*] que vos escolherá, mas vós que escolhereis [*airesesthe*] o gênio. O primeiro a quem a sorte couber, seja o primeiro a escolher a forma de vida a que ficará ligado pela necessidade [*aireistho bion oi synestai ex anankes*]. A virtude não tem senhor [*adespoton*]; cada um a terá em maior ou menor grau, conforme a honrar ou desonrar. A responsabilidade [*aitia*] é de quem escolhe. O deus é isento de culpa". Ditas essas palavras, atirou com os lotes para todos e cada um apanhou [*anairesthai*, o mesmo verbo que, no livro VII de *A República*, refere-se às hipóteses] o que caiu perto de si, exceto Er, a quem isso não foi permitido. Ao apanhá-lo, tornara-se evidente para cada um a ordem que lhe cabia para escolher. Seguidamente, [o profeta] dispôs no solo, diante deles, os modos de vida, em número muito mais elevado do que o dos presentes. Havia-os de todas as espécies: formas de vida [*bious*] dos animais e bem assim de todos os seres humanos. Entre elas, havia tiranias, umas duradouras, outras derrubadas a meio, e que acabavam na pobreza, na fuga, na mendicidade. Havia também formas de vida de homens ilustres, umas pela forma, beleza, força e vigor, outras pela raça e virtudes dos antepassados; depois havia também as vidas obscuras, e do mesmo modo sucedia com as mulheres. Mas não continham as disposições do caráter, por ser forçoso que este mude, conforme a forma de vida que escolhem. Tudo o mais estava misturado entre si, e com a riqueza e a indigência, a doença e a saúde, e bem assim o meio termo [*mesoun*] entre esses predicados... Ora, então, anunciou o mensageiro do além, o profeta falou desse modo: "Mesmo para quem vier em último lugar, se escolher com inteligência e viver honestamente, espera-o uma vida apetecível, e não uma desgraçada. Nem o primeiro deixe de escolher com prudência, nem o último com coragem".

Ditas essas palavras, contava Er, aquele a quem couber a primeira sorte logo se precipitou para escolher a tirania maior, e, por insensatez e cobiça, arrebatou-a, sem ter examinado capazmente todas as consequências, antes lhe passou despercebido que o destino que lá estava fixado comportava comer os próprios filhos e outras desgraças. Mas, depois que a observou com vagar, batia no peito e lamentava a sua escolha, sem se ater às prescrições do profeta. Efetivamente não era a si mesmo que se acusava da desgraça, mas à sorte [*tyken*] e às divindades, e a tudo, do que a si mesmo. Ora esse era um dos que vinham do céu, e vivera, na encarnação precedente, num Estado bem governado; a sua participação na virtude devia-se ao hábito, não

O mito de Er • 283

à filosofia. Pode-se dizer que não eram menos numerosos os que, vindos do céu, se deixavam apanhar em tais situações, em razão de sua falta de treino nos sofrimentos. Ao passo que os que vinham da terra, na sua maioria, como tinham sofrido pessoalmente e visto os outros sofrer, não faziam a sua escolha à pressa. Por tal motivo, e também em virtude da casualidade do sorteio [*dià ten tou klerou tyken*], o que mais acontecia às almas era fazerem a permuta entre males e bens. É que, se cada vez que uma pessoa chega a essa vida, filosofasse sadiamente, e não lhe coubesse em sorte escolher entre os últimos, teria probabilidades, segundo o que se conta das coisas do além, não só de ser feliz aqui, mas também de fazer um percurso daqui para lá, e novamente para aqui, não por uma estrada subterrânea [*chtonian*] e dura, mas pela lisura do céu.

Era digno de se ver esse espetáculo, contava Er, como cada uma das almas escolhia sua forma de vida. Era, realmente, merecedor de piedade, mas também ridículo e maravilhoso [*eleinen... kai geloian kai thaumasian*]. Com efeito, a maior parte fazia a sua opção de acordo com os hábitos [*synetheian*] da vida anterior. Dizia ele que vira a alma que outrora pertencera a Orfeu escolher a forma de vida de um cisne, por ódio à raça das mulheres, porque, em razão de ter sofrido a morte às mãos delas, não queria nascer de uma mulher; vira a de Tamira escolher uma vida de rouxinol; vira também um cisne preferir uma vida humana, e outros animais músicos procederem do mesmo modo. A alma a quem coubera a vigésima vez, escolheu a vida de um leão: era a de Ájax Telamônio, que fugia de ser homem, lembrada do julgamento das armas. A seguir a essa, era a de Agamenon. Também ela, por ódio à raça humana, pelo que padecera, quis mudar para uma vida de águia. A alma de Atalanta, a quem a sorte colocara no meio, ao ver as grandes honrarias de um atleta, não pôde passá-la à frente, e tomou-as para si. Depois dela, viu a alma de Epeu, filho de Panopeu, entrar na natureza de uma mulher perita em trabalhos de artesanato. E à distância, entre as últimas, avistou a alma do bufão Tersites a enfiar-se na forma de um macaco. Depois, a alma de Ulisses, a quem a sorte reservara ser a última de todas, avançou para escolher, mas, lembrada dos anteriores trabalhos, quis descansar da ambição, e andou em volta a procurar, durante muito tempo, a vida de um particular tranquilo; descobriu-a a custo, jacente em qualquer canto e desprezada pelos outros; ao vê-la, declarou que faria o mesmo se lhe tivesse cabido o primeiro lugar, e pegou-lhe alegremente. Os restantes animais procediam do mesmo modo, passando para seres humanos, ou uns para outros; mudavam, os que eram injustos, para animais selvagens, os justos para domésticos, e faziam toda a espécie de misturas.

Assim que todas as almas escolheram as suas formas de vida, avançaram, pela ordem da sorte que lhes coubera, para junto de Láquesis. Esta mandava a cada uma o gênio [*daimon*] que preferira para custodiar a sua vida e fazer cumprir o que escolhera. O gênio conduzia-o primeiro a Cloto, punha-a por

284 • O uso dos corpos

baixo da mão dela e do turbilhão do fuso a girar para ratificar o destino [*moiran*] que, depois da tiragem à sorte, escolhera. Depois de tocar no fuso, conduzia-a novamente à trama de Átropos, que tornava irreversível [*ametas-tropha*] o que fora fiado. Desse lugar, sem se poder voltar para trás, dirigia-se para o trono da Necessidade [*Ananke*], passando para o outro lado. Quando as restantes [almas] passaram, todas se encaminharam para a planura do Letes, através de um calor e uma sufocação terríveis. De fato, ela era despida de árvores e de tudo que nasce da terra. Quando já entardecia, acamparam junto ao rio Ameles, cuja água nenhum vaso pode conservar. Todas são forçadas a beber certa quantidade dessa água, mas aquelas a quem a reflexão não salvaguarda bebem mais do que a medida. Enquanto se bebe, esquece-se tudo. Depois que se foram deitar e deu a meia-noite, houve um trovão e um tremor de terra. De repente, as almas partiram dali, cada uma para seu lado, para o alto, a fim de nascerem, cintilando como estrelas. Er, porém, foi impedido de beber. Não sabia, contudo, por que caminho nem de que maneira ele alcançara o corpo, mas, erguendo os olhos de súbito, viu, de manhã cedo, que jazia na pira. [617b-621b]*

9.4. Toda leitura do mito de Er deve procurar definir a estratégia na qual se inscreve, identificando acima de tudo o problema que Platão tenta compreender pelo próprio mito. Proclo, em seu comentário, formula-o da seguinte maneira: trata-se de "mostrar toda a providência, seja dos deuses, seja dos demônios, no que diz respeito às almas, a sua descida para o nascimento [*genesis*] e para a separação com relação a ele, além dos modos multiformes de seu comportamento". Com maior precisão, o problema que Platão pretende resolver por meio do mito é o fato de que, com o nascimento, toda alma parece encontrar-se necessária e irrevogavelmente unida a certa forma de vida (*bios*), a qual abandona com a morte. A vida (*zoè*) dos mortais (a alma é o princípio da vida) se dá sempre em certo *bios*, em certo modo de vida (diríamos que é "lançada" nele), e, mesmo assim, não coincide com ele nem está unida a ele por algum nexo substancial. O mito explica essa união factícia – que contém uma não-coincidência e uma separação e, ao mesmo tempo, um vínculo necessário – por meio da ideia de uma "escolha": cada alma, entrando no nascimento, escolhe seu *bios* e depois esquece de tê-lo feito. A partir daquele momento, ela se encontra unida à forma de vida que escolheu por um vínculo necessário (*oi sinesthay ex*

---

* Ibidem, p. 490-6. Embora tenha sido aproveitada a referida tradução, inserimos no texto, quando o autor o fez, os termos gregos. Ao mesmo tempo, usamos a expressão "forma de vida" quando o autor o utilizou. (N. T.)

anankes). Por isso, Láquesis pode afirmar que a "culpa é de quem fez a escolha; deus é inocente".

Em outras palavras, o mito parece explicar a união irreparável de cada alma com certa forma de vida em termos morais e, de algum modo, até mesmo jurídicos: houve uma "escolha" e há, portanto, uma responsabilidade e uma culpa (*aitia*). À física da primeira parte da narração, que explica a necessidade em termos de uma máquina cósmica, corresponde uma necessidade *a posteriori*, que resulta de uma escolha ética (Proclo fala, por isso, de uma "necessidade de consequência"[41]).

9.5. Karl Reinhardt mostrou que, em Platão, *mythos* e *logos*, explicação por meio da narração e rigor dialético não são contrários, mas se integram mutuamente[42]. Isso significa que, também em nosso caso, o mito é uma figura complexa, que busca resolver algo que o *logos* sozinho não poderia e que exige, por isso, uma capacidade hermenêutica fora do comum. Assim, o mito de Er parece sugerir que a união factícia entre alma e forma de vida deva ser explicada como escolha, que, por conseguinte, introduz na harmoniosa necessidade do cosmo uma espécie de culpa moral (Porfírio, embora com muitas reservas, fala aqui de algo como um "livre arbítrio", *to eph' emin*, o que está em nosso poder[43]). Mas é realmente assim? As almas de fato escolhem livremente sua vida entre os "exemplos" (*paradeigmata*) que a filha da necessidade, Láquesis (o nome significa apenas "aquela que distribui os destinos"), lhes propõe?

Antes de tudo, será bom não deixar passar despercebido que a imagem da necessidade cósmica, que ocupa a primeira parte da narração de Er, não apenas não é tão serena e harmônica como pretendem os comentadores, como contém traços decididamente sinistros. Platão certamente não podia ignorar que as Moiras se inscrevem na descendência daquela Noite, frente à qual até mesmo Zeus sente terror (em Homero, Moira é definida "destruidora" e "difícil de suportar"). O que as Moiras fiam são os dias de nossa vida, que Átropos (o nome significa "aquela que não pode ser dissuadida", a "inexorável") corta de repente. Criaturas igualmente sinistras,

---

[41] Proclo, *Commentaire sur La République*, v. 3: *Dissertations 15-7. Rép. 10. Index général* (org. A. J. Festugière, Paris, Librairie Philosophique J. Vrin, 1970), p. 234.

[42] Karl Reinhardt, *Platons Mythen* (Bonn, Cohen, 1927), passim.

[43] Porfírio, "Sul libero arbitrio", em Proclo, *Commentaire sur La République*, cit., p. 353.

286 • O uso dos corpos

verdadeiras deusas da morte[44], são as Sereias, pássaros de garras fortíssimas, que, na *Odisseia*, habitam uma ilha cheia de ossos putrefatos e de peles humanas dissecadas e que, com seu canto, enfeitiçam os navegantes para levá-los ao naufrágio. Isso é tão verdadeiro que Proclo, a fim de evitar que elas lancem uma sombra escura sobre a máquina cósmica, sugere, obviamente sem ter o mínimo fundamento, que Platão queira na realidade referir-se às Musas.

Mas também a singular máquina de aço e de outros metais acorrentada ao céu nada tem de segura, e, se Proclo sente a necessidade de explicar que o aço é o símbolo da inalterabilidade[45], isso se deve ao fato de que ele sabia perfeitamente que, em Hesíodo, o aço aparece vinculado à terceira idade do mundo, à do bronze, terrível e feroz, posterior àquela feliz do ouro e àquela, menos feliz, da prata: os homens dispunham, então, de armas e casas de bronze, mas seu coração – diz Hesíodo – era de aço. Tudo leva a pensar que Platão, ao inserir, na visão de Er, esses e outros traços foscos (como o "calor sufocante e terrível" e o deserto de Letes, absolutamente isento de qualquer forma de vida), pretendesse sugerir que ela não era tanto uma imagem da justiça e da harmonia.

9.6. Voltemo-nos agora para as almas que, obedecendo ao apelo de Láquesis, escolhem sua forma de vida. Assim como a máquina da necessidade não era, de fato, justa nem harmoniosa, da mesma maneira a escolha das almas não é propriamente livre. Antes de tudo, a ordem segundo a qual as almas deverão efetuar sua escolha depende do modo – não é claro se casual ou decidido por Láquesis – como foram lançadas as sortes. Cada alma acolhe a sorte que lhe caiu perto e, segundo a ordem que lhe coube, escolhe os paradigmas de vida que o arauto pôs no chão frente a ela. Se Er define o espetáculo dessa escolha "piedosa" e "ridícula", isso se deve ao fato de que as almas, conforme mostram com eloquência os exemplos de Orfeu, Tamira, Ajax Telamônio, Agamenon, Atalanta, Ulisses e Tersites, escolhem não livremente, mas "de acordo com o hábito [*synetheia*, o modo de viver] da vida precedente". Por isso, Porfírio escreve que, desse modo, Platão corre o risco de "suprimir o livre arbítrio e, de forma mais geral, o que chamamos

---

[44] Károly Kerényi, *Umgang mit Göttlichem: über Mythologie und Religionsgeschichte* (Göttingen, Vandenhoeck & Ruprecht, 1961), p. 58.

[45] Proclo, *Commentaire sur La République*, cit., p. 159.

autonomia da vontade, se for verdade que as almas chegam à escolha por causa de vidas anteriores segundo os ciclos precedentes e com um caráter já formado de acordo com o que amaram ou odiaram"[46]. Ainda mais pertinente é a outra objeção mencionada por Porfírio, relativa ao caráter irrevogável da escolha, sancionado pelas Moiras e pelo demônio que estará vigilante para que a alma esteja vinculada a ela: "Se tudo isso foi fiado, determinado pela necessidade, sancionado pelas Moiras, por Letes, por Ananke, se um demônio guarda o destino e fica vigilante para que ele se cumpra, do que seríamos senhores e em que sentido se poderá dizer que a 'virtude é livre'?"[47].

À pseudojustiça de uma necessidade cega e feroz, que parece servir-se das almas em favor dos próprios desígnios imperscrutáveis, corresponde a pseudoliberdade das almas que acreditam escolher, mas que assim nada mais fazem do que submeter-se a um destino que foi decidido em outro lugar. Se a partida é, nesse sentido, trapaceada, como podem os juízes julgar ações que dependem de uma escolha que não só não se tem liberdade de revogar, mas que foi, além disso, realizada em consequência de comportamentos precedentes, sobre os quais o agente não tem mais poder nenhum?

9.7. É necessário refletir sobre o caráter "ridículo" (*geloian*) do espetáculo (*thea*, o termo usado por Platão, significa "vista", mas também "espetáculo teatral") da escolha que as almas fazem dos *bioi*. Er assiste a um espetáculo que, mesmo que tivesse que suscitar piedade (*eleinen*), na verdade lhe parece ridículo. Se considerarmos a preferência que Platão parece atribuir à comédia, especialmente ao mimo (segundo uma insistente lenda, atestada por Diógenes Laércio – III, 8 – e repetida por Valério Máximo e Quintiliano, ele gostava muito dos mimos de Sófron, a ponto de imitar suas características – *ethopoiesai* – e de guardá-los sob o travesseiro no momento da morte), seria possível dizer que Er assiste a um espetáculo cômico, em que estava em questão uma "etologia", uma "descrição de caracteres" ou uma *mimesis biou*, imitação da forma de vida ("o mimo é uma imitação do *bios*, que inclui ao mesmo tempo o decente e o indecente"[48]). O que, na

---

[46] Ibidem, p. 349.

[47] Ibidem, p. 350

[48] Heinrich Keil, *Grammatici latini. Ex recensione Henrici Keilii*, v. 1: *Artis grammaticae libri 5* (Lipsia, B. G. Teubnerii, 1855), p. 491.

288 • O uso dos corpos

tragédia, se apresenta como escolha de um destino é, na realidade, um gesto cômico, é a escolha de um caráter. A escolha das formas de vida, apesar do risco (*kindynos*, 618b) que ela comporta, por isso, em última instância, é cômica, e na filosofia, que expõe e descreve tal etologia, está em questão muito mais uma salvação irônica do que uma condenação sem apelação do caráter. É nesse sentido que se deve ler, precisamente no final do *Banquete*, a passagem em que Sócrates convence Aristófanes e Agatão de que a mesma pessoa deve compor tragédias e comédias e que "quem na arte é poeta trágico também é poeta cômico" (223d).

9.8. Qual é, então, o sentido do mito que conclui *A República*, a saber, um diálogo cujos temas são a justiça e a política? Diríamos que, uma vez que a alma, seguindo os decretos da necessidade, ingressou no ciclo dos nascimentos e escolheu uma forma de vida, toda justiça – tanto de seu lado, quanto do lado de quem deverá julgá-la – é impossível. A uma escolha cega só pode corresponder uma necessidade cega, e vice-versa.

Contudo, há uma passagem, que até agora deixamos de transcrever, em que Platão parece justamente sugerir o modo de "escolher sempre, em qualquer ocasião, a melhor forma de vida entre aquelas possíveis". Logo depois de ter descrito (618a) como, na narração de Er, os modos de vida estavam misturados entre si, uns unidos à riqueza ou à pobreza, outros, às doenças ou à saúde, enquanto outros ainda eram intermédios (*mesoun*) entre esses, Platão acrescenta:

> É aí que está, segundo parece, meu caro Gláucon, o grande perigo para o homem, e por esse motivo se deve ter o máximo cuidado em que cada um de nós ponha de parte os outros estudos para investigar e se aplicar a este, a ver se é capaz de saber e descobrir quem lhe dará a possibilidade e a ciência de distinguir uma vida honesta [*chreston* – literalmente "usável"] da que é má, e de escolher sempre, em toda a parte tanto quanto possível, o *bios* melhor. Tendo em conta tudo quanto há pouco dissemos, e o efeito que tem, relativamente à virtude da vida [*pros areten biou*], o fato de juntar ou separar as qualidades, saberá o mal ou o bem que produzirá a beleza misturada com a pobreza ou a riqueza, e com que disposição da alma, e o resultado da mistura, entre si, do nascimento elevado ou modesto, da vida particular e das magistraturas, da força e da fraqueza, da facilidade e da dificuldade em aprender, e todas as qualidades naturalmente existentes na alma, ou adquiridas. De modo que, em conclusão de tudo isto, será capaz de refletir em todos esses aspectos e distinguir, tendo em conta a natureza da alma, a vida pior e a melhor, chamando pior à que levaria a alma a tornar-se mais injusta

O mito de Er • 289

e a melhor à que a leva a ser mais justa. A tudo o mais ela não atenderá. Vimos, efetivamente, que, quer em vida, quer para depois da morte [*zonti te kai teleteusanti*], é essa a melhor das escolhas. Deve, pois, manter-se essa opinião adamantina até ir para o Hades, a fim de, lá também, se permanecer inabalável à riqueza e a outros males da mesma espécie, e não se cair na tirania e outras atividades semelhantes, originando males copiosos e sem remédio, dos quais os maiores seria o próprio que os sofreria; mas deve-se saber sempre escolher o modelo intermédio dessas tais formas de vida [*ton meson... bion*], evitando o excesso [*hyperballonta*] de ambos os lados, quer nessa vida, até onde for possível, quer em todas as que vierem depois. É assim que o homem alcança a maior felicidade. [618c-619b][49]

9.9. O que significa escolher o "*bios* intermédio"? Em primeiro lugar, uma observação preliminar, que tem a ver com o lugar e o tempo em que acontece a escolha. Ao escrever "quer em vida, quer para depois da morte" e ao especificar pouco depois "quer nessa vida, até onde for possível, quer em todas as que vierem depois", Platão revela que o que no mito parecia dizer respeito apenas à alma dos mortos ou dos ainda não nascidos na realidade se refere, sobretudo, aos vivos. A escolha que o mito situa em "certo lugar demôniaco" ocorre também nessa vida, em que as almas estão, segundo o mito, cada vez mais ligadas pela necessidade a certa forma de vida. A vida intermédia é, pois, a vida virtuosa, e a virtude, sendo anônima e inatribuível, não é uma entre as várias formas de vida que as almas podem escolher, mas, segundo o apelo de Láquesis, cada um a terá em medida maior ou menor, dependendo se a ama ou a despreza.

Se isso é verdade – e que a virtude seja anônima não pode significar outra coisa –, então a "escolha" da vida intermédia não é propriamente uma escolha, mas uma prática, que, orientando-se em meio à mistura inextricável de nobreza e obscuridade, privado e público, riqueza e pobreza, força e fraqueza que caracteriza todo *bios*, consegue distinguir e separar (*diagignoskonta*) a melhor forma de vida, a saber, a que tornará a alma mais justa. Importa imaginar o *bios* como um único segmento ou um único campo de forças definido por dois opostos extremos (Platão os denomina excessos, *ta hyperballonta*): escolher o meio não significa escolher um *bios*, mas, no *bios* que nos coube escolher, ser capaz de neutralizar e fugir dos extremos por meio da virtude. O *mesos bios* corta ao meio toda vida e, dessa maneira, faz

---

[49] Platão, *A República*, cit., p. 491-2.

290 • O uso dos corpos

uso dela e a constitui uma forma-de-vida. Isso não é um *bios*, mas um modo determinado de usar e de viver o *bios*.

9.10. É por essa perspectiva que se deve lembrar que aquilo que o arauto mostra às almas não são *bioi*, modos de vida, mas exemplos (*paradeigmata*) de modos de vida. Mostramos em outro lugar, seguindo a trilha de Victor Goldschmidt, a função particular que o conceito de paradigma, que pode referir-se tanto às ideias quanto aos sensíveis, desempenha no pensamento de Platão. O exemplo é um elemento singular que, ao desativar por um instante o fato de ser um dado empírico, torna inteligível outra singularidade (ou um conjunto de singularidades). Ao propor às almas paradigmas de vida e não simplesmente vidas, o arauto concede a elas a possibilidade de compreenderem e tornarem inteligível cada forma de vida antes de a escolher, o que é precisamente aquilo que, à diferença da maioria das almas, a alma virtuosa consegue fazer. Por isso, não causa surpresa que, no diálogo em que Platão mais reflete sobre o paradigma, ele nunca seja algo dado, mas venha a ser produzido e reconhecido por meio de um "colocar juntos", um "pôr um ao lado de outro" e um "mostrar" (*Política*, 278c-b). Mais uma vez, o que o mito apresenta como dado (os paradigmas de vida postos no chão pelo arauto) é, na verdade, resultado de um discernimento e de uma prática virtuosa, que confere a cada *bios* um caráter exemplar ou paradigmático. O *mesos bios* é a forma de vida que se atém integralmente à própria exemplaridade (*forma vitae*, no vocabulário das regras monásticas, significa "exemplo de vida", "vida exemplar").

9.11. Em sua leitura do mito de Er, Porfírio observa que Platão usa o termo *bios* de maneira ambígua. Assim, ele entende, com tal termo, tanto os modos de vida em sentido próprio quanto a *zoè*. Platão "não fala dos modos de vida no sentido em que falam a respeito os autores dos tratados *Sobre os modos de vida*, que mencionam um primeiro modo de vida, o do agricultor, depois outro, o do político, e depois mais outro, o do militar". Considerando que, entre os numerosos modos de vida em uso entre os homens, nosso livre arbítrio pode escolher abandonar um para assumir outro, os leitores desprevenidos ficam admirados com o fato de que, no mito, quem escolheu um *bios* continua vinculado a ele pela necessidade.

> Isso se dá porque, segundo os estoicos, "modo de vida" só tem o significado de vida racional [*logike zoes*], pois eles entendem com tal termo certo percurso

[*diexodos*] constituído por ações, relações e efeitos que se produzem ou se influenciam. Mas Platão entende por *bios* também as vidas [*zoas*] dos animais. Sendo assim, para ele, a *zoè* do cisne é um *bios*, e *bios* é também o do leão enquanto leão é o do rouxinol. Além disso, *bios* é igualmente o do homem e o da mulher... É esse, para ele, o primeiro significado do termo *bios*, mas há outro que se refere aos traços acidentais desses modos de vida, uma espécie de caráter que se acrescenta de maneira secundária ao sentido principal. Desse modo, para o cão, o *bios* no sentido principal é a *zoè* do cão; é por sua vez acidental ao modo de vida canino o fato de que pertence à espécie de cães que caçam, que farejam ou que sentam ao lado da mesa ou, ainda, cães de guarda: esse *bios* é secundário. E se, para os animais isentos de livre arbítrio, tal caráter vem a acrescentar-se por natureza ou por adestramento imposto pelo patrão, também aos homens foi dado pela natureza ou pelo acaso de terem nascido de pais nobres ou de serem dotados de beleza física, e é claro que isso não depende de nosso livre arbítrio. Quanto à aquisição de certo ofício, ocupação ou saber, quanto à participação da vida política e dos encargos públicos e outras coisas do gênero, tudo isso depende de nós...[50]

A observação, da qual Porfírio se serve apenas para fazer a distinção entre o que depende de nós e o que não podemos modificar, merece ser acolhida e desenvolvida. A alma, em Platão, certamente tem uma conexão essencial com a *zoè* (ela "traz consigo a vida [*pherousa zoen*] em qualquer coisa que ocupe" – *Fédon*, 105c). Ao escolher determinado *bios*, um modo de vida, ela escolhe ou já escolheu uma *zoè*: a vida do homem, da mulher, do cisne, do leão, do rouxinol. Contudo, como não pode identificar-se com determinado *bios*, ela nem sequer se identifica com determinada *zoè* (a alma "escolhe" ambos, e Platão não parece distinguir, conforme pretende Porfírio, quanto à responsabilidade, entre a escolha de uma *zoè* e a de um *bios*).

Se a distinção no tempo entre um "antes do nascimento", um "depois do nascimento" e um "depois da morte" é, como já vimos, apenas um expediente do mito, isso significa que, nesta vida – que constitui o problema que o mito procura tornar compreensível –, joga-se uma partida entre três *partners* ao mesmo tempo íntimos e heterogêneos: a alma, a *zoè* e o *bios*. A alma não é (só) *zoè*, vida natural, nem (só) *bios*, vida politicamente qualificada; é, sim, *neles e entre eles*, aquilo que, não coincidindo com eles, os mantém unidos e inseparáveis e, ao mesmo tempo, impede que coincidam entre si. Entre alma, *zoè* e *bios*, existe um contato íntimo e uma irredutível

---

[50] Porfírio, "Sul libero arbitrio", cit., p. 351.

292 • O uso dos corpos

separação (é esse o sentido último da imagem da "escolha": o que se escolhe não nos pertence e, mesmo assim, de algum modo se tornou nosso). O objetivo do mito não consiste em nos fornecer uma representação diversa e melhor da alma, mas em paralisar a representação, a fim de exibir um não-representável.

Para compreendermos o estatuto singular da *psychè* platônica, será vantajoso compará-la com a definição da alma de seu discípulo Aristóteles. Forçando a conexão platônica entre alma e *zoè*, Aristóteles define a alma como "o ser-em-obra [a *energeia*] de um corpo que tem a *zoè* em potência" e, desse modo, identifica alma e vida em ato. Por outro lado, tendo assim dissolvido a alma na *zoè*, deve depois, necessariamente, dividi-la e articulá--la de maneira funcional em alma (ou vida) vegetativa, sensitiva e intelectiva, para fazer disso, então, conforme já vimos, o pressuposto da existência política (o que implica uma distinção clara e, ao mesmo tempo, uma articulação estratégica entre *zoè* e *bios*). Por isso, compete à alma vegetativa um estatuto que lembra de algum modo o da *psychè* platônica: ela é separável, segundo o *logos*, enquanto, nos mortais, as outras não podem separar-se dela.

Voltemos agora à situação aporética da alma em Platão. Embora esteja facticiamente unida a determinada *zoè* e a determinado *bios*, ela continua irredutível a eles. Tal irredutibilidade não significa que o mito deva ser tomado ao pé da letra, como se as almas existissem separadas em algum lugar demônico ou hiperurânio. A alma move o corpo a partir de dentro, não de fora, como um princípio externo adventício: segundo o claro ditado de *Fedro* (245c), "todo corpo que move a si mesmo a partir de dentro [*endothen*] é animado [*empsychon*], porque é essa a natureza da alma". Daí nasce, no mito, o silêncio singular – sobre o qual parece que os comentadores não se detiveram suficientemente – a respeito do modo como Er vê e reconhece as almas ("contou ter visto [*idein*] a alma de Orfeu..."), como se elas estivessem de algum modo unidas constitutivamente ao próprio corpo ou conservassem sua imagem. Contudo, será a alma, não o corpo, a ser julgada pelas ações realizadas durante a vida.

A alma, como a forma-de-vida, é o que *em* minha *zoè*, *em* minha vida corpórea, não coincide com meu *bios*, com minha existência política e social e, mesmo assim, "escolheu" ambos, pratica ambos naquele determinado e inconfundível modo. Nesse sentido, é ela mesma o *mesos bios*, que, em cada *bios* e em cada *zoè*, aventurosamente corta, revoga e efetiva

O mito de Er • 293

a escolha que os une segundo a necessidade naquela determinada vida. A forma-de-vida, a alma, é o complemento infinito entre a vida e o modo de vida, o que aparece quando eles se neutralizam mutuamente e mostram o vazio que os unia. *Zoè* e *bios* – talvez seja essa a lição do mito – não são separados nem coincidentes: entre eles, como num vazio de representação de que não é possível dizer senão que ele é "imortal" e "não-gerado" (*Fedro*, 246a), está a alma, que os mantém indissoluvelmente em contato, dando testemunho deles.

EPÍLOGO
POR UMA TEORIA DA POTÊNCIA DESTITUINTE

1. A arqueologia da política que estava em questão no projeto *Homo sacer* não se propunha a criticar nem a corrigir esse ou aquele conceito, essa ou aquela instituição da política ocidental; tratava-se, sim, de rediscutir o lugar e a própria estrutura originária da política, a fim de trazer à luz o *arcanum imperii* que constituía, de algum modo, seu fundamento e que nela havia ficado, ao mesmo tempo, plenamente exposto e tenazmente escondido.

A identificação da vida nua como primeiro referente e como aquilo que estava em jogo na política foi, por esse motivo, o primeiro ato da investigação. A estrutura originária da política ocidental consiste em uma *ex-ceptio*, em uma exclusão inclusiva da vida humana na forma da vida nua. Reflita-se sobre a especificidade dessa operação: a vida não é política em si mesma – por isso, ela deve ser excluída da cidade; contudo, é justamente a *exceptio*, a exclusão-inclusão desse Impolítico que fundamenta o espaço da política.

É importante não confundir a vida nua com a vida natural. Por meio de sua divisão e sua captura no dispositivo da exceção, a vida assume a forma da vida nua, ou seja, de uma vida que foi cindida e separada de sua forma. Nesse sentido, deve entender-se, no final de *Homo sacer I*, a tese segundo a qual "a prestação fundamental do poder soberano é a produção da vida nua como elemento político originário". E é essa vida nua (ou vida "sagrada", se *sacer* designa acima de tudo uma vida que se pode matar sem cometer homicídio), que, na máquina jurídico-política do Ocidente, funciona como limiar da articulação entre *zoè* e *bios*, vida natural e vida politicamente qualificada. E não será possível pensar outra dimensão da política e da vida se antes não formos capazes de desativar o dispositivo da exceção da vida nua.

296 • O uso dos corpos

2. Contudo, no decurso da investigação, a estrutura da exceção que havia sido definida com respeito à vida nua revelou-se constituir, de forma mais geral, em todos os âmbitos, a estrutura da *archè*, seja na tradição jurídico-política, seja na ontologia. Não se pode compreender de fato a dialética do fundamento, que define a ontologia ocidental de Aristóteles em diante, se não se compreende que ela funciona como uma exceção no sentido que acaba de ser visto. A estratégia é sempre a mesma: algo é dividido, excluído e rejeitado e, precisamente por essa exclusão, é incluído como *archè* e fundamento. Isso vale para a vida, que, nas palavras de Aristóteles, "se diz de muitos modos" – vida vegetativa, vida sensitiva, vida intelectiva, a primeira das quais é excluída para servir de fundamento às outras –, mas também para o ser, que se diz igualmente de muitos modos, um dos quais será separado para ser fundamento.

De resto, é possível que o mecanismo da exceção seja constitutivamente vinculado ao evento da linguagem que coincide com a antropogênese. Segundo a estrutura da pressuposição que reconstruímos anteriormente, ao acontecer, a linguagem exclui e separa de si o não linguístico e, no mesmo gesto, o inclui e captura como aquilo com que sempre já está em relação. A *ex-ceptio*, a exclusão inclusiva do real com relação ao *logos* e no *logos*, é, portanto, a estrutura originária do acontecimento da linguagem.

3. Assim, em *Estado de exceção*, a máquina jurídico-política do Ocidente foi descrita como estrutura dupla, formada por dois elementos heterogêneos e, contudo, intimamente coordenados: um normativo e jurídico em sentido restrito (a *potestas*) e outro anômico e extrajurídico (a *auctoritas*). O elemento jurídico-normativo, em que parece residir o poder em sua forma eficaz, tem, porém, necessidade do anômico para poder ser aplicado à vida; por outro lado, a *auctoritas* é capaz de afirmar-se e ter sentido unicamente em relação à *potestas*. O estado de exceção é o dispositivo que, em última análise, deve articular e manter unidos os dois aspectos da máquina jurídico-política, instituindo um limiar de indecidibilidade entre anomia e *nomos*, entre vida e direito, entre *auctoritas* e *potestas*. Enquanto os dois elementos permanecem correlatos, mas conceitual, temporal e pessoalmente distintos – como ocorria na Roma republicana com a contraposição entre senado e povo ou, na Europa medieval, entre poder espiritual e poder temporal –, sua dialética pode de algum modo funcionar. Mas quando eles tendem a coincidir em uma só pessoa, quando o estado de exceção, em que eles se

Epílogo – Por uma teoria da potência destituinte • 297

indeterminam, se torna a regra, então o sistema jurídico-político se transforma em máquina letal.

Em *O reino e a glória*, havia sido salientada uma estrutura análoga, com a relação entre reino e governo e entre inoperosidade e glória. A glória aparecia aqui como dispositivo destinado a capturar, no interior da máquina econômico-governamental, a inoperosidade da vida humana e divina que nossa cultura não parece capaz de pensar e que, mesmo assim, não deixa de ser invocada como o mistério último da divindade e do poder. Tal inoperosidade é tão essencial para a máquina que ela deve ser capturada e mantida a qualquer preço em seu centro na forma da glória e das aclamações, que, pela mídia, não deixam de cumprir ainda hoje sua função doxológica.

Da mesma maneira, alguns anos antes, em *O aberto*, a máquina antropológica do Ocidente havia sido definida pela divisão e pela articulação, no interior do homem, entre o humano e o animal. No final do livro, o projeto de uma desativação da máquina que governa nossa concepção do homem exigia não tanto buscar novas articulações entre o animal e o humano quanto, acima de tudo, expor o vazio central, o hiato que separa – no homem – o homem e o animal. O que – mais uma vez na forma da exceção – havia sido separado e, depois, juntado na máquina devia ser restituído à sua divisão para que uma vida inseparável, nem humana nem animal, pudesse eventualmente aparecer.

4. Em todas essas figuras, acontece o mesmo mecanismo: a *archè* constitui-se cindindo a experiência factícia e devolvendo à origem – ou seja, excluindo – metade dela para, depois, rearticulá-la com a outra metade, incluindo-a como fundamento. Assim, a cidade fundamenta-se na cisão da vida em vida nua e vida politicamente qualificada; o humano define-se pela exclusão-inclusão do animal; a lei, pela *exceptio* da anomia; o governo, pela exclusão da inoperosidade e sua captura na forma da glória.

Se é tal a estrutura da *archè* em nossa cultura, então o pensamento se encontra aqui confrontado com uma tarefa impraticável. De fato, não se trata, como se fez em geral até agora, de pensar novas e mais eficazes articulações dos dois elementos, jogando uma contra a outra as duas metades da máquina. Tampouco se trata de voltar arqueologicamente a um início mais originário: a arqueologia filosófica não atinge outro início senão aquele que pode, eventualmente, resultar da desativação da máquina (nesse sentido, a filosofia primeira é sempre filosofia última).

298 • O uso dos corpos

O problema ontológico-político fundamental hoje não é a obra, mas a inoperosidade, não é a complicada e incessante busca de nova operabilidade, mas a exibição do vazio incessante que a máquina da cultura ocidental conserva em seu centro.

5. No pensamento da modernidade, as mudanças políticas radicais foram pensadas mediante o conceito de um "poder constituinte". Todo poder constituído pressupõe em sua origem um poder constituinte que, por meio de um processo que costuma ter a forma de uma revolução, o põe em ser e o garante. Se nossa hipótese sobre a estrutura da *archè* for correta e se o problema ontológico fundamental for hoje não a obra, mas a inoperosidade, e se esta, contudo, só puder ser atestada enquanto vinculada a uma obra, então o acesso a uma figura diferente da política não poderá ter a forma de um "poder constituinte", mas a de algo que provisoriamente podemos chamar de "potência destituinte". E, se ao poder constituinte correspondem revoluções, sublevações e novas constituições, ou seja, uma violência que põe e constitui o novo direito, devemos pensar, para a potência destituinte, estratégias bem diferentes, cuja definição é a tarefa da política que vem. Um poder, que só foi abatido por uma violência constituinte, ressurgirá de outra forma, na incessante, inalienável, transcurada dialética entre poder constituinte e poder constituído, violência que põe o direito e violência que o conserva.

Por mais que os juristas sublinhem com maior ou menor ênfase a heterogeneidade com que o poder constituinte forma um sistema, o paradoxo dele é que, de fato, continua inseparável do poder constituído. Assim, por um lado, se afirma que o poder constituinte se situa fora do Estado, que existe sem ele e continua exterior ao Estado mesmo depois de sua constituição, enquanto o poder constituído que dele deriva só existe no Estado; por outro lado, esse poder originário e ilimitado – que poderia, como tal, ameaçar a estabilidade do ordenamento – acaba necessariamente confiscado e capturado no poder constituído a que deu origem, sobrevivendo nele apenas como poder de revisão da constituição. Até mesmo Sieyès, talvez o mais intransigente teórico da transcendência do poder constituinte, no final, limitou drasticamente sua onipotência, não lhe deixando outra existência a não ser aquela sombria de um *Jury constitutionnaire*, a quem é confiada a tarefa de modificar, segundo procedimentos taxativamente estabelecidos, o texto da constituição.

Parecem repetir-se aqui, de maneira secularizada, os paradoxos com que os teólogos tiveram que se confrontar a respeito do problema da onipotência divina. Esta implicava que Deus teria podido fazer qualquer coisa, inclusive destruir o mundo que criara ou anular ou subverter as leis providenciais com que pretendia dirigir a humanidade para a salvação. Para limitar essas consequências escandalosas da onipotência divina, os teólogos fizeram distinção entre potência absoluta e potência ordenada: *de potentia absoluta*, Deus pode qualquer coisa; *de potentia ordinata*, ou seja, uma vez que quis algo, sua potência passa, por isso, a ser limitada.

Dado que a potência absoluta, na realidade, nada mais é do que o pressuposto da potência ordenada, de que esta necessita para garantir a própria validade incondicionada, pode-se afirmar que o poder constituinte é o que o poder constituído deve pressupor para dar-se um fundamento e legitimar-se. Segundo o esquema que tantas vezes descrevemos, constituinte é a figura do poder em que uma potência destituinte é capturada e neutralizada a fim de assegurar que ela não possa voltar-se contra o poder ou a ordem jurídica como tal, apenas contra determinada figura histórica sua.

6. Por isso, o capítulo 3 da primeira parte de *Homo sacer I* afirmava que a relação entre poder constituinte e poder constituído é tão complexa quanto aquela que Aristóteles institui entre potência e ato e procurava esclarecer o vínculo entre os dois termos como relação de bando ou de abandono. O problema do poder constituinte mostra aqui suas irredutíveis implicações ontológicas. Potência e ato nada mais são do que os dois aspectos do processo de autoconstituição soberana do ser, em que o ato é pressuposto como potência e esta se mantém em relação com aquele por meio da própria suspensão, o próprio poder não passar ao ato e, por outro lado, o ato nada mais é do que uma conservação e uma "salvação" (*soteria*) – em outras palavras, uma *Aufhebung* – da potência.

> À estrutura da potência, que se mantém em relação com o ato precisamente por meio de seu poder não ser, corresponde aquela do bando soberano, que se aplica à exceção desaplicando-se. A potência (no seu dúplice aspecto de potência e potência do não) é o modo pelo qual o ser se funda soberanamente, ou seja, sem nada que o preceda e determine, senão o próprio poder não ser. E soberano é aquele ato que se realiza simplesmente retirando-se a própria potência de não ser, deixando-se ser, doando-se a si.[51]

---

[51] Giorgio Agamben, *L'aperto. L'uomo e l'animale* (Turim, Bollati Boringhieri, 2002), p. 54 [ed. port.: *O aberto. O homem e o animal*, Lisboa, Edições 70, 2010, p. 54].

300 • O uso dos corpos

Daí a dificuldade de pensar uma potência puramente destituinte, ou seja, integralmente livre da relação soberana de bando que a vincula ao poder constituído. O bando aparece nesse caso como forma-limite da relação, na qual o ser se fundamenta mantendo-se em relação com um correlato que, na realidade, nada mais é do que uma pressuposição de si. E se o ser nada mais é do que o ser "a bandono" – isto é, abandonado a si mesmo – do ente, então também categorias como o "deixar-ser", mediante o que Heidegger procurou sair da diferença ontológica, continuam dentro da relação de bando.

Por isso, o capítulo podia ser concluído enunciando o projeto de uma ontologia e de uma política livres de toda figura da relação, inclusive da forma-limite da relação que é o bando soberano:

> Seria preciso pensar a existência da potência sem nenhuma relação com o ser em ato – nem sequer na forma extrema do bando e da potência de não ser – e o ato não mais como realização e manifestação da potência – nem sequer na forma do dom de si e do deixar ser. Isso implicaria, porém, nada menos que pensar a ontologia e a política para além de toda figura da relação, mesmo que seja da relação-limite que é o bando soberano.*

Só nesse contexto seria possível pensar uma potência puramente destituinte, ou seja, que não se conclua em um poder constituído.

א *É na secreta solidariedade entre a violência que fundamenta o direito e aquela que o conserva que Benjamin pensava no ensaio* Para uma crítica da violência, *ao tentar definir uma forma de violência que fugisse dessa dialética:*

> *É na ruptura desse círculo atado magicamente nas formas míticas do direito, da destituição [Entsetzung] do direito e de todas as violências das quais ele depende, e que dependem dele, em última instância, então, na destituição da violência do Estado, que se funda uma nova era histórica.*[52]

Só um poder que foi tornado inoperoso e foi deposto por meio de uma violência que não tenha em vista fundar um novo direito é integralmente neutralizado. Benjamin identificava essa violência – ou, segundo o duplo significado do termo alemão Gewalt, *"poder destituinte" – na greve geral proletária, que Sorel opunha àquela simplesmente política. Enquanto a suspensão do trabalho na greve política é violenta, "uma vez que provoca*

---

* Ibidem, p. 55 [ed. port.: ibidem, p. 54-5]. Mesmo usando a referida tradução portuguesa, consideramos importante introduzir nela alguma modificação (N. T.)

[52] Walter Benjamin, *Gesammelte Schriften*, v. 2, tomo 1 (Frankfurt, Suhrkamp, 1977), p. 202 [ed. bras.: "Para uma crítica da violência", em *Escritos sobre mito e linguagem* (1915-1921), trad. Ernani Chaves, org. Jeanne M. Gagnebin, São Paulo, Editora 34/Duas Cidades, 2011, p. 155].

Epílogo – Por uma teoria da potência destituinte • 301

[veranlasst, 'ocasiona', 'induz'] só uma modificação exterior das condições de trabalho, a outra, enquanto meio puro, é não violenta"[53]. *Ela não implica, de fato, a retomada do trabalho "depois de concessões superficiais ou de qualquer modificação das condições de trabalho", mas a decisão de retomar um trabalho só integralmente transformado e não imposto pelo Estado, ou seja, uma "subversão que esse tipo de greve não apenas desencadeia [veranlasst], mas leva à sua completude [vollzieht]"*[54]. *Na diferença entre veranlassen, "induzir", "provocar", e vollziehn, "cumprir", "realizar", expressa-se a oposição entre o poder constituinte, que destrói e recria sempre novas formas do direito, sem jamais o destituir definitivamente, e a violência destituinte, que, enquanto depõe uma vez por todas o direito, inaugura imediatamente uma nova realidade. "Por isso, a primeira modalidade de greve é instauradora do direito, a segunda, é anarquista..."*[55]

No início do ensaio, Benjamin define a violência pura por meio de uma crítica da previsível relação entre meios e fins. Enquanto a violência jurídica é sempre meio – legítimo ou ilegítimo – com respeito a um fim – justo ou injusto –, o critério da violência pura ou divina não deve ser visto em sua relação com um fim, mas numa "distinção na esfera dos meios, sem referência aos fins que eles perseguem"[56]. *O problema da violência não é aquele, tão frequentemente perseguido, de identificar fins justos, mas o de "considerar outra modalidade de violência... que se relacionaria com os fins não como meio, mas, sem que se saiba, como de maneira diferente"*[57].

O que nesse caso está em questão é a própria ideia de instrumentalidade que, a partir do conceito escolástico de "causa instrumental", vimos que caracteriza a concepção moderna do uso e a esfera da técnica. Enquanto estas eram definidas por um instrumento que aparece como tal só enquanto é incorporado na finalidade do agente principal, Benjamin considera um "meio puro", a saber, um meio que se mostra como tal só enquanto se emancipa de toda relação com um fim. A violência como meio puro nunca é meio para um fim: ela se mostra apenas como exposição e destituição da relação entre violência e direito, entre meio e fim.

7. Acenamos para uma crítica do conceito de relação no capítulo 2.8 da segunda parte dessa investigação, a propósito do teorema agostiniano: "Toda essência que se diz de modo relativo também é algo excetuado o relativo" (*omnis essentia quae relative dicitur, est etiam aliquid excepto relativo*). Para Agostinho, tratava-se de pensar a relação entre unidade e trindade em Deus, ou seja, de salvar a unidade da essência divina sem negar sua articulação em

---

[53] Ibidem, p. 194 [ed. bras.: ibidem, p. 143].

[54] Idem.

[55] Idem.

[56] Ibidem, p. 179.

[57] Ibidem, p. 196 [ed. bras.: ibidem, p. 146].

302 • O uso dos corpos

três pessoas. Mostramos que Agostinho resolve esse problema excluindo e, ao mesmo tempo, incluindo a relação no ser e o ser na relação. A fórmula *excepto relativo*, nesse caso, deve ser lida segundo a lógica da exceção: o relativo é ao mesmo tempo excluído e incluído no ser, no sentido de que a trindade das pessoas é capturada na essência-potência de Deus, de modo que esta, porém, se mantenha distinta daquela. Nas palavras de Agostinho, a essência, que é e se diz na relação, é algo exterior à relação. Isso significa, segundo a estrutura da exceção soberana que definimos, que o ser é um pressuposto da relação.

Podemos, portanto, definir a relação como aquilo que constitui seus elementos pressupondo-os, ao mesmo tempo, como não relacionados. Desse modo, a relação deixa de ser uma categoria entre as outras e adquire um papel ontológico essencial. Tanto no dispositivo aristotélico potência--ato, essência-existência, quanto na teologia trinitária, a relação é inerente ao ser segundo uma ambiguidade constitutiva: o ser precede a relação e existe fora dela, mas é sempre já constituído por meio da relação e nela incluído como seu pressuposto.

8. É na doutrina de Duns Escoto sobre o ser formal que o papel ontológico da relação encontra sua expressão mais coerente. Por um lado, ele retoma o axioma agostiniano, clarificando-o na forma *omne enim quod dicitur ad aliquid est aliquid praeter relationem* ("o que se diz sobre algo é algo para além da relação" – *Opus oxoniense*, I, d. 5, q. 1, n. 18[58]). A correção mostra que, para Duns Escoto, está em questão o problema da relação como tal: se, como ele escreve, "a relação não está incluída no conceito de absoluto"[59], tem-se como consequência que é o absoluto que está sempre já incluído no conceito de relação. Com uma aparece inversão do teorema agostiniano, que faz emergir a implicação que nele ficava escondida, ele pode escrever, por conseguinte, que *omne relativum est aliquid excepta relatione* ("todo relativo é algo excetuada a relação" – ibidem, I, d. 26, q. 1, n. 33).

Em todo caso, é decisivo que, para Duns Escoto, a relação implica uma ontologia, seja uma forma particular do ser, que ele define com uma fórmula que repercutirá no pensamento medieval, como *ens debilissimum*:

---

[58] Jan Peter Beckmann, *Die Relation der Identität nach Johannes Duns Scotus* (Bonn, H. Bouvier, 1967), p. 206.

[59] Idem.

Epílogo – Por uma teoria da potência destituinte • 303

"Entre todos os entes, a relação é um ser debilíssimo, por ser apenas o modo de ser de dois entes um com respeito ao outro (*relatio inter omnia entia est per ens debilissimum, cum sit sola habitudo duorum – Super praedicamenta*, q. 25, n. 10). Mas essa forma ínfima do ser – que, como tal, é difícil de conhecer (*ita minime cognoscibile in se* – idem*) – desempenha, na realidade, no pensamento de Duns Escoto – e, a partir dele, na história da filosofia até Kant – uma função constitutiva, porque coincide com a prestação específica de seu gênio filosófico, a definição da distinção formal e do estatuto do transcendental.

Em outras palavras, com a distinção formal, Duns Escoto pensou o ser da linguagem, que não pode ser *realiter* [realmente] diferente da coisa que nomeia, pois, do contrário, não poderia manifestá-la e torná-la conhecida; ele deve ter alguma consistência própria, senão se confundiria com a coisa. O que se distingue da coisa não *realiter*, mas *formaliter* [formalmente] é ter nome – o transcendental é a linguagem.

9. Se compete à relação um estatuto ontológico privilegiado, isso ocorre porque nela se expressa a própria estrutura que pressupõe a linguagem. O que o teorema de Agostinho afirma é isso: "Tudo o que se diz entra em uma relação e, por conseguinte, é também algo diferente antes e fora da relação (ou seja, é um irrelato pressuposto)". A relação fundamental – a relação onto-lógica – transcorre entre o ente e a linguagem, entre o ser e seu ser dito ou nomeado. O *logos* é essa relação, na qual o ente e seu ser dito são, ao mesmo tempo, idênticos e diferentes, remotos e inseparáveis.

Nesse sentido, pensar uma potência puramente destituinte significa interrogar e pôr em questão o próprio estatuto da relação, mantendo aberta a possibilidade de que a relação ontológica na verdade não seja uma relação. Isso significa confrontar-se em um corpo a corpo decisivo com o ser debilíssimo que é a linguagem. Mas, justamente por ser débil seu estatuto ontológico, a linguagem, conforme havia intuído Duns Escoto, é dificílima de conhecer e captar. A força quase invencível da linguagem está em sua debilidade, no fato de continuar impensada e não-dita no que diz e no de que se diz.

Por isso, a filosofia nasce em Platão precisamente como tentativa de compreender os *logoi* e, como tal, ela tem desde o início um caráter político. Por esse motivo, quando, com Kant, o transcendental deixa de ser o que o pensamento deve permanentemente resolver e se torna, por sua vez, a

304 • O uso dos corpos

fortaleza em que ele se entrincheira, então a filosofia extravia definitivamente sua relação com o ser, e a política entra em uma crise decisiva. Uma nova dimensão para a política só se abrirá quando os homens – os seres que têm o *logos* na mesma medida em que por ele são possuídos – tiverem alcançado essa potência debilíssima que os determina e os envolve de forma tenaz em uma errância – a história – que parece interminável. Só então – e esse "então" não é futuro, mas sempre está em curso – será possível pensar a política fora de toda figura da relação.

10. Assim como a tradição da metafísica sempre pensou o humano na forma de uma articulação entre dois elementos (natureza e *logos*, corpo e alma, animalidade e humanidade), também a filosofia política ocidental sempre pensou o político na figura da relação entre duas figuras vinculadas entre si: a vida nua e o poder, a casa e a cidade, a violência e a ordem instituída, a anomia (a anarquia) e a lei, a multidão e o povo. Na perspectiva dessa investigação, pelo contrário, devemos tentar pensar o humano e o político como aquilo que resulta da desconexão desses elementos e investigar não o mistério metafísico da conjunção, mas aquele prático e político de sua disjunção.

Consideremos a definição da relação como aquilo que constitui seus elementos, pressupondo-os, ao mesmo tempo, como não relacionados. Assim, por exemplo, nos pares ser vivo/linguagem, poder constituinte/poder constituído, vida nua/direito, é evidente que os dois elementos toda vez se definem e se constituem reciprocamente por meio de sua relação de oposição e, como tais, não podem preexistir a ela; contudo, a relação que os une os pressupõe como não relacionados. O que definimos, no decurso da investigação, como bando é o vínculo, ao mesmo tempo atrativo e repulsivo, que liga os dois polos da exceção soberana.

Chamamos de destituinte uma potência capaz de abandonar toda vez as relações ontológico-políticas para que apareça entre seus elementos um contato (no sentido de Colli[60]). O contato não é um ponto de tangência nem um *quid* ou uma substância em que os dois elementos se comunicam: ele é definido unicamente por uma ausência de representação, só por uma cesura. Onde uma relação é destituída e interrompida, seus elementos estarão em contato, pois é mostrada entre eles a ausência de qualquer relação. Assim, no momento em que uma potência destituinte exibe a nulidade do

---

[60] Ver, neste volume, capítulo III, item 6.5, p. 86.

Epílogo – Por uma teoria da potência destituinte • 305

vínculo que tinha a pretensão de mantê-los juntos, vida nua e poder soberano, anomia e *nomos*, poder constituinte e poder constituído se mostram em contato sem relação nenhuma; por isso mesmo, o que havia sido cindido de si e capturado na exceção – a vida, a anomia, a potência anárquica – agora aparece em sua forma livre e não provada.

11. A proximidade entre potência destituinte e o que, no decurso da investigação, denominamos com o termo "inoperosidade" aqui se mostra com clareza. Em ambas, está em questão a capacidade de desativar e tornar algo inoperante – um poder, uma função, uma operação humana – sem simplesmente o destruir, mas libertando as potencialidades que nele haviam ficado não atuadas a fim de permitir, dessa maneira, um uso diferente.

Exemplo de estratégia destituinte, não destrutiva nem constituinte, é a de Paulo frente à lei. Paulo expressa a relação entre o messias e a lei com o verbo *katargein*, que significa "tornar inoperante" (*argos*), "desativar" (*Thesaurus*, de Estienne, apresenta-o com *reddo aergon et inefficacem, facio cessare ab opere suo, tollo, aboleo* [torno inoperante e ineficaz, faço cessar sua ação, anulo, revogo]). Assim, Paulo escreve que o messias "tornará inoperante [*katargese*] todo poder, toda autoridade e toda potência" (*1 Coríntios*, 15, 24) e, ao mesmo tempo, que "o messias é o *telos* [ou seja, fim e cumprimento] da lei" (*Romanos*, 10, 4): inoperabilidade e cumprimento aqui coincidem perfeitamente. Em outra passagem, ele diz dos que creem que eles foram "tornados inoperosos [*katargethemen*] com respeito à lei" (*Romanos*, 7, 6). As traduções usuais desse verbo, "destruir", "anular", não são corretas (a Vulgata o traduz mais cautelosamente com *evacuari*), ainda mais que Paulo, em passagem famosa, afirma querer "manter firme a lei" (*nomon istanomen* – ibidem, 3, 31). Lutero, com uma intuição cujo alcance não passava despercebida a Hegel, traduz *katargein* como *aufheben*, ou seja, um verbo que significa tanto "abolir" quanto "conservar".

Em todo caso, para Paulo certamente não se trata de destruir a lei, que é "santa e justa", mas de desativar sua ação com respeito ao pecado, porque é por meio da lei que os homens conhecem o pecado e o desejo: "Eu não teria conhecido o desejo, se a lei não tivesse dito: 'Não desejarás; tomando impulso a partir do mandamento, o pecado tornou operante [*kateirgasato*, 'ativou'] em mim todo desejo" (ibidem, 7, 8).

É essa operabilidade da lei que a fé messiânica neutraliza e torna inoperante, sem por isso abolir a lei. A lei que é "defendida" é destituída de seu poder de comando, ou seja, é uma lei não mais dos mandamentos e das obras (*nomos*

306 • O uso dos corpos

ton entolon – *Efésios*, 2, 15; *ton ergon* – *Romanos*, 3, 27), mas da fé (*nomos pisteos* – idem). E a fé não é essencialmente uma obra, mas uma experiência da palavra ("a fé da escuta e a escuta por meio da palavra" – [ibidem,] 10, 17). Em outras palavras, o messias funciona em Paulo como potência destituinte das *mitzwoth* que definem a identidade hebraica, sem, por isso, constituir outra identidade. O messiânico (Paulo não conhece o termo "cristão") não representa uma identidade nova e mais universal, mas uma cisão que passa por toda identidade – tanto por aquela do hebreu quanto pela do gentio. O "hebreu segundo o espírito" e o "gentio segundo a carne" não definem uma identidade ulterior, somente a impossibilidade de alguma identidade coincidir consigo mesma – ou seja, sua destituição como identidade: hebreu como não hebreu, gentio como não gentio. (É de forma verossímil segundo o paradigma desse tipo que se poderia pensar uma destituição do dispositivo da cidadania.)

É de modo coerente com tais premissas que Paulo, em passagem decisiva de *1 Coríntios*, 7, 29-31, define a forma de vida do cristão com a fórmula *hos me* ("como não"):

> Portanto digo, irmãos, o tempo se abreviou; o que resta é que os que têm mulher sejam como não [*hos me*] a tivessem, os que choram, como não chorantes, os que se alegram, como não se alegrando, os que compram, como nada possuindo, e os que usam do mundo, como dele não abusando. De fato, a figura desse mundo passa.

O "como não" é uma deposição sem abdicação. Viver na forma do "como não" significa destituir toda propriedade jurídica e social, sem que essa deposição fundamente uma nova identidade. Uma forma-de-vida é, nesse sentido, aquela que permanentemente depõe as condições sociais em que se encontra vivendo, sem as negar, mas simplesmente as usando. Se – escreve Paulo – no momento da chamada te achavas na condição de escravo, não te preocupes; mas se também podes tornar-te livre, faz uso disso (*chresai*) em vez de tua condição de escravo (ibidem, 7, 21). "Fazer uso" denomina, nesse caso, o poder depoente da forma de vida do cristão, que destitui "a figura desse mundo" (*to schema tou kosmou toutou*).

12. Tanto a tradição anárquica quanto o pensamento do século XX tentaram definir esse poder destituinte sem nunca verdadeiramente conseguir. A destruição da tradição em Heidegger, a desconstrução da *archè* e a fratura das hegemonias em Schürmann, o que, nas pegadas de Foucault,

Epílogo – Por uma teoria da potência destituinte • 307

chamei de "arqueologia filosófica", são todas elas tentativas pertinentes, mas insuficientes, para chegar a um *a priori* histórico a fim de destituí-lo. Mas também boa parte da prática das vanguardas artísticas e dos movimentos políticos de nosso tempo pode ser vista como a tentativa – tantas vezes miseravelmente fracassada – de realizar uma destituição da obra, que, no entanto, acabou recriando por todos os lugares os dispositivos museais e os poderes que pretendia depor, que agora parecem ainda mais opressores por já estarem isentos de toda legitimidade.

Benjamin, em certa oportunidade, escreveu que não há nada mais anárquico do que a ordem burguesa. No mesmo sentido, Pasolini faz um dos hierarcas de Salò declarar que a verdadeira anarquia é a do poder. Se isso é verdade, então se compreende por que o pensamento que tenta pensar a anarquia – como negação de "origem" e de "comando", *principium* e *princeps* – permanece aprisionado em aporias e contradições sem fim. Dado que o poder se constitui pela exclusão inclusiva (a *ex-ceptio*) da anarquia, a única possibilidade de pensar uma verdadeira anarquia coincide com a lúcida exposição da anarquia interna ao poder. A anarquia é o que se torna pensável unicamente no momento em que captamos e destituímos a anarquia do poder. O mesmo vale para toda tentativa de pensar a anomia: ela só se torna acessível pela exposição e pela deposição da anomia que o direito capturou dentro de si no estado de exceção. Isso também é verdade para o pensamento que procura pensar o irrepresentável – o *demos* – que foi capturado no dispositivo representativo das democracias modernas: só a exposição da *a-demia* interna à democracia permite que apareça o povo ausente que o mesmo pretende representar.

Em todos esses casos, a destituição coincide sem resíduos com a constituição; a posição só tem consistência na deposição.

אָ *O termo* archè, *no grego, significa tanto "origem", como "comando". A esse duplo significado do termo corresponde o fato de que, tanto em nossa tradição filosófica quanto naquela religiosa, a origem, o que dá início e põe em ser, não só é um exórdio, que desaparece e cessa de agir naquilo a que deu vida, mas é também o que comanda e governa seu crescimento, o desenvolvimento, a circulação e a transmissão – em uma palavra, a história.*

Em importante livro, O princípio de anarquia[61], *Reiner Schürmann tentou desconstruir esse dispositivo, partindo de uma reinterpretação do pensamento de Heidegger. Assim, ele*

---

[61] Reiner Schürmann, *Le principe d'anarchie: Heidegger et la question de l'agir* (Paris, Seuil, 1982).

308 • O uso dos corpos

distingue no último Heidegger o ser como puro vir à presença e o ser como princípio das economias histórico-epocais. À diferença de Proudhon e de Bakunin, que nada mais fizeram do que "deslocar a origem", substituindo com um princípio racional o princípio de autoridade, Heidegger teria pensado um princípio anárquico, em que a origem enquanto vir à presença se emancipa da máquina das economias epocais e não governa mais o devir histórico. O limite da interpretação de Schürmann aparece evidenciado no próprio sintagma, propositadamente paradoxal, que dá o título ao livro: o "princípio de anarquia". Não basta separar origem e comando, principium e princeps: conforme mostramos em O reino e a glória, *um rei que reina, mas não governa, nada mais é do que um dos dois polos do dispositivo governamental, e jogar um polo contra outro não basta para deter seu funcionamento. A anarquia nunca pode estar em posição de princípio: ela pode unicamente se libertar como um contato, lá onde tanto* archè *como origem quanto* archè *como comando estão expostos em sua não-relação e são neutralizadas.*

13. No dispositivo potência/ato, Aristóteles juntou em uma relação dois elementos inconciliáveis: o contingente – que pode ser e não ser – e o necessário – que não pode não ser. Segundo o mecanismo da relação que acabamos de definir, ele pensa a potência como existente em si, na forma de uma potência de não ou impotência (*adynamia*), e o ato como ontologicamente superior e precedente à potência. O paradoxo – e, ao mesmo tempo, a força – do dispositivo consiste no fato de que, se o tomarmos ao pé da letra, a potência nunca pode passar ao ato, enquanto o ato antecipa sempre a própria possibilidade. Por isso, Aristóteles deve pensar a potência como uma *hexis*, um "hábito", algo que se "tem", e a passagem ao ato como um ato de vontade.

A desativação do dispositivo é muito mais complexa. O que desativa a operosidade é certamente uma experiência da potência, mas de uma potência que, enquanto mantém firme a própria impotência ou potência de não, expõe a si mesma em sua não-relação com o ato. Poeta não é quem possui uma potência de fazer e, em certo momento, decide colocá-la em ato. Ter uma potência significa, na realidade, estar à mercê da própria impotência. Nessa experiência poética, potência e ato não estão mais em relação, mas imediatamente em contato. Dante expressa essa proximidade especial entre potência e ato ao escrever, em *De monarchia*, que toda a potência da multidão está *sub actu*, "pois, do contrário, haveria uma potência separada, o que é impossível". *Sub actu* significa aqui, segundo um dos possíveis significados da preposição *sub*, a coincidência imediata no tempo e no espaço (assim como em *sub manu*, imediatamente ao alcance da mão, ou *sub die*, subitamente, no mesmo dia).

Epílogo – Por uma teoria da potência destituinte • 309

No momento em que o dispositivo é, assim, desativado, a potência se torna uma forma-de-vida, e uma forma-de-vida é constitutivamente destituinte.

א *Os gramáticos latinos chamavam de depoentes* (depositiva *ou, também, absolutiva ou supina) os verbos que, similares aos verbos médios (que, seguindo Benveniste, analisamos para encontrar neles o paradigma de uma ontologia diferente), não podem ser chamados propriamente de ativos nem de passivos:* sedeo, sudo, dormio, iaceo, algeo, sitio, esurio, gaudeo [*sento, suo, durmo, deito-me, estou com frio, tenho sede, sinto fome, alegro-me*]. *O que os verbos médios ou depoentes "depõem"? Eles não expressam uma operação, mas a depõem, a neutralizam e a tornam inoperosa e, desse modo, a expõem. O sujeito, nas palavras de Benveniste, não é simplesmente interno ao processo, mas, tendo deposto sua ação, se expôs com ela. Na forma-de-vida, atividade e passividade coincidem. Assim, no tema iconográfico da deposição – por exemplo, na deposição de Ticiano, no Louvre –, Cristo depôs inteiramente a glória e a realeza, que, de algum modo, ainda lhe cabiam na cruz; contudo, precisa e unicamente desse modo, quando ele já está além da paixão e da ação, a destituição realizada de sua realeza inaugura a nova idade da humanidade redimida.*

14. Todos os seres vivos estão em uma forma de vida, mas nem todos são (ou nem sempre são) uma forma-de-vida. No momento em que a forma--de-vida se constitui, ela constitui e torna inoperosas todas as formas de vida singulares. Só vivendo uma vida é que se constitui uma forma-de-vida, como a inoperosidade imanente em cada vida. A constituição de uma forma-de--vida coincide, portanto, integralmente com a destituição das condições sociais e biológicas em que ela se acha lançada. A forma-de-vida é, nesse sentido, a revogação de todas as vocações factícias, que ela depõe e tensiona a partir de dentro, no gesto mesmo em que se mantém e nelas habita. Não se trata de pensar uma forma de vida melhor ou mais autêntica, um princípio superior ou outro lugar, que suceda às formas de vida e às vocações factícias para revogá-las ou torná-las inoperosas. A inoperosidade não é outra obra que sucede às obras para desativá-las e depô-las: ela coincide integral e constitutivamente com sua destituição, com o viver uma vida.

Compreende-se, então, a função essencial que a tradição da filosofia ocidental atribuiu à vida contemplativa e à inoperosidade: a forma-de-vida, a vida propriamente humana é aquela que, ao tornar inoperosas as obras e as funções específicas do ser vivo, as faz, por assim dizer, girar no vazio e, desse modo, as abre em possibilidades. Nesse sentido, contemplação e inoperosidade são os operadores metafísicos da antropogênese, que, ao libertarem o ser vivo humano de todo destino biológico ou social e de toda

310 • O uso dos corpos

tarefa predeterminada, o tornam disponível para a ausência particular de obra, que estamos habituados a chamar de "política" e "arte". Política e arte não são tarefas nem simplesmente "obras": elas nomeiam, acima de tudo, a dimensão na qual as operações linguísticas e corpóreas, materiais e imateriais, biológicas e sociais são desativadas e contempladas como tais a fim de libertar a inoperosidade que nelas ficou aprisionada. É nisso que reside o máximo bem que, segundo o filósofo, o homem pode esperar: "Uma alegria nascida disso, de que o homem contempla a si mesmo e a própria potência de agir".

BIBLIOGRAFIA

Esta bibliografia contém apenas os livros citados no texto. A tradução italiana de obras estrangeiras que é eventualmente citada, quando necessário, foi modificada para ser aderente ao original*.

ADORNO, Theodor W.; SOHN-RETTEL, Alfred. *Briefwechsel 1936-1969.* Ed. crítica Christoph Gödde, Munique, 1991.

AGAMBEN, Giorgio. *L'aperto. L'uomo e l'animale.* Turim, Bollati Boringhieri, 2002 [ed. port.: *O aberto. O homem e o animal.* Lisboa, Edições 70, 2010].

_____. *Il regno e la gloria.* Per una genealogia teologica dell'economia e del governo. Vicenza, Neri Pozza, 2007 [ed. bras.: *O reino e a glória*: uma genealogia teológica da economia e do governo. Trad. Selvino J. Assmann, São Paulo, Boitempo, 2011].

_____. *Nudità.* Roma, Nottetempo, 2009 [ed. bras.: *Nudez.* Trad. Davi Pessoa, Belo Horizonte, Autêntica, 2014].

_____. *Homo sacer.* Il potere sovrano e la nuda vita. Turim, Einaudi, 2009 [ed. bras.: *Homo sacer.* O poder soberano e a vida nua. Trad. Henrique Burigo, Belo Horizonte, Editora da UFMG, 2002].

ALEXANDRE. *Alexandri Aphrodisiensis praeter commentaria scripta minora.* De anima liber cum mantissa. Org. Ivo Bruns, Berlim, Reimer, 1887.

---

* Embora existam traduções para o português de diversas obras citadas neste volume, muitas vezes, para aproximar o leitor brasileiro da interpretação que o autor faz de determinada passagem, optamos por traduzir da versão em italiano apresentada por Agamben. Nos casos em que utilizamos uma tradução consagrada, fizemos referência à edição brasileira ou portuguesa, com o devido crédito ao/à tradutor/ra e a página em que se encontra o trecho citado. (N. T.)

312 • O uso dos corpos

ALTMAN, Irwin. Privacy: A Conceptual Analysis. *Environment and Behavior*, v. 8, n. 1, 1976, p. 7-29.

ARENDT, Hannah. *Vita activa, oder vom tätigen Leben*. Munique, Piper, 1981 [ed. bras.: *A condição humana*. 11. ed., trad. Roberto Raposo, Rio de Janeiro, Forense Universitária, 2010].

ARPE, Curt. *Das* ti ten einai *bei Aristoteles*. Hamburgo, Friederichsen, 1938.

ARTEMIDORO DI DALDI. *Il libro dei sogni*. Milão, BUR, 2006.

BARKER, Ernest. *The Political thought of Plato and Aristoteles*. Nova York, Dover, 1918 [ed. bras.: *Teoria política grega*. Trad. Sérgio F. G. Bath, Brasília, Editora da UnB, 1978].

BAUMSTARK, Anton. *Liturgia romana e liturgia dell'esarcato*. Roma, Libreria Pontificia di Federico Puster, 1904.

BECKER, Oskar. Von den Hinfälligkeit des Schönen und der Abenteuerlichkeit des Künstlers (1929). In: _____. *Dasein und Dawesen*. Gesammelte philosophische Schriften. Pfüllingen, Neske, 1961.

BECKMANN, Jan Peter. *Die Relation der Identität nach Johannes Duns Scotus*. Bonn, H. Bouvier, 1967.

BÉNATOUÏL, Thomas. *Faire usage*: la pratique du stoïcisme. Paris, Vrin, 2006.

BENJAMIN, Walter. *Gesammelte Schriften*, v. 2, tomo 1. Frankfurt, Suhrkamp, 1977.

_____. *Gesammelte Schriften*, v. 4, tomo 1. Frankfurt, Suhrkamp, 1980.

_____. Walter Benjamin, *Gesammelte Schriften*, v. 6. Frankfurt, Suhrkamp, 1985.

_____. *Frankfurter Adorno Blätter*. Org. Rolf Tiedemann, v. 4, Munique, 1995.

BENVENISTE, Émile. *Problèmes de linguistique générale*, v. 1. Paris, Gallimard, 1966 [ed. bras.: *Problemas de linguística geral*, v. 1. Trad. Eduardo Guimarães, 5. ed., Campinas, Pontes, 2005].

BLACK, Max. Lebensform and Sprachspiel in Wittgenstein Later Work. In: LEINFELLNER, Elisabeth et al (orgs.), *Wittgenstein and His Impact on Contemporary Thought*. Proceedings of the Second International Wittgenstein Symposium. Viena, Holder-Pichler-Tempsky, 1978.

BOEHM, Alfred. *Le vinculum substantiale chez Leibniz*: ses origines historiques. Paris, Vrin, 1962.

BOEHM, Rudolf. *Das Grundlegende und das Wesentliche*: zu Aristoteles'Abhandlung über das Sein und das Seiende (Metaphysik Z). Den Haag, M. Nijhoff, 1965.

CASEL, Odo. Actio in liturgischer Verwendung. *Jahrbuch für Liturgiewissenschaft*, n. 1, 1921, p. 34-9.

COLLI, Giorgio. *La ragione errabonda*. Milão, Adelphi, 1982.

Bibliografia • 313

COURTINE, Jean-François. *Suárez et le système de la métaphysique.* Paris, PUF, 1990.

DEBORD, Guy. *Oeuvres cinématographiques complètes, 1952-1978.* Paris, Gallimard, 1994.

DELIGNY, Fernand. *Les enfants et le silence.* Paris, Galilée, 1980.

DÖRRIE, Heinrich. Hypostasis, Wort- und Bedeutungsgeschichte. *Nachrichten der Akademie der Wissenschaft in Göttingen,* Phil. Kl., 3, 1955, p. 35-92, ou em *Platonica minora.* Munique, Fink, 1976.

DÜRING, Ingemar (org.). *Der Protreptikos des Aristoteles.* Frankfurt, Klostermann, 1969.

ESPINOSA, Baruch. *Opera,* v. 1. Org. Carl Gebhardt, Heidelberg, Carl Winters Universitätsbuchhandlung, 1925.

FEHLING, Detlev. *Ethologische Überlegungen aus dem Gebiet der Altertumskunde:* phallische Demonstration, Fernsicht, Steinigung. Munique, C. H. Beck, 1974.

FILOPONO, João. *Philoponi in Aristotelis Categorias commentarium.* Org. Adolfus Busse, Berlim, Reimer, 1898.

FOUCAULT, Michel. *Naissance de la clinique.* Paris, Presses Universitaires de France, 1963 [ed. bras.: *O nascimento da clínica.* Trad. Roberto Machado, Rio de Janeiro, Forense Universitária, 2011].

_____. *Histoire de la sexualité,* v. 2: L'usage des plaisirs. Paris, Gallimard, 1984 [ed. bras.: *História da sexualidade,* v. 2: O uso dos prazeres. Trad. Maria T. da Costa Albuquerque, Rio de Janeiro, Graal, 1984].

_____. *Dits et écrits (1954-1988),* v. 4: 1980-1988. Paris, Gallimard, 1994.

_____. Qu'est-ce qu'un auteur? In: *Dits et écrits (1954-1988),* v. 1: 1954-1978. Paris, Gallimard, 1994.

_____. *L'herméneutique du sujet.* Paris, Gallimard-Seuil, 2001 [ed. bras.: *A hermenêutica do sujeito.* Trad. Márcio Alves da Fonseca e Salma T. Muchail, São Paulo, Martins Fontes, 2004, p. 52-3].

_____. *Le courage de la vérité.* Paris, Gallimard-Seuil, 2009 [ed. bras.: *A coragem da verdade.* Trad. Eduardo Brandão, São Paulo, WMF Martins Fontes, 2011].

FREMONT, Christianne. *L'être et la relation.* Paris, Vrin, 1981.

FRIEDMANN, Georges. *Leibniz et Spinoza.* Paris, Gallimard, 1962.

GALENO. *Galeni de usu partium libri XVII.* Org. Georgius Helmreich, Amsterdã, Hakkert, 1968.

GOLDSCHMIDT, Victor. *Écrits,* v. 1: Études de philosophie ancienne. Paris, Vrin, 1984.

HADOT, Pierre. *Plotin, Porphyre.* Études néoplatoniciennes. Paris, Les Belles Lettres, 1999.

314 • O uso dos corpos

_____. Un dialogue interrompu avec M. Foucault. In: *Exercices spirituels et philosophie antique*. Paris, Albin Michel, 2002.

HARPER, Kyle, *Slavery in the Late Roman World. AD 275-425*. Cambridge [Inglaterra], Cambridge University Press, 2011.

HEGEL, G. W. F. Phänomenologie des Geistes. In: *Werke in zwanzig Bänden*, v. 3. Frankfurt, Suhrkamp, 1970 [ed. bras.: *Fenomenologia do espírito*, v. 1 e 2. Trad. Paulo Meneses, Petrópolis, Vozes, 1992].

HEIDEGGER, Martin. *Kant und das Problem der Metaphysik*. Frankfurt, Klostermann, 1929.

_____. *Holzwege*. Frankfurt, Klostermann, 1950.

_____. *Vorträge und Aufsätze*. Stuttgart, Neske, 1954 [ed. brasileira: *Ensaios e conferências*. Trad. Emannuel C. Leão, Gilvan Vogel, Marcia Sá C. Schuback, 5. ed., Petrópolis, Vozes, 2008].

_____. *Wegmarken*. Frankfurt, Klostermann, 1967 [ed. bras.: *Marcas no caminho*. Trad. Enio Paulo Giachini e Ernildo Stein, Petrópolis, Vozes, 2008].

_____. *Sein und Zeit*. 12. ed., Tübingen, M. Niemeyer, 1972 [ed. bras.: *Ser e tempo*. Trad. Fausto Castilho, Campinas/Rio de Janeiro, Editora da Unicamp/Vozes, 2012].

_____. *Zur Sache des Denkens*. Tübingen, M. Niemeyer, 1976.

_____. *Metaphysische Anfangsgründe der Logik im Ausgang vom Leibniz*. Frankfurt, Klostermann, 1978.

_____. *Hölderlins Hymnen "Germanien" und "der Rhein"*. Frankfurt, Klostermann, 1980.

_____. *Die Grundbegriffe der Metaphysik*: Welt, Endlichkeit, Einsamkeit. Frankfurt, Klostermann, 1983 [ed. bras.: *Os conceitos fundamentais da metafísica*: mundo, finitude, solidão. 2. ed., trad. Marco Antônio Casanova, Rio de Janeiro, Forense Universitária, 2011].

_____. *Beiträge zur Philosophie*. Frankfurt, Klostermann, 1989.

_____. *Parmenides*. Frankfurt, Klostermann, 1993 [ed. bras.: *Parmênides*. Trad. Sérgio Mário Wrublevski, Petrópolis, Vozes, 2008].

HERRERA, Abraham Cohen de. *La porta del cielo*. Org. Giuseppa Saccaro del Buffa, Vicenza, Neri Pozza, 2010.

HÖLDERLIN, Friedrich. *Sämtliche Werke*, v. 2: Geschichte nach 1800. Org. Friedrich Beissner, Stuttgart, Kohlhammer, 1953.

HUSSERL, Edmund. *Husserliana*: Gesammelte Werke, v. 13: Zur Phänomenologie der Intersubjektivität: Texte aus dem Nachlass 1, 1905-1920. Den Haag, M. Nijhoff, 1973.

Bibliografia • 315

_____. *Husserliana*: Gesammelte Werke, v. 14: Zur Phänomenologie der Intersubjektivität: Texte aus dem Nachlass 2, 1921-1928. Den Haag, M. Nijhoff, 1973.

ILLICH, Ivan. *Nello specchio del passato*. Milão, Boroli, 2005.

_____. *I fiumi a nord del futuro*. Macerata, Quodlibet, 2009.

KEIL, Heinrich. *Grammatici latini*. Ex recensione Henrici Keilii, v. 1: Artis grammaticae libri 5. Lipsia, B. G. Teubnerii, 1855.

KERÉNYI, Károly. *Umgang mit Göttlichem*: über Mythologie und Religionsgeschichte. Göttingen, Vandenhoeck & Ruprecht, 1961.

KOYRÉ, Alexandre. *Études d'histoire de la pensée philosophique*. Paris, A. Colin, 1961.

LEIBNIZ, Gottfried Wilhelm. *Sämtliche Schriften und Briefe*. Org. Deutsche Akademie der Wissenschaft zu Berlin, Leipzig-Berlim, Akademie Verla, 1923-.

_____. *Die philosophischen Schriften*, v. 2. Org. C. I. Gerhardt, Hildesheim, Olms, 1960.

_____. *Die philosophischen Schriften*, v. 1. Org. Hans Heinz Holz, Darmstadt, Wissenschaftliche Buchgesellschaft, 1965.

LÉVINAS, Emmanuel. *De l'existence à l'existant*. Paris, Fontaine, 1947 [ed. bras.: *Da existência ao existente*. Trad. Paul Albert Simon e Ligia Maria de Castro Simon, São Paulo, Papirus, 1998].

_____. *De l'évasion*. Saint-Clément-de-Rivière, Fata Morgana, 1982 [ed. port.: *Da evasão*. Trad. André Veríssimo, Gaia, Estratégias Criativas, 2001].

LIZZINI, Olga. *Fluxus (fayd)*: Indagine sui fondamenti della Metafisica e della Fisica di Avicenna. Bari, Edizioni di Pagina, 2011.

MAINE DE BIRAN, François-Pierre. *Oeuvres*, v. 3: Mémoire sur la décomposition de la pensée, précédé du Mémoire sur les rapports de l'idéologie et des mathématiques. Org. François Azouvi, Paris, Vrin, 1988.

PETERSON, Erik. Herkunft und Bedeutung der Monos pros monon-Formel bei Plotin. *Philologue*, n. 88, 1933.

PICAVET, François. Hypostases plotiniennes et Trinité chrétienne. *Annuaire de l'École pratique des hautes études*. Section des sciences religieuses, Paris, 1917-1918, p. 1-52.

POHLENZ, Max. *Grundfragen der stoischen Philosophie*. Göttingen, Vandenhoeck & Ruprecht, 1940.

PROCLO, *Commentaire sur La République*, v. 3: Dissertations 15-17. Rép. 10. Index général. Org. A. J. Festugière, Paris, Librairie Philosophique J. Vrin, 1970.

REDARD, Georges. *Recherches sur* chré, chrestai. Étude sémantique. Paris, Champion, 1953.

REINHARDT, Karl. *Platons Mythen*. Bonn, Cohen, 1927.

316 • O uso dos corpos

ROGUET, Aimon-Marie (org.). *Saint Thomas d'Aquin*. Somme théologique. Les sacrements: 3a, questions 60-5. Paris, Cerf, 1999.

SCHOLEM, Gershom. *Concetti fondamentali dell'ebraismo*. Genova, Marietti, 1986.

_____. Dieci tesi astoriche sulla "Qabbalah". In: _____. *Il nome di Dio e la teoria cabbalistica del linguaggio*. Milão, Adelphi, 1998.

SCHUHL, Pierre-Maxime. *Machinisme et philosophie*. Paris, Presses Universitaires de France, 1947.

SCHÜRMANN, Reiner. *Le principe d'anarchie*, Paris, Seuil, 1982.

STEIN, Edith. *Il problema dell'empatia*. Roma, Studium, 2012.

STRYCKER, Émile de. Concepts-clés et terminologie dans les livres II à VII des Topiques. In: OWEN, Gwilym Ellis Lane (org.). *Aristotle on Dialectic*: The Topics. Proceedings of the third Symposium Aristotelicum. Oxford, Clarendon, 1968, p. 141-63.

SUÁREZ, Francisco. *Francisci Suárez e Societate Jesu Opera omnia*, v. 20. Paris, Ludovicum Vivès, 1856.

_____. *Francisci Suárez e Societate Jesu Opera omnia*, v. 25. Paris, Vives, 1861.

TEMÍSTIO. *Themisti in libros Aristotelis de anima periphrasis*. Org. Ricardus Heinze, Berlim, Reimer, 1900.

THOMAS, Yan. L'"usage" et les "fruits" de l'esclave. *Enquête*, n. 7, 1998, p. 203-30.

_____. Le corps de l'esclave et son travail à Rome. Analyse d'une dissociation juridique. In: MOREAU, Philippe (org.). *Corps romains*. Grenoble, J. Millon, 2002.

TIQQUN. *Introduction à la guerre civile*. Tiqqun. 2, 2001.

TRAPP, Damasus. *Aegidii Romani de doctrina modorum*. *Angelicum*. XII. 1935.

VERNANT, Jean-Paul; VIDAL-NAQUET, Pierre. *Travail et esclavage en Grèce ancienne*. Bruxelas, Complexe, 1988 [ed. bras.: *Trabalho e escravidão na Grécia antiga*. Trad. Marina Appenzeller, Campinas, Papirus, 1989].

VEYNE, Paul. Le dernier Foucault. *Critique*, 471-2, 1986, p. 933-41.

VITORINO, Mário. *Traités théologique sur la Trinité*, v. 1. Org. Pierre Hadot, Paris, Les Éditions du Cerf, 1960.

WITTGENSTEIN, Ludwig. *Schriften* v. 1: Tractatus logico-philosophicus, Tagebücher 1914-1916, Philosophische Untersuchungen. Frankfurt, Suhrkamp, 1969 [ed. bras.: *Tractatus logico-philosophicus*. Trad. Luiz Henrique Lopes dos Santos, São Paulo, Edusp, 2001].

_____. Schriften, v. 2: Philosphische Bemerkungen. Frankfurt, Suhrkamp, 1969 [ed. bras.: *Observações filosóficas*. Trad. do inglês Adail Sobral e Maria Stela Gonçalves, São Paulo, Loyola, 2005].

Bibliografia • 317

_____. *Schriften*, v. 4: Philosophische Grammatik. Frankfurt, Suhrkamp, 1969 [ed. bras.: *Gramática filosófica*. Trad. do inglês Luiz Carlos Borges, São Paulo, Loyola, 2003].

_____. *Schriften*, v. 6: Bemerkungen über die Grundlagen der Mathematik. Frankfurt, Suhrkamp, 1974.

_____. *On Certainty*. Oxford, Blackwell, 1969 [ed. port.: *Da certeza*. Lisboa, Edições 70, 2000].

_____. *Wittgenstein's Lectures*. Cambridge 1932-1935. Oxford, Blackwell, 1975.

WOLFSON, Harry Austryn. *The Philosophy of Spinoza*. Cleveland/Nova York, World Publishing Company/Meridian, 1958.

ÍNDICE ONOMÁSTICO

Adorno, Theodor, 32

Agamben, Giorgio, 117, 157, 168, 226, 230, 299

Agamenon, 283, 286

Agatão, 288

Agostinho de Hipona, 68, 85, 112, 167, 193, 247, 301-3

Ájax Telamônio, 283, 286

Alberto Magno, 200

Alexandre de Afrodísia, 76, 101, 140, 161, 227, 232

Altman, Irwin, 116

Ananke, 280-2, 284, 287

Antístenes, 150

Arendt, Hannah, 36-8,41

Aristófanes, 288

Aristóteles, 15, 21-33, 39-41, 54, 61, 69, 76, 82-4, 88, 90, 93, 98, 100-1, 139-42, 144-63, 174, 176-7, 183, 193, 209, 222-37, 242, 244-7, 253, 264-5, 272, 292, 296, 299, 308

Arpe, Curt, 147-8

Arquiloco, 199

Artemidoro, 35-6

Atalanta, 283, 286

Atanásio, 165-6

Átropos, 281, 284-5

Averróis, 239, 260

Avicena, 182, 200

Azriel, 188

Bakunin, Mikhail, 308

Barker, Ernest, 26

Bataille, Georges, 235

Bayle, Pierre, 185, 188

Beaufret, Jean, 215

Becker, Oskar, 216-8

Becker-Ho (Debord), Alice, 14

Beckmann, Jan Peter, 167, 192, 302

Bénatouïl, Thomas, 71-2

Benjamin, Walter, 32, 104, 118, 138, 193, 195, 197, 206, 235, 237, 277, 300-1, 307

Bento, São, 111

320 • O uso dos corpos

Benveniste, Émile, 43, 46-7, 83, 138, 142, 160, 199, 232, 309

Black, Max, 271

Boécio, 145, 166

Boehm, Alfred, 175, 184

Boehm, Rudolf, 130, 146-9, 152

Böhlendorff, Casimir, 111

Bossuet, Jacques Bénigne, 12

Bréal, Michel, 67, 277

Bréhier, Émile, 263

Caproni, Giorgio, 110

Casel, Odo, 42

Cassirer, Ernst, 215

Cavalcanti, Guido, 261

Cayetano (Tomás de Vio), 177, 180

Cézanne, Paul, 215

Char, René, 215

Chtcheglov, Ivan, 11

Cícero, 37, 74-5

Cirilo, 165

Cleante, 198

Clemente de Alexandria, 255

Cloto, 281, 283

Colli, Giorgio, 266, 304

Condillac, Étienne Bonnot, 86

Courtine, Jean-François, 183

Crisipo, 71

Cumont, Franz, 263

Damagete, 221

Dante, Alighieri, 49, 95, 237-8, 251, 261, 279, 308

Debord, Guy, 11, 14, 212

Dédalo, 29, 100

Deleuze, Gilles, 56, 86, 191

Deligny, Fernand, 256-7

Derrida, Jacques, 136

Des Bosses, Barthélemy, 171-5, 180, 183-4, 195

Descartes, René, 126

Dião de Prusa, 161

Diógenes Laércio, 71, 74, 287

Dörrie, Heinrich, 77, 159, 161, 166

Dreyfus, Hubert L., 122, 124

Duns Escoto, 177, 180-5, 187, 192-3, 202, 255, 302-3

Düring, Ingemar, 24

Egídio de Viterbo, 178-80, 184, 225

Epeu, 283

Er, 279-92

Espinosa, Baruch, 48, 85, 129, 184, 186-7, 190-1, 194, 197, 202, 272

Estêntor, 224

Estienne, Robert, 305

Eustácio, 140

Êutiques, 145

Fehling, Detlev, 112

Fílon, 161-2

Filopono, 140

Finley, Moses, 35

Índice onomástico • 321

Foucault, Michel, 51-9, 119-38, 236, 254, 260, 275, 277, 306

Francisco de Ascoli, 103

Francisco de Assis, 271

Fremont, Christiane, 176

Freud, Sigmund, 254, 268

Friedmann, Georges, 185

Galeno, 72-3, 81, 161

Gelásio, 200

Gláucon, 280, 288

Godofredo de Fontaines, 179

Goldschmidt, Victor, 26, 28, 223-4, 246, 290

Goethe, Johann Wolfgang, 110, 137, 270

Gould, Glenn, 85

Gregório de Nazianzo, 165

Gregório de Nissa, 165

Gregório Magno, 111

Gros, Frédéric, 53

Grund Hessel, Helen, 218

Grund, Johanna (Bobann), 218

Guibert, Hervé, 120

Hadot, Pierre, 119-25, 164

Harper, Kyle, 35

Heckscher, Eli F., 13

Heitor, 267

Hécuba, 267

Hefesto, 29

Hegel, G. W. F., 32, 56-7, 66-7, 144, 152-3, 155, 209-10, 268, 305

Heidegger, Martin, 59-69, 89-93, 96, 108, 113-4, 124, 133, 137, 140, 146, 151, 157, 160, 168-9, 189-90, 201-17, 267-8, 300, 306-8

Henrique de Gand, 177, 179

Heráclito, 215

Herrera, Abraham Cohen, 189, 197

Hesíodo, 286

Hessel, Franz, 218

Hessel, Stéphane, 218

Hessel, Uli, 218

Hiérocles, 72-3

Hipócrates, 160

Hipólito, 164

Hölderlin, Friedrich, 7, 92, 111, 117, 214, 267-8

Homero, 285

Hugo de Digne, 103

Hugo de São Vítor, 96

Husserl, Edmund, 105-7, 136

Huysmans, Joris Karl, 121

Illich, Ivan, 16, 95-6, 227-8

Jâmblico, 140

James, Henry, 158, 253-4

Jesenská, Milena, 259

Jesi, Furio, 260

Jesus Cristo, 95, 98, 172, 175, 178, 180, 193, 227, 248, 309

João, 254

Jorn, Asger, 11

322 • O uso dos corpos

Kafka, Franz, 259

Kant, Immanuel, 136-8, 151, 157, 187, 303

Keil, Heinrich, 287

Kerényi, Károly, 60, 286

Koch, Herbert, 218

Kojève, Alexandre, 155, 158

Kotanyi, Attila, 13

Koyré, Alexandre, 101

Krafft-Ebing, Richard von, 254

Láquesis, 281-3, 285-6, 289

Leibniz, Gottfried Wilhelm, 171-6, 180, 183-5, 194-5, 197

Lévinas, Emmanuel, 107-8, 169, 214-6

Lipps, Theodor, 105-7

Littré, Émile, 221

Lizzini, Olga, 200

Löwith, Karl, 214

Lucílio, 74

Lucrécio, 73

Ludius, 112

Lutero, Martinho, 305

Maine de Biran, 86

Mallarmé, Stéphane, 153

Marbaix, Ghislain de, 13

Mário Vitorino, 247-53, 255

Marsílio de Pádua, 225

Marx, Karl, 14, 63, 99, 118

Michelstaedter, Carlos, 217

Miller, James, 120

Moira, 285

Montaigne, Michel de, 7

Münchhausen, Thankmar von, 218

Natorp, Paul, 147-8

Nestório, 145

Nicholson-Smith, Donald, 13

Nietzsche, Friedrich, 15, 124, 138, 158, 252

Numênio, 264

Omar Khayyam, 12

Orfeu, 283, 286, 292

Orígenes, 254

Otto van Veen, 13

Overbeck, Franz, 137

Panopeu, 283

Pasolini, Pier Paolo, 307

Paulo, 78-9, 305-6

Pelágio, 85

Peterson, Erik, 263

Petrarca, Francesco, 112

Picavet, François, 166

Pinot-Gallizio, Giuseppe, 13

Platão, 22-4, 44, 52, 110, 127, 143, 149, 154-5, 159, 199, 242, 264, 279-80, 284-92, 303

Plínio, o Jovem, 112

Plotino, 77-8, 162, 164, 166, 188, 197, 241-6, 263-5

Plutarco, 256

Índice onomástico • 323

Pohlenz, Max, 71

Porfírio, 140, 162, 167, 285-7, 290-1

Proclo, 164, 284-6

Proudhon, Pierre-Joseph, 308

Quintiliano, 287

Rabinow, Paul, 122, 124

Redard, Georges, 43-7, 51

Reik, Theodor, 55

Reinhardt, Karl, 285

Remak, Fanny, 218

Ricardo de Middleton, 255

Ricœur, Paul, 14

Roché, Henri-Pierre, 218

Roguet, Aimon-Marie, 94

Rosenzweig, Franz, 216

Ross, W. D., 147

Rostosvzev, Mikhail Ivanovich, 112

Sade, D. A. F. Marquês de, 27, 116

Sartre, Jean-Paul, 130, 260

Scheler, Max, 106

Schelling, Friedrich W. J. von, 144, 152, 157

Scholem, Gershom, 188

Schuhl, Pierre-Maxime, 101

Schürmann, Reiner, 306-8

Sêneca, 74-7

Serapião, 112

Sereni, Vittorio, 7

Shakespeare, William, 12

Sieyès, Emmanuel Joseph, 298

Sócrates, 51-2, 121, 139, 147, 149-50, 152, 288

Sófocles, 265

Sohn-Rethel, Alfred, 32-3

Sorel, Georges, 300

Spengler, Oswald, 91

Stein, Edith, 105-7

Strauss, Leo, 214

Strycker, Émile de, 24

Suárez, Francisco, 99-100, 176-7, 180-5, 187, 191

Tamira, 283, 286

Temístio, 227

Teógnis, 199

Tersites, 283, 286

Tertuliano, 165

Thomas, Yan, 33-4

Ticiano, 110, 258, 309

Tomás de Aquino, 81, 94-6, 98-9, 140, 147, 177

Tomás de Argentina, 179, 191

Tourette, Gilles de la, 109

Trapp, Damasus, 178

Trendelenburg, Friedrich A., 148

Tugendhat, Ernst, 148

Tyque, 281

Uexküll, Jakob Johann von, 113

Ulisses, 283, 286

Ulpiano, 34

Valério Máximo, 287
Van Gogh, Vincent, 89-90
Vernant, Jean-Paul, 33, 37-8
Veyne, Paul, 120
Vidal-Naquet, Pierre, 33, 37
Vogt, Joseph, 35

Wade, Simeon, 120
Wittgenstein, Ludwig, 269-70, 272-4
Wolfson, Harry Austryn, 186
Wolman, Gil J., 13
Wyckaert, Maurice, 11

Xenofonte, 29

Zeus, 285

COLEÇÃO ESTADO de SÍTIO

coordenação Paulo Arantes

OUTROS TÍTULOS DA COLEÇÃO

Até o último homem
Felipe Brito e Pedro Rocha de Oliveira (orgs.)

Bem-vindo ao deserto do Real!
Slavoj Žižek

Brasil delivery
Leda Paulani

Cidades sitiadas
Stephen Graham

Cinismo e falência da crítica
Vladimir Safatle

Comum
Pierre Dardot e Christian Laval

As contradições do lulismo
André Singer e Isabel Loureiro (orgs.)

Ditadura: o que resta da transição
Milton Pinheiro (org.)

A era da indeterminação
Chico de Oliveira e Cibele Rizek (orgs.)

Estado de exceção
Giorgio Agamben

Evidências do real
Susan Willis

Extinção
Paulo Arantes

Fluxos em cadeia
Rafael Godoi

Guerra e cinema
Paul Virilio

Hegemonia às avessas
Chico de Oliveira, Ruy Braga e Cibele Rizek (orgs.)

A hipótese comunista
Alain Badiou

Mal-estar, sofrimento e sintoma
Christian Ingo Lenz Dunker

A nova razão do mundo
Pierre Dardot e Christian Laval

O novo tempo do mundo
Paulo Arantes

Opus Dei
Giorgio Agamben

Poder e desaparecimento
Pilar Calveiro

O poder global
José Luís Fiori

O que resta da ditadura
Edson Teles e Vladimir Safatle (orgs.)

O que resta de Auschwitz
Giorgio Agamben

O reino e a glória
Giorgio Agamben

Rituais de sofrimento
Silvia Viana

Saídas de emergência
Robert Cabanes, Isabel Georges, Cibele Rizek e Vera S. Telles (orgs.)

São Paulo
Alain Badiou

Tecnopolíticas da vigilância
Fernanda Bruno, Bruno Cardoso, Marta Kanashiro, Luciana Guilhon, Lucas Melgaço

Videologias
Maria Rita Kehl e Eugênio Bucci

Martin Heidegger conversa com Giorgio Agamben e Jean Beaufret, 1968.

Publicado em 2017, quando se completaram 90 anos da publicação de *Ser e tempo*, de Martin Heidegger, este livro foi composto em Adobe Garamond, corpo 10,5/13,5, e reimpresso em papel Avena 80 g/m² na gráfica Lis, para a Boitempo, em outubro de 2020, com tiragem de 1.000 exemplares.